KB191922

세상 모든 일러스트레이터를 위한 필독서!
색과 빛 마스터 가이드북

COLOR & LIGHT

일러스트레이터를 위한
색과 빛 마스터 가이드북

3dtotal Publishing 지음

이수영 옮김

YoungJin.com **Y.**
영진닷컴

COLOR & LIGHT

Copyright © 3dtotal Publishing
First published in the United Kingdom, 2021, by 3dtotal Publishing,
under the title, Artists' Master Series: Color & Light
(978-1912843411).
All rights reserved.

KOREAN language edition ©2025 by Youngjin.com Inc.
Korean translation rights arranged with 3D TOTAL.COM LTD
through Lee&Lee Foreign Rights Agency, Korea.

이 책의 한국어판 저작권은 리앤리에이전시를 통한 저작권자와의 독점
계약으로 영진닷컴이 소유합니다.

ISBN : 978-89-314-7742-9

독자님의 의견을 받습니다.
이 책을 구입한 독자님은 영진닷컴의 가장 중요한 비평가이자 조언가입
니다. 저희 책의 장점과 문제점이 무엇인지, 어떤 책이 출판되기를 바라
는지, 책을 더욱 알차게 꾸밀 수 있는 아이디어가 있으면 팩스나 이메일,
또는 우편으로 연락주시기 바랍니다. 의견을 주실 때에는 책 제목 및 독자
님의 성함과 연락처(전화번호나 이메일)를 꼭 남겨 주시기 바랍니다. 독자
님의 의견에 대해 바로 답변을 드리고, 또 독자님의 의견을 다음 책에 충
분히 반영하도록 늘 노력하겠습니다.

파본이나 잘못된 도서는 구입처에서 교환 및 환불해 드립니다.

이메일 : support@youngjin.com
주소 : (우)08512 서울시 금천구 디지털로9길 32 갑을그레이트밸리
　　　B동 10F

STAFF

저자 3dtotal | **역자** 이수영 | **총괄** 김태경 | **진행** 성민
디자인·편집 김소연 | **영업** 박준용, 임용수, 김도현, 이윤철
마케팅 이승희, 김근주, 조민영, 김민지, 김진희, 이현아
제작 황장협 | **인쇄** 제이엠

Image © Djamila Knopf

Image © Guweiz

CONTENTS

이 책을
활용하는 방법

〈COLOR & LIGHT〉를 펼친 여러분을 환영합니다. 이 책은 크게 이론과 실습의 두 부분으로 나뉘어 있습니다.

색과 빛은 서로 밀접하게 관련되어, 예술이라는 동전의 양면을 이루고 있습니다. 찰리 피카드가 저술한 〈색(8페이지)〉과 〈빛(60페이지)〉을 통해 색과 관련된 용어와 색채 이론, 빛의 종류, 빛과 재질 사이에 존재하는 반응에 대해 보다 직관적으로 학습하기를 권합니다.

위의 단원을 통해 여러분은 색을 구성하는 색상과 명도, 채도에 대해 배우고 이를 다루는 방법을 알게 될 것이며, 나아가 빛과 그림자를 이용해 입체감을 주어 형태와 형상, 질감을 표현하는 방법도 배우게 될 것입니다. 〈이론〉 단원을 충실히 학습하고 여기에 담긴 기술을 학습하고 연습한다면 도구(그래픽 프로그램과 물감을 활용한 전통적 기법)와 무관하게 원하는 주제를 그리는 기술을 향상시킬 수 있을 것입니다.

〈이론〉 단원 다음에는 〈실습〉 단원이 마련되어 있습니다. 〈실습〉 단원은 디아밀라 크노프(208페이지)와 구웨이즈(260페이지), 네이선 폭스(302페이지)가 각각 구성을 맡았고, 〈이론〉 단원을 학습하지 않아도 실습을 해볼 수 있게 되어 있습니다. 그러나 이론 단원의 내용과 용어를 알고 있다면 〈실습〉 단원을 접하는 것이 훨씬 편리할 것입니다. 〈실습〉 단원은 각자 다른 스타일과 배경을 지닌 아티스트별로 구성되어 있습니다. 그리고 각자 다른 관점과 분위기에서 장면을 묘사하고 있습니다. 〈실습〉 단원을 통해 독특한 스타일을 지닌 이들이 현업에서 색과 빛을 어떻게 활용하는지 파악할 수 있을 것입니다.

마지막으로 〈갤러리(336페이지)〉에서는 〈실습〉 단원에서 등장한 세 아티스트의 포트폴리오와 함께 색과 빛을 사용하는 자신만의 관점을 잘 보여주는 일곱 명의 아티스트 작품도 함께 수록되어 있습니다.

Image © Nathan Fowkes

아티스트의 팁

책의 구석구석에 이런 상자가 있을 것입니다. 여기에는 아티스트가 전하는 팁과 짧은 소식, 추가적인 조언이 실려 있습니다.

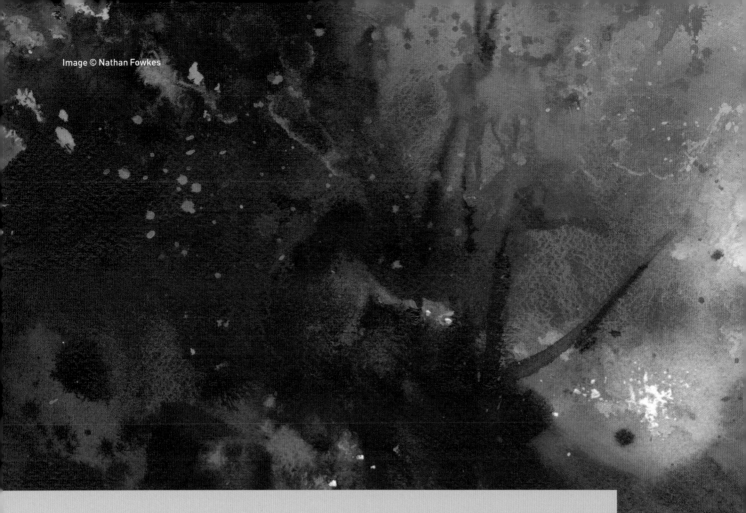

Image © Nathan Fowkes

색COLOR

찰리 피카드 CHARLIE PICKARD

색과 빛은 서로 밀접하게 얽혀 있는 주제이며, 빛이 있어야 색이 보이기 때문에 여러 면에서 색과 빛은 사실상 같은 것이기도 합니다. 그러나 이렇듯 복잡한 주제를 적당한 정도로 나누는 차원에서 먼저 색에 대해서 다룬 다음 〈빛(60페이지)〉 단원에서 빛의 움직임에 대해 다루어 보겠습니다.

첫 장에서 아티스트 찰리 피카드는 색의 여러 차원과 해석에 대해 설명합니다. 이를 통해 우리가 어떻게 색을 인식하고, 특정한 색으로 인식하게 유도하는 여러 방법, 색을 통제하는 방법, 그래픽 프로그램과 실제 안료를 섞는 과정에서 색채 이론을 활용하는 방법에 대해 이야기할 것입니다.

보이는 것은 주관적이다 VISION IS SUBJECTIVE

우리는 기본적으로 보는 것이 객관적이라고 생각합니다. 즉, 우리 눈에 보이는 것이 실제 모습이라고 생각한다는 것이죠. 눈이 시각적인 사실을 수집해 오기 때문에 우리는 단순히 이 사실을 캔버스 위에 옮기기만 하면 된다고 생각합니다. 그러나 이러한 생각은 근본적으로 잘못되었습니다. 우리 눈에 보이는 것은 원래 전적으로 주관적입니다.

우리는 사물을 '있는 그대로' 인지하지 않고 '주변의 환경과 비교하여' 인지합니다. 눈이 실제로 인식하는 것은 빛으로 이뤄진 파장 조각인 '로우 데이터 (raw data)'이고, 이것을 실제로 이해하는 것은 뇌입니다. 눈이 전달한 데이터를 처리하는 방식은 어려서부터 발달시켰기 때문에 우리는 보이는 것과 현실이 다르기도 하다는 사실을 지각하지 못합니다. 사실 우리가 인지하는 것 중 다수는 눈으로 받아들인 데이터에 없는 것이기도 합니다.

직접 만져보지 않아도 베개는 부드럽고, 벽은 단단하다는 사실을 우리는 익히 알고 있습니다. 그러나 베개나 벽에서 튕겨 나온 빛에는 촉감에 대한 정보가 전혀 존재하지 않습니다. 이러한 정보는 무언가 단단한 물체에 부딪히거나 부드러운 물체를 껴안던 기억을 통해 학습된 것이죠.

멀리 떨어진 산이 작게 보인다고 해도 우리는 산이 실제로는 크다는 것을 알고 있습니다. 이는 우리의 뇌가 주변 환경에 있는 더 작은 사물과 산을 비교하여 거리를 보정한 뒤 상대적인 크기를 인지하기 때문입니다(01). 사물은 그 자체로 '크거나 작다', 또는 '밝거나 어둡다'고 할 수 없고, 우리의 뇌가 비교할 때 대소와 명암을 구분할 수 있게 됩니다. 우리가 관찰하거나 독자에게 전달하려는 모든 것은 이러한 상대성과 과거의 경험에 기반하고 있습니다.

무슨 말도 안 되는 소리냐고 할 수도 있습니다. '여태껏 내가 본 것이 틀린 적이 없는데?'라며 대체 보이는 것이 있는 주관적이라는 게 무슨 말이냐고 반문할 수도 있습니다.

오른쪽에 있는 그림에 나타나는 착시가 보이는 것은 주관적이라는 말에 담긴 뜻을 이해하는 데 도움을 줄 수 있을 것 같습니다(02). 믿기 어렵겠지만 두 개의 그림에 있는 파란 점의 크기는 같습니다. 못 믿겠다면 자를 가져와서 직접 재어보세요! 작은 원들에 둘러싸여서 더 커 보이는 것입니다. 물론 이

01 객관적으로 보았을 때 멀리 떨어진 산의 높이는 가까이에 있는 나무와 동일합니다. 그러나 우리는 둘의 높이가 같다고 인식하지 않습니다.

착시는 색보다는 사물의 형태에 대한 것이지만, 사물의 형태야말로 우리가 가장 객관적으로 인식한다고 생각하는 것이기 때문에 이 착시 현상을 예시로 들었습니다. 이번 장에서는 우리의 인식에 영향을 주는 여러 요소의 상대적인 관계를 보여주기 위해 다른 착시 현상을 사용할 예정입니다.

아티스트로서 우리는 시각을 이용해 소통하는 사람들이라 할 수 있습니다. 어떤 때는 주어진 도구는 적은데 막대한 효과를 내야 하기도 하죠. 우리의 목표는 보는 것을 똑같이 흉내 내는 것이 아닙니다. 이는 불가능한 목표일뿐더러 그렇게 해서 탄생한 결과물도 피상적이기 때문입니다. 따라서 주제에

서 중요하다고 생각하는 부분을 강조하는 것을 목표로 하고, 인간의 시각이 지닌 주관성을 십분 이해해서 작품이 목표하는 바를 강조하는 데 사용해야 합니다.

그런데 만약 보이는 것과 현실이 다르다면 어느 것을 기준으로 작품을 만들어야 하는 것일까요? 여기에는 여러 가지 방법이 동원될 수 있으며, 아티스트는 자신만의 규칙을 세워서 작품을 전개하고 그 규칙으로만 평가받을 수 있습니다. 여러분이 만드는 작품에서 창조주는 여러분 자신이고, 작품이 여러분이 세운 규칙에 따르도록 해야 합니다. 그러나 관객이 여러분의 작품을 보고 이해하기 위해서는 한

번 세운 규칙은 동일하게 적용되어야 합니다.

우리는 모두 동일한 물리 법칙이 작용하는 물리적 공간에 살고 있습니다. 따라서 현실에서 빛과 색이 작동하는 방법을 기반으로 작품을 만든다면 관객도 더 쉽게 이해할 것입니다. 그리고 바로 이것이 색과 빛의 이해를 주제로 다루고 있는 이 책의 기본적인 접근법입니다. 그러나 본격적으로 논의를 진행하기에 앞서 우선 관객과 아티스트 모두가 잘 알고 있는 주제인 조화와 대비에 대한 얘기를 나눠보겠습니다.

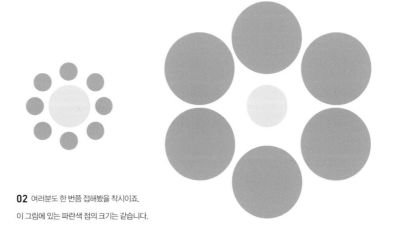

02 여러분도 한 번쯤 접해봤을 착시이죠.
이 그림에 있는 파란색 점의 크기는 같습니다.

대비와 조화 CONTRAST AND HARMONY

대비와 조화는 통일성과 다양성 또는, 질서와 혼돈 등 여러 이름으로도 불립니다. 그러나 결국에는 모두 비슷한 요소는 서로 어울리게 하고, 서로 다른 요소는 차이를 부각시킨다는 의미입니다. 간단하게 추상화로 이 개념을 추가로 설명해 보겠습니다 (03).

A. 예시의 회색 사각형은 완전한 조화를 이루고 있습니다. 단순하며 균형이 잡혀 있고 다양성이 전혀 없어 따분하게 느껴지기도 하죠.

B. 명도를 바꾸면 대비가 생깁니다. 회색을 검은색과 흰색으로 나누는 것은 초보자도 쉽게 대비를 만들 수 있는 방법입니다.

C. 명도가 다른 부분의 크기를 조절하면 대비가 더해집니다.

D. 5:5 구조의 형태를 깨면 대비가 더해집니다.

E, F, G. 다른 명도를 지닌 도형의 각도나 형태를 바꾸거나 색을 더하는 등으로 대비는 무한정 더해질 수 있습니다.

대비와 조화는 저울의 양쪽에 달린 추와 같습니다. 완전히 조화를 이룬 물체는 질서정연하게 보이지만 밋밋합니다. 반면 완벽하게 대비를 이룬 물체는 흥미를 돋우지만 혼란스럽고 어디에 집중해야 할지 알기 어렵습니다. 대비는 흥미를 돋우는 근본적인 요소이고 작품 전반에 걸쳐 관객의 눈을 붙잡는 강력한 도구입니다. 앞으로 나올 부분에서 어떠한 요소가 등장할 때 조화를 이루는지 아니면 대비를 이루는지 생각해 봅시다.

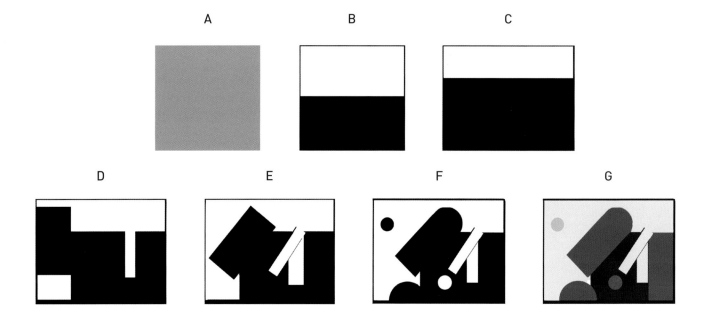

03 형태와 명도의 비율을 이용해 대비를 생성하는 방법의 예시

대비와 조화에 대한 생각

대비와 조화 사이의 균형을 잡는 일은 의식하지 못할 때도 있지만 작품 창작의 기둥이 되는 평생의 과업입니다. 대비와 조화에 대해 더 많이 알수록 더 신중하고 꼼꼼하게 대비와 조화 사이의 균형을 맞출 수 있습니다.

그래서 스케치북 한편에 작품에서 대비와 조화를 더 할 방법을 목록으로 만들어 적어 두는 습관을 기르길 추천합니다. 여러분만의 방법을 찾게 된다면, 독특한 미적 세계관이 탄생하게 될 것입니다.

먼셀의 색 이론 MUNSELL COLOR THEORY

이렇듯 매력적이면서 복잡한 색의 세계는 초보자가 입문하기에는 벅차게 느껴질 수도 있습니다. 심지어 두 개의 색을 섞는(혼색) 단순한 행위조차 관점에 따라 뛰어넘을 수 없는 난관이 되기도 합니다. 때문에 색의 세계에 대한 탐구를 이어 나가기에 앞서 명확하고 정확한 용어를 설정하는 것이 도움이 될 것입니다.

색의 세계를 탐구하는 데 가장 유용한 도구는 19세기의 아티스트이자 색채 이론가인 앨버트 헨리 먼셀(Albert Henry Munsell)이 창안한 표색계(color system)입니다. 먼셀은 색을 색상(hue)과 명도(value), 채도(chroma)라는 3개의 구성 요소로 나누어 구상했습니다(04).

색상(Hue) : 일반적으로 '색'이라고 말하는 요소입니다. 무지개 또는 색채 스펙트럼(color spectrum)에서 색이 차지하는 위치, 즉 빨강이나 초록으로 볼 수 있습니다.

명도(Value) : 아티스트에게는 친숙한 요소입니다. 검정에서 하양으로 수치가 올라갈 때 어떠한 색의 밝기 또는 어두운 정도로 볼 수 있습니다.

채도(Chroma) : 초보자는 처음 접하는 요소일 것입니다. 중성 회색(neutral gray)을 0으로 놓고 측정한 색의 강도 또는 색의 순수한 정도입니다.

먼셀의 컬러 트리

먼셀은 색의 3가지 구성 요소를 하나로 엮은 뒤, 명도를 10단계로 나누어 숫자가 커질수록 하얀색에 가까워지도록 정렬했습니다. 나아가 명도로 이뤄진 축을 줄기로 삼아 '색의 나무'를 만들어 색을 시각적으로 표현했습니다. 명도 축은 바깥쪽 모든 방향으로 확장될 수 있고, 이렇게 뻗어 나온 '가지'는 색상(10단계)과 채도(14단계)를 구성합니다.

먼셀의 컬러 트리를 활용하면 줄기와 가지의 위치를 활용해 개별 색상의 좌표를 숫자로 구분할 수 있습니다(05a~c).

04 먼셀 표색계의 3가지 차원 : 색상, 명도, 채도

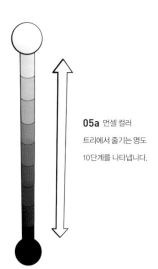

05a 먼셀 컬러 트리에서 줄기는 명도 10단계를 나타냅니다.

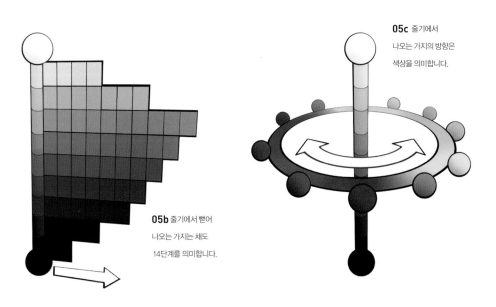

05b 줄기에서 뻗어 나오는 가지는 채도 14단계를 의미합니다.

05c 줄기에서 나오는 가지의 방향은 색상을 의미합니다.

5YR-9-5

5YR-4-8

06 먼셀 표색계를 사용해 밝은 피부톤과 어두운 피부톤을 표현했습니다.

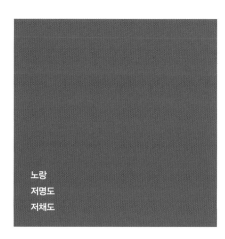

빨강
저명도
저채도

적황색
저명도
저채도

노랑
저명도
저채도

07 위에 주어진 색을 먼셀 표색계를 이용해 표현해 봅시다.

먼셀 표색계를 사용한
색 표현

먼셀은 노랑과 빨강, 초록, 파랑, 보라라는 총 5개의 기본 색상이 있다고 보았습니다. 그리고 각각의 색 사이에는 10개의 중간 단계가 존재합니다. 먼셀 표색계를 사용해 색을 표현할 때는 색상, 명도, 채도의 순으로 표기합니다.

예를 들어, 밝은 피부톤은 5YR-9-5로 표현할 수 있는데, 노랑과 빨강 사이 정중앙에 위치(한쪽으로부터 5단계에 위치)하고 명도가 매우 높으며(9단계), 채도는 낮다(5단계)는 의미입니다. 이보다 어두운 피부톤은 5YR-4-8로 표현할 수 있는데 역시 노랑과 빨강의 중간색이며 상대적으로 명도는 낮고(4단계), 채도는 높다(8단계)는 의미가 됩니다(06).

일상생활에서 사용하는 표현에서는 색을 모호한 단어로 설명하는 일이 다반사입니다. 페인트 회사에서는 어떤 색을 '바다거품색 초록'이나 '하늘색 파랑'이라고 이름 붙이기도 하는데 이렇게 묘사하면 사람마다 제각기 다른 색을 떠올릴 수 있겠죠. 먼셀이 구상한 것과 같은 표색계를 사용하면 우리가 바라보는 색을 매우 구체적으로 모호함 없이 표현할 수 있게 됩니다.

예를 들어, 예제 **07**에 제시된 세 가지 색은 서로 다른 색이지만 모두 충분히 '갈색'이라고 표현할 수 있습니다. 이렇게 생각하면 갈색과 같은 색이름만 사용하는 것이 부족하다는 것을 쉽게 알 수 있습니다. 그러나 먼셀의 컬러 트리를 활용하면 세 가지 색이 모두 명도와 채도는 낮지만, 색상이 모두 다르다는 것을 알 수 있습니다.

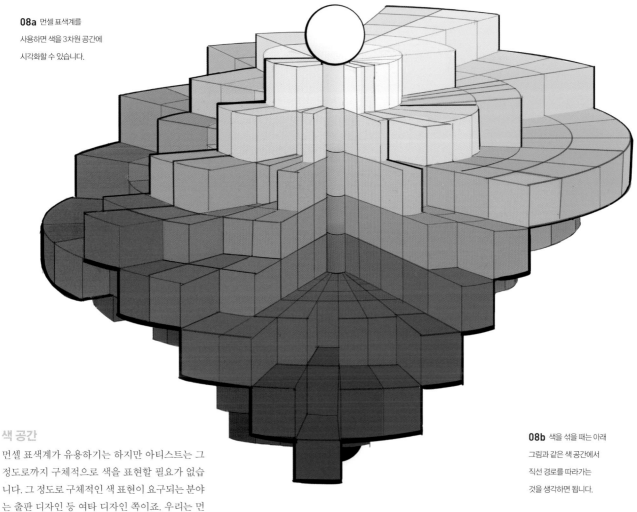

08a 먼셀표색계를 사용하면 색을 3차원 공간에 시각화할 수 있습니다.

색 공간

먼셀 표색계가 유용하기는 하지만 아티스트는 그 정도로까지 구체적으로 색을 표현할 필요가 없습니다. 그 정도로 구체적인 색 표현이 요구되는 분야는 출판 디자인 등 여타 디자인 쪽이죠. 우리는 먼셀 표색계의 핵심 개념만 이해해도 충분합니다.

가장 중요한 점은 먼셀 표색계를 사용하여 색을 3차원 공간상의 점으로 나타낼 수 있다는 것입니다(08a~b). 물감을 사용해 작품을 그리는 경우 이때의 색 공간은 색료(pigment)로 이해하면 됩니다. 그래픽 프로그램으로 작품을 그린다면 물감을 사용할 때보다 훨씬 이 개념을 이해하기 편한데 대부분의 그래픽 프로그램에서 색 공간이라는 개념을 '색상(Hue)/채도 또는, 포화도(Saturation)/밝기(Brightness)' 슬라이더로 구현해 놓았기 때문입니다.

색을 섞을 때는 색이 색 공간에서 직선 경로를 따라 움직인다고 생각하면 됩니다. 이렇게 하면 어떤 색이 나올지 쉽게 예측할 수 있게 됩니다. 처음에는 이러한 방식이 어렵게 느껴질 수도 있지만 익숙해지면 직관적으로 빠르게 예측이 가능해집니다.

08b 색을 섞을 때는 아래 그림과 같은 색 공간에서 직선 경로를 따라가는 것을 생각하면 됩니다.

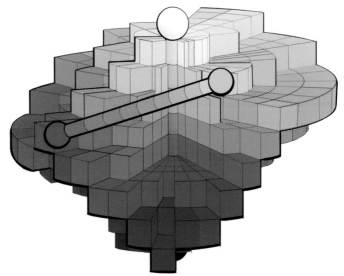

색의 위계 COLOR HIERARCHY

예술이라는 맥락에서 색을 구성하는 세 가지 요소
는 서로 중요도가 다르고, 이들 사이의 중요성 차이
를 이해하는 것이 작품을 구성할 때 필수적입니다.
색상과 명도, 채도 간의 위계를 인지하고 있으면 이
후 등장할 주제를 이해하고 작품의 창작을 계획하
는 단계에 도움이 될 것이며, 앞으로도 계속 작품을
창작할 때 유용할 것입니다(09).

명도

명도는 색의 위계에서 가장 꼭대기에 자리하고 있
습니다. 어떠한 작품이든 명도야말로 가장 먼저, 그
리고 가장 많은 공을 들여서 고민해야 하는 요소입
니다. 명도의 범위는 아래에서 확인할 수 있습니다
(10). 명도만 따로 떼어 놓고 보면 손실되는 정보의
양은 미미합니다. 그러나 명도를 제외하면 이미지
에서 얻을 수 있는 정보가 극히 제한됩니다.

인체의 시각계 중 명도를 인지하는 부위(간상세포
(rod cell)로 불리며 30페이지에서 다룰 예정)는 사
실 가장 먼저 진화했으며, 물체의 형태 역시도 이
부위에서 인지합니다.

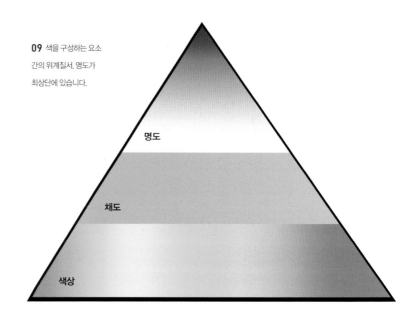

09 색을 구성하는 요소
간의 위계질서. 명도가
최상단에 있습니다.

명도

채도

색상

원본 이미지

명도 분리

색상, 채도 분리

10 명도가 없으면 이미지의
형태를 알아보기 힘듭니다.

원본 이미지

채도 분리

11 색상의 범위가 크게
제한되었고 미묘하게
색상에서의 차이가
제거되었지만, 명도와
채도는 여전히 완벽하게
인지할 수 있습니다.

채도

채도는 색의 위계에서 두 번째로 중요한 요소이며
초보자들이 가장 저평가하는 요소이기도 합니다.
하지만 채도는 생각보다 우리가 색을 경험하는 데
에 많은 영향을 줍니다. 만약 어떤 이미지에서 하나
의 색상만을 사용하여 채도 사이의 관계를 통해서
만 이미지를 표현해도 놀라울 정도로 많은 색채가
유지됩니다(11). 예제 이미지를 보면 피부와 머리카
락에서 미묘한 변화가 있지만, 전반적인 색채는 여
전히 현실감이 있죠.

색상

색상의 중요도가 가장 낮은데, 색채론을 처음 접하
는 초보자 입장에서는 놀라운 결과일 수도 있겠습
니다. 색상은 작품이 주는 감정적인 경험에 영향
을 주기 때문에 과대평가 되는데, 주제의 재현을 목
표로 한다면 색상이 갖는 중요성은 크게 떨어집니
다. 작품에서 명도와 채도를 올바르게 이해하고 표
현했다면 색상은 현실적인 묘사를 위한 필수조건
보다는 표현을 풍부하게 해주는 장식 정도의 역할
을 합니다. 예제 12의 딸기는 자연에서 볼 수 있는
빨간색 색상을 전혀 사용하지 않고 청록색(cyan)이
눈에 띄도록 크게 조정이 되어 있는데, 그럼에도 여
전히 우리 눈에는 빨간색으로 보입니다. 즉, 색상은
이미지의 향취와 풍미를 더하는 요소입니다.

12 이미지 속 빨간색은 사실
색상에서는 청록색입니다.
그러나 우리 눈에는 그렇게
부자연스럽게 보이지 않죠.

Image 12 photo © Svetlana Lukienko (via Adobe Stock)

COLOR

리미티드 팔레트

색을 구성하는 요소들 사이의 위계질서를 뚜렷하게 보여주어 색에 대한 이해를 돕는 것이 바로 리미티드 팔레트입니다. 스스로를 표현하는 방법이 무수히 많듯이 팔레트에 제한을 두어 리미티드 팔레트를 구성하는 방법도 수없이 많습니다. 아래에는 색을 구성하는 요소들 사이의 위계를 잘 보여주고, 가장 널리 쓰이며 교육 용도로 사용하는 세 가지 예시를 준비했습니다.

그리자유(Grisaille, 불어로 회색) 또는 모노크롬 팔레트(Monochrome palettes). 미술 교육에서 도료와 물감으로 작품을 그릴 때 가장 먼저 사용하는 팔레트입니다. 모노크롬 팔레트를 사용하면, 색을 구성하는 하나의 요소로 명도를 확실히 분리할 수 있고, 명도를 활용해 형태를 전달하는 데 집중할 수 있습니다. 물감을 사용하는 경우 모노크롬 팔레트는 하나의 색과 하얀색 두 가지만을 사용하는데, 제시된 예제에서는 티타늄 화이트(Titanium White)와 마스 블랙(Mars Black)을 사용했습니다(13). 그래픽 프로그램을 사용하는 경우에는 명도(Value) 슬라이더만 조정하는 방식으로 모노크롬 팔레트를 활용한 이미지를 만들 수 있습니다.

온도 제한(Limited Temperature). 온도를 제한해 팔레트를 구성하면 독특한 방식으로 색에 대해 이해할 수 있습니다. 온도 제한 팔레트를 구성하려면 색이 가진 채도 사이의 관계만 활용해야 하는데, 이를 통해 채도에 대한 이해를 확장할 수 있습니다(14). 물감을 이용하는 경우 채도를 중화해 제한하기 위해 검은색과 흰색을 섞은 색을 사용합니다. 예제에서는 티타늄 화이트와 아이보리 블랙(Ivory Black), 카드뮴 오렌지(Cadmium Orange)를 사용했습니다. 그래픽 프로그램을 사용하는 경우 명도(Value)와 채도 또는, 포화도(Saturation) 슬라이더만 조정하는 것으로 온도 제한 팔레트를 구성할 수 있습니다.

색상 제한(Limited Hue). 색상 제한 팔레트는 다른 리미티드 팔레트와 비교했을 때 다루기 쉬우며, 색상을 선택해 팔레트를 구성하는 방법이라고 할 수 있습니다. 원하는 색상 범위 어느 것이든 선택할 수 있지만, 가장 널리 알려진 것은 스웨덴 출신의 화가 안데르스 소른의 이름을 딴, 빨간색과 노란색, 주황색으로 구성된 소른 팔레트입니다(15). 색상 제한 팔레트는 서로 다른 두 가지 색상과 검은색과 흰색으로 두 색을 중화한 색상이 쓰입니다. 예제에서는 티타늄 화이트와 카드뮴 레드(Cadmium Red), 옐로우 오커(Yellow Ochre), 아이보리 블랙이 사용됐습니다. 그래픽 프로그램을 사용하는 경우 원하는 색상 두 개를 선택하고 명도(Value)와 채도 또는, 포화도(Saturation) 슬라이더만 조정하는 것으로 팔레트를 구성할 수 있습니다.

13 그리자유/
모노크롬 팔레트

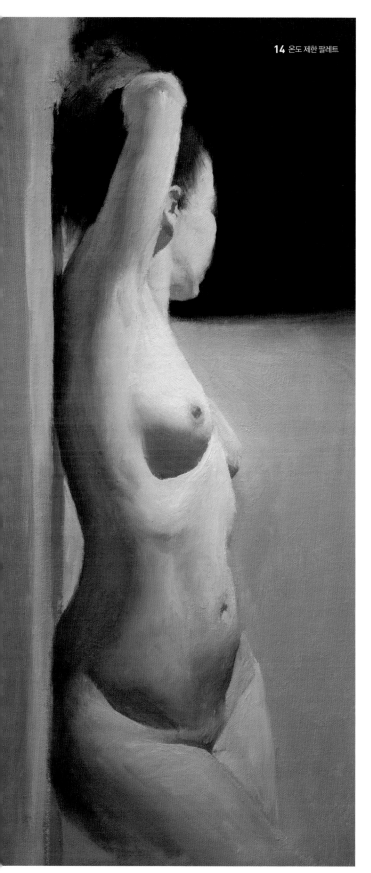

14 온도 제한 팔레트

15 색상 제한 팔레트

색채 항등성 PART 01 : 명도
COLOR CONSTANCY PART 01 : VALUE

명도에 대해 이야기하기에 앞서 착시 현상을 하나 소개하여 다시 한번 우리 눈에 보이는 것이 실재가 아니라는 점을 강조하고자 합니다. 우측에는 다들 한 번쯤 접해봤을 체스판 모양 패턴입니다. 에드워드 아델슨이 처음 고안한 착시 현상으로 아티스트들에게 시사하는 바가 있죠.

체스판 위에서 선택된 두 개의 사각형에는 서로 다른 조명이 비춰지고 있는데, 사실 두 사각형의 명도는 정확히 동일합니다(16). '겉보기에는 완전히 다른데 대체 어떻게 된 거지'하고 놀랄 수도 있겠습니다. 이 착시는 '색채 항등성(Color Constancy)'이라는 현상 때문에 발생한 것입니다.

색채 항등성은 물체가 해가 뜨고 지는 과정에서 서로 다른 빛을 받을 때, 이 물체의 색이 변한 것이 아니라 같은 것이라고 인식하기 위해 우리의 뇌가 적응하여 진화한 결과입니다. 따라서 공이 흰색이라면 침침한 실내조명이나 쨍쨍한 태양광 또는 그림자 아래로 들어가더라도 우리 눈에는 계속 흰색으로 보입니다. 만약 우리 뇌에 색채 항등성이 없다면 물체의 색이 시시각각으로 변하게 될 텐데 세상이 얼마나 정신없게 보일까요!

그러나 이런 일종의 보정 작업이 일상생활에서는 매우 유용하지만, 명도를 인식하고 이를 그림으로 옮겨 놓는 과정에서는 아주 큰 난관으로 작용합니다. 따라서 작품을 창작하는 과정에서는 색채 항등성이라는 현상을 인식하고 이를 잘 활용하는 방법을 생각해야 합니다.

아델슨의 착시현상은 조금 더 간단한 사례를 놓고 보면 그 작동 원리를 더욱 쉽게 이해할 수 있습니다(17). 예제 16과 마찬가지로 예제 17에 제시된 사각형 모두 명도는 같습니다. 사각형 주변에 있는 배경의 명도가 어두워지면 가운데 위치한 사각형의 명도가 상대적으로 밝아지는 것처럼 보입니다. 여기서 알 수 있는 중요한 사실은 바로 색이 지닌 명도의 일부는 배경과 대비되는 값이라는 점입니다.

체스판 위의 검은색 사각형은 그보다 명도가 높은 사각형에 둘러싸여 있기 때문에 우리 눈에 더 어둡게 보입니다. 또한 흰색 사각형은 그보다 명도가 낮

16 위에서 선택된 사각형 두 개의 명도는 동일하지만 우리 눈에는 다르게 인식됩니다.

명도가
같다

은 사각형에 둘러싸여 있기 때문에 더 밝아 보이죠. 그 결과 검은색과 흰색 사각형을 차례로 배치하면 두 사각형이 지닌 명도 차이가 서로 과장됩니다.

이러한 현상은 명도뿐만 아니라 우리가 앞서 다룬 색의 다른 요소 모두와 관련되어 있습니다. 여기에 대해서는 이후 차차 다루도록 하겠습니다.

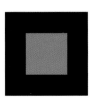

17 배경이 밝으면 가운데 위치한 사각형은 어둡게 보이며, 배경이 어두우면 반대로 밝아 보입니다.

명도 그루핑 VALUE GROUPING

그런데 우리가 명도를 제대로 인식할 수 없고 우리 눈에 보이는 것도 믿을 수 없다면 대체 어떻게 명도를 묘사해야 하는 것일까요? 직접 그림을 그려보려 했던 사람이라면 한 번쯤 마주했을 문제입니다. 그러나 우리 눈은 객관적으로 명도를 판단하는 데에는 그다지 뛰어나지는 않지만, 적절한 맥락에서 주어진다면 미묘한 명도 차이는 아주 잘 구분합니다.

어느 방식으로 작업을 하든 우리의 최우선 목표는 작품 안에서 가장 비율이 높은 명도를 최대한 빠르게 찾아내는 것입니다. 이를 손쉽게 할 수 있는 방법이 바로 단순화입니다. 자연에서 우리 눈 앞에 펼쳐진 명도를 모두 묘사하려 하는 것이 아니라 의식적으로 3가지 명도, 즉 명부(light), 중간톤(midtone), 암부(dark)로만 구분하는 편이 편하다는 것이죠(18).

예제 **19a와 19b**를 보면 세 가지로 단순하게 명도를 구분하는 것만으로도 얼마나 많은 정보를 전달할 수 있는지 알 수 있습니다. 이렇게 명도를 단순화해서 분류하는 것을 '명도 그루핑'이라 부르며 효과적인 정보 전달을 위한 강력한 수단이 되어줍니다. 만약 어떤 명도 값을 어느 그룹으로 분류할지 확실하지 않다면 눈을 찡그리고 시야를 약간 차단하는 방법을 추천합니다.

이 단계에서 그림이 마무리되는 것은 아닙니다. 물론 어떤 아티스트들은 여기서 끝내기도 합니다. 그러나 예제 19에서 볼 수 있듯 명도 그룹을 5개로 확장하는 시점에 우리에게 필요한 정보는 모두 갖춰지게 됩니다. 그 이상으로 확장해 봐야 완성된 작품에서는 넓게 분류한 명도 그룹 사이의 차이 정도로밖에 보이지 않습니다.

명도 그룹이 한 번 정해지고 난 다음에는 하나의 명도 값이 다른 명도 그룹을 절대 침범해서는 안 됩니다. 모델링을 할 때 입체감을 더하기 위해서 명도 값을 명도 그룹 내에서 미세하게 조정할 수는 있지만 명부의 하이라이트[1]에 있는 명도 값이 중간톤 그룹으로 낮아지는 등, 명도 그룹 간의 이동은 불가능합니다. 만약 이렇게 명도 그룹 사이에 겹치는 명도 값이 존재하게 되면 이를 '오버모델링(overmodeling)'이라 부릅니다. 오버모델링은 학습 단계의 작품에서 자주 발생하는 실수이며 이미지가 혼란스럽게 보이도록 합니다(20).

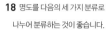

18 명도를 다음의 세 가지 분류로 나누어 분류하는 것이 좋습니다.

명부(Light)　　중간톤(Midtone)　　암부(Dark)

명도 3개로 시작　　이후 5개로 확장. 더는 필요하지 않다.

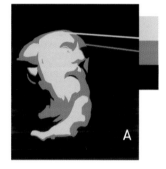
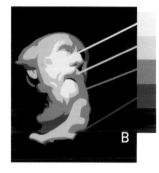

A　　　B

19a-b 명도 그룹 3개로 시작한 다음 그룹을 확장합니다. 이를 통해 점차적인 변화를 확인할 수 있습니다.

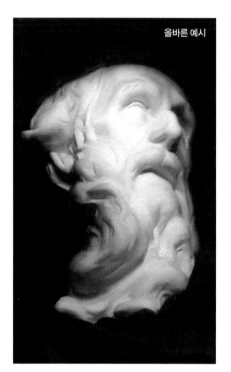
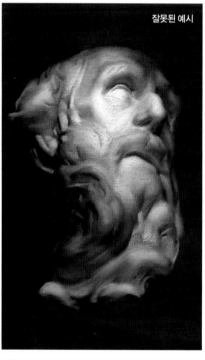

올바른 예시　　　잘못된 예시

20 명도 그룹 사이에서 미세하게 명도를 조정해서 입체감을 더하되, 다른 명도 그룹을 침범하지 않도록 유의해야 합니다. 그렇게 되면 명도 그루핑을 통해 얻은 효과가 사라집니다.

---

1 역주 : 하나의 색에서 명도가 가장 높은 지점을 말합니다.

지금까지 제시된 예제에서는 단순한 주제만을 다루었지만, 명도 그루핑의 원칙은 우리가 묘사하려는 장면이 얼마나 복잡한지와 상관없이 유지됩니다. 구웨이즈의 일러스트 작품(21a)에서는 굉장히 복잡한 장면을 묘사하고 있지만 명부와 중간톤, 암부라는 명도의 구분이 뚜렷하도록 작가가 굉장히 신경을 쓴 것을 알 수 있습니다.

이미지를 기본이 되는 3개의 명도로만 분류해 보면 얼마나 많은 정보가 명도 구분을 통해 전달될 수 있는지 알 수 있습니다(21b). 우리가 작품을 구상할 때 이렇게 단순한 방법으로 메시지를 전달할 수 있기 때문에 명도 그루핑은 유용한 스킬이며 작품의 구도를 구상할 때 핵심적으로 사용됩니다.

21a 명도를 섬세하게 분류하여 전반적으로 어두운 색감임에도 전달하려는 내용이 명확하게 보입니다.

Images © Guweiz

21b 작품을 3개의 명도 그룹으로 나누어 보면, 이미지가 얼마나 분명하고 잘 구성되었는지 알 수 있습니다.

노출과 우리 EXPOSURE AND US

아티스트는 매우 제한된 재료로 작품을 만들어야 합니다. 어떤 매체로 작업을 하더라도 사용할 수 있는 것은 자연에서 보이는 명도 중 아주 일부에 불과합니다. 흰색 물감의 명도가 높아 보이더라도 태양의 명도에는 비할 바가 못되며, 검은색 물감도 빛을 일부 반사하기 때문에 우주의 심연 속에 보이는 검은색보다는 명도가 높을 수밖에 없죠.

사실 우리의 눈도 자연이 묘사하는 범위를 모두 인식할 수 없습니다. 자연에서 보이는 대부분의 광원은 너무 밝아서 우리가 직접 쳐다볼 수 없으며, 광도가 너무 낮다면 아무것도 볼 수 없고요. 그리고 이런 양극단을 표현할 수 있는 도료는 결코 만들 수 없습니다.

예제 22로 이러한 현상을 확인할 수 있습니다. 예제에서 표시한 명도는 상징적인 표현이란 걸 알아주세요. 자연에서 나타나는 명도의 범위는 넓기에 이 책에 전부 표현할 수는 없습니다. 다만 이렇게 단순화하여 표시하면 그림을 그릴 때 우리가 마주하는 근본적인 문제의 해결책을 시각적으로 파악할 수 있습니다.

명도 클리핑

사진에서 노출이라는 개념을 빌려온다면, 빛의 범위에 한계가 있다는 사실로 인한 정보의 손실이라는 개념을 더 쉽게 이해할 수 있습니다. 믿기 어려울 수도 있겠지만 아래의 두 사진은 같은 장소에서 같은 시간에 촬영했지만, 전혀 다른 사진처럼 보입니다(23a-b).

왼쪽 사진은 하늘을 정밀하게 묘사하고 있지만, 지면은 어둡고 일부는 검은색으로만 표현되는 등 제한적입니다. 이와는 반대 현상이 오른쪽 사진에 나타납니다.

이러한 효과를 '클리핑(Clipping)'이라고 하며, 자연을 더욱 잘 묘사하기 위해 자연이 보이는 명도 범위 안에서 카메라가 표현할 수 있는 명도 범위를 다른 지점으로 옮기는 기법을 말합니다. 그러면 이때 설정한 범위보다 높은 값은 흰색으로, 낮은 값은 검은색으로 표현됩니다.

우리의 눈도 주변의 사물을 감지할 때 클리핑을 활용하고 있습니다. 밝은 빛으로 가득한 방에서 갑자기 불을 모두 끈다면, 눈이 어두운 환경에 적응(또는 재노출)하기 전까지 잠시 아무것도 보이지 않을 것입니다.

22 우리가 지닌 도구로는 자연에 존재하는 명도 중 극히 일부만을 표현할 수 있습니다.

23a 밝은 부분에 맞추어 노출을 조정하면 설정된 범위보다 어두운 값은 전부 검은색으로 클리핑됩니다.

23b 어두운 부분에 맞추어 노출을 조정하면 설정된 범위보다 밝은 값은 전부 흰색으로 클리핑됩니다.

Image 23 photos © Creative Travel Projects/Shutterstock.com

명도 키잉 VALUE KEYING

많은 초보자는 어떤 장면에서 보이는 명도를 보이는 그대로 사용하려 합니다. 그러나 자연에서 보이는 장면을 묘사하는 방법을 배우면서 알게 되었듯이 이러한 방식은 실제로는 작동하지 않습니다. 우리는 그림으로 표현하려는 주제에서 어떠한 부분에 초점을 맞출지 선택해야 하고, 이에 따라 제한된 명도 범위 안에서 명도를 사용해야 합니다.

21페이지에서 소개한 3개의 그룹으로 명도를 분류하는 방법이 여기서 빛을 발합니다. 가장 단순한 방법을 소개하자면, 우선 3가지 명도 그룹 중 가장 많은 정보가 담길 그룹을 선택합니다. 다음으로 3가지 명도 그룹을 5가지로 확장할 때는 노출시켰을 때 넓은 명도 범위를 포괄할 수 있는 명도 그룹을 골라야 한다고 앞서 배웠습니다. 즉, 명부에 맞추어 노출시켰을 때 우리가 사용할 수 있는 명도 그룹은 밝은 영역으로 넓어지게 되고, 반대로 암부에 맞추어 노출시켰을 때는 어두운 영역의 명도 그룹을 폭넓게 활용할 수 있게 됩니다(24a-b). 이렇게 명도의 범위를 선택하고 이렇게 선택한 명도 범위에서 주제가 다뤄지는 영역을 고르는 행위를 '키잉(Keying)'이라 부릅니다. 그리고 키잉은 앞으로 우리가 창작하게 될 모든 이미지에서 중요한 역할을 수행합니다.

위에서 설명한 두 가지 노출 방법이 실제 그림에서 어떻게 보이는지 이해를 돕기 위해 제가 그린 작품을 예제로 준비했습니다(25a-b). 각각의 그림에서 저는 의도적으로 명부와 암부를 제외하여 제가 선택한 영역에서 더 많은 정보가 전달될 수 있도록 했습니다.

작품을 그리는 과정에서 명도 키잉은 의도를 가지고 이뤄져야 하는데, 주제를 표현할 때 아주 효과적인 방법이 될 수 있기 때문입니다. 그림의 목적에 따라 다른 명도 그룹을 사용해야 하는 이유가 여럿 있을 수도 있고, 실제로 이 책을 진행하면서 다른 명도 그룹을 사용하는 방법에 대한 논의를 할 예정입니다. 우선 당장은 명도 그룹은 작품의 창의성을 증대하기 위한 수단이며 주제의 명도를 묘사할 때 필수적이 아니라는 점만 분명히 하고 가도록 합시다.

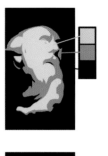

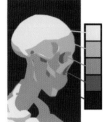
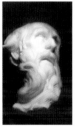
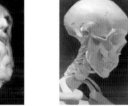

24a 명부를 더 많이 포함하게 명도 범위를 확장했습니다.

24b 암부를 더 많이 포함하게 명도 범위를 확장했습니다.

자연 상태의 명도 범위

∞ ∞
0 10

명도 범위보다 어두운색 ⇒ 클리핑한 명도 범위

25a 명부에 맞추어 노출을 조정하고 나머지는 어두운 부분에 맞추어 그루핑했습니다.

자연 상태의 명도 범위

∞ ∞
0 10

클리핑한 명도 범위 ⇐ 명도 범위보다 밝은색

25b 암부에 맞추어 노출을 조정하고 나머지는 밝은 부분에 맞추어 그루핑했습니다.

명도 스케일 VALUE SCALES

명도를 단순화해서 구분하고 명도 그룹을 서로 구분해 유지하는 것이 순전히 디자인에서나 필요한 것으로 생각하는 경향이 있습니다. 아주 틀린 말도 아니며, 실제로 단순하며 색조[2]의 구분이 명확한 디자인일수록 더욱 선명하고 강렬한 이미지로 이어집니다. 다만 많은 사람들이 명도의 구분이 근본적으로는 우리가 명도를 인지하는 방식에 기반하고 있다는 사실은 알지 못합니다.

우리는 직관적으로 명도가 직선적으로 변화한다고 생각합니다. 실제로 미술 시간에 처음 배우는 것 중의 하나가 10단계로 이뤄진 명도 스케일이기도 하죠. 이런 방식이 초보자가 명도를 배우기 쉬운 방법이기도 하고, 직관적으로 어떤 명도 값이 스케일 위에서 어디에 위치하는지 알 수 있는 방식이기도 합니다. 우리가 명도를 경험하고 명암을 인식하는데, 선형 척도가 유용하기는 하지만, 실제 빛이 작용하는 방식은 선형 척도를 따르지 않습니다. 인간의 시각이 명도 스케일에서 어두운 쪽에서 일어나는 변화에 더 민감하게 반응하도록 진화했기 때문입니다. 사실 빛은 '지수적 감쇠(exponential drop-off)'라는 법칙을 따릅니다. 이후 등장할 단원에서 빛에 대해서는 보다 상세하게 다룰 예정이니 지금 시점에서는 명도와 관련한 수준 정도에서만 이야기를 해보겠습니다.

지수적 감쇠

'지수적 감쇠'라고 하면 얼핏 복잡한 말처럼 들릴 수도 있지만 사실 간단하게 설명하면 검은색에 가까워질수록 명도의 손실이 빨라진다는 말입니다. 예제 26에서는 지수적 감쇠를 그래프로 표현하고 있습니다. 그래프의 수직축(Y축)에 실제 빛이 보이는 명도를 집어넣고, 이와 대비했을 때 우리가 체감하는 명도를 광도계를 사용해 수평축(X축)에 대입해서 표현했습니다. 이때 나타난 명도의 값은 포토샵에서의 명도 값으로도 표시했으니, 실제로 지수적 감쇠가 어떻게 나타나는지 확인해 볼 수도 있습니다.

그래프도 나오고 '지수적'과 같이 어려운 말도 나오니 뭔가 머리가 지끈거릴 수도 있습니다. 그러나 위의 그래프에 담긴 내용은 언덕 위에 놓은 공이 굴러가는 경로로 치환해 생각하면 편합니다(27). 공이 언덕을 따라서 아래로 굴러갈수록 그 속도는 빨라질 것이고, 언덕이 가팔라질수록 속도는 더욱 빨라질 것입니다. 빛도 똑같이 움직인다고 생각하면 됩니다.

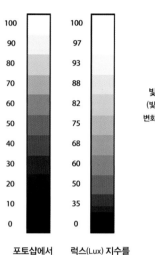

포토샵에서 백분율로 표현된 명도(체감)

럭스(Lux) 지수를 사용해 백분율로 표현한 명도(빛)

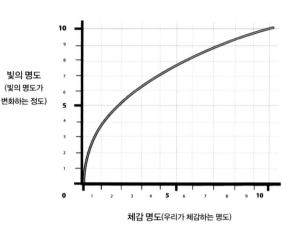

빛의 명도 (빛의 명도가 변화하는 정도)

체감 명도(우리가 체감하는 명도)

26 빛이 보이는 지수적 감쇠와 이를 포토샵의 명도로 대응시켰습니다.

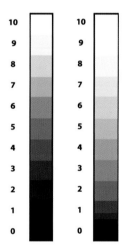

포토샵에서 백분율로 표현된 명도(체감)

럭스(Lux) 지수를 사용해 백분율로 표현한 명도(빛)

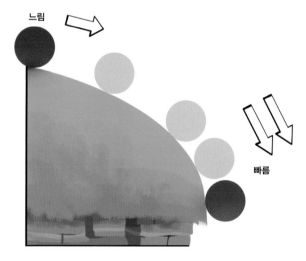

느림

빠름

27 언덕을 굴러 내려가는 공으로 지수적 감쇠를 생각하면 됩니다.

2 역주 : 색이 밝고 어두운 정도를 말합니다.

지수적 스케일과
선형 스케일

단순한 흰색 구체 위에 지수적 스케일과 선형 스케일을 겹쳐서 놓으면 두 스케일 사이의 정확성 차이를 알 수 있고, 따라서 지수적 스케일을 사용하는 것이 훨씬 유용하다는 점을 쉽게 알 수 있습니다. 구체의 형태에 맞춰서 스케일을 따로 조작하지 않아도 지수적 스케일이 실제 구체 위에 표현된 명도를 완벽하게 표현하고 있다는 것을 알 수 있습니다. 반면 선형 스케일은 너무 빠르게 어두운 영역이 나타납니다(28).

지수적 스케일로 명도를 표현한 구체(좌측)와 선형 스케일로 명도를 표현한 구체(우측)을 나란히 놓고 비교하면 둘 사이의 차이는 더욱 도드라집니다(29). 이렇듯 명도 스케일을 이해하고 작품을 창작하는 과정에서 명도 스케일이 적용이 되는 방식을 이해하는 것이 명부에서 다양한 방법으로 양감을 주는 동시에 오버모델링을 피할 수 있는 핵심 기법입니다.

물론 작업을 할 때마다 형상에 입체감을 주기 위해서 계산기를 붙잡고 두드릴 필요는 없습니다. 직관적으로 지수적 스케일과 선형 스케일이 어떻게 표현되는지 알고 있으면 됩니다. 이렇게 직관적으로 스케일을 표현하는 가장 쉬운 방식이 바로 관측된 명도 값을 서로 섞는 것입니다. 우선 검은색과 흰색 사이 중간 지점의 명도를 선택한 뒤에 선택한 값과 흰색 사이의 명도, 그리고 두 번째 선택한 명도와 흰색 사이의 명도를 차례로 선택합니다.

이렇게 해서 구성한 스케일이 예제 30에서 보이는 명도 스케일입니다. 그리고 스케일 위에 표현되지 않은 사잇값은 육안으로 판단하면 됩니다. 여기서 핵심은 결국 검은색 쪽으로 스케일이 이동하면서 명도의 변화가 빨라진다는 점입니다.

같은 방법을 사용해서 임의의 두 명도 값 사이의 지수적 스케일을 만들어낼 수 있습니다(31). 향후 입체감을 줄 때 이와 같은 스케일을 계속 이용할 것이기 때문에 보다 복잡한 주제로 넘어가기에 앞서서 지수적 스케일에 친숙해지는 것이 중요합니다. 디지털 매체나 물감 어느 매체로든 최대한 많은 명도 스케일을 구성해 봅시다.

28 지수적 스케일에 나타나는 지수적 감쇠가 선형 스케일보다 훨씬 현실적으로 빛을 표현합니다.

29 지수적 스케일로 명도를 표현한 구체와 선형 스케일로 명도를 표현한 구체.

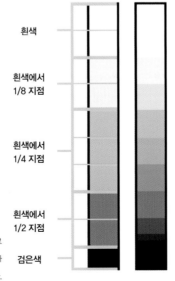

30 스케일이 검은색 쪽으로 이동하면서 명도 범위의 변화가 기하급수적으로 빨라집니다.

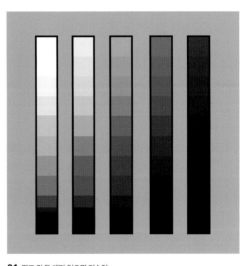

31 명도 값 두 개만 있으면 지수적 스케일을 만들 수 있습니다.

형태와 테두리 SHAPES AND EDGES

무언가를 처음 그릴 때 선을 사용하여 눈에 보이는 형태를 표현하는 방법을 우리는 흔히 사용합니다. 그러나 자연에서 이러한 외곽선은 존재하지 않습니다. 현실에서 우리 눈에 보이는 모든 것은 단순하게 말하면 시시각각 변화하는 색의 형태일 뿐입니다. 얼핏 보기에 단순한 사실이지만 여기서 다른 문제가 발생합니다. 형태 그 자체는 2차원상에 존재하는데 우리가 실제 세상에서 인지하는 물체는 3차원의 형상(Form)이기 때문입니다. 그렇다면 우리는 어떻게 이때의 형상을 표현하면 되는 것일까요?

많은 초보자가 입체적인 형상을 표현하기 위해서 명도를 지닌 형태를 더하는 방식을 사용하는데, 그 결과로 오히려 입체감이 떨어지고 오버모델링이 이뤄지게 됩니다. 앞서 살펴보았듯 명도 그루핑을 단순하게 하면 작품의 입체감도 더욱 살아나게 됩니다. 형상의 입체감을 살리면서 명도 그루핑을 단순하게 하기 위한 핵심은 형태 그 자체가 아니라 형태의 외곽에 집중하는 것이죠. 이때 말하는 형태의 외곽을 우리는 테두리(Edge)라 부릅니다. 또한 테두리는 일종의 스펙트럼으로 경계가 뚜렷하면 샤프 엣지(Sharp Edge), 모호하면 소프트 엣지(Soft Edge 또는 그래디언트)라 부릅니다.

샤프 엣지와 소프트 엣지 사이에는 무수히 많은 중간 지점들이 존재하겠지만, 두 극단의 중간 정도를 펌 엣지(Firm Edge)로 부르도록 하겠습니다. 그리고 테두리를 일컫는 이러한 세 개의 개념을 명도를 구분하는 세 개의 그룹(명부, 중간톤, 암부)처럼 사용하겠습니다(32).

테두리를 사용해 명도 사이의 형태 그리기

앞서 언급한 세 종류의 테두리를 형태의 선명도를 나누는 척도라고 생각하겠습니다. 형태가 선명해질수록 테두리의 경계는 날카롭게 구분될 것이며, 형태가 모호할수록 테두리의 경계는 부드럽게 구분될 것입니다. 당연한 말을 굳이 하는 것처럼 들리겠지만, 이처럼 단순한 형태 사이의 관계를 초보자들은 자주 잘못 이해하고는 합니다. 나아가 형태와 테두리를 표현하는 방식이 실제감과 밀접하게 관련되어 있다는 사실은 두 번 말하면 입이 아플 정도로 중요합니다.

초보자는 테두리를 부드럽게 다듬거나 테두리를 만지는 작업이 작품의 완성 단계에서 단순히 색을 '뭉개는' 것 정도로 여기고는 합니다. 그러나 실제로 형태의 테두리를 만드는 과정은 이보다 훨씬 중요한 작업이고, 그림을 그리는 모든 단계에 걸쳐 신경 써야 하는 일입니다.

예제 33에서는 서로 다른 테두리만을 사용해 형태를 만드는 방법을 설명하고 있습니다. 2단계에서 3단계로 넘어가면서 한 것은 샤프 엣지로 소프트 엣지와 펌 엣지를 둘러싼 것이 전부입니다. 그럼에도 즉각적으로 그럴듯한 형상이 만들어지며 그림에 완성감이 더해지는 것을 확인할 수 있죠. 단순하게 표현하자면 형상은 샤프 엣지로 둘러싸인 소프트 엣지입니다. 이후 점차 복잡한 형상에 대해서도 다루게 되겠지만 이렇게 형상에 대한 정의를 단순화해 놓으면 형상을 어떻게 그려야 할지 감을 잡을 수 있습니다. 실제로 이 방법으로 형상을 아주 빠르게 그려낼 수 있습니다.

하지만 그렇다고 해서 테두리라는 개념이 전적으로 선을 대체할 수는 없습니다. 형태를 만드는 과정도 결국 그림의 일부이기 때문입니다. 입체감을 주는 과정인 모델링과 그림은 결국 같은 개념이기 때문에 둘을 굳이 분리하여 생각할 필요는 없습니다. 예제 34는 10분이면 그릴 수 있지만, 테두리라는 개념을 활용하는 것만으로도 입체감이 꽤 잘 살아 있습니다.

대비(Contrast) 역시 테두리라는 개념에 적용할 수 있습니다. 소프트 엣지는 샤프 엣지와 나란히 두고 보았을 때 더욱 경계가 불분명해 보이며, 샤프 엣지는 소프트 엣지 옆에 있을 때 경계가 더 도드라져 보입니다. 이러한 대비 효과를 활용하여 소프트 엣지부터 그린 뒤, 번짐 효과, 그리고 점차 경계가 날카로운 샤프 엣지를 그려 나가는 방식을 활용해 볼 수도 있습니다. 다만 이 방식이 유일한 방식은 아닙니다. 생각나는 방식은 모두 시도해 볼 것을 추천합니다. 그런데 그렇다면 이렇게 테두리가 다양하게 보이는 원인은 무엇일까요? 여기에 대해서는 세 가지 이유를 생각해 볼 수 있습니다.

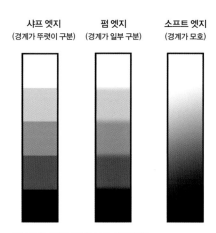

샤프 엣지
(경계가 뚜렷이 구분)

펌 엣지
(경계가 일부 구분)

소프트 엣지
(경계가 모호)

32 형상을 그릴 때 사용할 수 있는 테두리 3종

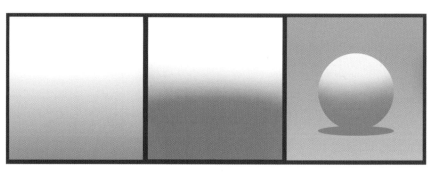

1) 테두리가 소프트 엣지인 그래디언트를 만든다.

2) 펌 엣지를 더한다

3) 소프트 엣지를 샤프 엣지로 둘러싸면 형상이 생겨난다.

33 테두리를 잘 선택하면 최소한의 테두리만으로도 형상을 쉽게 그릴 수 있습니다.

34 소프트 엣지와 샤프 엣지를 활용해 명도 두 개로 그린 그림입니다. 효율적이고도 흥미로운 방식으로 스케치를 할 수 있음을 알 수 있죠.

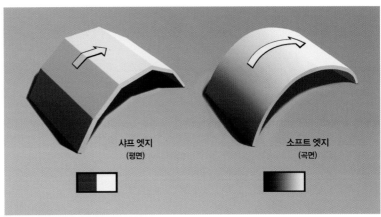

샤프 엣지
(평면)

소프트 엣지
(곡면)

35 샤프 엣지와 소프트 엣지를 활용해 각각 각진 평면과 곡면을 만들 수 있습니다.

배경에
초점

가까운 지점에
초점

중간 지점에
초점

36 인간의 눈은 오직 하나의 심도에만 초점을 맞출 수 있습니다. 따라서 목표하는 초점에 맞추어 심도를 선택해야 합니다.

형상의 변화

예제 **35**에서 둥근 형상은 소프트 엣지로, 평면적이며 각진 형상은 샤프 엣지를 활용해 모델링했습니다(**35**). 이 방법이 초보자가 테두리를 부드럽게 한다고 할 때 가장 먼저 떠올리는 방식입니다. 76페이지에서 테두리를 활용한 모델링에 대해서 보다 상세히 다룰 예정이나, 지금은 우선 둥근 형상과 각진 형상 두 개로만 나누어 생각합시다. 어려운 내용은 아니지만 굉장히 복잡해질 수 있는 주제이기도 합니다.

피사계 심도

인간의 눈은 렌즈입니다. 그리고 렌즈와 마찬가지로 초점의 심도가 있고, 100% 초점을 맞출 수 있는 심도는 단 하나만 존재합니다. 이 때문에 초점의 심도보다 가까이 또는 멀리 있는 물체는 희미하게 보입니다. 이를 활용해 우리는 거리감을 표현할 수 있습니다. 초점을 맞출 지점을 하나 선택한 다음, 그 지점보다 가까이 또는 멀리 있는 물체는 희미하게 표현하면 됩니다(**36**).

초점

인간의 눈은 초점을 맞출 수 있는 범위가 매우 좁습니다. 우리는 이를 잘 인식하지 못하지만, 우리 눈에 보이는 것 중 한 번에 15도 정도에 해당하는 영역에만 우리는 초점을 맞출 수 있습니다. 이 때문에 테두리가 날카롭게 구분되고 디테일이 선명하면 시선이 쏠립니다(**37**). 관객의 시선을 사로잡는 가장 강력한 방법은 어떠한 이미지에서 초점이 모이는 영역의 테두리를 명확하게 하고, 상대적으로 중요하지 않은 부분은 흐리게 처리하는 것입니다. 예제 **38**에서 저는 모델의 머리와 손에 초점을 위치시켰는데, 다리와 모델이 기대고 있는 상자의 테두리를 흐리게 처리했습니다.

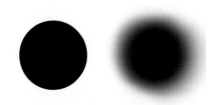

37 두 개의 점중 어느 것에 시선이 가나요?

38 실제 모델을 그리면서 의도적으로 어떤 테두리는 흐리게 처리하여 중요도를 떨어뜨렸습니다.

색의 구성 요소 COLOR PRIMARIES

다음 주제인 색상과 채도로 넘어가기에 앞서 색이 실제로 어떻게 인식되는지 알고 가는 것이 좋겠습니다. 한 가지 중요한 사실은 명도와 관련된 색의 특질들이 색의 다른 구성 요소인 색상과 채도와는 근본적으로 다르다는 점입니다. 그리고 그 이유는 우리 눈의 구성에서 찾아볼 수 있습니다.

인간은 색의 3가지 요소를 안구 뒤편에 위치한 간상세포(rod cell)와 원추세포(cone cell)에서 신호를 수용하는 것으로 인식합니다(39). 이들 세포가 실제로 어떻게 작동하는지 알 필요는 없습니다. 다만 간상세포와 원추세포가 서로 다른 시각계를 구성한다고 알아두는 정도면 충분합니다. 간상세포는 명도의 인식을 담당하고 원추세포는 색상과 채도를 감지합니다. 또한 원추세포에는 세 종류가 있는데 일반적으로 이들을 적색원추세포(적추체)와 청색원추세포(청추체), 녹색원추세포(녹추체)라 부릅니다.

원색

원추세포는 더 자세히 나눠질 수 있고, 이에 대해서는 뒤에서 자세히 다룰 것이나(48페이지), 당장은 세 가지 원추세포가 있다는 정도만 알고 있으면 충분합니다. 세 가지 원추세포가 각각 세 가지 색상의 인식을 담당하기 때문에 우리는 '3원색(Primary Colors)'을 기반으로 색을 인지합니다. 그리고 이 3원색이라는 개념이 색을 섞을 때 기본이 되는 개념입니다. 앞으로 '원색'이라고 하면 '서로 섞었을 때 가장 넓은 범위의 색을 표현할 수 있는 색들'로 정의하겠습니다.

세 가지 원추세포가 각각 빨간색과 초록색, 파란색을 감지하기 때문에 이들 세 가지 색을 빛의 3원색이라 부릅니다. 빛의 3원색을 섞으면 실질적으로 어느 색이든 만들어낼 수 있습니다. 사실 이 빛의 3원색이라는 개념을 가장 널리 활용하고 있는 것은 모니터와 같은 디스플레이입니다. LED 디스플레이를 사용하고 있다면 화면에 표시되는 모든 색이 바로 RGB라는 3원색을 활용해 표현된 것이죠.

다만 위에서 다룬 원색은 빛의 3원색이라는 점을 기억해야 합니다. 즉, 아티스트로 활동하면서 실제로 물감 등의 색료를 섞을 때에는 다른 방식으로 혼색이 이뤄집니다. 빛은 '가산 혼합(Additive Mixing)'이 이뤄지는데, 섞을수록 밝아진다는 말입니다. 반

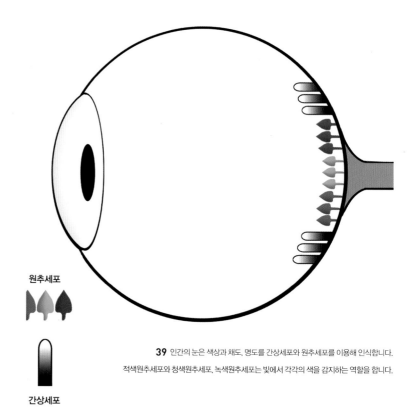

원추세포

간상세포

39 인간의 눈은 색상과 채도, 명도를 간상세포와 원추세포를 이용해 인식합니다. 적색원추세포와 청색원추세포, 녹색원추세포는 빛에서 각각의 색을 감지하는 역할을 합니다.

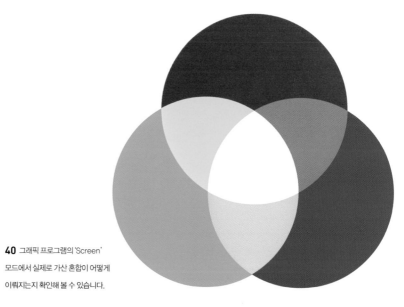

40 그래픽 프로그램의 'Screen' 모드에서 실제로 가산 혼합이 어떻게 이뤄지는지 확인해 볼 수 있습니다.

면 물감과 같은 색료는 '감산 혼합(Subtractive Mixing)'이 이뤄지는데, 빛과는 반대로 섞을수록 어두워진다는 것이죠. 이처럼 빛은 가산 혼합이 되기 때문에 흰색 빛에는 모든 색이 들어갑니다. 즉, 빨간색과 초록색, 파란색 빛이라는 빛의 3원색을 섞으면 흰색 빛이 나옵니다(40).

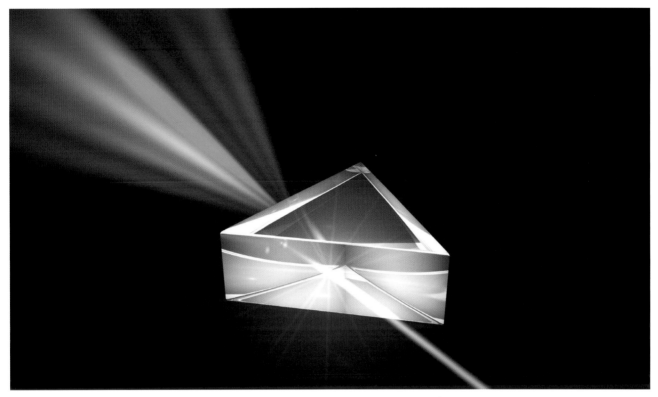

41 프리즘에 흰색 빛을 쏘아보면 여러 색으로 이뤄진 스펙트럼이 나오는 것을 알 수 있습니다.

컬러 스펙트럼

빛이 가산 혼합을 한다는 사실은 수학자이자 물리학자였던 아이작 뉴턴이 최초로 밝혀냈습니다. 뉴턴은 몇 차례 실험을 통해 빛을 프리즘을 통해 회절시켜(구부려서) 빛의 구성 요소를 분리해 냈습니다. 뉴턴의 실험을 따라해 보면 우리는 흰색 빛이 채도가 강한 색들로 이뤄진 영역으로 나누어짐을 확인할 수 있습니다(41). 이렇게 색으로 이뤄진 영역을 컬러 스펙트럼이라 부르는데, 주변에서 가장 흔하게 찾아볼 수 있는 컬러 스펙트럼은 무지개입니다.

컬러 스펙트럼도 결국에는 스펙트럼이기 때문에 우리가 '색'이라고 부르는 스펙트럼상의 특정한 지점은 우리가 사용하기 위해서 만들어낸 개념입니다. 이 책에서는 스펙트럼상에서 서로 같은 간격을 두고 있는 여섯 개의 지점을 골라서 각각 빨간색과 파란색, 초록색이라는 3원색, 그리고 노란색과 청록색(cyan), 자홍색(magenta)이라는 2차색(두 개의 원색을 섞었을 때 나오는 색)이라고 이름 붙이겠습니다(42).

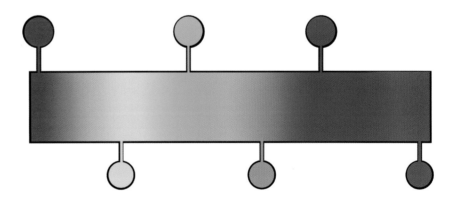

42 컬러 스펙트럼 위에서 서로 같은 간격을 지닌 여섯 개의 점을 3원색(빨강, 초록, 파랑)과 2차색(노랑, 청록, 자홍)으로 정의하겠습니다.

Image 41 © SteveUnit4/Shutterstock.com

색료의 3원색

아티스트로서 우리가 접하는 대부분의 질료는 감산 혼합을 합니다. 즉, 색을 섞을수록 어두워지고, 흰색이 아니라 검은색에 가까워지게 되죠. 사실 가산 혼합이 가능한 매체는 그래픽 프로그램이 유일합니다. 따라서 어떤 도구를 사용하든 감산 혼합에 대해서 잘 이해하고 있어야 합니다.

가산 혼합과 감산 혼합은 확연히 다르게 작동하기 때문에 서로 전혀 무관한 것으로 생각할 수도 있습니다. 그러나 이들이 작동하는 원리는 동일합니다. 감산 혼합은 사실 가산 혼합에서 나오는 부수적인 작용인 것이죠. 궁극적으로 우리 눈에 보이는 것은 빛이기 때문에 빛의 혼합을 통해서 가산 혼합과 감산 혼합을 모두 설명할 수 있습니다.

감산 혼합을 이해하기 위해서는 먼저 우리가 물체의 색을 인지하는 방식을 이해하는 것이 좋습니다. 예를 들어, 빨간색 공을 흰색 빛 아래 놓으면 흰색 빛 안에 있는 초록색과 파란색 빛이 공에 흡수되겠죠. 그리고 3원색 중 남은 빨간색만이 반사되어 우리 눈에 도달하는데, 이것이 우리가 빨간 공을 빨간색으로 인지하는 원리입니다(43). 우리 눈에 보이는 색은 물체의 표면에서 흡수되는 빛의 정반대 색입니다. 즉, 우리 눈에 어떤 사물이 빨간색으로 보인다면 물체의 표면에서는 빨간색이 흡수되지 못한 것이죠.

물감의 색을 인지하는 방식도 동일합니다. 물감에서 흡수되는 색(우리 눈에 보이지 않는 색)은 우리 눈에 보이는 색, 즉 반사되는 색의 정반대 색입니다. 물감을 섞을 때 이렇게 보이지 않고 흡수되는 색은 가산 혼합되는데, 다만 우리 눈에는 흡수되지 않은 색이 보일 뿐입니다. 만약에 보이지 않고 흡수되는 색이 모두 더해져 하얀색이 된다면 모든 빛이 흡수된다는 말이고, 결국 우리 눈에는 검은색 물감으로 보이게 되죠!

가산 혼합이 이뤄지는 빛의 3원색 중 물체의 표면에서 흡수되는 빛을 사용해 감산 혼합의 3원색을 알아낼 수 있습니다. 그리고 이렇게 찾아낸 감산 혼합의 3원색은 청록색과 노란색, 자홍색입니다(44). 감산 혼합의 3원색은 서로 섞이면 하얀색이 아니라 검은색이 되는데 물감을 섞었을 때 나타나는 것으로 알려진 것과 같은 원리입니다. 그래픽 프로그램으로 작업을 하는 경우 가산 혼합이나 감산 혼합 중에 선택해서 사용할 수 있습니다. 포토샵에서 감산 혼합을 사용하기 위해서는 블렌딩 모드 중에서 'Multiply'로 바꾸면 됩니다(45).

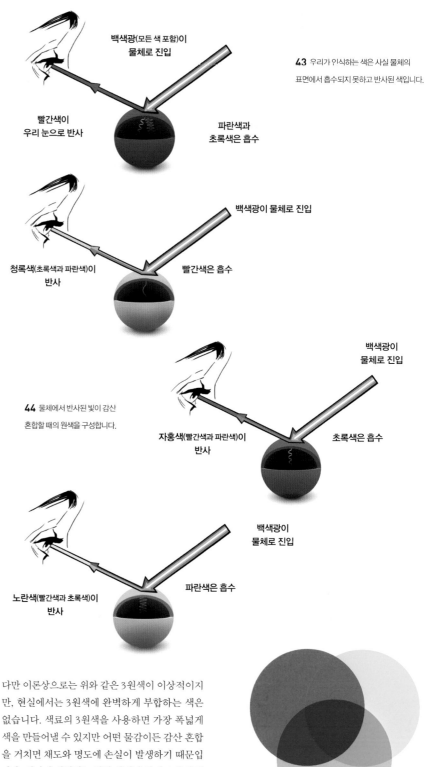

43 우리가 인식하는 색은 사실 물체의 표면에서 흡수되지 못하고 반사된 색입니다.

44 물체에서 반사된 빛이 감산 혼합할 때의 원색을 구성합니다.

다만 이론상으로는 위와 같은 3원색이 이상적이지만, 현실에서는 3원색에 완벽하게 부합하는 색은 없습니다. 색료의 3원색을 사용하면 가장 폭넓게 색을 만들어낼 수 있지만 어떤 물감이든 감산 혼합을 거치면 채도와 명도에 손실이 발생하기 때문입니다. 여기에 대해서는 색의 선택과 팔레트에 관해 설명하면서 더 자세히 다루겠습니다.

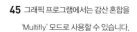

45 그래픽 프로그램에서는 감산 혼합을 'Multifly' 모드로 사용할 수 있습니다.

CMY vs RBY

원색이라는 개념은 학교에서 배워서 친숙할 수도 있습니다. 그러나 학교에서는 3원색이 빨강과 파랑, 노랑이라고 배웠을 것입니다. 따라서 이 책에서는 왜 빛의 3원색은 빨강과 초록, 파랑이고 색료의 3원색은 청록과 자홍, 노랑이라고 하는지 의아했을 수도 있습니다.

사실 이 주제는 아티스트 사이에서도 의견이 갈립니다. CMY(청록, 자홍, 노랑)를 3원색이라고 주장하는 쪽에서는 RBY(빨강, 파랑, 노랑)는 색에 대한 이해가 충분하지 못했을 때 탄생한 거짓이라고 말하며, 반대로 RBY를 3원색이라 주장하는 쪽에서는 과거의 위대한 화가들은 모두 RBY를 사용해 대작을 그려냈다고 말합니다. 어떤 이들은 이러한 주장 자체가 의미 없다고 하고요. 이런 주장이 무의미하다고 하는 사람들은 아티스트가 그림을 그리는 도구는 빛이 아니라 물감과 같은 색료이기 때문에 빛에 대한 연구는 공학자들이 다뤄야 하는 분야라고 주장합니다(46).

이렇듯 원색에 대한 의견이 갈리는 데에는 역사적인 이유와 실질적인 이유가 존재합니다. CMY 모델은 1950년대부터 본격적으로 상업적으로 활용된, 상대적으로 새로운 방식입니다. 반면 RBY 모델의 역사는 훨씬 오래전으로 거슬러 올라가는데, 색에 대한 논의를 다루고 있는 서적 중 가장 오래된 것(가장 오래된 것은 15세기에 등장)에서 처음 등장합니다. 그러나 이러한 서적 중 다수는 우리가 어떻게 색을 인식하는지 알기 훨씬 이전에 쓰인 것들입니다.

더불어 초기 혼색 이론 중 다수는 CMY 모델을 표현할 수 있는 질 좋은 안료가 없던 시절에 만들어졌습니다. 예를 들어, 프러시안 블루(Prussian Blue)를 사용해서 만들어지는데, 청록색의 영문명 시안(cyan)의 이름이 여기서 유래했습니다)는 18세기 초에 들어서야 최초로 합성되었습니다. 기존에 사용되었던 자홍색 안료 다수는 내광성이 없어서 시간이 지나며 색이 바래기도 했습니다. 오늘날 사용하는 최상급의 자홍색 안료 역시도 빨간색 안료와 비교하면 투명도가 너무 높습니다.

따라서 어느 모델이 진짜 3원색이냐는 질문에 대한 답은 '두 모델 모두 완전히 정답은 아니다'가 될 것입니다. RBY 모델은 이론적으로나, 실질적으로 인간이 색을 어떻게 인식하는지 알지 못했을 때 개발되었고, CMY 모델의 경우에는 과거에나 현재에나

이상적인 답이 되지 못한 현실적이 이유가 있었다고 정리할 수 있겠습니다.

그러나 물감이 딱히 특별한 질료도 아니고, 이전 장에서 다룬 감산 혼합의 원리를 정확하게 따릅니다. 따라서 혼색을 할 때에는 CMY 모델이 가장 '이상적인' 3원색이라고 할 수 있는데, 3가지 색을 섞었을 때 가장 넓은 범위의 색상을 표현할 수 있기 때문입니다. 예제 47에서는 RBY 모델과 CMY 모델을 사용했을 때 얻을 수 있는 중간 단계의 색상을 표현했는데, 이를 통해 두 모델을 사용하여 혼색을 했을 때 얻을 수 있는 최대 채도를 비교할 수 있습니다.

혼색의 결과물을 보면 RBY 모델과 CMY 모델의 장단점을 분명하게 볼 수 있습니다. RBY 모델을 사용해 만든 청자색과 초록색의 채도가 유난히 낮고, CMY 모델로 만든 청자색과 초록색과 비교하면 탁하기도 합니다. 주황색은 RBY 모델에서 더 선명하지만, 전반적으로 CMY 모델을 사용한 팔레트가 더 균형이 잡혀 있고 색도 선명합니다. 그렇다면 왜 이런 결과가 나오는 것일까요? 앞서 '원색'을 정의할 때 섞었을 때 모든 색을 만들 수 있는 색이라 정의했는데 말이죠? 이 질문에 답하기 위해서는 기존의 혼색에서 중요하게 다뤄졌던 난색(Warm Color)과 한색(Cool Color)에 대해 짚고 가야 합니다.

46 학파에 따라서 어느 색이 3원색이 되어야 하는지 의견이 다릅니다. CMY(좌측)일까요, RBY(우측)일까요?

CMY로 표현한 3원색   RBY로 표현한 3원색

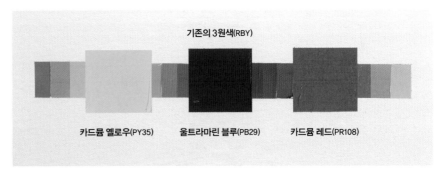

기존의 3원색(RBY)

카드뮴 옐로우(PY35)   울트라마린 블루(PB29)   카드뮴 레드(PR108)

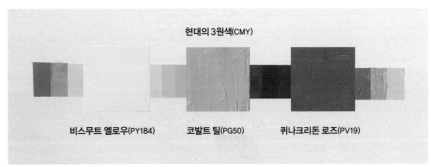

현대의 3원색(CMY)

비스무트 옐로우(PY184)   코발트 틸(PG50)   퀴나크리돈 로즈(PV19)

47 RBY와 CMY 모델의 비교. 6개의 물감을 서로 섞었고, 명도를 맞추기 위해서 흰색을 더했습니다.

따뜻한 원색과
차가운 원색

이론적으로는 '완벽한' CMY 모델보다 RBY 모델이 혼색했을 때 더 나은 결과물을 보이는 이유는 근본적으로 색이 감산 혼합을 하기 때문입니다. 즉, 두 개 이상의 안료를 섞으면 채도와 밝기가 줄어들기 때문인 것이죠. 색상환 위에 안료를 배치해 놓고 보면 이 현상을 시각적으로 확인할 수 있습니다 (48). 색을 섞는 과정이 색 공간 위에 있는 직선을 따라서 움직이는 것이라고 가정하면 색을 섞었을 때 나오는 결과물들은 예제처럼 보일 것입니다.

CMY로 구성한 팔레트에서 사용하는 차가운 노란색(cold yellow)과 자홍색이 RBY로 구성한 팔레트에 있는 따뜻한 노란색(warm yellow)과 빨간색과 비교했을 때 우리가 얻고자 하는 주황색의 색상과 멀리 떨어져 있기 때문에 CMY 팔레트에서 혼색을 했을 때 채도와 밝기를 더 많이 잃게 됩니다. 또한 RBY 팔레트에 있는 따뜻한 노란색과 빨간색으로 얻은 결과물도 순수한 안료(카드뮴 오렌지Cadmium Orange, PO20)에 비해서 채도의 강도가 떨어진다는 사실도 알 수 있습니다(49).

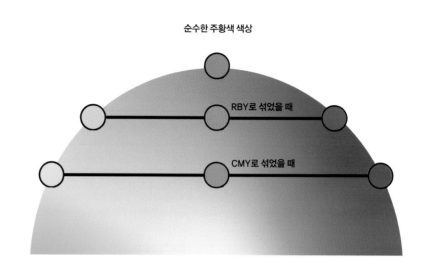

순수한 주황색 색상

RBY로 섞었을 때

CMY로 섞었을 때

48 어떤 안료를 사용하는지에 따라 손실되는 채도의 정도가 달라집니다.

감산 혼합을 하는 매체에서는 색 공간 위에서 같은 일이 벌어집니다. 따라서 채도가 강한 색을 내고 싶다면 색을 섞을 때 재료가 되는 색의 개수를 최대한 적게 해야 합니다. 색의 개수가 많아지면 채도와 밝기가 감소하기 때문이죠. 일반적으로 미술 학계에서는 3개 이상의 안료를 섞지 말라고 가르치고 있습니다.

아무것도 섞지 않은 안료 – 카드뮴 오렌지(목표 색상)

따뜻한 노란색 –
카드뮴 옐로우
(목표 색상과 가까움)

차가운 노란색 –
비스무트 옐로우
(목표 색상과 멂)

따뜻한 빨간색 –
카드뮴 레드
(목표 색상과 가까움)

차가운 빨간색 –
퀴나크리돈 로즈
(목표 색상과 멂)

49 목표하는 색상과 가까운 색상을 지닌 안료로 섞었지만, 감산 혼합을 하면 언제나 아무것도 섞지 않은 안료에 비해서 어둡고 채도가 떨어진 결과물이 나옵니다.

원색 분할
팔레트

많은 아티스트가 색료를 섞었을 때 감산 혼합이 된다는 근원적인 문제를 해결하기 위해서 사용하는 방법이 하나 있는데, 바로 RBY 팔레트와 CMY 팔레트를 동전의 양면으로 보는 것입니다. 즉, 난색을 구성하는 원색(RBY), 한색을 구성하는 원색(CMY)으로 구분하는 것이죠(50). 이 방식을 사용하면 두 팔레트 중 하나만 사용했을 때의 단점을 메울 수 있게 되어 사용할 수 있는 색의 범위가 매우 넓어지게 됩니다. 이러한 방식을 원색 분할 팔레트(split-primary palette)[3]라고 부르며 많은 아티스트가 이 팔레트를 기반으로 그림을 그립니다(51).

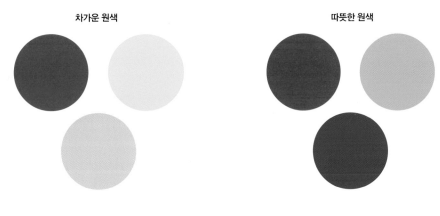

차가운 원색   따뜻한 원색

50 CMY와 RBY를 각각 따뜻한 원색과 차가운 원색으로 볼 수 있습니다.

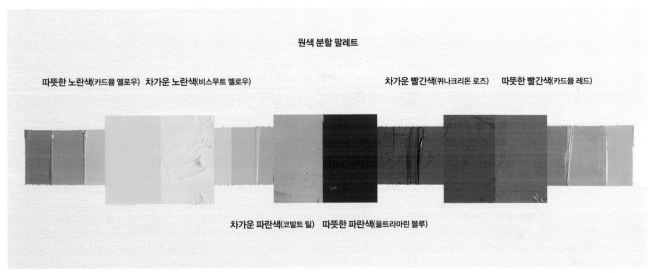

원색 분할 팔레트

따뜻한 노란색(카드뮴 옐로우)   차가운 노란색(비스무트 옐로우)   차가운 빨간색(퀴나크리돈 로즈)   따뜻한 빨간색(카드뮴 레드)

차가운 파란색(코발트 틸)   따뜻한 파란색(울트라마린 블루)

51 따뜻한 원색과 차가운 원색을 모두 사용하여 컬러 스펙트럼 위에서 중간 지점에 있는 색상을 가장 유사하게 만들 수 있습니다.

예제 **52**에서 볼 수 있듯이 이 방식을 사용하면 색상환에서 아주 일부분만 표현할 수 있는 범위에서 벗어납니다. 이렇게 발생하는 채도의 손실은 우리가 특정한 범위에서 최대치의 채도를 전달하려 할 때 항상 발생하는 요소입니다. 섞어서 만들어낸 색은 아무것도 섞지 않은 안료와 비슷한 수준에는 도달할 수 있지만 결코 같은 수준의 채도는 만들어낼 수 없습니다.

이 때문에 작품을 구상할 때 채도가 굉장히 높은 색을 사용해야 하는 경우에 팔레트에서 색을 유연하게 넣고 빼야 합니다. 물론 이런 방식으로 채도가 높은 색상을 폭넓게 사용할 수 있지만 실제 그림을 그릴 때 최대치의 채도를 활용하는 경우가 매우 드물다는 사실은 알아 둘 필요가 있습니다. 대부분의 그림에서 채도가 조금 떨어지는 것은 큰 문제가 되지 않습니다.

안료 번호

물감의 이름 옆에 붙은 번호는 안료 번호로 불립니다. 물감 이름은 제조사에 따라서 달라질 수 있지만, 안료 번호는 동일하기 때문에 물감을 살 때 안료 번호를 알고 있으면 좋습니다.

52 원색 분할 팔레트를 사용하면 색상환 대부분의 영역을 사용할 수 있습니다.

전통적 방식의 채도 혼합 TRADITIONAL CHROMA MIXING

지금까지 기본적인 혼색 방법과 팔레트를 구성하는 방법을 학습했으니 이제 색을 이루는 두 번째 구성 요소인 채도(chroma)에 대해 더욱 깊이 알아보겠습니다. 채도와 관련해 가장 먼저 머리에 떠오르는 현실적인 질문은 과연 '어떻게 색을 섞어야 채도가 다양해지나'일 것입니다. 이전 장에서는 주로 가장 채도가 높은 색을 혼색의 결과로 만드는 방법에 관해서 이야기했는데, 채도 자체는 어떻게 다양하게 만들 수 있는 걸까요? 전통적인 방식으로 물감을 섞을 때는 채도에 영향을 주는 방법이 주로 세 가지가 있습니다.

회색을 더하기

가장 단순하면서도 쉬운 방법은 같은 색 중에서 채도가 낮은 '회색' 계열의 색을 섞어서 채도를 조절하는 것입니다. 그중에서도 가장 직관적인 방법은 시작하는 색과 같은 명도를 지닌 중성 회색(neutral gray)을 섞는 것입니다. 이때의 중성 회색은 주로 검은색과 하얀색을 섞어서 만듭니다. 그리고 이 중성 회색을 원래의 색과 섞는데, 최종적으로 만들 색이 얼마나 회색에 가까울지에 따라 중성 회색을 섞는 정도를 조절하면 됩니다(53).

초보자는 직관적으로 튜브에서 짠 물감을 바로 혼색에 사용하려고 합니다. 잘못된 방법이라고 할 수는 없지만, 이렇게 하면 혼색의 결과를 예측하기가 힘들어집니다. 따라서 처음 혼색을 접하는 사람이라면 채도를 조절하기 전에 원래 색과 중성 회색의 명도를 맞추는 것이 좋습니다. 이렇게 하면 먼셀이 구분한 색의 3요소에서 하나씩만 건드리는 것이니 훨씬 다루기 쉽겠죠.

채도를 조절할 때 유용한 방법은 바로 먼셀 색입체의 수직 단면을 활용하는 것입니다(54). 이런 방식은 하나의 색상이 다양한 명도에 있을 때 채도를 '뽑아서' 보여주는 셈입니다. 앞서 배웠듯이 두 개의 색을 섞으면 명도가 약간 감소합니다. 그러나 수직 단면을 활용하면 채도와 명도 변화에 따른 색의 분포가 색 공간상에서 멀리 떨어져 있지 않아서 명도의 손실을 최소화할 수 있습니다. 명도가 어두워지면 밝은 쪽으로 옮기기만 하면 되는 것이죠.

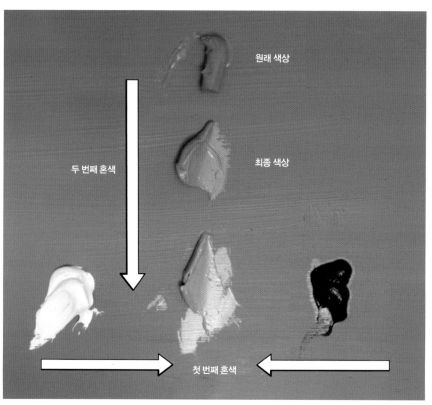

원래 색상

최종 색상

두 번째 혼색

첫 번째 혼색

53 채도를 중화하려는 색과 같은 명도를 지닌 중성 회색을 섞어서 만든 후 이를 원하는 색이 나올 때까지 원래 색과 섞습니다.

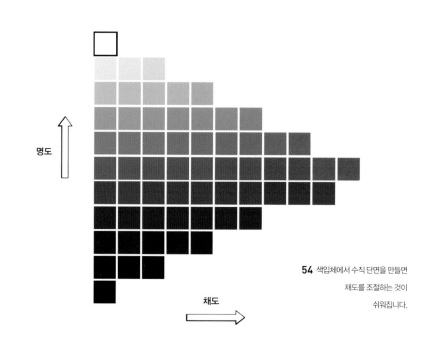

명도

채도

54 색입체에서 수직 단면을 만들면 채도를 조절하는 것이 쉬워집니다.

보색의 혼색

물감을 사용해서 색에 회색을 더하는 방법 외에 가장 널리 사용되면서 다양한 상황에서 활용할 수 있는 방법은 보색(complementary color)끼리 섞는 것입니다. 더 나아가기에 앞서서 우선 보색이 무엇인지 정의하고 보색에 대해 널리 알려진 오해를 해소하고 가보겠습니다.

우선 보색이라는 단어를 처음 들으면 많은 사람이 보색의 'complementary'를 칭찬을 뜻하는 'compliment'로 착각합니다(55a). 발음이 비슷하다 보니 충분히 생길 수 있는 오해이고, 보색 관계에 있는 색들이 서로 잘 어울리기도 해서 자주 짝을 지어서 쓰는 색이니 칭찬을 받을 법도 합니다. 그러나 혼색이라는 맥락에서는 보색의 'complementary'는 완성하다(complete)라는 뜻을 지니고 있습니다 (55b).[4]

예를 들어, 빛에서 가장 '완성된' 형태의 색은 앞서 30페이지에서 살펴보았듯 흰색입니다. 따라서 서로 돕는 색이라고 하면 다음과 같은 의미를 지닌다고 할 수 있습니다.

• 빛으로 서로 섞였을 때(가산 혼합) 중성 흰색 (neutral white)으로 완성되는 색.

• 색료로 서로 섞였을 때(감산 혼합) 중성 검은색 (neutral black)으로 완성되는 색.

원색에는 세 가지 색 밖에 없기 때문에 3원색이 모두 섞이면 흰색이 되며, 2차색(secondary color)은 원색 중 두 가지가 섞인 것입니다. 그리고 이때의 2차색이 자신을 구성하는 데 사용되지 않고 '남은' 원색의 보색입니다. 예제 56을 보면 청록색이 빨간색의 보색으로 제시되어 있습니다. 청록색은 파란색과 초록색이라는 두 원색을 섞은 2차색이고, 빨간색은 청록색을 만들 때 쓰이지 않고 남은 원색이기 때문입니다.

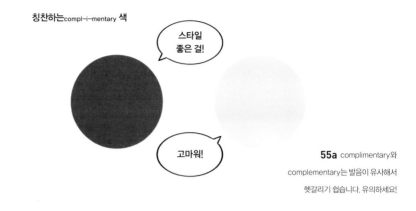

칭찬하는compl–i–mentary 색

스타일 좋은 걸!

고마워!

55a complimentary와 complementary는 발음이 유사해서 헷갈리기 쉽습니다. 유의하세요!

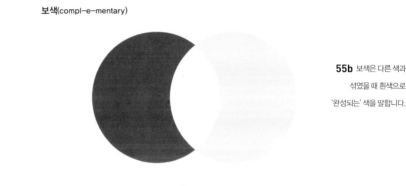

보색(compl–e–mentary)

55b 보색은 다른 색과 섞였을 때 흰색으로 '완성되는' 색을 말합니다.

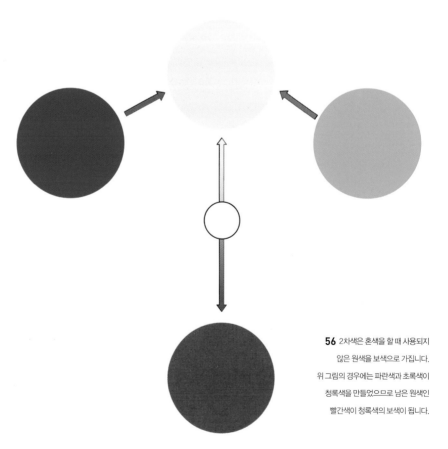

56 2차색은 혼색을 할 때 사용되지 않은 원색을 보색으로 가집니다. 위 그림의 경우에는 파란색과 초록색이 청록색을 만들었으므로 남은 원색인 빨간색이 청록색의 보색이 됩니다.

---

4 역주 : 한국어 보색(補色)에서 보(補)는 돕다는 뜻을 가진 단어로, 다른 색을 '도와서' 완성시킨다는 뜻을 갖고 있습니다.

색 나누기

색도를 조절하는 방법 중에 마지막으로 살펴볼 방법은 색을 나눠서 가까이 배치하는 것입니다. 이 방법은 기본적으로 물감을 감산 혼합으로 섞는 대신 회색을 이루는 색으로 나누는 것입니다. 이렇게 나눈 색이 명도가 같고 서로 가까이에 위치하고 있으면 우리 눈에는 빛으로 가산 혼합이 되어 실제로 물감을 섞지 않고도 서로 섞여서 회색으로 보이는 효과가 나타납니다.

이 방식은 조르주 쇠라와 같은 19세기 말에서 20세기 초에 활동했던 인상주의와 점묘법 화가 사이에서 널리 활용되었습니다(57). 쇠라와 같은 인상주의자들은 컬러 스펙트럼 위에 있는 색과 흰색만으로 팔레트를 구성한 뒤 가장 순수한 색만 사용하려 했습니다.

이러한 순색(pure color)을 아주 작은 점으로 칠하면 우리의 눈은 점 사이의 공간을 인지하지 못하고 하나의 연속된 색으로 착각하게 됩니다. 예제 58에서 이렇게 색을 나눈 뒤 점점 조밀하게 배치하면 결국 하나의 색으로 보이는 것을 확인할 수 있습니다. 이러한 혼색 방법이 대부분의 디스플레이가 작동하는 방식입니다. 채도가 높은 조명을 3원색으로 구성해서 다른 색도 보이는 느낌을 주는 것이죠.

색상환

보색의 개념에 대해서 이해했으니, 이제는 보색을 찾을 수 있는 실용적인 방법에 대해 배울 차례입니다. 다행히도 보색을 찾을 때 요긴하게 사용될 수 있는 색상환이라는 개념이 존재합니다. 예제 59a에서 제시된 색상환은 빛과 색료에서 찾을 수 있는 6개의 원색과 6개의 2차색으로 구성된, 현대 색채론에서 사용하는 색상환입니다. 현대의 색상환과 전통적으로 사용하던 RBY 기반 색상환(59b)에는 몇 가지 차이가 있습니다. 보색의 개념을 활용해서 두 색상환의 정확도를 확인해 보겠습니다.

현대 색상환에서 빨간색은 청록색의 보색으로 제시되는 반면, RBY 색상환에서는 초록색의 보색입니다. 보색의 정의를 활용하면 보색 관계에 있는 색들은 서로 섞였을 때 중성인 색을 구성해야 합니다. 즉, 두 색상환에서 보색 관계로 제시되는 색을 섞어보면 색상환의 정확도를 파악할 수 있죠.

57 조르주 쇠라가 점묘법을 활용해 그린 〈그랑드자트 봄 풍경(Gray Weather, Grande Jatte)(1886~88 경)〉

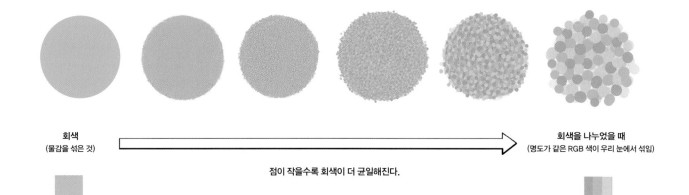

회색
(물감을 섞은 것)

회색을 나누었을 때
(명도가 같은 RGB 색이 우리 눈에서 섞임)

점이 작을수록 회색이 더 균일해진다.

58 다른 색의 점이 아주 작고 조밀하게 배치되면 우리 눈은 이를 하나의 색상으로 받아들입니다.

예제 60은 카드뮴 레드를 제일 위에 배치해서 물감을 활용해 앞서 언급한 실험을 해본 결과입니다. 첫 번째 줄은 RBY 색상환에서 빨간색의 보색으로 제시된 초록색(카드뮴 그린(Cadmium Green)을 사용했습니다)을 섞었을 때의 결과입니다. 두 번째 줄은 현대 색상환에서 빨간색의 보색으로 제시된 청록색(코발트 틸)을 섞었을 때의 결과이고요. 두 개를 놓고 비교했을 때 빨간색에 청록색을 섞었을 때 조금 더 중성 회색에 가까워지지만, 초록색과 섞었을 때는 황갈색이 나타나는 것을 알 수 있습니다. 여러분도 직접 실험해 보기를 권합니다.

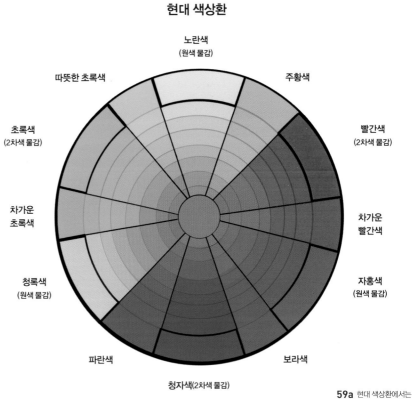

현대 색상환

59a 현대 색상환에서는 빨간색과 청록색이 보색 관계에 있습니다.

59b RBY 기반 색상환에서는 빨간색과 초록색이 보색 관계에 있습니다.

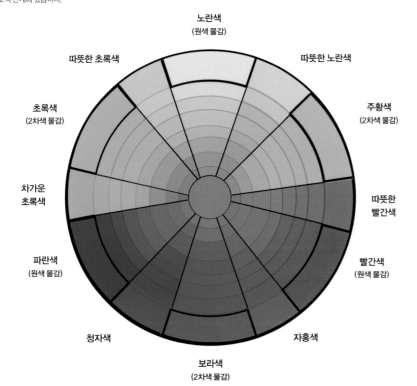

RBY 기반 색상환

60 빨간색과 초록색, 빨간색과 청록색을 섞었을 때 나오는 색에는 큰 차이가 있습니다.

채도와 포화도 CHROMA AND SATURATION

그래픽 프로그램을 사용해서 채도를 조절할 때에
도 물감을 섞을 때와 같은 원리가 적용됩니다. 그러
나 물감을 실제로 섞는 대신에 그래픽 프로그램에
탑재된 '색상(Hue), 포화도(Saturation), 명도(Bright-
ness)(HSB)' 슬라이더를 사용하죠. 색의 구성 요소
를 쉽고 편하게 조절할 수 있는 방식입니다.

그러나 본격적으로 HSB 슬라이더를 사용하기에
앞서서 먼저 깨고 가야 할 오해가 하나 있습니다.
바로 채도와 포화도가 같다는 것입니다. 채도와 포
화도가 같다는 얘기는 굉장히 널리 알려진 오해라
서 아티스트들도 이 둘을 번갈아 쓰고는 합니다. 둘
사이의 차이가 미묘하기는 하지만, 아날로그와 디
지털 매체를 사용할 때 모두 색에 영향을 미치는 요
소이기 때문에 이 둘의 차이를 이해하고 가는 것이
중요합니다.

채도는 색의 강도입니다. 같은 명도를 지닌 중성 회
색으로부터의 거리로도 표현할 수 있습니다. 색이
'순수한 정도'로 생각해도 좋습니다. 색의 명도를
바꾸려면 채도가 낮은 흰색이나 검은색을 더해야
하기 때문에 가장 채도가 높은 색의 명도 값은 하나
밖에 없기 때문입니다(61).

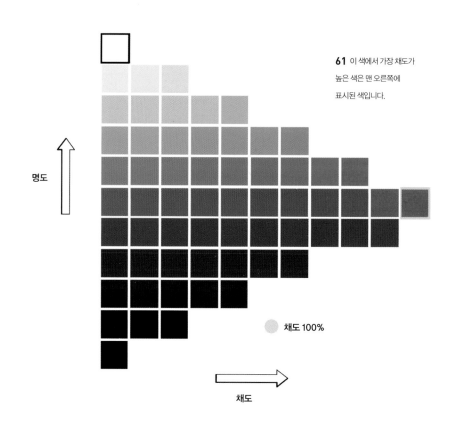

61 이 색에서 가장 채도가
높은 색은 맨 오른쪽에
표시된 색입니다.

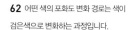
채도 100%

채도

명도

포화도 VS 채도

얼핏 보았을 때 포화도와 채도는 꽤 비슷한 것처럼
보입니다. 결과적으로 포화도를 높이면 더 강렬한
색이 나오니까요. 그러나 둘 사이의 차이를 알려면
포화도가 100%인 빨간색의 명도를 10단계로 나누
어 보면 됩니다(62). 이러면 한눈에 가장 큰 차이가
보입니다. 바로 포화도는 수치가 가장 높을 때 명도
가 서로 다를 수 있다는 점입니다.

예제 62에 나온 색의 RGB 값을 살펴보면 포토샵에
서 포화도가 어떻게 구현되는지 잘 알 수 있습니다.
예제 62에서 표시되어 있듯 각 색의 RGB 값에서
빨간색을 제외한 초록색과 파란색은 모두 0으로 고
정되어 있습니다. 빨간색의 명도가 최대치에서 최
저치인 검은색까지 내려가는 것이 전부이죠. 어떤
색으로 포화도를 표현해 봐도 같은 결과가 나옵니
다. 사실상 포화도는 색이 칠해진 빛이 밝아지거나
어두워지는 경로입니다. 다시 말해서 포화도는 색
이 검은색으로 바뀌는 정도라고 할 수 있습니다.

이번에는 채도와 포화도를 명도를 점차 높여가면
서 직접 비교해 보겠습니다(63). 이렇게 놓고 보면

둘의 차이가 좀 더 잘 드러납니다. 포화도의 변화
경로에서 보이는 색들은 명도가 높아지면 채도도
높아집니다. 빛으로 표현한 색에서는 모두 통용되
는 사실이며 아티스트로서 반드시 기억해야 하는
부분입니다.

포화도가 어떻게 바뀌는지 시각적으로 잘 표현한
것이 바로 예제 64입니다. 명도와 채도의 관계를 표
현한 먼셀 컬러 트리의 수직 단면에 포화도의 변화
경로를 표시한 것입니다. 여기서 가로축은 채도이
고 세로축은 명도입니다. 그리고 포화도는 중성 검
은색에서 대각선 방향으로 상승합니다. 즉, 포화도
가 증가하면 채도와 명도는 같이 증가하는 것이죠.

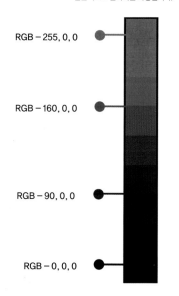

62 어떤 색의 포화도 변화 경로는 색이
검은색으로 변화하는 과정입니다.

RGB – 255, 0, 0

RGB – 160, 0, 0

RGB – 90, 0, 0

RGB – 0, 0, 0

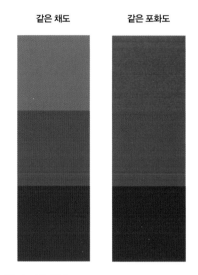

같은 채도 　　같은 포화도

63 명도가 증가할 때
채도와 포화도를 비교했습니다.

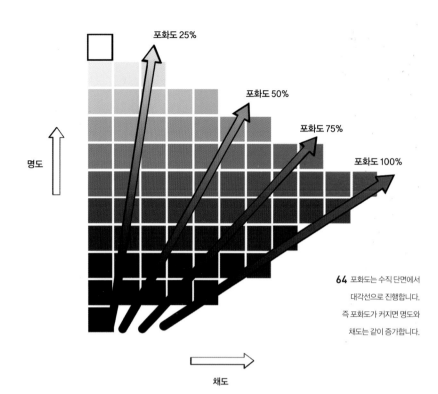

포화도 25%

포화도 50%

포화도 75%

포화도 100%

명도

64 포화도는 수직 단면에서
대각선으로 진행합니다.
즉 포화도가 커지면 명도와
채도는 같이 증가합니다.

채도

채도와 명도

세상에 존재하는 색들은 계속 어두워지면 하나의 검은색으로 이어진다고 생각할 수 있습니다(65). 빛이 없으면 색도 없는 것이고, 또한 색이 어두워지면 채도를 잃기도 하니까요. 이러한 채도와 명도 사이의 관계를 초보자들이 많이 놓치는데 명도 값이 커져 밝아질 때 색이 어떻게 변화하는지 아는 것은 중요합니다. 다만 물감을 섞을 때 나타나는 검은색

은 이론적으로 모든 색이 유래하는 중성 검은색보다는 덜 어둡습니다.

많은 초보자가 물감의 색을 어둡게 하려 할 때 검은색을 사용합니다. 그러나 우리가 현실에서 사용하는 물감은 완전한 검은색(absolute black)에 이를 수 없기 때문에 검은색 물감을 섞었을 때 나오는 색은 회색 빛이 많아져서 포화도의 변화 경로를 벗어나

게 됩니다. 예제 66에서는 물감을 사용해서 검은색을 섞어서 색의 명도를 떨어뜨렸을 때와 명도가 낮은 색을 사용해 어둡게 했을 때의 결과물을 비교해서 볼 수 있습니다. 예제를 보면 알겠지만, 명도가 낮은 색으로 명도를 낮췄을 때가 실제 포화도의 변화 경로에서 나타나는 색과 비슷하죠. 따라서 색의 명도를 떨어뜨릴 때는 단순하게 검은색을 섞는 것 외의 다른 방법을 사용해야 합니다.

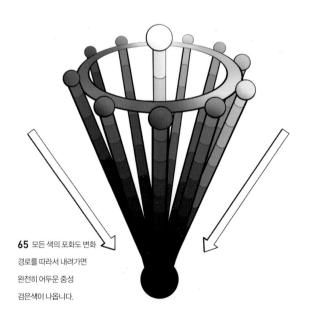

65 모든 색의 포화도 변화 경로를 따라서 내려가면 완전히 어두운 중성 검은색이 나옵니다.

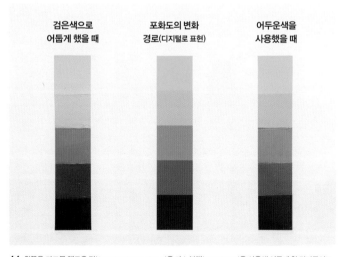

검은색으로 어둡게 했을 때　포화도의 변화 경로(디지털로 표현)　어두운색을 사용했을 때

66 왼쪽은 카드뮴 옐로우 딥(Cadmium Yellow Deep)을 마스 블랙(Mars Black)을 사용해 어둡게 한 결과물이고 오른쪽은 카드뮴 옐로우 딥을 트랜스페어런트 옥사이드 옐로(Transparent Oxide Yellow)를 사용해 명도를 낮춘 결과물입니다.

67 원 안에 표시된 색이 겉보기에는 매우 달라 보이지만 사실 같은 색입니다.

포화도 100%일 때 빨간색

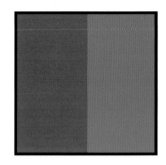

포화도 20%일 때 빨간색

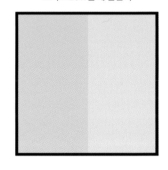

68 색의 포화도를 낮추면 명도도 변합니다. 예제를 보면, 포화도를 낮췄을 때 빨간색의 명도가 얼마나 높아졌는지 확인할 수 있습니다.

예제 **67**을 보면 화면에 있는 원 두 개가 빨간색을 가리키고 있습니다. 그리고 이 둘은 같은 색이죠. 그런데 주변의 명도가 어두운 쪽이 더 밝아 보이고 채도도 높아 보입니다. 그림을 그릴 때 위의 예제와 같은 착시 현상이 항상 발생합니다. 그래서 사용하는 색이 어떤 색인지, 다른 색과의 관계에서 어떻게 보이는지를 잘 판단해야 합니다. 어두운색은 실제 수치보다 살짝 포화도가 낮아 보입니다. 실제로 이러한 이유에서 많은 화가들이 의도적으로 어두운 색에 회색을 섞어서 사용했죠.

이는 그래픽 프로그램을 활용하는 아티스트에게도 영향을 줍니다. 우리는 어떤 색의 포화도를 낮추면 명도는 그대로 유지될 것이라고 짐작하기 때문입니다. 그러나 실제로는 그렇지 않습니다. 예제 **68**에 제시된 두 개의 이미지에서 색 정보(color information)를 끄면 포화도가 낮은 색이 훨씬 밝은 것을 알 수 있습니다. 결국 밝기 슬라이더를 낮추거나 이미지의 포화도를 낮춰도 이미지의 명도를 정확하게 파악하는 데 도움이 되지 않는다는 말입니다. 명도가 그림에서 가장 중요한 요소라고 이전에 언급했는데, 결국 명도를 제대로 파악할 수 없다는 건 큰 문제가 됩니다!

랩 컬러

69 명도를 확인하려면 'Lab Sliders'나 'Grayscale'을 사용하면 됩니다.

그레이스케일

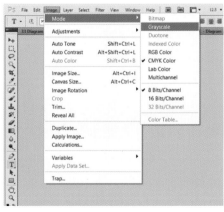

그래서 대신에 포토샵에서 명도를 제대로 확인하기 위해서는 이미지의 색 선택 모드(color selection mode)를 '랩 슬라이더(Lab Sliders)'로 바꿔줘야 합니다(**69**). 랩 슬라이더 모드에서는 L값(밝기(lightness))을 유지한 채로 색을 선택할 수 있습니다. 그

림 전체의 명도를 확인하고 싶다면 이미지(Image)〉모드(Mode) 탭에서 그레이스케일(Grayscale)로 컬러 모드를 바꿔주거나 색 정보를 끄기 전에 랩 컬러(Lab Color)로 바꾸면 됩니다.

명청색과 암청색, 그리고 탁색
TINTS, SHADES AND TONES

혼색이라는 개념을 더욱 명확하게 하기 위해서 혼색을 분류해서 정리하는 것이 도움이 되겠습니다. 컬러 스펙트럼에서 찾아볼 수 있는 가장 포화도가 높은 색을 기준으로 채도를 조절하면 만들 수 있는 색에는 세 가지가 있습니다. 바로 명청색(tint)과 암청색(shade), 그리고 탁색(tone)입니다.

명청색

순색에 흰색을 섞으면 명청색(明淸色)이 됩니다 (70). 30페이지에서 언급했듯, 빛에서 흰색은 모든 파장을 지니고 있는 가장 완전한 색입니다. 그래서 어떤 색에 흰색을 섞으면(이것을 '틴팅(tinting)'이라 부릅니다) 그 색을 흰색에 가깝게 해서 채도는 낮아집니다. 이렇게 만든 색은 흔히 '파스텔(pastel)' 색조라고도 불리며 인상주의자들이 즐겨 쓰던 색이기도 했습니다(71). 디자인 측면에서 명청색은 긍정적인 감정과 결부되었고, 명청색을 사용해 만든 이미지는 즐겁고 가벼운 느낌을 줍니다.

물감을 사용하는 경우에는 원색 물감에 흰색 물감을 섞어서 명청색을 만들 수 있습니다. 물감으로는 이 방법으로만 명청색을 만들 수 있기 때문에 명청색을 사용해서 이미지를 만들기 위해서는 사용하는 물감의 개수를 잘 관리해야 합니다. 그래픽 프로그램을 사용할 때는 밝기(Brightness) 수치는 높게, 포화도(Saturation) 수치는 낮게 해서 명청색을 만들 수 있습니다.

암청색

순색에 검은색을 섞어서 어둡게 하면 암청색(暗淸色)이 됩니다(72). 41페이지에서 다루었듯 색을 입힌 빛이 어두워지면 검은색에 가까워지며 어두워지는 것처럼 암청색은 포화도의 변화 경로에 있는 색을 따라 점점 어두워지다가 검은색이 됩니다. 순색에서 빛을 빼면 암청색을 만들 수 있습니다. 물감을 사용할 때는 원색 물감에 어두운 계열의 색을 섞어서 암청색을 만듭니다. 그래픽 프로그램에서는 밝기를 낮추면 되죠.

명청색은 이미지에 가볍고 산뜻한 느낌을 주는 반면 암청색은 음침하고 묵직한 느낌을 줍니다(73). 예를 들어, 난색(warm color)을 암청색으로 만들면 흙색이 나는 갈색이 됩니다. 명청색과 암청색 모두

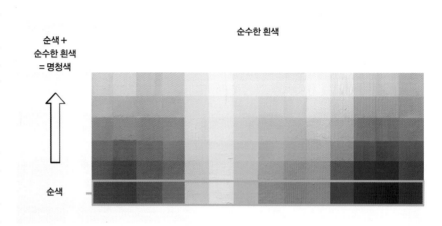

순수한 흰색

순색 +
순수한 흰색
= 명청색

순색

70 순색에 흰색의 양을 조절해 섞으면 명청색이 나옵니다.

71 파스텔 색조는 결국 순색에 흰색을 섞은 명청색입니다.

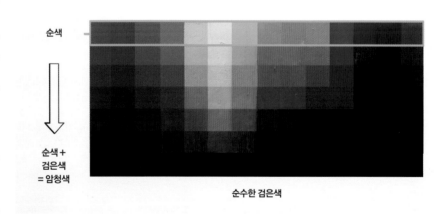

순색

순색 +
검은색
= 암청색

순수한 검은색

72 암청색은 순색에 중성 검은색을 섞어서 만듭니다.

73 순색에 검은색을 섞어 만든 암청색의 예시들입니다.

채도를 떨어뜨린다는 점에서는 같지만 이미지에서 주는 감정적인 느낌은 매우 다릅니다.

탁색

마지막으로 소개할 것은 탁색(濁色)입니다. 어떤 색에 틴팅(흰색을 더하는 것)과 섀이딩(검은색을 더하는 것)을 같이 했을 때[5] 만들어지는 색이 탁색입니다. 많은 그림이 사실 탁색을 사용해서 그려집니다. 탁색은 혼색을 할 때 흰색과 검은색의 비율에 크게 좌지우지되지 않고도 만들 수 있어서 더 만들기 쉽기 때문입니다. 예제 74를 보면 탁색 방향으로 화살표가 움직이면 그 끝에 중성 회색이 있고, 명청색이나 암청색보다 탁색으로 움직이면 더 많은 색을 선택할 수 있다는 것이 보입니다.

명도를 활용한 그림과
색을 활용한 그림

이즈음에서 우리는 색을 선택할 때 한 가지 중요한 결정을 해야 합니다. 바로 어느 정도로 탁한 색을 쓸 것이냐 하는 질문이 그것이죠. 24페이지에서 다룬 명도와 마찬가지로 우리가 사용할 수 있는 채도의 정도는 자연에서 우리가 볼 수 있는 것에 비해 한참 적습니다. 따라서 우리는 의식적으로 그림에서 무엇을 전달할지 결정을 내려야 합니다.

- 명도를 풍부하게 표현하고 싶다면 이미지에서 채도를 제한해야 합니다.

- 색을 폭넓게 표현하고 싶다면 명도를 제한해야 합니다.

초보자들은 단순히 보이는 색을 그대로 따다 붙이면 된다고 생각하지만, 사실 명도와 채도 사이에서 우리는 언제나 어느 것을 얻으면 다른 것은 내주는 선택을 해야 합니다. 실제로 아티스트들의 작품을 보면 명도와 채도 사이에서 얼마나 균형을 잘 잡았는지 놀라움을 느끼기도 합니다.

예제 75에 제시된 그림에서 우리는 작품을 구상할 때 명도와 채도 사이의 균형을 어떻게 맞추면 되는지 힌트를 얻을 수 있습니다. 두 그림 모두 같은 조명에서 그려졌는데, 위쪽의 그림은 명도를 폭넓게 표현하기 위해서 채도의 범위를 좁게 표현했습니다. 반면 아래쪽의 그림은 그와는 반대로 명도의 범위를 좁게 잡고 채도를 풍부하게 표현했습니다.

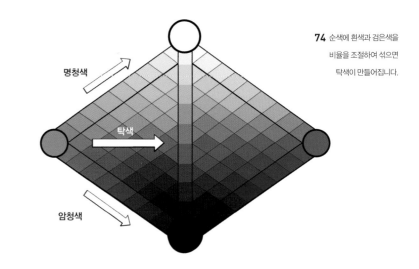

74 순색에 흰색과 검은색을 비율을 조절하여 섞으면 탁색이 만들어집니다.

명청색

탁색

암청색

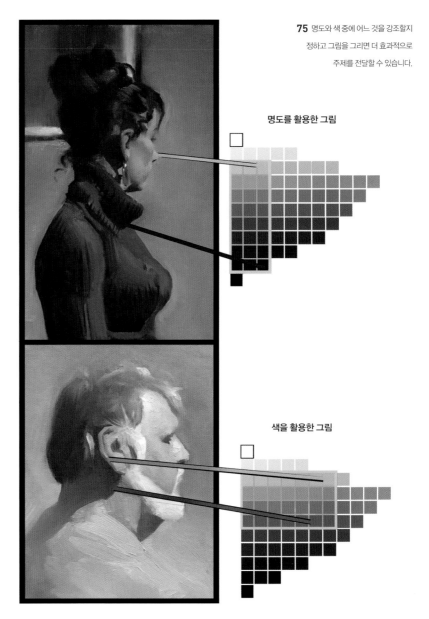

75 명도와 색 중에 어느 것을 강조할지 정하고 그림을 그리면 더 효과적으로 주제를 전달할 수 있습니다.

명도를 활용한 그림

색을 활용한 그림

색온도 COLOR TEMPERATURE

먼셀이 정의한 색의 3요소인 색상(hue)과 명도 (value), 채도(chroma)를 제대로 이해하고 있더라도 대상이 지닌 색을 현실적으로 재현하는 일은 여전히 어렵습니다. 다양한 색상과 채도, 명도와 씨름하는 것이 헷갈릴 수 있고, 때로는 버겁게 느껴질 수도 있죠. 다행히도 색이 주는 다양한 감각을 정리하는 데 사용할 수 있는 단순 명료한 개념이 있습니다. 바로 색온도입니다.

색온도라는 개념을 활용하면 색은 난색(warm color, 대체로 주황색과 노란색, 빨간색)에서 한색(cool color, 대체로 파란색)으로 이어지는 범위에 놓입니다. 그리고 색의 온도는 색 사이의 관계를 정할 때 우리가 스스로 자문하는 가장 근본적인 질문이기도 합니다(76).

색온도는 매우 주관적이라는 점을 명심하세요. 개별 색상이 얼마나 차갑거나 따뜻한지에 대해 절대적으로 말하기는 어렵습니다. 사람들은 차가운 색과 따뜻한 색의 파랑과 따뜻한 빨강-노랑 계열을 구분하는 데 동의하는 경향이 있습니다. 하지만 정확히 어디가 '가장' 차갑거나 따뜻한지 색상은 개인마다 지각에 따라 크게 달라집니다. 흥미롭게도 이는 색상 스펙트럼에 대한 우리의 지식과 일치합니다. 따뜻한 색은 에너지 파장이 낮고 차가운 색은 높은 에너지(77)를 띠고 있습니다.

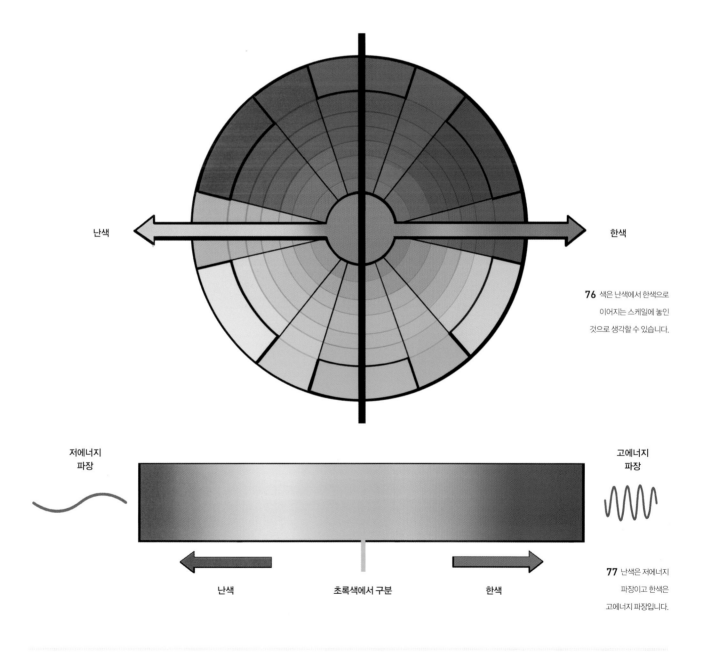

난색

한색

76 색은 난색에서 한색으로 이어지는 스케일에 놓인 것으로 생각할 수 있습니다.

저에너지 파장

고에너지 파장

난색   초록색에서 구분   한색

77 난색은 저에너지 파장이고 한색은 고에너지 파장입니다.

색온도가
유용한 이유

아티스트 사이에서는 어떤 색이 절대적으로 난색인지 또는 한색인지를 두고 논쟁이 벌어지고는 합니다. 한편 노란색이 빨간색보다 난색이냐 아니면 한색이냐, 청록색이랑 청자색 중에 어떤 색이 더 한색이냐 하고 다투기도 하죠. 색의 상대적인 온도를 정하는 이론이 있고, 48페이지에서 더 자세히 다루겠지만, 당장은 난색과 한색을 느슨하게만 구분하겠습니다(78a-b).

색에 절대적인 온도를 지정해 주는 건 우리에게 그다지 중요한 일은 아닙니다. 대신에 색온도라는 개념은 두 개 이상의 색 사이의 미묘한 관계를 설명하고 결정할 때 요긴하게 사용할 수 있습니다. 예제 79에서 우리는 왼쪽에 있는 사각형이 따뜻한 빨간색(난색)이고 가운데는 중성, 오른쪽은 차가운 빨간

색(한색)이라고 할 수 있습니다. 엄밀히 말하면 셋다 난색의 범위에 속하는 색이지만 색의 온도를 상대적으로 비교해 어느 것이 더 따뜻하다, 차갑다 묘사할 수 있는 것입니다. 어느 색이든 두 개 이상만 있으면 이런 비교가 가능하고, 색을 섞었을 때 정확하게 우리가 원하는 색인지 판단하기 위해서 상대적인 색온도를 활용할 수 있습니다.

명도와 마찬가지로 인간의 눈은 색의 온도와 색의 주변부를 비교해서 그 차이를 과장해 인식합니다. 이 때문에 같은 색이라도 주변의 색과의 상대적인 관계 때문에 난색이나 한색으로도 보일 수 있습니다. 예제 80에 제시된 두 개의 사각형 가운데 자리한 회색 사각형의 색온도가 서로 달라 보이는 것처럼요. 색온도라는 개념을 사용해 색을 비교하면 서로 다른 색 사이의 관계에서 중요한 점을 알 수 있습니다. 또한 색 사이의 미묘한 차이를 알 수 있게

해주고, 정확하게 원하는 색을 찾을 수 있게 해주며, 또한 여러 창의적인 방법을 활용할 수 있는 여지를 열어줍니다.

만약 우리가 색온도를 이용해 색 사이의 관계를 잘 활용한다면, 어떤 색 영역에서도 작품을 현실감 있게 그릴 수 있을 것입니다. 색온도를 잘 활용하면 보이는 그대로의 색을 그대로 따라 쓰는 것을 넘어서 다양한 표현과 스토리텔링의 도구로 색을 활용할 수 있게 될 것입니다.

78a 둘 중 어떤 색이 더 한색으로 보이나요?

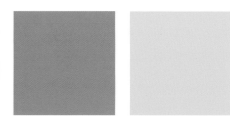

78b 셋 중에 어느 색이 더 난색이라고 할 수 있을까요?

79 빨간색은 난색으로 여겨지지만, 빨간색 계열의
색 사이에도 다른 색온도가 존재합니다.

80 같은 색이라도 주변에 따라
난색이나 한색으로 보입니다.

온도와 빛

파장이 가진 에너지의 강도와 색온도 사이의 관계는 116-125페이지에서 다시 살펴볼 예정입니다. 이때는 색의 온도가 어떻게 결정되고 측정되는지, 그리고 해가 뜨고 지는 과정에서 태양광의 색온도가 어떻게 변하는지 배우게 될 것입니다. 일단은 지금까지 배운 컬러 스펙트럼에서 색에 따라 에너지의 세기가 다르고 색은 주변 환경에 따라 걸보기가 달라질 수 있다는 점만 기억하세요.

색상의 명도 THE VALUE OF HUES

색의 구성 요소 중 세 번째이자 마지막인 색상(hue)에 관해 이야기하기 전에 먼저 컬러 스펙트럼 위에 존재하는 모든 순색(pure hue)에는 고유의 명도가 있다는 사실을 언급하고자 합니다. 색이 지닌 고유의 명도는 얼핏 잘 와닿지도 않고, 초보자들은 무의식적으로 이를 무시하고 색과 명도를 따로 생각하기도 합니다. 그러나 색이 지닌 고유의 명도는 색을 섞을 때 큰 영향을 줍니다.

색의 고유 명도라는 개념을 더 쉽게 이해하기 위해서 컬러 스펙트럼에 존재하는 세 개의 원색과 이들을 섞었을 때 나오는 2차색을 사이사이에 놓고 배열한 뒤에 명도를 비교해 보겠습니다(81). 얼핏 보면 어떤 규칙도 없고 제 멋대로 명도를 배열한 것처럼 보이기도 합니다. 그러나 조금 더 살펴보면 중요한 사실 몇 가지를 알 수 있습니다. 우선 제시된 색상 중에서 가장 어두운 것은 빛의 3원색 중 하나인 파란색이고, 명도가 가장 높은 색은 2차색인 노란색이라는 것입니다.

또한 색을 빛의 3원색과 2차색으로 구분하여 분류하면 또 다른 규칙이 보입니다(82). 원색과 2차색으로 나누면 원색에 속하는 색들이 대체로 2차색에 비해서 어둡고, 2차색으로 갈수록 명도가 높아지는 것을 확인할 수 있습니다. 이러한 현상은 앞서 30페이지에서 다룬 원색에 대한 색채 이론으로 쉽게 설명이 가능합니다. 2차색은 빛의 3원색이 섞인 색이기 때문에 이들은 가산 혼합을 하고, 인간의 눈이 2차색을 감지할 때는 원추세포 2종류가 동시에 활성화됩니다. 따라서 원색이 섞였을 때 더 밝게 보이는 것이죠.

3원색을 나란히 놓고 보면 이들 사이에도 명도 차이가 있는 것을 알 수 있습니다. 파란색은 가장 어둡고 초록색이 가장 밝습니다(83). 원색 사이의 명도 차이는 이렇게 쉽게 눈으로 확인할 수는 있지만 왜 이런 현상이 벌어지는지는 원색과 2차색 사이의 명도 차이를 설명하는 것처럼 쉽지는 않습니다. 그렇다면 왜 원색 사이에는 명도 차이가 나는 것일까요?

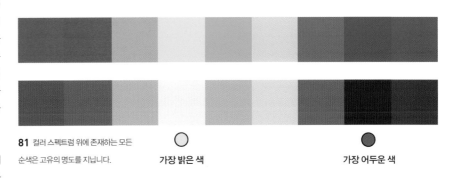

81 컬러 스펙트럼 위에 존재하는 모든 순색은 고유의 명도를 지닙니다.

가장 밝은 색 가장 어두운 색

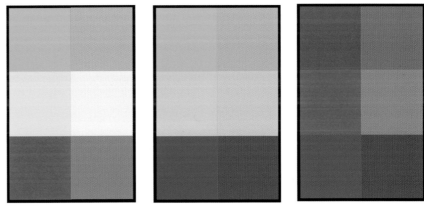

82 가산 혼합을 했을 때 나오는 색(가운데줄)은 명도가 더 높습니다.

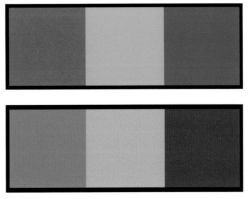

83 원색 사이에도 확연한 명도 차이가 보입니다.

원추세포의 민감도

색상 사이에 존재하는 명도의 차이를 설명하기 위해서는 우리가 색을 인지하는 방식에 대해 조금 더 자세히 설명하는 것이 도움이 될 것 같습니다. 색이라는 것이 현실에 물질적으로 존재하는 것이고 인간이 눈을 활용해 물질로 존재하는 색을 콕 집어낸다고 생각하는 것이 유용할 때도 있지만, 엄밀히 말해서 이는 사실이 아닙니다. 색이 지닌 실재적인 특징은 다양한 에너지와 파장을 지닌 전자기파의 복사라는 점입니다(84). 나아가 가시광선 속에 있는 색은 엄밀히 말해서 스펙트럼이나 현실에는 실제로 '존재'하는 것이 아닙니다.

우리는 아티스트이기 때문에 예제 84에 나온 스펙트럼을 전부 자세히 알 필요는 없습니다. 결국 우리에게 중요한 건 가시광선이니까요. 요점은 색이라는 것이 전자기파 복사가 보이는 파장을 분류하고 세상을 이해하기 위해 뇌가 만들어낸 개념이라는 사실입니다.

30페이지에서 인간의 눈에는 원추세포가 있다고 했을 때, 원추세포에는 적색원추세포와 녹색원추세포, 청색원추세포가 있다는 설명을 덧붙였습니다. 원추세포에는 이렇게 세 종류가 있는 것이 맞기는 하지만 이들을 짧은 원추세포, 중간 원추세포, 긴 원추세포[6]로 부르는 것이 더 정확하겠습니다. 세 가지 원추세포는 사실 특정한 범위의 파장에 민감하게 반응합니다. 그리고 두 개 이상의 세포가 동시에 반응할 수도 있어서 실제로 단일 파장의 빛이 감지되면 최소 두 개 이상의 원추세포가 활성화됩니다(85). 빛의 파장이 눈에 들어오면 인간의 뇌는 세 가지 원추세포가 반응하는 정도를 비교해서 눈에 감지되는 것이 무엇인지 판단을 하게 됩니다.

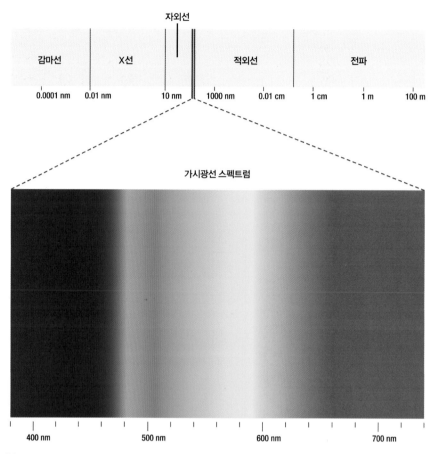

84 전자기파 복사 스펙트럼 중에 오직 아주 작은 부분만이 우리 눈에 색으로 보입니다.

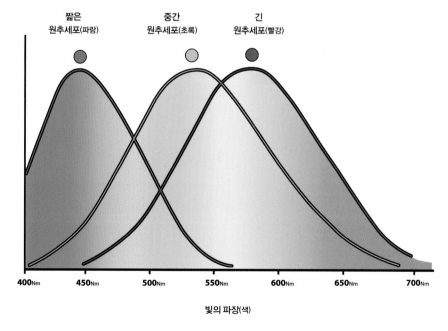

85 세 가지 원추세포는 색을 감지할 때 동시에 활성화됩니다.

---

6 역주 : 정확하게는 S-원추세포(로P세포), M-원추세포(감마 Γ 세포), L-원추세포(베타 B 세포)로 불립니다.

Image 84 © Peter Hermes Furian (via Adobe Stock)

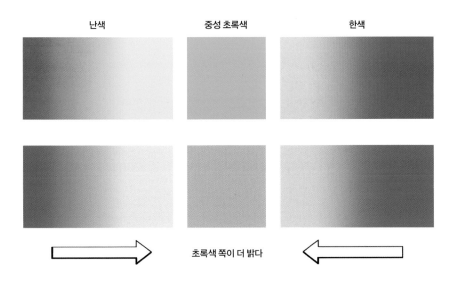

난색   중성 초록색   한색

초록색 쪽이 더 밝다

86 한색과 난색은 컬러 스펙트럼에서 초록색을 중심으로 나뉩니다.

흰색을 섞어서
색을 밝게 하면
채도가 떨어진다.

고유 명도가
높은 색을 섞어서
색을 밝게 하면
높은 채도가 유지된다.

87 단순하게 흰색을 써서 명도를 높이는 것이 아니라, 고유 명도가
높은 색을 섞어서 높이면 보다 생동감 있는 색을 만들 수 있습니다.

이렇게 원추세포를 분류해 보면 한 가지 재밌는 점을 발견할 수 있습니다. 바로 청색(짧은)원추세포와 녹색(중간)원추세포는 각각 파란색과 초록색을 감지할 때 민감하게 반응하는 반면, 적색(긴)원추세포는 빨간색 영역에서 가장 민감하게 반응하지 않는다는 것입니다. 오히려 노란색과 초록색의 중간지점에서 가장 강하게 반응하죠.

원추세포가 각자 다른 파장에 대해 다른 강도로 반응한다는 사실을 통해 원색의 명도가 다른 이유를 알 수 있습니다. 예제 85를 보면 파란색이 눈에 들어오면 짧은 원추세포와 중간 원추세포가 동시에 활성화됩니다. 그러나 중간 원추세포가 활성화되는 강도가 약하기 때문에 파란색의 명도가 낮아 보이는 것입니다. 반면 빨간색이 눈에 들어오면 중간 원추세포와 긴 원추세포가 약하지만 동시에 활성화됩니다. 활성화되는 정도는 약하지만 두 원추세포가 활성화되는 정도가 비슷하기 때문에 빨간색이 명도는 어둡지만 파란색보다는 밝게 보이는 것이죠.

초록색이 눈에 들어오면 모든 원추세포가 활성화되는데, 긴 원추세포와 중간 원추세포가 강하게 반응합니다. 그래서 초록색이 다른 원색에 비해서 밝아 보이는 것이죠. 가장 명도가 높은 색은 노란색이었는데 노란색 영역에서는 긴 원추세포와 중간 원추세포가 거의 최고치로 활성화됩니다. 노란색이 가장 밝아 보이는 것은 이렇게 설명이 됩니다.

그런데 색상의 명도가 서로 다르다는 것이 실제 작품을 그리는 것과 무슨 관련이 있는 걸까요? 이에 대해 설명하기 위해서는 난색과 한색이라는 색온도로 돌아가는 것이 좋겠습니다. 이전 장에서 배웠듯 난색과 한색의 색온도에서 초록색은 중간지점에 있는 중성색으로 볼 수 있습니다(86). 색온도와 명도를 겹쳐 놓고 보면 초록색을 중심으로 명암이 서서히 구분됩니다.

색을 섞었을 때 명도를 높이고 싶으면 흰색 물감을 섞거나 채도를 낮추는 방법밖에 없다고 생각하기 쉽습니다. 그러나 색이 지닌 고유의 명도를 활용하면 채도는 최대치로 유지하면서 색의 명도를 조절할 방법이 생기기 때문에 작품 창작에 중요한 것입니다. 흰색을 섞어서 색을 밝게 했을 때와 고유 명도가 높은 색을 섞었을 때를 비교하면 생동감에 큰 차이가 있다는 것을 알 수 있습니다(87).

스펙트럼에 없는 색 EXTRA-SPECTRAL COLORS

세 가지 원추세포를 이해하면 색을 섞었을 때 일어나는 일에 대해서는 굉장히 잘 설명이 되지만 아직 우리가 심리적으로 인지하는 색채에 대해서는 완전히 설명되지 않는 부분이 있습니다. 앞서 설명했듯 색은 우리가 맞닥뜨리는 다양한 파장을 인식하기 위한 방식 중 하나입니다. 이 방식 외에도 색이라는 감각을 설명하는 방법이 더 있는데, 이 방법을 이용하면 색에 대해 조금 더 많이 이해할 수 있게 됩니다. 그러나 이 방법에 관해 설명하기에 앞서 먼저 원추세포를 통해 색을 설명하려 했을 때 어떤 부분에 대한 설명이 이뤄지지 않는지 살펴보겠습니다.

빨간색 / **파란색**

초록색 / **파란색**

빨간색 / **'독특한' 노란색** / **초록색**

88 우리가 아는 원색으로 노란색은 어떻게 만드는 걸까요?

노란색은 어쩌고?

가장 먼저 설명되지 않는 부분은 3원색 사이에 있는 중간색을 잘 보면 분명해집니다(88). 빨간색과 파란색 사이의 중간색과 초록색과 파란색 사이의 중간색들은 양쪽에 있는 두 개의 원색을 이용해서 설명할 수 있습니다. 초록빛 파란색이나 빨간빛 보라색처럼 말이죠. 원색 사이의 중간색들은 비율을 조금씩 다르게 해서 두 개의 원색을 섞은 색처럼 보입니다.

그러나 빨간색과 초록색 사이를 보면 새로이 '독특한' 색이 하나 등장합니다. 바로 노란색이죠. 왜 '독특하다'고 표현했냐면 노란색은 원색 두 개로는 설명이 불가능하기 때문입니다. 노란색의 옆에 위치한 색은 좌우에 있는 원색으로는 설명이 안 되고 노란색을 붙여야만 설명이 됩니다. 예를 들어, 노란빛 초록색이나 노란빛 주황색이라는 말은 있어도 빨간빛 초록색이나 초록빛 빨간색은 없습니다. 이 말은 결국 원추세포를 이용한 색채 이론에 어딘가 빠진 부분이 있다는 얘기입니다. 그렇다면 이때의 노란색은 어디서 나타난 걸까요?

선형 스펙트럼의 한계

원추세포로 설명되지 않는 두 번째 부분을 설명하려면 컬러 스펙트럼으로 돌아가야 합니다. 스펙트럼에서 파란색 끝부분을 보면 끝부분에 가까워질수록 뭔가 파란색에 '빨간빛'이 도는 느낌이 점점 나다가 결국 청자색(violet)으로 스펙트럼이 끝이 납니다. 즉, 파란색과 빨간색을 우리는 심리적으로 연관이 있다고 여기는 것입니다.

그런데 만약에 색이 선 모양으로 이뤄진 스펙트럼 위에 있는 것이라고 한다면 이는 말이 되지 않습니다. 빨간색과 파란색은 선형 스펙트럼에서 양 끝에 있는 색들이고, 이 둘은 관련이 있을 리가 없으니까요. 만약 색이 현실 세계에 '실재'하는 것이고 우리가 이것을 단순히 감지하는 것이라고 한다면 빨간색과 파란색은 심리적으로 가장 연관이 없다고 느껴져야 하는데 실제로는 이 둘이 비슷한 색감을 지닌 것처럼 느껴집니다(89). 색이 순환하는 것도 아닌데 우리의 뇌는 어찌 된 노릇인지 스펙트럼 양 끝에 있는 이 두 색을 연관 짓는 것이죠.

스펙트럼에 없는 색

세 번째 맹점은 여러분이 벌써 눈치챘을지도 모르겠습니다. 보라색(purple)과 자홍색(magenta), 차가운 빨간색이 컬러 스펙트럼 위에는 없다는 점이 바로 그것입니다(90). 사실 이 세 가지 색과 결부된 파장은 하나도 없는데, 우리는 이 색들을 감지합니다. 우리의 뇌가 스펙트럼 양 끝에 있는 색을 섞어서 새로운 색을 만들어 내는 셈이죠. 한 가지 짚고 넘어

갈 부분은 그렇다고 해서 보라색이나 자홍색, 차가운 빨간색이 '진짜'가 아니라는 말은 아닙니다. 앞서도 말했듯 색은 결국 우리 뇌가 만들어내는 현상이고 '컬러 스펙트럼에 없는 색'도 결국 다른 색과 마찬가지로 진짜 색입니다. 다만 우리가 가정한 선형 스펙트럼 위에는 존재하지 않는 것이죠.

보라색과 자홍색, 차가운 빨간색의 존재는 색상환으로는 파장이 우리 눈에서 작용하는 것을 설명하지는 못해도 색감은 잘 설명한다고 보이는 이유일지도 모르겠습니다. 그렇다면 위의 세 가지 색은 어디서 나타나는 것이고 우리는 이들을 어떤 방식으로 이해하는 것일까요?

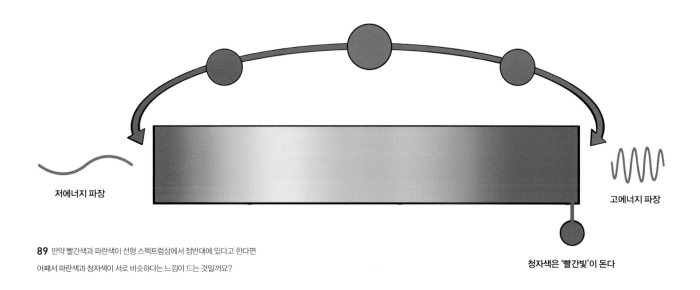

저에너지 파장

고에너지 파장

청자색은 '빨간빛'이 돈다

89 만약 빨간색과 파란색이 선형 스펙트럼상에서 정반대에 있다고 한다면
어째서 파란색과 청자색이 서로 비슷하다는 느낌이 드는 것일까요?

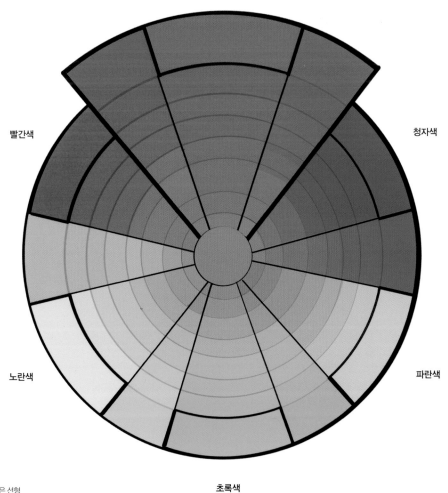

빨간색

청자색

노란색

파란색

초록색

90 보라색이나 자홍색 같은 색은 선형
스펙트럼에서는 찾아볼 수 없습니다.

색의 대립 COLOR OPPONENCY

이제 지금까지 살펴본 색채 이론에서 빈틈을 찾았으니. 이 빈틈을 메우기 위한 새로운 개념을 소개하겠습니다. 바로 색의 '대립(Opponency)'입니다. 색의 대립은 기본적으로 우리가 지각하는 색채에는 세 쌍의 대립색(opponent color)이 있다는 것을 전제로 합니다. 초록색과 빨간색이 대립하고 파란색은 노란색과, 검은색은 흰색과 대립하는 것이죠.

이때 서로 대립하는 색은 서로의 색을 사용해서는 설명할 수 없는 '독특한' 색이기에 대립한다고 합니다. 초록빛 빨간색이나 파란빛 노란색, 검은빛 흰색이라는 말이 없듯이 말이죠. 대립하는 색이 서로 섞이게 되면 중성 회색으로 옅어진다고 우리는 인식합니다(91). 그 외의 모든 색은 이 세 쌍의 대립색으로 설명이 가능합니다. 그래서 이때의 대립색을 우리가 이전에 다루었던 '물리적' 원색과 대비하여 '심리적' 원색이라고 부릅니다.

거칠게 말하면, 대립색은 우리의 뇌가 눈에서 세 종류의 원추세포를 통해 받아들인 정제되지 않은 데이터를 처리하는 방식이라고 이해하면 되겠습니다. 인간의 눈에 있는 원추세포는 파장을 수용할 때 컬러 스펙트럼상의 정확한 위치를 인식하는 것이 아니라 아직 정제되지 않은 로우 데이터(raw data)를 받아들입니다. 이 정제되지 않은 데이터를 뇌가 여러 방법을 통해서 추가로 정리하고 구분하여 우리가 인지하는 색채가 탄생하는 것이죠.

한 가지 짚고 넘어가야 할 점은 이때의 심리적 원색이 색을 섞을 때 벌어지는 일을 정확하게 설명하지는 않는다는 것입니다. 대신에 우리가 색채를 어떻게 인식하고 구분하는지 설명해 주기 때문에 중요한 것입니다(92).

눈치를 챘을지도 모르겠지만, 대립색에는 난색과 한색의 관계가 보이기도 합니다. 빨간색과 노란색은 난색이고, 초록색과 파란색은 한색이니까요. 사실 색의 대립이라는 개념을 사용하면 난색과 한색이라는 색온도를 이해하기 편해집니다. 49페이지에서 우리는 난색과 한색을 중성 초록색을 중심으로 분리할 수 있다고 배웠습니다. 거기에 더해서 중성 초록색을 중심으로 노란색과 파란색이라는 대립색이 있습니다.

그러나 한편으로는 색의 온도라는 것이 주관적이라고 배우기도 했습니다. 누군가는 어떤 색의 온도

파란색 / 노란색 / 초록색 / 빨간색 / 검은색 / 흰색

91 '대립색'이란 서로의 색을 이용해 설명할 수 없는 한 쌍의 색을 의미합니다.

라는 것이 심리적 원색들이 섞였을 때 나타나는 결과라고 하기도 합니다. 빨간빛 주황색이나 청록색처럼요(93). 그러나 여기에는 반론의 여지가 있고, 모두가 이 생각에 동의하지는 않을 것입니다. 여러분의 생각은 어떤가요?

다시 컬러 스펙트럼을 살펴보면 색 사이의 관계가 보다 분명하게 보입니다(94). 스펙트럼을 보면 이번에는 빨간색과 초록색 사이의 관계가 눈에 띕니다. 여기에 스펙트럼에 없는 색(보라색, 자홍색)을 더하면 우리가 받아들이는 빨간색이라는 색채가 중성 초록색으로부터의 거리에 가깝다는 느낌이 듭니다. 그렇다고 하면 스펙트럼의 양쪽 끝은 모두 가운데에 자리한 초록색으로부터 가장 먼 지점이니 스펙트럼 양쪽 끝에서 빨간색이 느껴지는 것이 설명이 됩니다.

이처럼 스펙트럼 양쪽 끝이 서로 연결되는 것 같은 느낌이 아마도 우리가 원형의 표색계를 직관적으로 더 선호하는 이유일지도 모르겠습니다. 지금까지 설명한 개념이 예제 95에 표현되어 있습니다.

예제 95에서는 초록색을 중심으로 중앙에 축이 그어져 있는데, 이를 경계로 난색과 한색이 구분됩니다. 디지털 환경에서 색 공간을 보고 싶다면 포토샵의 컬러 모드에서 랩(Lab)을 선택하면 됩니다.

심리적 원색

혼색을 할 때의 원색

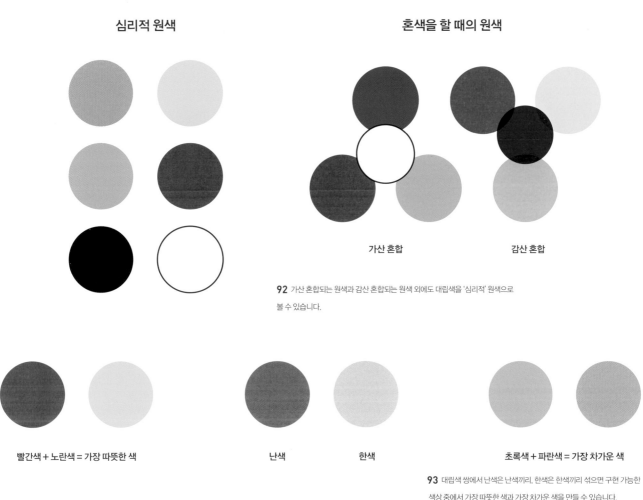

가산 혼합   감산 혼합

92 가산 혼합되는 원색과 감산 혼합되는 원색 외에도 대립색을 '심리적' 원색으로 볼 수 있습니다.

빨간색 + 노란색 = 가장 따뜻한 색   난색   한색   초록색 + 파란색 = 가장 차가운 색

93 대립색 쌍에서 난색은 난색끼리, 한색은 한색끼리 섞으면 구현 가능한 색상 중에서 가장 따뜻한 색과 가장 차가운 색을 만들 수 있습니다.

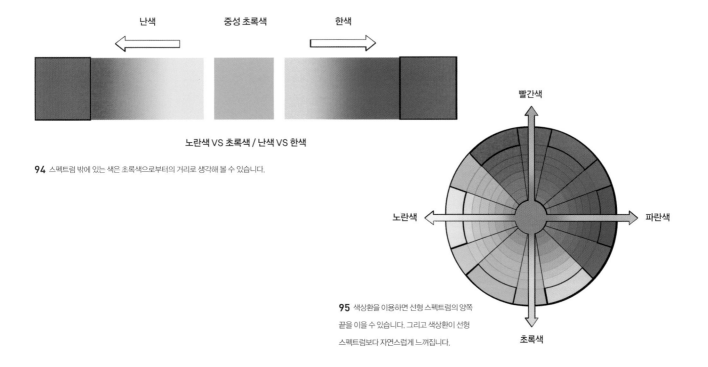

난색   중성 초록색   한색

노란색 VS 초록색 / 난색 VS 한색

94 스펙트럼 밖에 있는 색은 초록색으로부터의 거리로 생각해 볼 수 있습니다.

빨간색 / 노란색 / 파란색 / 초록색

95 색상환을 이용하면 선형 스펙트럼의 양쪽 끝을 이을 수 있습니다. 그리고 색상환이 선형 스펙트럼보다 자연스럽게 느껴집니다.

색채 항등성 PART 02 : 색조
COLOR CONSTANCY PART 02 : HUE

여러분도 이제는 익숙해졌겠지만, 색의 구성 요소 중 색조에 대해서 가장 중요한 사실은 색조는 굉장히 주관적이라는 것입니다. 17페이지에서도 다루었지만, 색조는 작품에 사실성을 더하는 요소보다는 작품에 표현력을 더하는 향미료에 가깝습니다.

일반적으로는 색조가 물체 그 자체가 지니고 있는 고유의, 불변하는 성질이라고 생각하는 경향이 있습니다. 그러나 하루 동안 해가 뜨고 지는 과정에서 우리는 수많은 광원을 경험합니다. 그리고 광원이 변할 때마다 우리가 지각하는 물체의 절대색(absolute color)도 시시각각 변화하는데, 우리의 눈이 이러한 변화를 보정하는데 놀라울 정도로 효율적일 뿐입니다. 다른 색의 구성 요소와 마찬가지도 색채 항등성 역시도 일종의 착시인 셈이죠.

이제는 다들 잘 알겠지만, 우리의 눈은 두 개의 색 사이에 존재하는 차이를 과장하는 경향이 있습니다. 예제 96에 제시된 두 개의 사각형을 보면 이러한 경향이 잘 보입니다. 가운데에 위치한 사각형은 모두 중성 회색입니다. 그러나 주변을 둘러싼 색이 파란색인 경우 가운데 있는 회색이 따뜻하게 보이지만, 주변을 둘러싼 색이 주황색인 경우에는 회색이 상대적으로 차갑게 보입니다.

조금 더 사실적인 예시를 놓고 보면 이러한 현상이 더 명확하게 드러납니다. 예제 97에서는 노란색과 파란색, 빨간색, 초록색의 색상 영역에서 표현한 육면체 4개가 묘사되어 있습니다. 그리고 여기서 주변을 둘러싼 색을 조금씩 만져주면 똑같은 중성 회색이 각각의 그림에서 파란색, 초록색, 빨간색, 노란색으로 보이게 할 수 있습니다. 심지어 예제 97에서처럼 실제 색상을 표시해도 이 착시를 깨는 것이 어렵죠.

이쯤 되면 이미지 안에서 어떤 색조를 사용해도 원하는 색채를 전달할 수 있다는 얘기가 충분히 전달되었으리라 생각합니다. 그리고 이 사실을 깨달으면 색상을 구현하는 데에 연연하지 않고 작품의 메시지를 어떤 방식으로 표현할지에 더 많이 고민할 수 있게 됩니다.

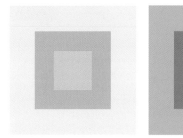 

96 다른 색조로 둘러 쌌였을 때 똑같은 중성 회색도 완전히 달라 보입니다.

97 위의 네 그림에서 주변의 색에 따라 중성 회색이 완전히 다른 색으로 보입니다.

색 영역

이제 작품을 만들 때 창의적으로 접근할 수 있다는 점은 알게 되었는데, 그렇다면 어떻게 이 창의성을 이미지에서 활용할 수 있을까요? 이때 유용하게 사용될 수 있는 것이 바로 색 영역이라는 개념입니다. 색 영역은 색 공간에서 사용 가능한 색의 영역이라는 뜻입니다.

예제 98에서는 인간의 눈이 인지할 수 있는 전체 색의 범위를 표현하고 있습니다. 그러나 여기에 표시된 색상 중 다수는 RGB 모델을 이용한 디스플레이에서는 표시할 수 없고, CMY 모델을 이용한 물

감 그림에서는 더 적은 수만을 표현할 수 있습니다. 이 책 역시도 잉크라는 색료를 이용했기 때문에 예제 98에 제시된 색 공간 역시도 실제로 인간이 인지할 수 있는 색을 다 담지는 못하고 있습니다.

아티스트는 항상 제한된 색 영역 안에서 작업을 해야 합니다. 따라서 특정한 색 영역을 선택하고 그 안에서 그림을 그리는 능력은 작품의 분위기를 결정하는데 정말 중요한 요소입니다. 예제 99에서는 예제 97에서 제시된 착시와 각각의 그림에서 사용한 색 영역을 같이 보여주고 있습니다. 예제 97의 착시를 만들기 위해서는 먼저 원색을 구성할 색조

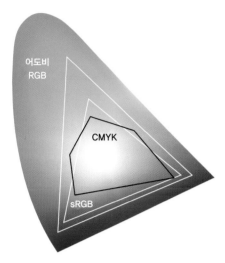

98 어도비 프로그램에서의 RGB 색 영역과 표준 RGB(sRGB) 색 영역, CMYK 색 영역에서의 컬러 스펙트럼을 서로 겹쳐서 표현했습니다.

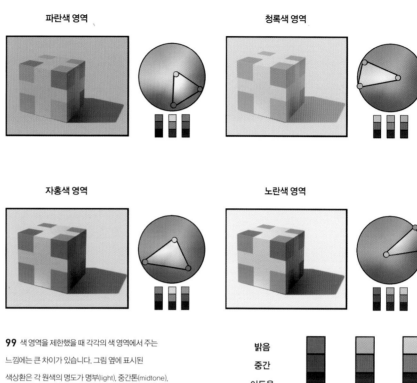

파란색 영역

청록색 영역

자홍색 영역

노란색 영역

99 색 영역을 제한했을 때 각각의 색 영역에서 주는 느낌에는 큰 차이가 있습니다. 그림 옆에 표시된 색상환은 각 원색의 명도가 명부(light), 중간톤(midtone), 암부(dark)일 때를 예시로 표현한 것입니다.

밝음
중간
어두움

빨강   노랑   파랑

밝음 ← → 어두움

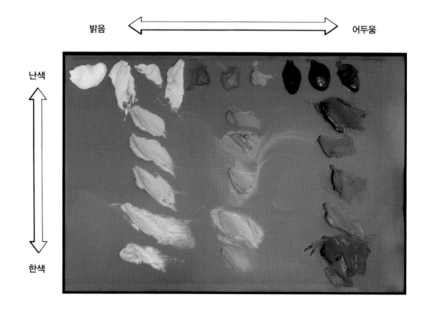

난색

한색

100 색 영역을 선택한 다음 각각의 색온도에 따라 명부, 중간톤, 암부일 때의 색을 혼색하면 효율적으로 팔레트를 구성할 수 있습니다.

중 하나를 중성 회색으로 정한 다음 나머지 두 원색을 중성 회색에서 일정 거리만큼 떨어뜨려서 색 영역을 구성하면 됩니다. 색 영역에서의 한계치를 미리 정해 놓고 그림을 그리는 것이 편리한데, 예제 99에서는 이때의 한계치가 색상환에서의 꼭짓점으로 표현되어 있습니다. 이렇게 한계치를 설정해 놓으면 정해진 색 영역 안에서만 작업을 하는 것이 훨씬 편해집니다. 위의 예제에서는 한계치가 단순하게 색상환에서의 점으로만 표현되었지만 실제로 작업을 할 때에는 명도 스케일에서의 범위로 조금 더 세밀하게 구분하는 것이 좋겠죠.

물감을 사용할 때는 색 영역을 결정할 때 조금 더 신중해야 합니다. 이미지에 담길 색상을 후에 보정할 방법이 그래픽 프로그램을 사용할 때보다 훨씬 제한되어 있기 때문입니다. 그래픽 프로그램에서는 이미 칠한 색도 사후에 슬라이더와 레이어를 활용해 조정할 수 있기 때문에 물감을 사용할 때보다는 색 영역을 구성할 때 자유로운 편입니다. 그러나 지금은 색 영역에 대해서 배우고 있는 단계이니, 그래픽 프로그램을 활용할 때도 색 영역을 신중하게 설정해 보겠습니다.

예제 100에서는 물감을 사용해 색 영역을 구성하는 방법 중 하나를 소개하고 있습니다. 색 영역을 3단계의 명도에 따라 구성하는 방법인데, 이렇게 하면 각각의 색에 명부와 중간톤, 암부가 모두 존재하게 됩니다. 많은 아티스트가 실제 그림을 그릴 때 시작색(initial color)으로 어떤 색을 쓸지 많은 시간을 거쳐

고민하고 신중하게 색을 고릅니다. 시작색을 신중하게 고를수록 작품이 주는 효과가 더욱 커지니 색영역을 설정하는 단계가 핵심적이라고 하겠습니다.

색에서의 노출 EXPOSURE IN COLOR

우리가 창작할 이미지에서 색 영역을 결정할 때 한 가지 잘 알고 가야 하는 부분이 바로 색에서 노출의 개념이 적용되는 방식입니다. 24페이지에서 언급했듯, 노출이라는 개념은 사진에서 빌려온 것인데 이미지를 창작할 때 큰 도움이 될 수 있습니다.

여러분 중 일부는 아마도 '과다 노출(overexposure)'이나 '과소 노출(underexposure)'이라는 단어가 익숙할 것입니다. 또한 노출이 과도하게 들어간 사진은 너무 밝고, 노출이 모자라면 너무 어둡다는 사실도 앞선 장을 통해 이미 확인했습니다. 이번 장에서는 과다 노출과 과소 노출이라는 두 용어를 조금 더 정확하게 정의하고 사진이 아닌 그림에서 이 개념이 어떻게 적용될 수 있는지 논의해 보겠습니다.

과다 노출

24페이지에서 사진이나 그림이라는 매체를 통해 자연에서 표현되는 방대한 범위를 담으려고 하다 보면 정보의 일부가 손실된다(클리핑(clipping)이라고도 하죠)고 했던 것을 기억할 것입니다. 우리에게 주어진 재료에는 한계가 있어서 우리가 창작하려는 이미지에서 이러한 정보의 손실은 언제나 발생할 수밖에 없습니다.

과다 노출은 이렇듯 정보가 유실되는 클리핑이 이미지에서 표현되는 색의 명도에 제한을 줄 때를 말합니다. 예제 101의 밝은 부분을 보면 바다와 하늘의 파란색과 바위의 회색, 풀의 주황색이 뿌옇고 거의 서로 구분되지 않는 색으로 표현된 것을 알 수 있습니다. 실제로는 이들의 색이 극명하게 다를 텐데 말이죠.

43페이지에서 언급했듯, 일정 지점 이상으로 색의 명도를 높일 수 있는 유일한 방법은 흰색을 더하여 명청색(tint)을 만드는 것뿐입니다. 어떤 색이든 흰색을 계속 섞다 보면 점점 색이 비슷하게 되어, 결국에는 구분하기 어려워집니다. 이렇듯 너무 흰색을 많이 섞으면 과다 노출이 나타나는 것이죠.

과소 노출

과소 노출은 과다 노출과는 반대의 현상입니다. 과다 노출에서는 밝은 영역이 서로 구분하기 어렵고 명청색에서 정보가 손실되지만, 과소 노출에서는 이미지의 어두운 영역에서 명도 스케일이 지나치게 내려가서 암청색이 서로 구분이 되지 않습니다.

41페이지에서 배웠듯, 모든 색은 계속 어둡게 하면 점차 채도를 잃으며 포화도의 변화 경로상에서 점점 어두운 암청색으로 이동하며 결국에는 완전한 중성 검은색이 됩니다. 예제 102를 보면 멀리 있는 바위와 바다, 산의 주황색 그림자, 하늘의 어두운 파란색이 전부 비슷비슷하게 표현되었음을 알 수 있습니다.

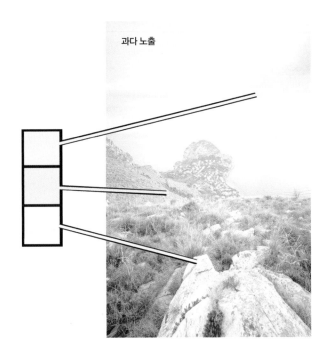

101 과다 노출된 사진에서는 명도가 높은 부분이 너무 흰색에 가까워서 서로 분간이 되지 않습니다.

102 과소 노출된 사진에서는 명도가 낮은 부분이 너무 검은색에 가까워서 서로 분간이 되지 않습니다.

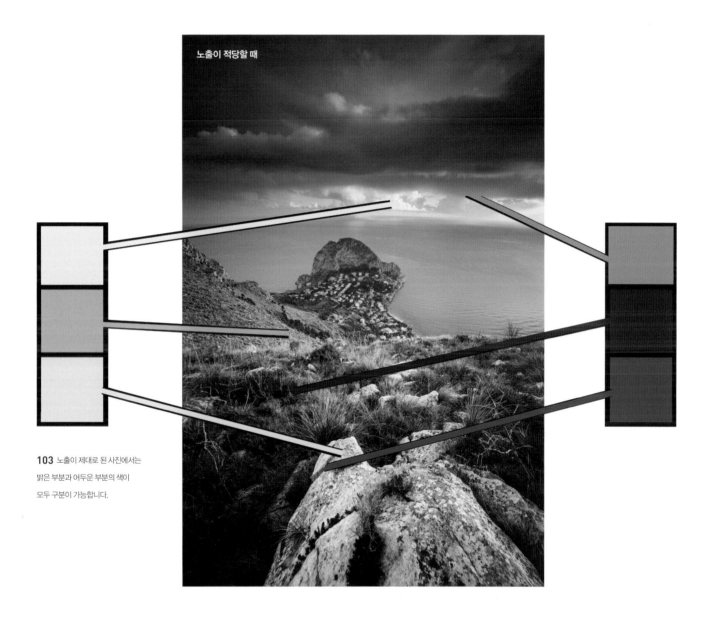

노출이 적당할 때

103 노출이 제대로 된 사진에서는
밝은 부분과 어두운 부분의 색이
모두 구분이 가능합니다.

올바른 노출

이미지의 노출이 올바르게 이뤄졌다는 느낌을 주기 위해서는 예제 103에서 보이듯이 이미지 전반의 명도 영역에서 색이 또렷하고 분명하게 구분되어야 합니다. 예제 103은 노출이 올바르게 이뤄진 예시인데, 하늘이 어느 부분도 뿌옇게 되지 않았고, 바다는 확실하게 파란색이며, 가까이에 있는 바위

는 밝은색으로 묘사되지만, 디테일이 살아있습니다. 뿐만 아니라 풀이 있는 부분의 주황색도 명부와 암부가 모두 잘 표현되어 있습니다.

이렇듯 적당한 수준의 노출을 주기 위해서는 이미지에서 사용하는 명도의 상한선(명부)과 하한선(암부)을 의도적으로 제한해야 합니다. 이미지에서 사

용할 수 있는 명도의 한계를 예민하게 느끼는 능력은 앞으로 우리가 개발해야 할 중요한 능력 중 하나입니다.

명부
(순색에 흰색을 혼색)

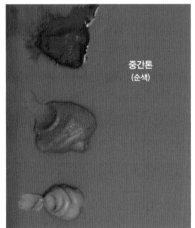

중간톤
(순색)

암부
(순색에 어두운색을 혼색)

104 물감으로 그림을 그리기 전에 순색에 흰색과
어두운색을 섞어서 색을 확장하는 것을 연습해 보세요.

색을 사용한 노출 문제 해결

이쯤에서 여러분은 '그러면 과다 노출이나 과소 노출을 피할 방법은 대체 뭔데?'라는 생각을 할지도 모르겠습니다. 이번 장에서 배웠듯 작품을 그리기 이전에 색 영역을 설정하는 것은 굉장히 유용합니다. 그렇다면 색 영역 설정으로 노출 문제는 어떻게 해결할 수 있을까요?

작품을 그릴 때 노출 문제를 해결할 수 있는 가장 유용하면서도 현실적인 방법은 바로 그림을 그리기 전에 미리 색을 '확장'하는 것입니다. 조금 더 자세히 설명하면, 순색을 하나 고른 뒤 가능한 흰색과 같은 계열의 어두운색만을 사용해서 순색에서 나올 수 있는 3가지 명도 영역, 즉 명부 중간톤, 암부로 확장하는 것이죠. 실제 그림에서 사용할 색을 섞어서 팔레트를 구성하기 전에 이렇게 색을 확장해 놓으면 각각의 명도 영역에서 채도가 최대일 때 얼마나 큰 차이가 나는지 확인할 수 있습니다(104).

만약에 색을 선택하는 방법이 손에 익고 색을 확장한 뒤에 작품을 시작하는 것에 익숙해진다면 실수로 과다 노출이나 과소 노출이 생기는 일을 방지할 수 있습니다. 그러나 물감을 사용할 때는 그림에서 사용할 명도의 범위를 정확하게 설정하는 일이 쉽지는 않습니다. 그래서 팔레트를 구성할 때는 괜찮았는데, 실제 그림에서는 노출이 잘못된 것 같은 느낌이 들기도 합니다. 그 때문에 조금 더 선택지를 넓고 유연하게 가져가는 편이 좋습니다. 이렇게 선택지를 넓고 유연하게 하는 방법 중 하나가 바로 예제 105입니다. 예제 105를 보면 처음에는 명도 스케일에서 중간 정도에 있는 색을 위주로 칠해서 이미지의 대비를 낮게 유지합니다. 그리고 점차 대비가 큰 명도의 색을 칠해가는 것이죠.

순색 중 다수가 명도 스케일에서는 중간 정도 값을 보이기 때문에 이 방법을 사용하면 실수로 이미지의 노출이 너무 많이 들어가거나, 너무 적게 들어가는 일이 상대적으로 적어집니다. 실제로 이 방식은 유명한 아티스트들이 많이 쓰는 방식이기도 하고, 작업을 할 때 실제로 사용해 보면 굉장히 유용한 방식임을 체감하게 될 것입니다.

색의 동화

물론 모든 이미지에서 위에서 언급한 규칙을 반드시 따라야 하는 것은 아닙니다. 그리고 많은 이미지가 구상 단계에서 과다 노출과 과소 노출을 의도적으로 활용하기도 하죠. 사실 의도적으로 노출을 과하게 또는 부족하게 주어 작품의 표현력을 증대하는 방법도 있습니다.

과도 노출이 된 이미지에서 우리가 유용하게 활용할 수 있는 착시가 바로 '색의 동화(color assimilation)'입니다(106). 색의 동화는 중성색 주변에 있는 색에 중성색이 '스며드는' 현상을 말합니다. 만약에 채도가 극단적으로 높은 색을 순수한 흰색 바로 옆에 배치하면 흰색이 명도가 높은 다른 색으로 보이

저대비에서 시작   대비 확장   고대비로 마무리

105 중간 정도의 명도를 띄는 회색을 먼저 그리고 점차 색을 확장해서
최종적으로 이미지에서 사용할 색의 범위를 표현해 보세요.

는 듯한 느낌을 받습니다.

색의 동화는 아래에 제시된 네이선 폭스의 풍경화
(107)에서 멋지게 활용되고 있습니다. 이런 이미지
에서는 눈부실 정도로 밝은 햇빛을 묘사하는 것이
아티스트의 의도이기 때문에 의도적으로 빛을 과
다 노출시키고 이때의 색을 순수한 흰색 옆에 배치
하면 원하는 느낌을 전달할 수 있습니다. 예제에서
보면 극단적으로 채도가 높은 노란색과 주황색을
순수한 흰색 옆에 배치하여 강렬한 햇빛을 현실적
으로 묘사했습니다.

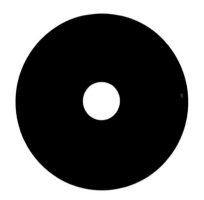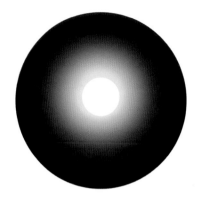

106 색의 동화란 채도가 높은 색을 순수한 흰색과 병치했을 때
밝기가 아주 높은 색으로 보이는 현상을 말합니다.

107 색의 동화 현상은 위의 그림에서 밝은 햇빛과 물 표면에서 빛의 반사를 묘사할 때 활용되었습니다.

Image 107 © Nathan Fowkes

Image © Djamila Knopf

빛LIGHT

찰리 피카드 CHARLIE PICKARD

지금까지 색이 어떻게 작용하는지, 색과 빛이 어떻게 상호작용을 하는지 살펴보았습니다. 이제는 빛이라는 주제 그 자체를 조금 더 깊게 탐구해 보고자 합니다. 이번 장에서는 빛과 우리 주변에서 찾아볼 수 있는 기초적인 물체에 대해 소개하고자 합니다. 그리고 조금 더 깊게 물체의 표면에서 일어나는 난반사와 정반사, 투과를 묘사하는 방법에 대해 따로 설명하고 서로 다른 조명에서 서로 다른 표면을 지닌 물체를 어떻게 표현할 수 있는지 살펴보겠습니다.

빛 LIGHT
무광 MATTE

빛이 보이는 모습 중에 우리가 처음으로 살펴볼 것은 무광(matte) 표면에 조명을 비추었을 때의 반응입니다. 무광택 표면에서 나타나는 빛의 작용은 우리가 일상에서 접하는 거의 모든 사물에서 볼 수 있습니다. 빛이 무광택 표면에서 작동하는 원리와 한계점, 그리고 둘 사이의 상호작용이 명도와 형태, 색에 미치는 영향을 잘 이해하면 우리는 빛과 색을 더욱 잘 다룰 수 있게 될 것입니다.

물체의 특성 MATERIAL QUALITIES

우리는 자연에서 수없이 많은 종류의 물체를 마주합니다. 그리고 물체와 빛이 만났을 때 보이는 반응을 작품으로 옮기려 할 때 물체가 보이는 빛의 기본적인 작용에 대해 이해하는 것이 중요합니다. 따라서 빛의 기본적인 작용에 대해서 먼저 설명하겠습니다.

빛의 종류

물체가 빛과 작용하는 방식은 아래에 정리된 것처럼 크게 네 종류로 나누어 볼 수 있습니다. 이 네 가지의 작용이 어떤 물체 위에서 어떤 비율로 일어나는지에 따라 물체가 어떻게 보이는지가 정해집니다. 먼저 '발광'은 자연에서는 가장 찾아보기 어려운 성질입니다. 나머지 세 가지는 모든 물체에서 비율에 차이만 어느 정도 존재할 뿐 모두 동시에 발생합니다(01).

발광(Emission) : 물체가 빛을 내고 주광원이 될 수 있는 경우를 말합니다. 전구가 대표적인 예시이죠. 빛을 내기 위해서는 열이나 전기와 같이 어느 정도 에너지가 투입되어야 하므로 자연에서는 찾아보기가 어렵습니다.

반사(Reflection) : 빛이 물체의 표면에 닿았을 때 직접 튕겨 나오거나, 확산되어 튕겨 나오는 경우를 말합니다.

굴절(Refraction) : 빛이 어떤 물체(투명한 유리 등)에 진입한 다음, 이 물체를 투과해서 다른 점으로 나오는 경우를 말합니다.

흡수(Absorption) : 빛이 물체의 표면에 닿았을 때 에너지를 잃고 자신이 지닌 에너지를 물체에 넘겨주며 흡수당하는 경우를 말합니다.

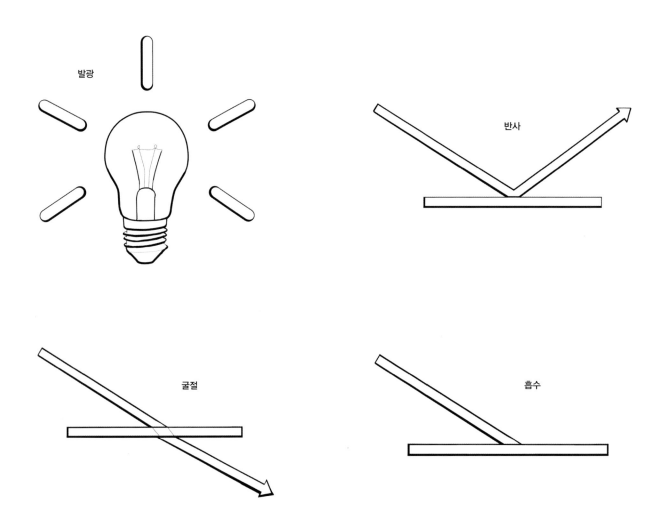

01 물체와 반응했을 때 빛이 보이는 기본적인 네 가지 반응입니다.

물체의 종류

세상에 존재하는 모든 물체는 아래의 다섯 가지 종류로 구분할 수 있습니다(02). 이번 〈빛〉 단원에서 우리는 이 다섯 가지 물체에서 빛이 어떻게 작용하고, 서로 다른 빛을 비추었을 때 각각의 물체에서 나타나는 반응을 어떻게 다루면 될지 알아보겠습니다.

정반사체(Specular reflector) : 거울처럼 빛을 완벽하게 반사하는 물체입니다.

유광체(Shiny material) : 불완전한 정반사체입니다.

무광체(Matte material) : 무광체에서는 반사와 투과, 흡수가 서로 뒤섞여 나타납니다. 그림자를 그리는 셰이딩과 입체감을 주는 모델링을 다룰 때 가장 많이 언급되는 물체입니다. 이번 장에서 핵심적으로 다룰 물체이기도 합니다.

반투명체(Translucent material) : 불완전하게 빛을 투과시키는 물체로 어느 정도의 투명도를 지니고 있습니다.

투명체(Transparent material) : 투명한 유리처럼 빛을 완전하게 투과시키는 물체입니다.

정반사체　　　　　　유광체　　　　　　무광체

반투명체　　　　　　투명체

02 빛과 마찬가지로 물체도
몇 가지 종류로 나눌 수 있습니다.

기본 도형 FUNDAMENTAL FORMS

고전 예술에서는 오랫동안 모든 형상의 기본이 되는 도형이 있다는 생각을 믿어왔습니다. 즉 자연에서 찾아볼 수 있는 모든 물체는 육면체와 구체, 원기둥, 사각뿔(또는, 원뿔)이라는 네 가지 기본 도형을 조합하여 만들어졌다는 것이죠.

인간이 만들어낸 인공물은 실제로 손쉽게 기본 도형으로 나누어 구성할 수 있습니다. 기본 도형을 기반으로 만들어지는 경우도 있고요. 반면 유기체와 같은 자연물은 인공물보다는 기본 도형으로 바꾸어 생각하기 어려워 보입니다. 그러나 단순화를 거치면 기본 도형으로 충분히 바꾸어 나눠볼 수 있습니다(03).

도형의 종류

육면체(Cube) : 모든 도형의 기본이 되는 형상이며 조명을 처음 이해할 때 도움이 되는 가장 단순한 형상입니다. 정육면체는 모든 테두리의 너비와 높이가 같으며, 테두리가 서로 접하는 면이 편평합니다.

구체(Sphere) : 하나로 이뤄진 완벽하게 둥근 평면으로 구성된 형상입니다. 가장 기본이 되는 곡면 형상이죠. 구체에서 빛에 대한 정보를 가장 많이 얻을 수 있어서 조명을 계획할 때 가장 많이 사용합니다.

원기둥(Cylinder) : 육면체와 구체를 합친 도형입니다. 한 면은 곡면으로 이뤄져 있고, 수평 방향에 있는 다른 두 면은 육면체처럼 평면으로 이뤄져 있습니다.

사각뿔(Pyramid) 또는, 원뿔(Cone) : 육면체나 원기둥을 변형하여 만든 형상입니다. 도형의 한쪽 끝에 있는 평면이 한 점으로 모이면 만들어집니다.

기본 도형을 통해 우리는 모든 물체 위에서 빛을 표현하기 위해 어떤 규칙이 적용되고, 어떤 방법으로 이 빛을 그려야 할지 알 수 있습니다. 그리고 이는 물체에 대한 탐구에서 주춧돌이 되어줄 것입니다. 기본 도형으로 우리는 학습한 내용을 시험해 볼 것이며, 서로 다른 물체에서 빛을 묘사할 때 다시 기본 도형을 사용하겠습니다.

예제 04와 05에서는 어떻게 인공물과 자연물(심지어 매우 복잡한 형태도)이 기본 도형으로 치환되는지를 볼 수 있습니다.

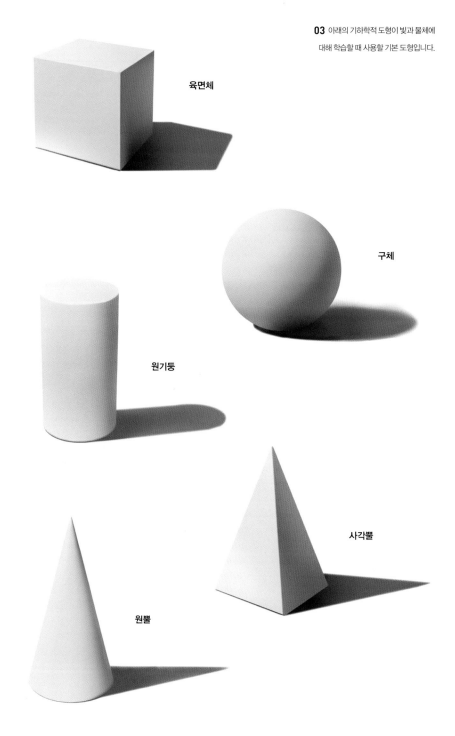

03 아래의 기하학적 도형이 빛과 물체에 대해 학습할 때 사용할 기본 도형입니다.

육면체

구체

원기둥

사각뿔

원뿔

04 대부분의 인공물은
손쉽게 기하학적 도형들로
단순화할 수 있습니다.

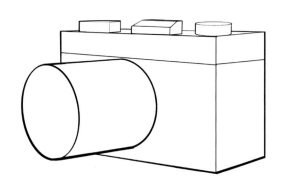

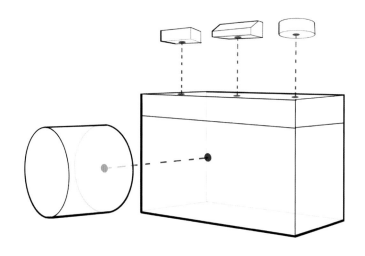

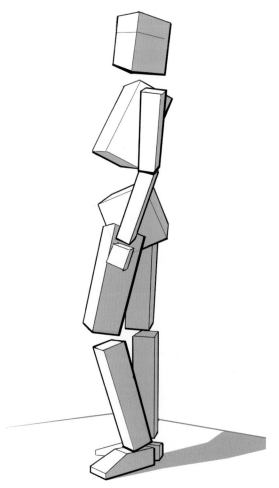

05 인체와 같이
아주 복잡한 형태도
기본 도형들로
표현할 수 있습니다.

평면PLANES

물체에 대해 설명을 할 때 반복적으로 등장할 또 하나의 개념은 바로 평면입니다. 평면은 어떤 물체에서 육면체에서 볼 수 있듯이 곡면을 다듬어서 평평하게 만든 패싯(facet[1])이라고 생각할 수 있습니다. 복잡한 형상에서의 빛을 묘사할 때 유용하게 사용할 수 있는 것이 바로 이 평면입니다.

굴곡이 많은 유기체의 표면에 빛을 묘사하는 것은 복잡하고 어렵지만, 유기체를 작은 형상을 지닌 여러 개의 평면으로 나누면, 표면을 그려내는 것이 훨씬 쉬워집니다. 사실 표면을 아주 작게 조개면 그라데이션처럼 보이게 되어 평면에 굴곡을 주는 작업을 하지 않아도 됩니다. 실제로 많은 아티스트가 면을 다듬지 않는 것을 선호하기도 합니다(06).

이렇게 표면이 곡면인 물체를 여러 개의 평면으로 잘게 나누는 방법 중에 예술에서 가장 많이 연구가 이뤄진 것이 바로 평면 인체 형상입니다(07). 인체의 표면이 어떤 식으로 평면화되는지 알고, 이 방법을 기억하는 것이 인체 형상에 빛을 묘사할 때 거쳐야 할 필수적인 과정입니다. 평면 인체 형상은 인체의 표면을 평면으로 단순화한 것이라고 할 수 있는데, 이렇게 단순화된 인체 형상에서 다양한 빛을 묘사하는 것으로 창의적으로 조명을 사용할 수 있습니다(08).

〈빛〉 단원에서 여러 조명 상황과 물체 간의 상호작용을 다루면서, 평면은 계속하여 반복적으로 등장할 예정입니다.

육면체
(모든 면이 평면, 굴곡이 없음)

단순화한 구체

단순화의 정도를 높인 구체

구체
(평면이 전혀 없이
완전히 굴곡짐)

06 형상과 빛의 모양을 조절하고 그림의 주제에 뉘앙스를 줄 때 평면을 유용하게 사용할 수 있습니다.

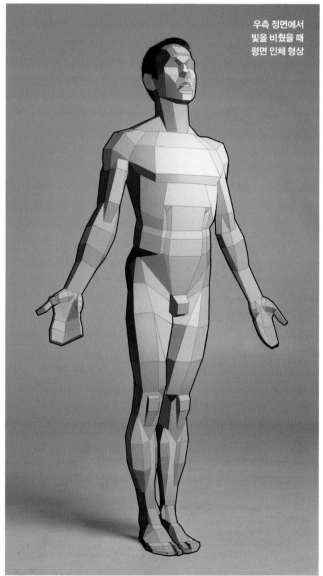

우측 정면에서
빛을 비췄을 때
평면 인체 형상

07 평면을 이용하면 복잡한 인체 형상에서 빛을 어떻게 다뤄야 할지 더 잘 알 수 있습니다.

1 역주 : 다이아몬드를 세공했을 때 나오는 면처럼 잘랐을 때 나오는 면을 패싯이라고 합니다.

Image 07 based on a photograph by Robin Bharaj (robinbharaj.com)

주변광

정면

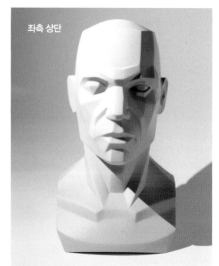

좌측 상단

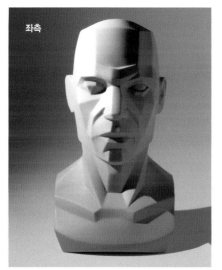

좌측

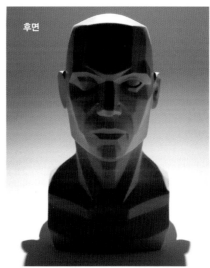

후면

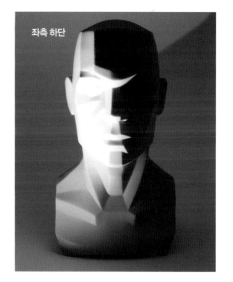

좌측 하단

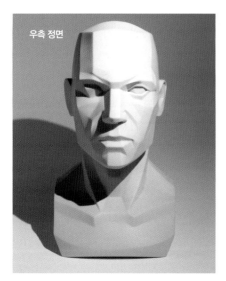

우측 정면

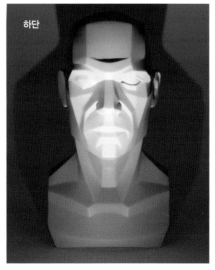

하단

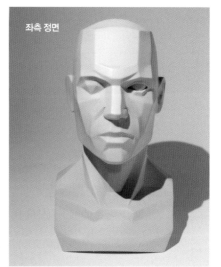

좌측 정면

08 단순화한 평면 모델에서 다양한 조명 상황을 탐구하는 것이
빛을 탐구할 때 큰 도움이 됩니다.

정반사 SPECULAR REFLECTION

이번 장에서는 무광체에서 빛을 묘사하는 방법에 집중할 예정이기는 하지만, 그와는 반대되지만 핵심적인 개념인 정반사에 대해서 먼저 간단하게 다루고자 합니다. 정반사는 뒤따를 〈정반사체〉 장 (126페이지)에서 보다 자세히 다룰 예정이지만 무광체에서 빛을 묘사할 때 정반사의 기본 개념을 아는 것이 도움이 됩니다.

기본적으로 정반사는 아주 간단한 현상입니다. 하나의 광선이 물체의 면에 타격한 다음 우리의 눈으로 들어온다고 할 때, 이때 광선이 해당 물체의 표면을 타격할 때 진입하는 각도와 탈출하는 각도는

동일합니다(09). 그리고 이것이 정반사의 핵심이죠. 더 논의를 진행하기에 앞서 몇 가지 어휘를 먼저 정리하고 가겠습니다.

법선(Normal angle) : 광선이 타격하는 표면의 평면에서 수직으로 그은 선입니다.

입사각(Angle of incidence) : 광선이 물체를 타격하려고 진입할 때 법선과 이루는 각도입니다.

반사각(Angle of reflection) : 표면을 타격하고 탈출하는 광선이 법선과 이루는 각도입니다.

입사각과 반사각은 항상 동일합니다. 이는 단순하지만, 기본적인 빛의 성질로 가장 단순한 형태의 반사인 정반사가 일어날 때 빛과 물체가 보이는 반응은 쉽게 예측할 수 있습니다. 우리는 대체로 이 정반사에 익숙합니다. 거울의 표면을 볼 때 일어나는 반응이 정반사의 예시입니다(10).

정반사가 일어나면 정반사가 일어나는 물체의 표면에 주변의 모습이 물체의 크기에 맞게 왜곡되고 변형되어 보이게 됩니다. 이때 물체의 표면에 보이는 이미지는 관측하는 사람의 위치에 따라 바뀝니다. 만약 정반사가 일어날 때 물체의 표면이 어떻게

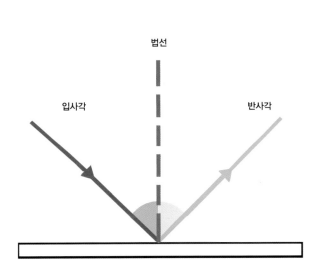

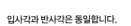

입사각과 반사각은 동일합니다.

09 정반사가 일어날 때 빛은 물체의 표면에서 같은 각도로 진입하고 탈출합니다.

10 존 윌리엄 워터하우스가 그린 〈남쪽의 마리아나(Mariana in the South(1897))〉에서 정반사의 예시를 찾아볼 수 있습니다.

보일지 가늠이 안 된다면 직접 움직이면서 물체의 표면에 보이는 이미지가 어떻게 변하는지 확인해 보는 것이 가장 쉬운 해법이 되겠습니다. 완벽하게 정반사를 하는 물체는 물체 자체에는 고유색이 없기 때문에 이때 물체의 표면에 보이는 색과 표면의 색감은 전적으로 주변 환경에 따라 달라집니다(11).

다만 자연에는 완벽하게 정반사를 하는 물체가 없습니다. 따라서 자연에서 일어나는 정반사에서는 물체의 표면에서 어느 정도 빛의 손실이 일어나게 됩니다. 즉, 물체의 표면에서 보이는 이미지는 원래의 빛에 비해 약간 어둡고 색도도 낮습니다. 물체의 표면에서 일어나는 정반사가 완벽한 정반사에서

멀어질수록 빛의 손실도 더 커지는데, 이것이 많은 사람들이 금속을 회색을 띈 물체로 인식하는 이유입니다.

11 완벽하게 정반사를 하는 물체는 주변 환경의 색을 띕니다.

Image 11 spheres (top to bottom, left to right) © Sergio Eschini, Lorna Davidson, and Jakub (via Adobe Stock)

난반사 DIFFUSE REFLECTION

난반사는 무광체의 표면에서 보이는 그늘과 그림자를 만드는 원인으로 아티스트로서 우리가 일상에서 목격하고 표현하려는 대부분의 빛이 바로 난반사로 만들어지는 현상입니다. 또한 이 책에서 빛과 물체와의 상호작용에 대해서 다룰 때 가장 많은 시간을 들여서 설명하려는 주제인 형상에 대해 더 많은 얘기를 하기 전에 난반사에 대해 제대로 알고 가는 것이 좋겠습니다.

일반적으로 난반사는 정반사의 일부분으로 설명하는데, 상당 부분 맞는 말입니다. 일반적인 상황에서 입사각과 반사각은 언제나 동일하니까요. 그러나 난반사를 따로 떼어 설명하는 이유는 난반사가 정반사와는 꽤 다른 양상을 보이기 때문입니다.

정반사와 난반사를 구분하는 한 가지 방법은 바로 반사가 일어나는 표면을 이용하는 것입니다. 정반사가 일어날 때 물체의 표면은 완벽하게 편평한 곡면입니다. 반면 난반사가 일어나는 물체의 표면은 불완전하거나 거칠죠(12). 이렇게 불완전하거나 거친 물체의 표면에 부딪힌 빛은 제멋대로 예상하기 힘든 방향으로 반사됩니다. 그 결과 표면에서 반사되는 이미지가 점점 희미해지고, 일정 수준에 이르

면 우리 눈에서는 이 이미지를 알아볼 수 없을 정도가 되는 것이죠. 크롬볼(chrome ball)의 표면을 사포질해 보면 정반사가 어떻게 난반사로 바뀌는지 확인할 수 있습니다.

그러나 정반사가 일어나는 물체의 표면에 사포질을 해서 반사되는 빛을 얼마나 확산시키든 완벽한 난반사체를 만들 수는 없습니다. 우리 눈에는 여전히 물체의 표면에 주변의 이미지가 반사되어 보일 것입니다. 다만 표면을 거칠게 했기 때문에 우리 눈이 예측할 수 없는 방향으로 빛이 반사되어 반사되는 이미지가 어느 정도 흐려 보일 뿐입니다.

무광체를 만드는 법

우리는 단순하게 빛이 부피를 지닌 물체, 즉 입체물의 표면에서만 작용한다고 생각하는 경향이 있습니다. 그러나 이는 엄밀히 말해서 사실이 아닙니다. 모든 물체는 어느 정도 투명합니다. 어떤 물체가 무광체가 되기 위해서는 아래 예제와 같이 표면이 거친 여러 겹의 층이 필요합니다. 광선이 각각의 층을 거칠 때마다 반사되는 빛의 경로를 더욱 예측하기 어려워지기 때문에 이런 층이 여러 겹 있으면 결과

적으로 빛이 물체의 표면에서 반사되어 탈출할 때의 경로를 우리 눈이 예측하는 것이 불가능해집니다(13).

이렇게 여러 겹의 층이 만들어내는 무작위성 때문에 인간의 눈이 파악할 수 있는 것은 어느 정도의 빛이 물체의 표면에서 반사되어 모든 방향으로 퍼져 나간다는 것뿐입니다. 그 결과 관측하는 사람이 어디에 있든 무광체의 표면은 똑같아 보이게 됩니다. 아티스트가 유용하게 활용할 수 있는 사실이죠. 여기에 더해서 더 많은 빛이 물체의 표면에 비추어지면 더 많은 빛이 반사되어 우리 눈에 보인다는 사실은 우리가 익히 알고 있는 것입니다. 이러한 기본적인 빛의 작용을 이용하면 예술적으로 형상을 표현할 수 있게 됩니다.

빛이 물체가 지닌 여러 겹의 층을 지날 때마다 빛은 물체에 선택적으로 흡수될 확률이 높아집니다. 이 역시도 우리가 알고 있으면 좋은 물리 현상이죠. 단순하게 말하면 '빛이 물체의 내부에서 더 많은 거리를 이동하면 빛이 물체의 고유색을 띨 가능성이 커진다'고 표현할 수 있습니다(14, 15).

정반사체의 표면

난반사체의 표면

12 표면이 평평한 물체는 주변의 모습을 비춥니다. 반면 표면이 거친 물체는 흐리거나 왜곡된 이미지를 비춥니다.

Image 12 spheres (top to bottom) © ptasha and missisya (via Adobe Stock)

이 책에서 정반사와 난반사를 묘사하기 위한 방법을 따로 설명하겠지만, 한 가지 유념해야 할 부분이 있습니다. 바로 우리가 표현하는 물체의 절대다수에서 정반사와 난반사는 동시에 일어난다는 점입니다. 둘 중 하나만 일어나는 물체는 거의 없다시피 하죠. 일반적으로 우리는 난반사가 물체의 표면에서 정반사가 일어나는 것보다 '아래'에 있는 층에서 일어나는 것으로 생각합니다. 그래픽 프로그램으로 작업을 할 때 이러한 생각을 이용해 이미지 파일의 레이어를 배치할 때 난반사 레이어를 정반사 레이어 아래에 배치해 볼 수도 있겠습니다.

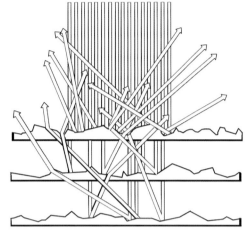

13 정반사가 일어나는 물체의 표면과 달리 무광체의 표면은 울퉁불퉁해서 우리의 눈은 빛이 어디로 반사되는지 예측할 수 없습니다. 또한 빛의 일부는 물체를 이루는 여러 겹의 층을 통과하며 물체에 흡수되기도 해서 반사되는 빛의 경로를 무작위로 바꾸고 나아가 표면에서 이미지가 비춰지지 않도록 합니다.

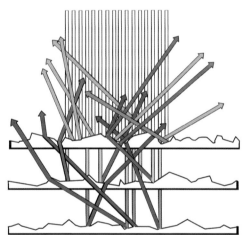

14 색이 있는 무광체의 표면에서는 물체를 구성하는 층과 빛이 충돌할 때마다 빛은 점점 물체가 지닌 고유색을 띠게 됩니다 (이 경우에는 빨간색이죠).

15 예제에서 제시된 구체는 고유색이 빨간색이며 무광체인데, 하이라이트 부분에서는 정반사를 하고 있습니다. 정반사와 난반사는 이렇듯이 동시에 존재하며 따로 존재하는 경우는 현실에서 찾아보기 어렵습니다.

Image 15 © Denis (via Adobe Stock)

빛의 방향성 DIRECTIONALITY OF LIGHT

형상에 대한 논의로 돌아가기에 앞서서 빛이 지닌 또 다른 주요한 특징이 있습니다. 바로 빛에는 자연적으로 방향성이 있다는 것입니다. 우리가 그리려는 사물에 빛이 어느 방향에서 비추고 있느냐는 질문은 현실 속 주제나 상상 속 주제를 그릴 때 모두 작품의 조명을 결정하기에 앞서 가장 먼저 고려해야 하는 사항입니다.

빛은 방향성을 갖고 직진한다는 성질이 있기 때문에 직접 광원 하나만 있는 경우 물체의 표면 중에는 빛이 닿지 않는 면이 생깁니다. 예제 16에서 보이듯 구체가 평행하여 직진하는 빛(평행광)을 받고 있다고 했을 때, 빛의 방향성으로 인한 효과를 분명하게 확인할 수 있습니다. 물체에서 빛을 받는 쪽의 반대편에는 빛이 닿지 않습니다. 이 때문에 미술에서 가장 중요한 빛의 구분이 생기게 됩니다. 바로 명부와 암부이죠. 조명이 작용하는 부분과 빛이 형태에 영향을 주는 선을 기준으로 명부와 암부를 구분할 수 있습니다. 빛의 방향성으로 만들어지는 빛의 형태 중 중요한 부분을 분류하여 아래에 설명했습니다.

명부(Light shape) : 형상에서 빛을 직접 받는 면입니다. 이 부분에서 형상의 렌더링(rendering[2])과 질감, 디테일을 만드는 등 형상에 현실감을 주는 '모델링' 작업이 대부분 여기서 이뤄집니다.

암부(Form shadow) : 형상에서 빛이 닿지 않아 그늘이 지는 부분입니다.

명암 경계선(Shadow terminator) : 명부가 끝나고 암부가 시작되는 중간 지점입니다.

캐스트 셰도우(Cast Shadow) : 물체가 빛을 막아서 다른 물체의 표면(이 경우 지면)에 생기는 그림자[3]를 말합니다.

달처럼 완벽한 진공 상태에서는 암부의 표면에 닿는 빛이 전혀 없기 때문에 암부는 완벽하게 검은색으로 보여야 합니다. 그러나 현실에서는 암부가 완전히 검은색을 띤 경우를 절대 볼 수가 없습니다. 이는 우리 눈에 보이는 모든 것이 자체적으로 광원이 되기 때문인데, 물체의 그늘인 암부 역시도 주변광의 영향을 항상 받기 때문입니다. 110페이지에서 반사된 빛이 보이는 미묘한 차이에 대해서 보다 상세하게 다루도록 하겠습니다.

미묘하게나마 물체의 표면에서 명부와 암부는 항상 나누어집니다. 사실 명부와 암부의 구분을 통해 아티스트는 관객에게 많은 정보를 전달할 수 있습니다. 그리고 많은 아티스트들이 여러 매체(특히 잉크를 활용한 흑백 그림)에서 명부와 암부만으로 정보를 전달합니다. 색조(tone)와 색(color)을 구분하여

생각했듯이 명부와 암부를 구분하고 별개로 나눠서 보는 것이 좋습니다.

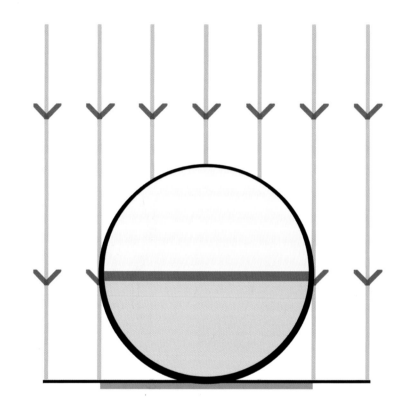

 명부

 암부

 명암 경계선

 캐스트 셰도우

16 빛이 물체의 표면에 닿은 뒤 미치지 못하는 부분에 그림자가 생깁니다.

2 역주 : 3D 그래픽에서 입체 형상의 표면을 처리하는 과정을 말합니다.
3 역주 : 그늘은 '빛이 닿지 않아 어두운 부분'을 말하며, 캐스트 셰도우는 '물체가 빛을 가려서 그 뒤에 드리워지는 검은 그늘'을 말합니다.

그림자의 윤곽선

초보자가 흔히 놓치는 개념이 있는데, 바로 명암경계선이 사실은 광원의 관점에서 보면 그림자의 윤곽선이라는 점입니다. 때문에 이전 페이지의 예제로 돌아가 보면 광원의 관점인 조감도로 보면 명암경계선이 원 모양의 윤곽선으로 보입니다(17).

이와 비슷하게 캐스트 섀도우 역시 빛의 진행 방향에 물체가 놓였을 때 빛이 가려진 부분의 윤곽이라고 할 수 있습니다. 따라서 캐스트 섀도우는 물체 위의 암부에서 빛의 진행 방향으로 선을 그었을 때 이 선이 만나는 지점을 윤곽으로 합니다. 이 방법을 활용하면 역으로 광원의 방향을 쉽게 찾을 수

있습니다(18). 다음 장인 90페이지에서 캐스트 섀도우를 그리는 방법에 대해서 더 자세히 배워보겠습니다.

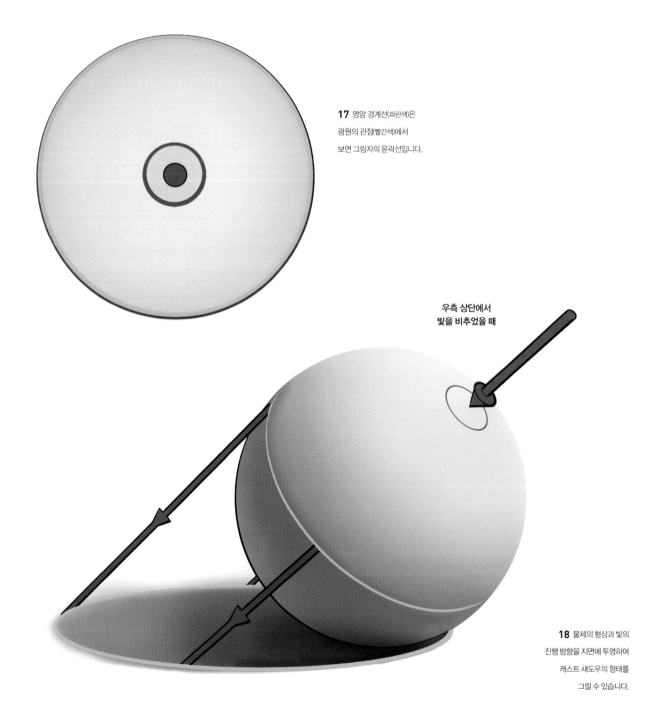

17 명암 경계선(파란색)은 광원의 관점(빨간색)에서 보면 그림자의 윤곽선입니다.

우측 상단에서
빛을 비추었을 때

18 물체의 형상과 빛의 진행 방향을 지면에 투영하여 캐스트 섀도우의 형태를 그릴 수 있습니다.

형상의 변화 = 명도의 변화
FORM CHANGE = VALUE CHANGE

형상에 입체감을 주거나 난반사가 일어날 때 빛의 형태를 그릴 때 유용하게 사용할 수 있는 간단한 규칙이 하나 있습니다. 바로 광원에서 멀어질수록 빛을 받는 물체의 표면은 점차 적은 빛을 반사하다가 일정 지점 이상에서는 그늘이 진다는 것입니다.

단순한 상황을 가정하고 보면 이러한 현상이 벌어지는 이유를 명확하게 확인할 수 있습니다. 예제 **19**를 보면 평면이 하나 주어져 있고, 이 평면이 광원으로부터 점차 멀어지는 것을 볼 수 있습니다. 그리고 평면의 표면을 타격하는 광자의 개수를 기반으로 빛의 강도를 단순하게 25%와 50%, 75%, 100%라는 네 개의 그룹으로 나누어 분류했습니다.

예제에서 확인할 수 있듯이 평면이 회전함에 따라 광원을 마주하는 면적이 감소합니다. 타격할 수 있는 면적이 줄어듦에 따라 광자가 확산될 수 있는 공간은 점점 좁아지게 되며 반사될 수 있는 빛의 양도 줄어듭니다. 이 점을 고려하면 형상 위에서 빛의 작용과 관련된 중요한 규칙 하나를 도출할 수 있습니다. 바로 형상의 변화는 명도의 변화와 같다는 것이죠. 어떤 물체의 표면은 광원을 마주 보고 있을 때 명도가 높고, 반면 그림자 방향[4]을 바라볼 때 명도가 낮다고도 표현할 수 있겠습니다.

지수적 감쇠의 귀환

예제 19의 그림을 보면 많은 사람들이 평면을 45도(절반) 회전시켰을 때 명도가 50% 감소했다고 생각할 것입니다. 그러나 조금 더 자세히 살펴보면 이는 사실이 아니라는 것을 알 수 있습니다. 사실 평면을 45도 회전시켰을 때 명도의 감소폭은 25%에 불과합니다. 명도가 50% 감소하려면 평면을 60도(2/3) 회전시켜야 하죠. 명도가 75% 하락하는 지점은 평면이 80도 회전시켰을 때입니다. 이러한 현상이 일어나는 이유는 명도의 감소가 지수적으로 일어나기 때문입니다. 즉, 명도가 일정한 수치로 감소하는 것이 아니라 암부에 가까워질수록 빠른 쪽으로 감소한다는 것입니다.

이러한 현상을 지난 26페이지에서 배웠던 빛의 점진적 변화와 연결해서 생각해 볼 수도 있습니다.

26페이지에서는 인간의 시각이 명도의 변화를 지수적으로 인식한다고 배웠습니다. 물체 표면에 나타나는 명부를 밝은 하프톤(light halftone)과 하프톤(halftone), 어두운 하프톤(dark halftone), 섀도우 라인(shadow line)이라는 네 가지 그룹으로 나누어 보면, 각각의 그룹 사이에서 일어나는 변화를 우리는 민감하게 인식하고, 그룹 안에서는 명도 변화가 심하지 않다는 사실을 알 수 있습니다(**20**). 앞으로도 위 네 가지 그룹은 사실적으로 빛을 묘사할 때 주요한 방법으로 사용할 예정입니다. 이러한 명부 안에서의 그룹에 조금 더 관심이 생긴다면 적당히 두꺼운 종이를 접어서 빛을 비춰보세요. 그러면 현실에서 명부가 그룹으로 나뉘어 구분되는 것을 확인할 수 있습니다(**21**).

19 형상이 회전하면서 광원에서 멀어질수록 형상의 표면에 닿을 수 있는 광자의 개수가 줄어듭니다.

25% 50% 75% 100%

형상의 하이라이트, 100%(빛에 직접 노출)

밝은 하프톤, 75%(45도)

하프톤, 50%(60도)

어두운 하프톤, 25%(80도)

섀도우 라인, 0%(90도)

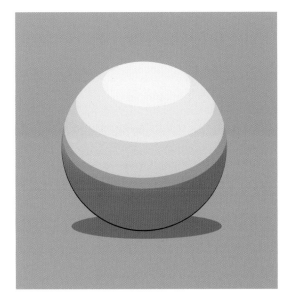

20 암부를 기준으로 위쪽을 보았을 때 명부가 네 개의 그룹(밝은 하프톤, 하프톤, 어두운 하프톤, 섀도우 라인)으로 나뉘는 것을 볼 수 있습니다. 이를 활용하면 조명이 위에서 비추었을 때 형상에 입체감을 줄 수 있습니다.

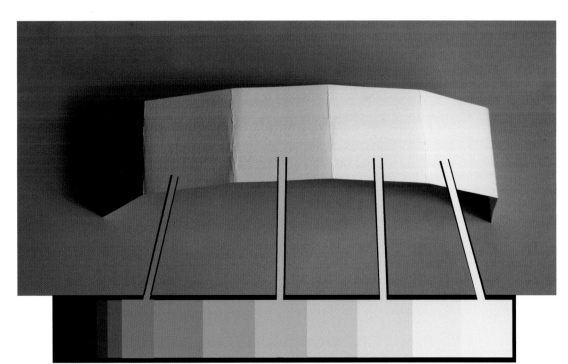

21 종이를 접어서 빛을 비추어보면 명부 안에서 그룹이 나뉘는 것을 실제로 확인해 볼 수 있습니다. 26페이지 〈색〉 단원에서 다뤘던 명도 스케일의 지수적 변화와 연관 지어서 생각해 볼 수도 있습니다.

창의적 단순함

위에 소개된 명부 그룹을 창의적인 표현을 위한 도구로 생각하길 권합니다. 그리고 매번 명부 그룹을 사용해 작품을 그릴 필요는 없다는 점도 기억하세요. 이 책에서 어떤 개념을 처음 소개할 때는 최대한 사실적으로 빛을 묘사하는 방법에 관해 설명하겠지만, 현실에서는 많은 아티스트들이 그리려는 작품에 따라 명도 그룹을 단순화해서 사용합니다. 예를 들어, 질감을 강하게 주면서 빛을 단순하게 표현하기 위해서는 명도를 명부와 암부, 어두운 하프톤으로만 나눠서 표현하면 됩니다. 이런 방식은 '3명도법(three-value read)'으로 불립니다. 이렇게 명도를 3개로 분류하는 것이 형상의 모양을 표현하기 위해 필요한 최소한의 개수이고, 많은 아티스트가 간략하게 형상을 표현할 때 사용하는 방법이기도 합니다.

고유색 LOCAL COLOR

무광체의 표면에 나타나는 빛을 묘사할 때 우리가
알아야 하는 또 하나의 개념이 바로 고유색입니다.
대부분의 사람이 어떤 물체의 '색'이라고 했을 때
떠올리는 것이 사실은 고유색입니다. 예를 들어, 누
군가 빨간색 공을 들고 있다고 하면, 이때 공의 고
유색은 빨간색인 것이죠. 물체의 고유색은 모든 색
을 포함하고 있는 백색광 아래에서 물체가 띠는 색
입니다.

우리가 직접 경험할 수 있는 가장 완벽한 백색광은
흐린 날 흰 구름 사이로 빛나는 빛입니다. 그런데
고유색이라는 단어를 말할 때 진짜 중요한 것은 색
보다는 그 상황에서의 조명입니다. 사물이 본래의
고유색을 완벽하게 보이는 경우는 사실 거의 없습
니다. 54페이지에서 다루었듯, 인간의 눈은 일상에
서 마주하는 다양한 조명 상황에 맞춰 색을 극히 효
율적으로 보정하기 때문에 작품을 창작할 때 다양
한 조명 효과를 연출하고 싶다면 물체의 고유색과
함께 인간의 눈이 색을 시시각각으로 보정한다는
사실을 잘 인지하고 있어야 합니다(22).

각각의 물체는 서로 다른 고유색을 갖는데, 물체
마다 효율적으로 흡수하거나 반사하는 파장이 있
기 때문입니다. 그중에서 고유색이 완벽히 흰색인
물체는 가장 효율적으로 빛을 반사하는 물체이죠
(23). 반면 고유색이 완전히 검은색인 물체는 가장
효율적으로 빛을 흡수하는 물체이고요(24).

22 스탠호프 포브스의 〈콘월 바닷가의 어시장(A Fish Sale on a Cornish Beach(1884–85)))에서
볼 수 있듯 흐린 날의 조명에서 고유색을 가장 확실하게 볼 수 있습니다.

23 사람들의 위에 제시된 공을 '빨갛다', '파랗다'할 때 사실은 공의 고유색을 말하고 있는 것입니다.

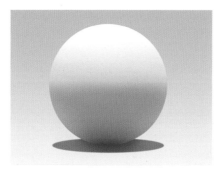

24 고유색이 흰색이라면 빛을 효율적으로 반사하여 가장 적은 양의 빛을 흡수합니다. 고유색이
검은색이라면 빛을 효율적으로 흡수하여 가장 많은 양의 빛을 흡수합니다.

고유 명도 LOCAL VALUE

모든 색이 그러하듯 어떤 물체의 고유색도 명도와 색상, 채도라는 세 가지 요소로 분류할 수 있습니다. 그리고 이 세 가지 요소는 앞서 16페이지에서 우리가 배운 것이죠. 그러나 우리가 묘사하고자 하는 장면은 하나의 고유색이나 고유 명도로만 구성되는 경우가 드뭅니다. 그렇다면 어떻게 하면 물체의 고유 명도로 서로 다른 상황을 표현하고, 우리가 그리려는 대상을 현실적이면서도 일관되게 유지할 수 있을까요?

하나의 물체 또는 이미지에서 고유 명도가 여러 개 나타날 때, 이 물체나 이미지가 보이는 암부를 일관성 있게 유지하기 위해서는 '암부의 명도를 중간으로 유지한다'는 법칙을 따르면 됩니다. 예를 들어, 10단계짜리 명도 스케일 상에서 흰색 구체의 고유 명도가 '0'이라면, 스케일에서 절반 내려간 암부의 명도는 '5'가 될 것입니다(25).

이 구체의 고유 명도가 명도 스케일을 따라서 내려가면 구체가 보일 수 있는 가장 낮은 명도도 점차 낮아집니다. 다만 이렇게 보이는 가장 낮은 명도는 최고치와 명도 스케일 상 최저 지점의 '중간'으로 계속 유지됩니다. 그리고 순수한 흰색이 가장 어두운 회색이 될 때까지 이 작업을 반복합니다. 그러면 구체의 고유 명도와 암부가 현실성 있게 점차 낮아지며 구체를 비추는 조명도 일관되게 유지됩니다. 어떤 물체의 고유색을 묘사할 때 요긴하게 활용할 수 있는 일종의 경험 법칙입니다. 다만 물체를 비추는 조명이 달라지면 이 법칙은 더 이상 정확하게 물체 표면의 빛을 묘사하는 데 사용할 수 없습니다. 여기에 대해서는 105페이지에서 더 자세히 다루겠습니다. 다만 일단은 고유 명도라는 개념을 설명할 때는 '암부의 명도를 중간으로 유지한다'는 법칙을 효과적으로 활용할 수 있습니다.

고유색은 물체마다 다르고, 같은 물체도 다른 고유색을 보일 수 있습니다. 그러나 이미지 전반에 걸쳐서 명도 그룹을 단순하게 관리하면 이러한 고유색의 변화를 치밀하면서도 사실적으로 표현할 수 있습니다(26).

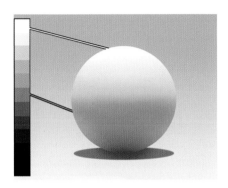
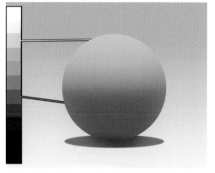

25 백색광이 조명으로 활용된 상황에서 변화하는 고유 명도를 물체에 표현할 때 명도 스케일을 유용하게 활용할 수 있습니다. 위에 제시된 예시에서 각 암부의 명도는 물체의 고유 명도와 검은색(명도 스케일상 최저점) 중간 지점으로 표현되어 있습니다.

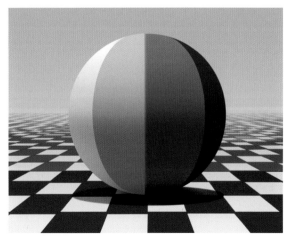

26 예제의 구체는 여러 개의 명도를 사용해 표현했습니다. 그럼에도 주변광의 명도와는 분명하게 구분이 되는데, 이는 위에서 설명한 명도 스케일을 활용했기 때문입니다.

기본 도형의 조형
CONSTRUCTING FUNDAMENTAL FORMS

이제 새로 배운 고유 명도라는 개념을 주제를 그리는데 실제로 어떻게 활용할 수 있는지 알아보겠습니다. 우선 66페이지에서 배웠던 구체와 육면체, 원기둥, 원뿔이라는 기본 도형에 기본적으로 빛과 그림자를 어떻게 그리면 될지, 그리고 이를 이용해 보다 복잡한 형상에서의 빛과 그림자를 그리는 방법으로 확장해보겠습니다. 먼저 기본 도형 중 가장 단순한 형상인 육면체(완전 평면)와 구체(완전 곡면)에서 명도가 어떻게 작동하는지 살펴보겠습니다.

평면화된 구체의 조명 처리법

표면이 평면으로 이뤄진 형상에서 서로 다른 면이 명도를 띠는 양상을 살펴보면 평면상에서 명도 그 자체는 광원에 의해 결정되지만, 명도가 변화하는 형태와 순서는 우리가 묘사하려는 물체의 형상에 좌우된다는 것을 알 수 있습니다. 육면체처럼 단순하게 평면 몇 개로 이뤄진 물체의 경우 각 면에서의 명도가 간단하고 깔끔하게 구분됩니다. 반면 평면화된 구체처럼 표면이 복잡한 물체는 명도를 처리하는 것이 더욱 어렵습니다(27).

그러나 평면화된 구체를 살짝 틀어서 광원 방향으로 돌려주면 같은 명도 값으로 구성된 선들이 광원 방향에서 차례로 나타나는 것을 알 수 있습니다(28). 표면이 둥근 형상은 모든 방향을 향하고 있다고 볼 수 있고, 실제로 완전 구체에서 평면화된 구체와 같은 현상이 일어나는 것을 확인할 수 있습니다. 이러한 현상은 구체에서 빛을 묘사할 때 굉장히 유용한데, 표면이 곡면인 물체는 같은 명도로 구성된 선을 두르는 것으로 조명을 처리할 수 있기 때문입니다.

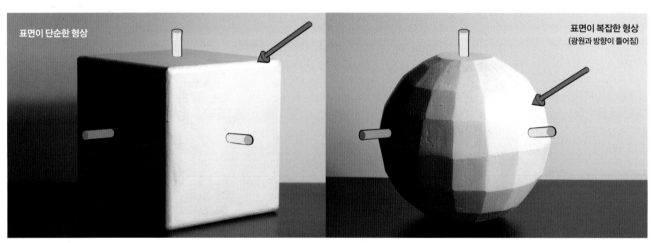

27 표면이 단순한 형상에서 명도의 형태는 광원의 방향에 의해서 결정됩니다. 표면에 있는 면의 개수가 많은 복잡한 형상의 경우에도 같은 법칙이 적용됩니다.

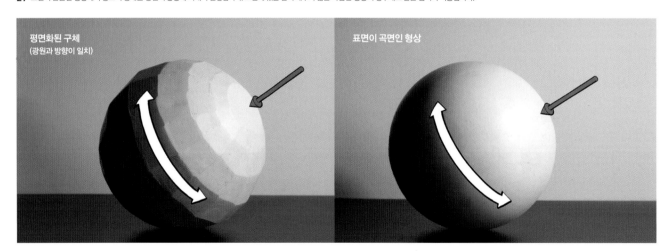

28 표면이 여러 개의 면으로 구성된 형상을 광원과 방향을 일치시키면, 광원 방향으로 명도가 같은 부분끼리 무리 지어

차례대로 놓입니다. 표면이 곡면인 형상에서도 같은 현상이 벌어지지만 명도 그룹 사이의 변화가 더 완만합니다.

구체의 조명 처리

앞에서 배운 법칙을 활용하면 우리는 직접 광원 아래 놓인 구체를 묘사할 때 구체 위에 명도 그룹 4개를 동심원으로 그려야 한다는 사실을 알 수 있습니다. 아래에 묘사된 방식으로 구체 위에 각각의 명도 그룹을 그릴 수 있습니다. 이 방법을 사용하면 구체의 형상과 여러 각도에서 조명이 비추었을 때 구체 표면의 빛을 묘사할 수 있게 됩니다(29a~f). 앞으로 배우게 될 내용의 기본이 되는 것이 바로 구체를 이용한 조명 처리이니, 가능한 많은 조명 상황에서 구체의 조명 처리를 연습해 보기를 권합니다(30).

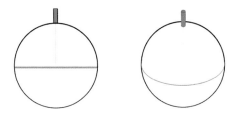

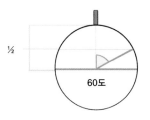

29a 광원의 방향을 결정합니다. 광원에서 직진하는 광선과 물체가 테두리가 평행한 지점이자 암부가 시작되는 명암경계선에 타원형의 고리를 그립니다. 이때 명암 경계선은 대체로 구체의 중간 지점에 위치하며 항상 광원과 90도 각도를 이룹니다.

29b 명암 경계선과 구체의 최상단과 중심축이 형성하는 지점 중간에 하프톤이 위치할 타원형의 테두리를 하나 더 그려줍니다.

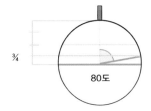

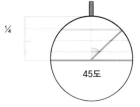

29c 명암 경계선과 하프톤의 경계선 사이 지점인 중심축으로부터 3/4 지점에 타원형의 테두리를 하나 더 그려 어두운 하프톤이 위치할 수 있게 합니다.

29d 하프톤의 경계선과 구체의 최고점 사이인 중심축으로부터 1/4지점에 타원형의 테두리를 그리고 이를 밝은 하프톤의 경계선으로 합니다.

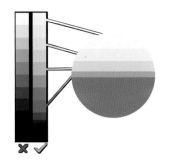

29e 물체의 고유 명도를 선택하고, 위에서 그은 경계선을 기준으로 명도 그룹을 나누어 명도 값을 지정해 줍니다. 단 지금 하는 작업은 팔레트를 구성하는 것이 아니라 명도를 결정하는 단계이므로 명도의 스케일은 지수적으로 변화해야 합니다.

29f 명도 그룹 사이의 테두리를 부드럽게 다듬어서 최종 형상이 곡면으로 보일 수 있게 해줍니다.

30 다른 각도에 광원을 위치시켜 구체에서 조명을 다루는 방법을 연습해 보세요.

육면체의 조명 처리

다음으로 다룰 형상은 육면체입니다. 육면체에서의 조명을 처리하는 방법을 배우면 광원과 형상의 표면이 이루는 상대 각도를 파악하는 방법 억시도 알 수 있습니다. 앞으로 모든 조명을 처리할 때 유용하게 사용할 수 있는 방법이니 이번 기회에 제대로 습득하는 것이 좋습니다.

다행인 점은 박스 형태인 육면체의 조명을 처리할 때 우리가 그리려는 형상과 광원과의 상대적인 방향을 파악하는 데 쓸 수 있는 일련의 과정이 있다는 것입니다(31a–f). 비로 가상외 구체를 이용해 구체의 명도를 육면체의 표면에 적용하는 방법인데, 이를 통해 육면체의 모든 면에 조명이 일관된 방향으로 비추는 효과를 줄 수 있습니다. 아래의 예제에서

제시된 각도 외의 방향에서도 조명을 비추었을 때 육면체의 조명을 처리하는 방법도 연습해 보기를 권합니다. 이 방법이 익숙해지면 조명이 일관적으로 비추고 있다는 느낌을 줄 수 있고, 그만큼 작품에 현실성을 더할 수 있으니 습득해 둘 가치가 충분하죠.

31a 육면체를 하나 그립니다. 평행한 테두리가 서로 하나의 점에서 수렴하도록 해서 원근감을 줄 수 있습니다.

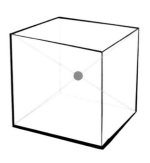

31b 반대 방향의 꼭짓점을 지나는 선을 긋고 이 선이 서로 만나는 지점을 표시하여 육면체의 중심점을 찾아냅니다.

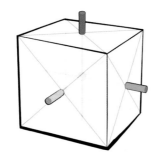

31c 육면체 각 면의 중심점을 찾아낸 뒤, 중심점에 축을 그립니다. 그리고 XYZ축에 해당하는 축의 두께를 키워 원기둥으로 만들어 방향이 잘 보이도록 합니다.

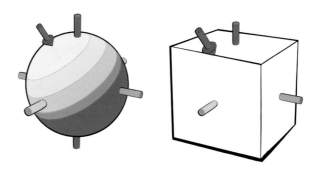

31d 가상의 구체 위에 육면체와 같은 지점에 XYZ축을 표시하여 육면체와 같은 방향을 바라보도록 한 뒤에 구체에서의 명도 값과 육면체에서의 명도 값을 비교해 광원과 육면체 각 면의 상대 각도를 찾아냅니다.

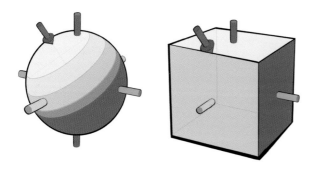

31e 구체 위에서 XYZ축을 표시한 원기둥은 각자 서로 다른 명도 값을 보입니다. 이 명도 값을 그대로 육면체로 옮겨오면 됩니다. 위의 그림에서 초록색 축은 암부 그룹이고, 파란색은 하프톤 그룹이 됩니다.

31f 이렇게 처리한 조명은 일관성과 현실성이 있습니다. 이 방법을 사용하면 처리하기 난감한 조명도 쉽게 처리할 수 있습니다. 또한 표면이 평면인 물체 어디에도 적용 가능한 방법이기도 합니다.

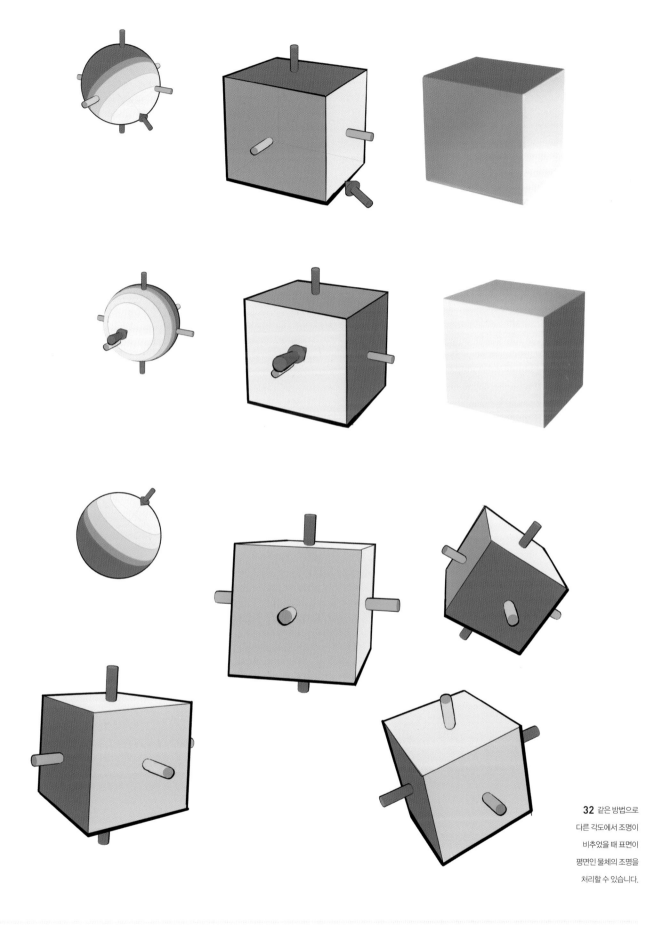

32 같은 방법으로 다른 각도에서 조명이 비추었을 때 표면이 평면인 물체의 조명을 처리할 수 있습니다.

원기둥의 조명 처리

지금까지 기본 도형 중 가장 기초가 되는 두 가지 형상의 조명 처리 방법을 배웠으니, 이제는 2차 도형의 조명 처리 방법을 배워보겠습니다. 원기둥과

원뿔/사각뿔이 이번에 다룰 도형들인데 이들은 육면체와 구체를 서로 섞고 변형한 것이라고 볼 수 있습니다. 먼저 원기둥은 한 면은 곡면이고, 다른 두 면은 평면입니다(33). 따라서 원기둥의 조명을 처

리하기 위해서는 이전 장에서 배운 두 가지 방법을 혼합해서 사용해야 합니다(34a~g).

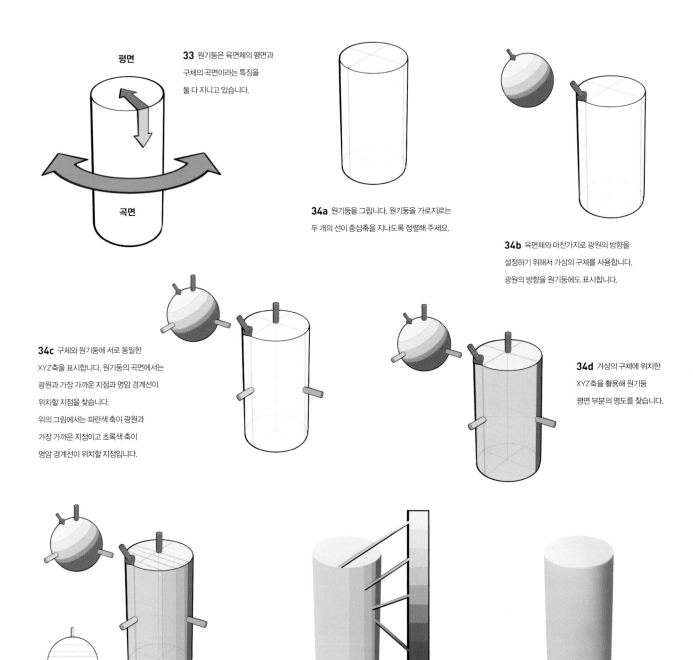

평면

곡면

33 원기둥은 육면체의 평면과 구체의 곡면이라는 특징을 둘 다 지니고 있습니다.

34a 원기둥을 그립니다. 원기둥을 가로지르는 두 개의 선이 중심축을 지나도록 정렬해 주세요.

34b 육면체와 마찬가지로 광원의 방향을 설정하기 위해서 가상의 구체를 사용합니다. 광원의 방향을 원기둥에도 표시합니다.

34c 구체와 원기둥에 서로 동일한 XYZ축을 표시합니다. 원기둥의 곡면에서는 광원과 가장 가까운 지점과 명암 경계선이 위치할 지점을 찾습니다. 위의 그림에서는 파란색 축이 광원과 가장 가까운 지점이고 초록색 축이 명암 경계선이 위치할 지점입니다.

34d 가상의 구체에 위치한 XYZ축을 활용해 원기둥 평면 부분의 명도를 찾습니다.

34e 원기둥에서 축이 없는 부분의 곡면에서는 구체와 마찬가지로 명도 그룹을 네 개로 나누어 조명을 처리합니다.

34f 원기둥의 곡면에서 가장 밝은 부분부터 시작해 지수적 명도 스케일을 활용해 그래디언트를 만들어줍니다. 이렇게 하면 명도가 지수적으로 감소하는 효과를 낼 수 있습니다.

34g 원기둥의 곡면에서 각 명도 그룹 사이의 테두리를 부드럽게 다듬어서 곡면의 느낌을 줍니다. 원기둥의 평면 부분은 육면체에서의 평면과 마찬가지로 하나의 명도 값을 보입니다.

원뿔/사각뿔의
조명 처리

다음으로는 원뿔과 사각뿔의 조명 처리를 알아보겠습니다. 원뿔과 사각뿔은 원기둥과 육면체를 조금씩 변형한 형상으로 볼 수 있습니다. 사각뿔을 그리기 위해서는 육면체의 윗부분이나 아랫부분에 위치한 면 하나를 점 하나로 수렴하도록 변형하면 됩니다. 원뿔은 원기둥의 평면 중 하나를 점 하나로 수렴하도록 하면 됩니다(35).

기본 도형의 조명 처리 방법에 익숙해지면 모든 광원의 조명 처리가 쉬워집니다. 다시 말하지만, 다양한 종류의 원뿔(36a~d)과 사각뿔(37a~d)의 조명 처리를 연습해 본 다음, 익숙해질 때까지 다양한 각도에 광원을 위치시키고 원뿔과 사각뿔의 조명 처리 방법을 연습해 보세요.

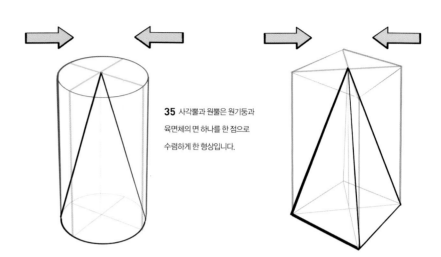

35 사각뿔과 원뿔은 원기둥과 육면체의 면 하나를 한 점으로 수렴하게 한 형상입니다.

 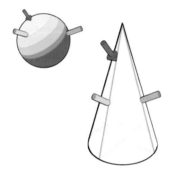 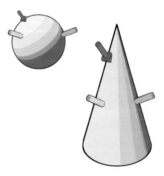 

36a 원기둥을 그린 뒤 한쪽 면을 중심점으로 수렴하게 하여 원뿔을 그립니다.

36b 광원의 방향을 표시하기 위해 가상의 구체를 그립니다. 그리고 면의 방향과 축을 표시합니다. 단, 원뿔에서의 축은 XYZ축과 일치하지 않습니다.

36c 원기둥과 마찬가지로 구체에서의 명도 값을 4개의 그룹으로 나눕니다. 그리고 네 그룹을 원뿔의 표면에 적용합니다.

36d 명도 그룹 사이의 테두리를 부드럽게 하여 곡면의 느낌을 줍니다. 원기둥과 비교해 보면 그래디언트가 원뿔의 꼭짓점으로 갈수록 조밀하게 위치합니다.

 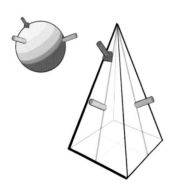 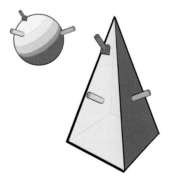 

37a 육면체를 그린 뒤 한쪽 면을 중심점으로 수렴하게 하여 사각뿔을 그립니다.

37b 광원의 방향을 표시하기 위해 가상의 구체를 그립니다. 각 면의 중심과 방향을 나타내는 축을 표시합니다. 원뿔과 마찬가지로 이때의 축은 XYZ축과 일치하지 않습니다.

37c 구체에서의 명도 값을 해당하는 축에 맞춰 사각뿔에 적용합니다.

37d 형상을 그릴 때 사용한 선을 지워주고 렌더링을 마무리합니다.

형상의 변형 FORM TRANSFORMATIONS

기본 도형보다 복잡한 형상의 조명을 처리하는 것도 근본적으로는 기본 도형과 같은 원칙을 적용하여 처리할 수 있습니다. 다만 기본적인 형상을 변형하는 몇 가지 방법과 이때의 조명 처리 방법을 알아두면 도움이 되겠죠.

자르기

자르기는 말 그대로 기본 도형을 평면으로 잘라내는 것을 말합니다(38). 자르기는 어느 형상을 대상으로도, 어떤 각도에도 수행할 수 있습니다. 그리고 앞 장에서 배운 방법을 활용해 잘린 면에 명도를 지정할 수 있습니다.

다만 잘린 면의 명도는, 항상 인접한 두 면의 명도가 보이는 명도의 중간값은 아니라는 점을 강조하고 싶습니다. 아래 주어진 예제의 경우에는 잘린 면이 인접한 두 개의 면에 비해 더 광원을 직접 마주하고 있고, 따라서 가장 명도가 높은 면이 됩니다.

자르기의 반대가 바로 덧대기인데, 두 개의 인접한 면 사이에 면을 하나 새로 만드는 것입니다. 예제 39에서 묘사된 것이 바로 덧대기입니다.

베벨링

베벨링(Beveling[5])은 인접한 두 면의 경계선을 다듬는 것을 말합니다. 자르기의 일종으로도 볼 수 있는데, 두 면을 자르고 자르기를 했을 때보다 더 많은 면으로 두 면을 연결해 곡면으로 연결된 느낌을 줍니다.

베벨링은 다듬어지는 부분이 넓게도(40), 혹은 좁게도(41) 할 수 있고, 두 면이 안쪽에서 만나는(내접) 부분이나 바깥쪽에서 만나는(외접) 부분 어디든 수행할 수 있습니다(42).

다시 한번 강조하지만, 자르기를 했을 때와 마찬가지로 베벨링을 했을 때 생기는 면은 인접한 두 면이 보이는 명도의 중간 값이 아닙니다. 베벨링을 했을 때 생기는 면이 가장 명도가 높은 면일 수도 있죠. 이것이 눈에 보이는 것이든 우리가 상상하는 것이든 바로 그림으로 그려내는 것이 정답이 아니라, 명도 값을 먼저 설정하는 것이 더 사실적인 그림을 그릴 수 있는 이유이기도 합니다.

또한 현실에서 볼 수 있는 모든 육면체는 테두리가 어느 정도 베벨링이 되어 있습니다. 따라서 사실적으로 육면체의 표면을 그리기 위해서는 면과 면 사이에 베벨링이 된 면의 명도도 생각해야 합니다.

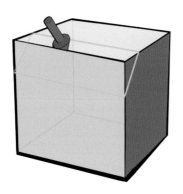

38 육면체를 평면으로 잘라내면 복잡한 형상을 만들 수 있습니다.

39 두 면 사이에 면을 하나 덧대는 것은 자르기의 정반대라고 할 수 있습니다.

5 역주 : 금속 가공과 같은 분야에서는 날이 선 부분을 다듬는다는 의미로 선단(先端)가공으로도 불립니다.

40 곡률을 크게 하여 베벨링을 하면 육면체의 테두리가 부드러워집니다.

41 곡률을 작게 하여 육면체의 테두리에 베벨링을 한 경우입니다.

42 두 면이 내접하는 부분에 베벨링을 한 경우입니다.

직관적인 조명 처리를 위한 연습
EXERCISES FOR INTUITIVE LIGHTING

지금까지 모든 형상의 조명을 그릴 때 사용할 수 있는 규칙에 대해서 설명했습니다. 그런데 현실을 구성하는 규칙과 법칙만 활용한다면, 빛을 그릴 때 기계적으로 과도하게 과학적 법칙이나 계산법에 의존하게 됩니다. 물론 이렇게 과학적으로 접근하는 것이 빛을 묘사하는 행위가 실제로는 무엇을 그리는 것이고, 이를 가장 완벽하게 수행할 방법을 이해하는 데 도움이 되는 것은 사실입니다.

그러나 창의성이 필요한 분야에서는 이런 기술적인 완벽함이 작품을 창작할 때 오히려 걸림돌이 되기도 합니다. 따라서 지금까지 배운 법칙을 유연하고 창의적으로 활용할 수 있는 직관이 필요합니다. 때로는 형상을 조금은 부정확하고 불완전하게 그려야 할 때도 있는 것이죠.

낙서에 조명을 그려보기
직접 조명이 비추었을 때 직관적으로 조명을 처리할 수 있는 기술을 연마하기 위해 몇 가지 연습을 해보겠습니다. 우선 거칠게 평면화된 형태를 그린 낙서에 조명을 그려보는 것부터 시작하겠습니다(43a~e).

곡면 처리된 낙서에 조명을 그려보기
표면이 곡면으로 이뤄진 형상에 조명을 그리는 것은 표면이 평면인 형상의 조명을 그리는 것과 비슷합니다. 앞서 배웠던 구체나 원기둥 같은 기본 도형의 조명을 처리하는 방법을 활용하면 되죠. 다만 이렇게 복잡한 형상에서는 광원과 비교했을 때 형상의 각 면이 어느 방향에 위치하는지 파악하는 데 더 많은 시간이 필요할 뿐입니다.

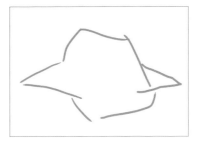

43a 아무 낙서나 끄적이는 것으로 시작합니다. 정답은 없으니 어떤 모양이라도 상관없습니다.

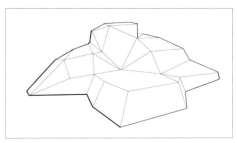

43b 낙서에 평면으로 된 면을 더해줍니다. 면을 더하고 형상에 깊이감을 주려면 원근법을 조금 활용하는 것도 좋습니다.

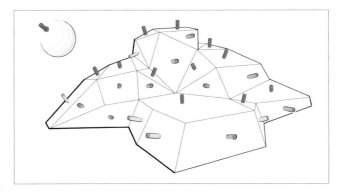

43c 광원의 위치와 광원을 기준으로 했을 때 형상의 상대적인 방향을 정해줍니다. 그리고 각 면의 중심점을 파악한 뒤에 표시하고, 가상의 구체를 그려줍니다.

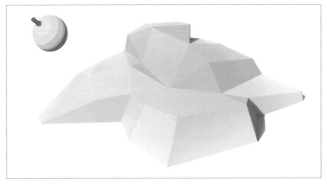

43d 가상의 구체에서 명도를 파악한 뒤 이 명도를 해당하는 면에 지정해 줍니다. 이렇게 해서 형상에 있는 각 면의 명도가 사실적으로 보입니다.

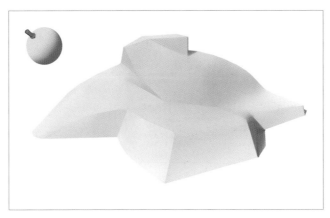

43e 완전히 평면으로 구분되어 있던 면의 테두리를 조금 다듬어 줍니다. 그러면 형상에 곡면이 추가되어 조금 더 다양하다는 느낌이 듭니다. 만약에 조명을 그리려는 형상이 완전히 곡면으로 이뤄진 경우는 다음 장에서 설명하겠습니다.

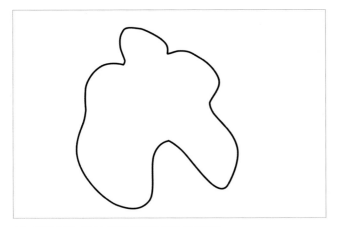

44a 임의의 형태를 그립니다. 이번에도 형태의 모양은 크게 중요하지 않습니다. 다만 이번에는 윤곽선을 곡선으로만 만들어보겠습니다.

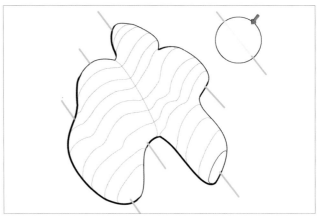

44b 위의 형태에 곡선을 그려 구조를 만들고, 단면선을 그려서 깊이감을 줍니다. 광원의 방향을 이때 설정하면 단면선과 빛의 방향을 맞출 때 편리합니다.

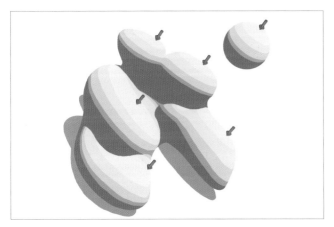

44c 가상의 구체에서 암부와 명부, 하프톤 세 그룹의 명도 값을 찾은 다음 형상에 지정합니다. 예제에서 저는 형상에서 광원을 직접 바라보는 부분을 따로 표시해 두었습니다.

44d 명도 그룹 사이의 테두리를 부드럽게 해서 곡면처럼 보이게 했습니다. 명도 그룹이 암부에서 명부로 점차 이동하는지 한 번 더 확인합니다.

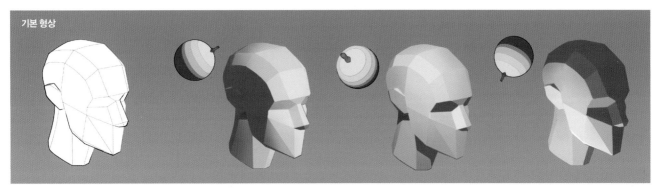

기본 형상

45 주변에서 자주 보는 대상을 단순화해서 표면을 평면으로 만든 다음 서로 다른 각도에서 조명이 비추었을 때 조명을 그려보는 것을 연습해 보세요.

하나의 주제로 여러 조명을 처리하기

이외에도 조명을 다루기 위해 시도하면 좋은 연습에는 익숙한 형상을 따로 떼어내서 표면을 평면으로 단순화한 뒤 여러 방향에서 광원을 비췄을 때의 조명을 그려보는 것입니다. 위에 제시된 평면화된 두

상처럼요. 하나의 방향에서 조명을 그린 다음에는 지금까지 배운 방법을 활용해 다른 방향에서 광원을 비추었을 때의 조명 처리를 연습해 봅니다.

이 방법으로 서로 다른 방향에서 조명이 비추었을 때의 상황을 연습해 볼 수 있을 뿐 아니라 각각의 상황에서 물체의 고유색이 달라지는 것도 연습해 볼 수 있습니다. 머릿속에 떠오르는 다양한 조명으로 연습을 해보고 어떤 변화가 생기는지 확인해 보세요.(45).

캐스트 섀도우의 작도
CAST SHADOW CONSTRUCTION

지금까지 빛에 대해서 논의하면서 상황을 아주 단순화하여 빛을 묘사하는 방법을 다루었습니다. 주변의 환경이 끼치는 영향은 무시하고 묘사한 것이죠. 그러나 현실에서 이러한 일은 없습니다. 현실감을 주기 위해서는 어떤 표현 방식이든 주변의 환경을 반드시 고려해야 합니다. 캐스트 섀도우를 표현하는 방법을 알아보면 주변의 환경을 고려하여 조명을 처리하는 방법도 알 수 있습니다.

기본 형태의
캐스트 섀도우 투영하기
74페이지에서 설명했듯이 캐스트 섀도우는 물체가 빛을 가로 막아서 드리우는, 경계가 분명한 그림자입니다. 캐스트 섀도우는 빛은 항상 직진한다는 단순한 법칙 때문에 생기는 것이기 때문에 캐스트 섀도우의 형태는 쉽게 예측이 가능합니다.

캐스트 섀도우를 묘사하기 위해서는 가장 먼저 캐스트 섀도우가 편평한 지면에 투영되는 방식을 알아야 합니다. 우리가 그릴 수 있는 가장 단순한 형태의 캐스트 섀도우는 아래에 제시된 과정을 통해 작도할 수 있습니다(46a~d).

사뭇 단순한 작도법이지만 방향성을 지닌 빛이 조명으로 주어진 상황에서는 항상 적용할 수 있는 방법입니다. 또한 이 방법을 거꾸로 적용하면 실제 풍경을 그린 작품에서 그림자를 통해 광원의 방향을 아주 쉽고 정확하게 찾아낼 수 있습니다. 현실의 풍경이나 사진을 보고 작품을 할 때 광원의 위치가 헷갈린다면 유사한 지점끼리(명암 경계선부터 캐스트 섀도우를 잇는 선을) 비교하여 정확하고 일관성 있게 광원의 위치를 찾을 수 있습니다(47).

형상의 형태가 복잡한 경우에는 지면상에서 명암 경계선과 캐스트 섀도우가 직접 교차하는 선을 찾는 것이 어려울 수도 있습니다. 그러나 이러한 경우에 대부분 해법으로 제시되는 방법이 있습니다. 바로 형상의 각 꼭지점을 지면과 이어주는 버팀목을 세우듯이 꼭지점에서 지면으로 수직으로 선을 그려주면 됩니다(48).

46a 캐스트 섀도우를 작도할 형상을 그려줍니다(위의 예제에서는 정육면체이죠). 빛이 진행할 방향(빨간 선)을 결정하고 형상 주변에서 어떻게 진행하는지 표시해 줍니다.

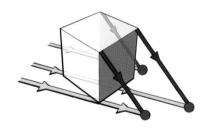

46b 오른쪽 페이지에 소개된 방법을 사용해 빛의 진행 방향을 지면상에 정규화(normalize)[6] 합니다(파란 선). 그리고 빨간 선과 파란 선이 만나는 지점(교점)을 표시합니다(보라색).

47 형상이 어떤 모양이든 같은 원리를 사용해서 빛의 방향과 캐스트 섀도우의 형태를 결정할 수 있습니다.

46c 교점을 서로 연결하면 캐스트 섀도우의 형태가 정해집니다.

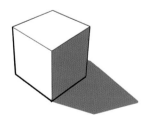

46d 작도를 할 때 사용한 선을 모두 지워줍니다.

48 몇 가지 과정만 더해주면 이 방식은 지면에 접하고 있지 않은 물체에도 적용할 수 있습니다.

---

6 역주 : 어떤 대상을 일정한 규칙이나 기준에 따르는 '정규적인' 상태로 바꾸는 것을 말합니다.

정규화를 하는 방법

우리는 대체로 풍경에서 광원의 위치를 쉽게 찾아낼 수 있습니다. 그런데 공기 중에서 빛의 진행 방향이 아니라, 지면에서의 진행 방향을 찾는 일은 그만큼 간단하지 않습니다. 그래서 어떤 풍경에서 빛이 지면이나 어떤 물체의 표면을 타격했을 때 표면상에서 빛의 진행 방향을 알아내는 방법을 알아 두면 큰 도움이 됩니다. 이렇게 공기 중에서 빛이 진행하는 방향을 물체의 표면에서 진행하는 방향으로 변환하는 것을 '정규화'라고 합니다. 정규화를 어떻게 하는지 알면 정확하게 캐스트 섀도우를 작도할 수 있습니다(49a~f).

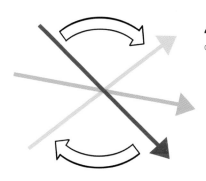

49a 빛의 진행 방향을 하나 선택합니다. 어느 방향이든 좋습니다.

49b 빛이 진행할 방향을 정했지만, 지금 화면에 있는 화살표는 2차원이라서 3차원에서의 공간을 모두 표현하지 못합니다. 이 상태로는 빛이 왼쪽에서 오른쪽으로 이동하고 있다는 건 알 수 있지만, 빛이 우리 쪽으로 진행하는 건지 아니면 우리 쪽에서 멀어지는 건지는 알 수 없습니다. 따라서 3차원으로 진행 방향을 표현해야 하는데, 여기에 필요한 것이…

49c …바로 원기둥입니다. 원기둥으로 빛의 진행 방향을 표현하면 손쉽게 3차원 공간에서 빛이 움직이는 방향을 표현할 수 있죠. 원기둥의 편평한 끝부분에 있는 타원이 점점 넓어진다면 원기둥(광원)이 우리 쪽으로 진행한다고 볼 수 있습니다.

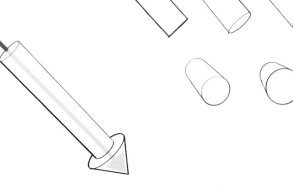

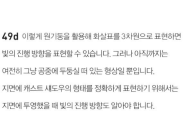

49d 이렇게 원기둥을 활용해 화살표를 3차원으로 표현하면 빛의 진행 방향을 표현할 수 있습니다. 그러나 아직까지는 여전히 그냥 공중에 두둥실 떠 있는 형상일 뿐입니다. 지면에 캐스트 섀도우의 형태를 정확하게 표현하기 위해서는 지면에 투영했을 때 빛의 진행 방향도 알아야 합니다.

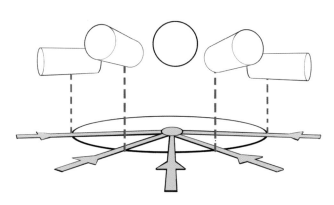

49e 원기둥 끝의 타원을 이용하면 3차원 화살표가 어느 방향을 향하고 있는지 원근감 있게 표현할 수 있습니다. 여기에 대해서는 133페이지에서 더 자세히 배우겠습니다. 지면에 타원을 하나 그리면 지면에 투영한 화살표와 만나 시계처럼 보이게 됩니다. 이 타원과 지면의 화살표를 이용해 지면에서 빛의 진행 방향을 알 수 있습니다. 또한 여러 개의 화살표가 이루는 각도가 좁을수록 원기둥이 지면과 평행에 가깝다는 뜻입니다.

49f 지면에서의 진행 방향과 대기 중에서 빛의 진행 방향을 함께 표시하면 빛이 지면과 이루는 입사각을 확인할 수 있습니다. 이제 빛의 진행 방향에 대해서 모두 알게 됐고 이렇게 알게 된 정보를 우리가 원하는 장면에서 형상의 조명을 표현할 때 사용할 수 있습니다.

복잡한 표면에서의 캐스트 섀도우

지금까지는 편평한 면 위에 캐스트 섀도우가 드리우는 경우만 배워봤습니다. 그러나 현실에서 형상이 이렇게 단순한 경우는 거의 없습니다. 조금 더 사실적인 풍경에 존재하는 물체는 다양한 표면에 그림자를 드리웁니다. 심지어는 다른 물체 위에도 그림자가 생기죠.

이렇게 캐스트 섀도우를 작도하는 것이 복잡한 상황에서는 지면에 투영한 빛의 진행 방향을 사용해 형상 위에 단면을 그려야 합니다. 아래의 예제(50a~d)에서 확인할 수 있듯이 단순한 형태의 물체 두 개만 있고, 하나의 그림자가 다른 물체에 걸쳐서 그림자를 드리우는 상황은 쉽게 캐스트 섀도우를 작도할

수 있습니다. 같은 방법을 활용하면 물체가 여러 개있을 때의 캐스트 섀도우도 작도할 수 있죠(51).

그러나 형태가 복잡한 형상 안에 그림자를 드리우는 경우에는 문제가 조금 복잡해집니다. 이때도 대부분의 경우에는 기존의 방법을 활용하면 캐스트 섀도우를 작도할 수 있으나, 예제 52a~f에서 묘사된 다리 형상처럼 새로운 문제가 튀어나오기도 합니다. 예제 52는 캐스트 섀도우가 서로 겹치는 경우입니다.

이때의 문제는 형상의 캐스트 섀도우가 어디까지 형상의 표면에 위치하고, 어느 지점부터 지면에 드리우는지 분명하지 않다는 것입니다. 캐스트 섀도

우가 지면에 드리우기 시작하는 지점을 찾기 위해서 우리는 먼저 캐스트 섀도우가 형상을 통과하여 그림자를 드리우는 상황을 가정해 캐스트 섀도우를 작도해야 합니다. 그다음 두 캐스트 섀도우를 함께 놓고 보면 어느 지점에서 중첩이 되는지 알 수 있습니다(52d에서 빨간색으로 표시된 부분).

그리고 이걸 이용해서 역으로 빛이 형상을 어느 방향에서 비추고 있는지도 알 수 있습니다. 예제 52의 경우 형상의 왼쪽 육면체 방향이죠. 이렇게 광원의 위치를 알았다면 이를 활용해 정확하게 캐스트 섀도우를 작도할 수 있습니다.

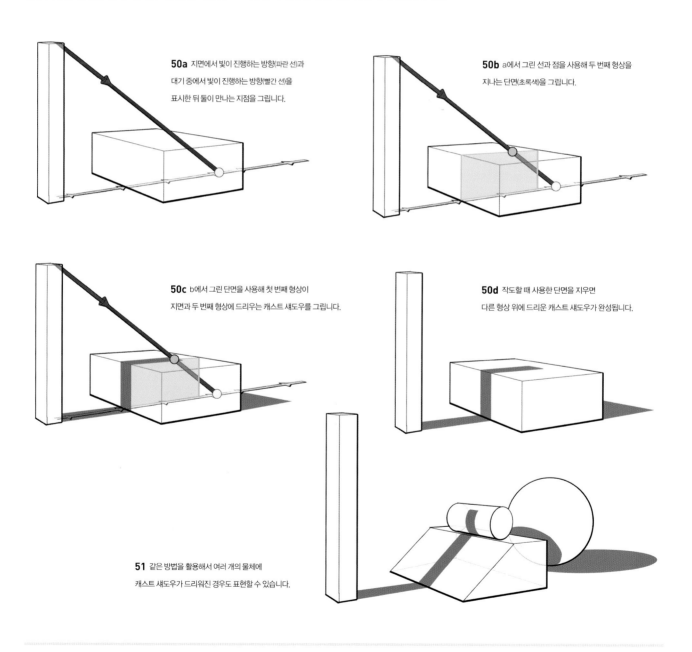

50a 지면에서 빛이 진행하는 방향(파란 선)과 대기 중에서 빛이 진행하는 방향(빨간 선)을 표시한 뒤 둘이 만나는 지점을 그립니다.

50b a에서 그린 선과 점을 사용해 두 번째 형상을 지나는 단면(초록색)을 그립니다.

50c b에서 그린 단면을 사용해 첫 번째 형상이 지면과 두 번째 형상에 드리우는 캐스트 섀도우를 그립니다.

50d 작도할 때 사용한 단면을 지우면 다른 형상 위에 드리운 캐스트 섀도우가 완성됩니다.

51 같은 방법을 활용해서 여러 개의 물체에 캐스트 섀도우가 드리워진 경우도 표현할 수 있습니다.

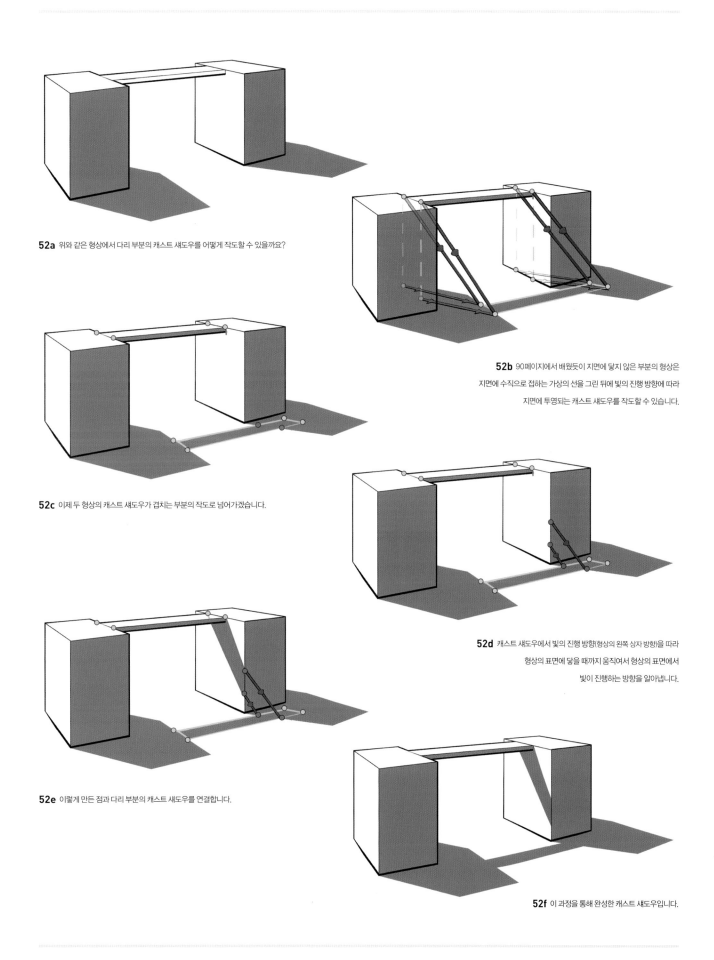

52a 위와 같은 형상에서 다리 부분의 캐스트 섀도우를 어떻게 작도할 수 있을까요?

52b 90페이지에서 배웠듯이 지면에 닿지 않은 부분의 형상은 지면에 수직으로 접하는 가상의 선을 그린 뒤에 빛의 진행 방향에 따라 지면에 투영되는 캐스트 섀도우를 작도할 수 있습니다.

52c 이제 두 형상의 캐스트 섀도우가 겹치는 부분의 작도로 넘어가겠습니다.

52d 캐스트 섀도우에서 빛의 진행 방향(형상의 왼쪽 상자 방향)을 따라 형상의 표면에 닿을 때까지 움직여서 형상의 표면에서 빛이 진행하는 방향을 알아냅니다.

52e 이렇게 만든 점과 다리 부분의 캐스트 섀도우를 연결합니다.

52f 이 과정을 통해 완성한 캐스트 섀도우입니다.

단단한 빛 SOFTNESS OF LIGHT

지금까지 우리가 다룬 빛은 점 광원(point light source)이자 평행광이었습니다. 이러한 성질을 지닌 빛을 하드 라이트(hard light)라 부르는데, 이때의 빛의 직진하기 때문입니다. 하드 라이트에서 나오는 빛은 일반적으로 명부와 암부의 형태가 분명합니다.

하드 라이트는 어떻게 보면 삭막하기도 한데, 빛과 그림자를 그리는 법을 처음 배울 때는 직관적으로

이해하기 편해서 유용하지만, 실제 자연에서는 거의 존재하지 않다시피 하는 빛입니다. 그리고 순수한 하드 라이트는 평생 볼 일이 없다고 해도 과언이 아니죠(53). 실제로 우리가 현실에서 마주하는 빛에는 너비와 두께가 있어서 빛의 특성과 빛과 형상 사이의 상호작용 모두에 영향을 줍니다.

이렇게 빛의 너비와 두께가 달라지면 조명을 표현

할 때 어떤 변화가 있는지 알기 위해서 우선 점 광원이 두 개 있는 상황을 가정해보겠습니다(54). 예제에서 볼 수 있듯이 이 경우에도 우리가 지금까지 논의한 규칙은 동일하게 적용됩니다. 빛을 가장 많이 받는 면의 밝기가 가장 밝고, 그림자 쪽으로 갈수록 물체 표면에 나타나는 밝기는 점차 어두워집니다. 한 가지 다른 점이 있다면 광원이 하나일 때 분류했던 명도 그룹이 합쳐진다는 것입니다. 물체

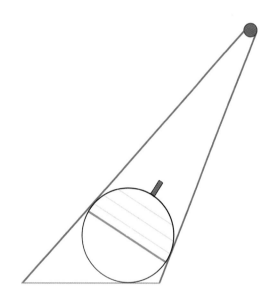 

53 점 광원이 하나만 있는 경우(하드 라이트)는 빛에 대해 공부할 때 유용하게 사용할 수 있지만, 현실에서는 찾아보기 어렵습니다.

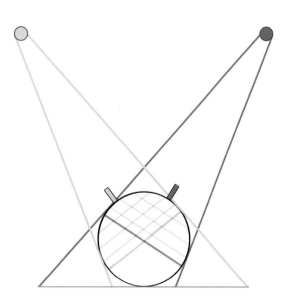 

54 점 광원이 두 개 있는 경우(하드 라이트가 합쳐질 때)에는 반그림자가 생깁니다.

에 가려졌을 때 감소하는 빛의 밝기가 100%를 넘을 수 없다고 하면, 광원이 두 개일 때 명부의 명도 그룹이 더 크게 나타나고, 다른 명도 그룹과 가산 혼합을 한다는 사실도 알 수 있습니다.

또한 두 번째 광원이 다른 광원의 캐스트 섀도우에 빛을 비추어 '반그림자(penumbra)'라고 부르는 현상을 만들어내는 것도 확인할 수 있습니다. 반그림자의 크기는 광원과 캐스트 섀도우가 드리우는 면 사이의 상대적인 거리에 따라 커집니다(55).

두 개의 점 광원을 실내에서 사용하는 스트립 조명 (strip light)처럼 하나의 연속적인 광원으로 연결하면 '소프트 라이트(soft light)'가 탄생합니다(56). 이렇게 연속적으로 이어진 광원은 점 광원이 무한히 연결된 형태로 볼 수 있습니다. 소프트 라이트로 생겨나는 빛은 점 광원이 두 개 있을 때보다 빛이 더 부드러워진 것이라 이해할 수 있습니다. 너비가 넓어진 부분에서 명도 그룹의 경계가 희미해지는 것이죠. 이를 통해 빛에 대해서 한 가지 중요한 사실을 알 수 있습니다. 바로 광원의 너비가 증가하면 빛의 강도는 감소한다는 것입니다.

만약에 광원을 LED 패널이나 창문처럼 다른 방향으로도 넓히면 빛의 강도가 형상 전체와 캐스트 섀도우에서 감소합니다(57). 많은 포토그래퍼가 소프트박스[7]와 반사판으로 이러한 효과를 활용합니다. 모든 광원은 어느 정도 너비가 있기 때문에 우리는 반드시 빛의 강도와 광원의 너비가 어느 정도 비례 관계에 있는지 잘 파악하고 있어야 합니다.

광원을 모든 방향으로 넓히면 빛의 강도가 가능한 정도에서 최고로 낮아지는 것을 볼 수 있습니다 (58). 자연에서 너비가 무한한 광원에 가장 가까운 것은 하늘에서 비추는 빛인 천공광(skylight)입니다. 이 경우 그림자의 형태와 일반적인 명도 그룹이 모두 없어집니다. 이러한 광원에 노출된 물체에서는 광원에서 멀어질수록 어두워지는 현상만 관측할 수 있습니다. 소프트 라이트 중에서도 가장 극단적인 형태가 바로 일반적으로 주변광(ambient light) 또는, 환경광(environment light)으로 불리는 빛입니다. 여기에 대해서는 다음 페이지에서 다루겠습니다.

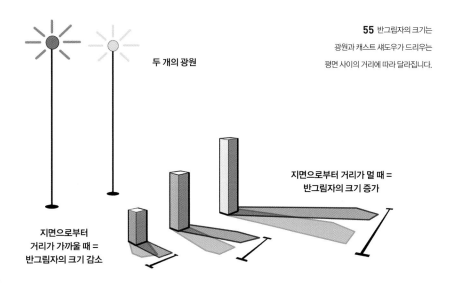

두 개의 광원

지면으로부터 거리가 멀 때 =
반그림자의 크기 증가

지면으로부터 거리가 가까울 때 =
반그림자의 크기 감소

55 반그림자의 크기는 광원과 캐스트 섀도우가 드리우는 평면 사이의 거리에 따라 달라집니다.

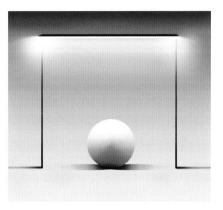

56 광원의 길이를 키우면 물체의 표면에서 빛이 작용하는 범위도 넓어집니다.

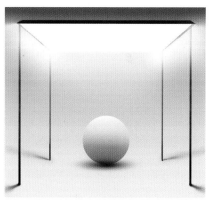

57 광원을 다른 방향으로 확장하면 형상과 그림자에서 빛의 강도가 더 많이 감소합니다.

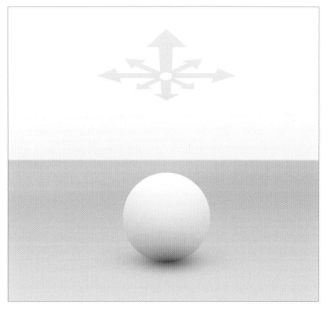

58 광원을 모든 방향으로 무한정 확장하면 빛의 강도는 극한으로 낮아집니다. 하늘에서 비추는 자연 주변광이 이때의 예시입니다.

7 역주 : 사진관에서 볼 수 있는, 검은색 천으로 둘러싸인 조명을 말합니다. 하드 라이트를 소프트 라이트로 바꾸어 준다고 하여 붙은 이름입니다.

주변광과 차폐
AMBIENT LIGHT AND OCCLUSION

주변광은 우리가 반드시 알고 있어야 하는 조명이며, 우리는 주변광을 직접광과 분리해서 생각해야 합니다. 우리 눈에 보이는 것들은 모두 광원이라고 생각해야 합니다. 무광체의 표면은 모든 방향으로 빛을 반사하고, 주변광은 이러한 빛이 모인 것이라 할 수 있기 때문입니다. 어느 환경에서도 우리는 주변광을 찾아볼 수 있고, 이것이 그림자의 색이 완전히 검은색이 아닌 이유입니다.

이 때문에 우리가 어떠한 형상을 그릴 때도 주변 환경으로 인한 주변광이 형상의 조명과 색을 결정하는 주요한 요인이 됩니다. 주변광이 우리가 그리려는 형상을 모든 방향에서 동일하게 비추기 때문에 우리는 더 이상 빛을 바라보는 면을 가장 밝게 하고, 점차 어둡게 표현한다는 원칙을 적용할 수 없게 됩니다. 만약에 물체의 조명을 표현할 때 지금까지 사용했던 규칙을 적용할 수 없다면 어떻게 우리는 빛을 표현해야 할까요? 이 질문에 대한 답은 바로 물체가 다른 물체에 캐스트 섀도우를 드리우는 방식에 있습니다. 두 개의 물체를 서로 점차 가까이에 배치하면 어느 순간 어느 방향에서도 빛이 표면에 이르지 못하는 지점에 다다릅니다. 이 점을 활용하면 새로운 법칙을 하나 도출할 수 있습니다. 바로 물체를 가까이 위치시킬수록 한 물체가 다른 물체에 비추는 주변광의 영향은 점차 감소하여, 주변광의 명도가 어두워진다는 것입니다.

이러한 현상을 '주변광의 차폐(ambient occlusion)'라 부르며 그림자가 완전히 검은색이 아니라면 항상 발생하는 현상이기도 합니다. 주변광의 차폐는 굉장히 미묘한 현상이기 때문에 직접광에 노출되면 그 효과가 사라집니다. 그리고 주변광의 차폐는 약한 산광에 의해 발생하기 때문에 차폐로 인한 그림자도 아주 부드럽게 표현되어야 합니다(59). 많은 아티스트, 특히 3D 그래픽 아티스트들이 주변광의 차폐를 따로 분리해서 이미지를 그립니다.

주변광의 차폐를 활용하는 것만으로도 작품에 깊이감을 줄 수 있습니다. 일부 디지털 아티스트들은 이미지의 고유색 위에 'Multiply' 레이어를 사용하여 주변광의 차폐를 구현합니다. 다만 암부 안에서 추가적으로 명암을 표현할 때 주변광의 차폐를 활용해야 한다면 반드시 형상의 표현을 위해서만 활용해야 합니다. 이때의 좋은 예시가 예제 60에 주

주변광의 차폐만
분리했을 때

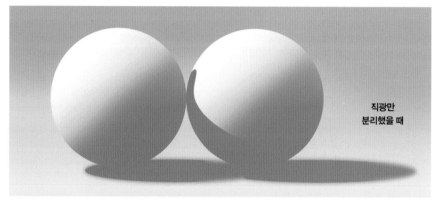

직광만
분리했을 때

둘을
합쳤을 때

59 주변광의 차폐는 물체가 서로 가까워지며 점차 어두워지는 현상입니다. 직광으로 인한 그림자와 주변광의 차폐를 혼합하면 형상에서의 조명을 보다 심도 있게 묘사할 수 있습니다.

어져 있습니다. 모델의 등 부분을 보면 형상의 사실감은 유지하면서도 명암이 얼마나 잘 표현되었는지 확인할 수 있습니다.

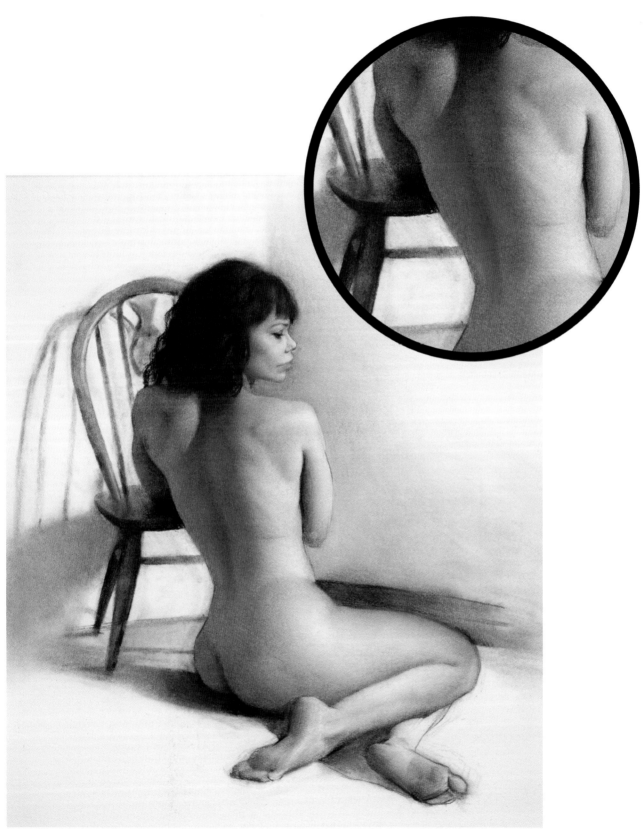

60 현실의 대상을 그릴 때 주변광의 차폐를 활용한 예시입니다.

자연광 VS 국부 조명
NATURAL VERSUS LOCAL LIGHT

지금까지 든 예시에서 우리는 한 가지 가정을 했습니다. 바로 광원에서부터 이동하는 광선은 서로 평행하게 직진한다는 것이었습니다. 이렇게 빛을 단순화하면 실제 자연에서 우리가 목격하는 현상을 쉽게 설명할 수 있지만, 실제 현실을 묘사할 때는 그렇지 않습니다. 우리가 일상에서 보는 대부분의 광원은 점 광원이기 때문입니다. 점 광원에서 이동하는 빛은 하나의 점에서 출발해서 모든 방향으로 퍼져 나갑니다.

모든 광원에는 시작점이 있습니다. 우리가 일상에서 접하는 인공 광원은 모두 이 원칙을 따르죠. 심지어는 태양에도 시작점이 있습니다. 그러나 태양은 어마어마하게 먼 거리에 떨어져 있어서 태양에서 출발한 광선이 우리에게 다다를 즈음에는 광선이 이루는 각도의 차이가 무시해도 될 정도로 미미해집니다. 따라서 우리 주변에서 찾아볼 수 있는 평행광은 태양광에서 나오는 자연광밖에 없다고 할 수 있습니다(61).

국부 조명을 표현하는 방법

태양을 제외하면 평행광을 일상에서 찾아보는 일은 상당히 어렵습니다. 그래서 우리는 빛을 대체로 '자연광(natural light)'과 '국부 조명(local light)'으로 구분할 수 있습니다(62). 다행히도 지금까지 배운 빛의 성질이 국부 조명이라고 해서 크게 달라지지는 않습니다. 국부 조명과 평행광인 자연광 사이에 다른 점이 있기 때문에 지금까지 배운 내용을 조금씩만 고치면 됩니다.

가장 먼저 국부 조명이 광원인 경우에는 광원을 우리가 그리는 풍경 안에 포함하는 것이 중요합니다. 광원이 풍경 안에 위치하면 예제 63과 90페이지에서 보았듯이 광원을 활용해서 일관성 있게 현실감 있는 캐스트 섀도우를 작도할 수 있습니다.

또한 단면을 활용해서 한 물체의 캐스트 섀도우가 다른 물체의 표면에 드리웠을 때, 단면을 활용할 때도 조금 조정이 필요합니다. 자연 조명 상황에서는 캐스트 섀도우가 구체의 정확히 절반에 해당하는 영역에 드리운다고 했는데, 국부 조명일 경우에는 캐스트 섀도우가 드리우는 영역은 조명과의 거리에 의해 결정됩니다(64).

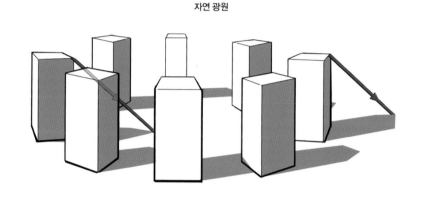

자연 광원

61 태양이라는 거대한 자연 광원이 비추는 평행광의 예시

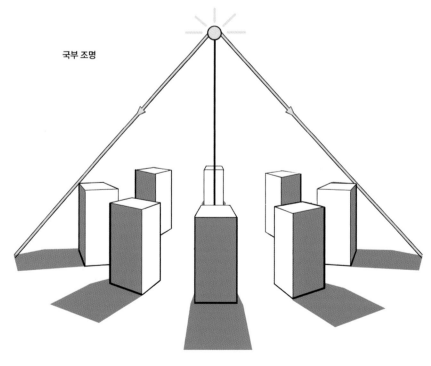

국부 조명

62 국부 조명에서 빛은 하나의 점 광원에서 퍼져 나옵니다.

또한 물체의 표면과 광원이 이루는 각도도 물체의 위치에 의해서 크게 변화하므로 명도를 계산하는 방법도 더욱 복잡해집니다. 구체가 물체의 표면에서 빛이 어떻게 작용하는지 보여주는 가장 단순한 형태이므로 명도를 계산할 때 가상의 구체는 국부 조명을 처리할 때도 활용할 수 있습니다. 그러나 중요한 지점에 몇 개의 구체를 더 배치해서 해당하는 면에서 명도를 계산해야 합니다(65).

국부 조명

63 물체 위해 단면을 배치할 때도 광원에서부터 확산되는 방향에 배치해야 합니다.

광원에서 가까울수록 암부의 크기도 커집니다.

64 광원과 물체의 거리가 가까울수록 암부의 크기도 커집니다.

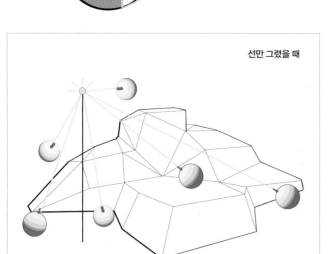

선만 그렸을 때

65 지금까지 배웠던 각 면에 명도를 적용하는 방법을 활용해서 보다 복잡한 평면화 형상이나 풍경의 조명을 묘사해 보세요.

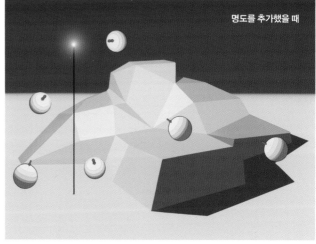

명도를 추가했을 때

명도의 하강 LIGHT FALLOFF

국부 광원에 대한 얘기를 하기에 앞서 우선 명도의 하강이라는 개념을 이해해야 합니다. 명도의 하강이란 26페이지에 소개되었던 명도의 지수적 감쇠(drop-off)와 마찬가지로 국부 광원에서 출발한 빛은 형상과 면 위에서 밝기가 줄어든다는 것이 핵심입니다.

명도가 이렇게 하강하는 모습은 두 개의 육면체를 비교해 보면 명확하게 확인할 수 있습니다(66). 첫 번째 육면체는 창문에서 들어온 자연광이 광원이

며, 두 번째는 국부 조명이 광원입니다. 국부 조명을 사용한 경우 각각의 면에서 명도가 감소하는 것이 확연하게 보이는 반면 자연광이 조명인 경우에는 그보다는 명도가 변화하는 폭이 적습니다.

이러한 현상이 벌어지는 이유는 육면체 위의 평면이 광원과 이루는 각도가 육면체의 위치에 따라 달라지는데 육면체가 광원에서 멀리 떨어질수록 그 각도가 작아지고, 이에 따라 명도가 감소하기 때문입니다. 따라서 국부 광원이 조명일 때는 항상 빛의

손실(즉, 명도의 하강)이 발생합니다. 어떠한 이미지에서 모든 면에서 광원에 가까워질수록 명도는 항상 밝아집니다. 평면화된 형상을 렌더링한 뒤에 여기에 그래디언트를 적용해 보면(67) 명도의 하강이 풍경의 현실성에 얼마나 큰 영향을 주는지 알 수 있습니다.

작품에서 국부 광원의 명도 하강을 묘사할 때는 인접한 면이 보이는 암부의 명도를 현재 묘사하는 면에서 명도가 보일 수 있는 하한선이라고 생각하면

자연광

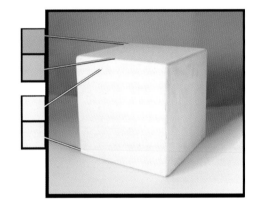

물체의 표면에 모두 동일한 각도로 진입하는 자연광

표면에서는 명도의 감소가 아예 없거나 미미하게 나타남

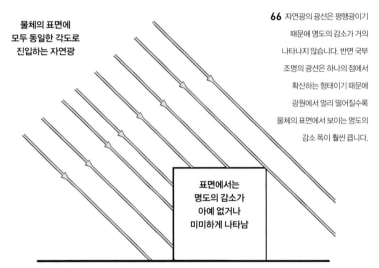

66 자연광의 광선은 평행광이기 때문에 명도의 감소가 거의 나타나지 않습니다. 반면 국부 조명의 광선은 하나의 점에서 확산하는 형태이기 때문에 광원에서 멀리 떨어질수록 물체의 표면에서 보이는 명도의 감소 폭이 훨씬 큽니다.

국부 조명

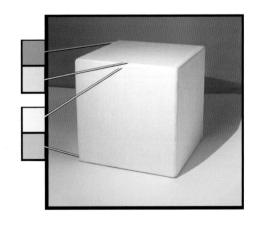

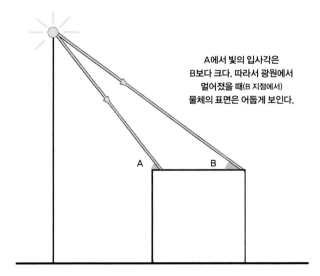

A에서 빛의 입사각은 B보다 크다. 따라서 광원에서 멀어졌을 때(B 지점에서) 물체의 표면은 어둡게 보인다.

A   B

좋습니다. 서로 다른 면이 보일 수 있는 명도의 하한선은 같을 수 없기 때문이죠. 예제처럼 그래디언트를 그릴 때 면을 너무 어둡게 하지 않도록 주의해야 합니다. 너무 어둡게 표현하면 평면이 곡면처럼 보이기 때문입니다(67).

빛의 입사각만이 명도의 하강을 유발하는 원인은 아닙니다. 빛은 광원에서부터 퍼져 나오기 때문에 광원에서 멀어질수록 빛의 강도는 감소하는데, 이것 역시도 명도의 하강을 유발하는 원인입니다. 그리고 이때 빛은 지수적으로 감소하는데, 이 현상을 이르러 '역제곱 법칙(inverse square law)'이라 부릅니다. 즉, 광원으로부터의 거리가 멀어질 때 빛의 세기는 거리의 제곱만큼 감소한다는 것입니다. 예를 들어 광원으로부터의 거리가 2만큼 멀어졌을 때 감소하는 빛의 세기는 4라는 말이죠. 작품을 그릴 때 매번 빛이 어느 정도 약해지는지 계산할 필요는 없습니다만, 자연에서 빛이 이렇게 지수적으로 감소한다는 것을 알고 있으면 유용하게 활용할 수 있습니다.

또한 감소하는 빛의 양은 광원의 밝기와 풍경 안에서 광원과 물체가 이루는 상대적인 거리 모두와 관련되어 있습니다. 아티스트는 예술적 표현을 위해서 명도가 감소하는 폭을 조절할 수 있고, 명도의 감소를 잘 이용하면 대기 원근법을 쉽게 표현할 수 있습니다(68).

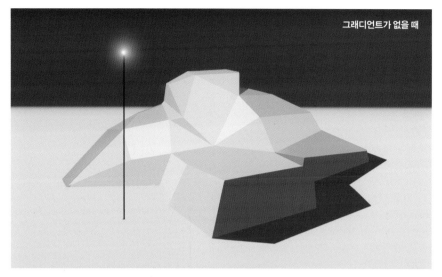

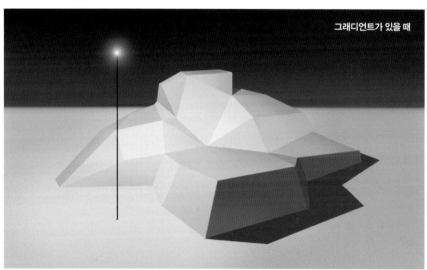

67 평면화한 형상의 표면에 그래디언트를 추가하면 빛이 감소하는 현상이 더욱 현실성 있게 보입니다.

대기 원근법

앞서 태양광은 각도나 거리와 무관하게 모든 물체를 동일하게 비춘다고 했는데, 그렇다면 바깥의 풍경을 봤을 때 사물의 거리가 멀어질수록 왜 점차 희미하게 보이는지 의아했을지도 모르겠습니다. 이는 '대기 원근법(Atmospheric Perspective)'이라고 불리는 현상으로, 사실 지구의 대기가 갖는 성질 때문입니다. 여기에 대해서는 164페이지의 〈투명도〉 장에서 더 상세하게 다루겠습니다.

68 명도의 하강을 이용하면 조명으로 이미지에서 대기 원근법을 표현할 수 있습니다.

색의 모델링과 색광
COLOR MODELING AND COLORED LIGHT

지금까지 무광체의 표면에서 일어나는 명도의 변화에 초점을 맞추어 이야기를 해보았습니다. 그렇다면 색을 구성하는 나머지 요소인 색상(hue)과 채도(chroma)에는 어떤 변화가 있는 걸까요? 헷갈릴 수도 있는 주제이지만 기본적으로 적용되는 원리는 간단합니다.

우선 광원의 색이 흰색인 경우를 얘기해 보겠습니다. 32페이지에서 배웠듯 백색광이 물체에 진입할 때 파장 중 일부는 물체에 흡수되고 일부는 튕겨져 나옵니다. 이때 흡수되는 파장과 반사되는 파장이 이루는 비율이 물체의 색을 결정합니다. 물체에 진입하는 파장이 순수할수록(즉, 하나의 색을 이루는 파장에 가까울수록) 우리 눈에 보이는 색의 채도는 높아집니다(69).

물체에 흡수되는 파장의 비율은 물체에 진입하는 빛의 양과 무관하게 언제나 같습니다. 따라서 백색광을 비추었을 때 완전 무광체의 표면에서 물체의 색상은 언제나 일정합니다. 물체의 색상을 '색을 입힌 빛(색광)'이 형상의 표면에서 점차 어두워지는 것'으로 바꿔서 이해해도 좋습니다.

41페이지에서 다루었듯, 빛은 채도의 변화 경로를 따라 검은색으로 수렴합니다. 색도의 변화 경로를 보면 색도는 명도와 비례하여 변화합니다. 즉, 무광체를 표현할 때 우리가 따라야 할 규칙은 다음과 같습니다. '물체의 표면은 광원을 바라보고 있을 때 가장 채도가 높으며, 암부에 가까워질수록 채도를 잃는다'는 것입니다(70~71).

그래픽 프로그램에서 채도와 명도와의 비율을 유지하는 것은 꽤장히 쉬운데, 대부분의 프로그램이 채도(Saturation) 슬라이더를 사용하기 때문입니다. 그러나 물감을 사용할 때는 아티스트가 채도와 명도 사이의 비율을 직접 유지해야 합니다. 따라서 여기서부터 채도와 색상에 대한 이야기를 시작하면 좋을 것 같습니다.

정반사와
난반사 분리하기

초보자들은 위에서 언급한 채도와 명도 사이의 관계를 헷갈려 하는데, 실제 자연에서 우리가 볼 수 있는 것과는 다르기 때문입니다. 뒤에서 다시 다루겠지만, 실제 현실에서 난반사만 하는, 즉 완전한 무광체는 존재하지 않습니다. 그리고 대부분의 무광체는 많은 부분 정반사를 합니다. 즉, 위에 언급한 완전 무광체에서의 채도와 명도 사이의 비율과 함께 또 다른 규칙이 적용된다는 것입니다. 초보자들의 눈에는 정반사와 난반사가 모두 눈에 보이는데, 이 둘을 별개로 나누어 생각하지 않아서 가장 밝은 지점에 채도가 낮은 하프톤을 사용합니다. 이런 방식은 올바른 표현법이 아닙니다(72).

다음 페이지의 예제 73을 보면, 편광 필터를 사용해 암부에서 정반사와 난반사를 분리했습니다. 예제 73을 통해 정반사와 난반사가 실제로 물체의 표면에서 어떻게 작용하는지 볼 수 있습니다.

난반사만 분리했을 때 암부가 시작되는 영역에서 채도가 감소하는 것이 명확하게 보입니다. 반면 정반사만 분리하면, 정반사가 일어나는 영역에서는 또다른 조명 효과가 작용하는 것을 알 수 있습니다. 정반사가 일어나는 이때의 명부가 바로 무광체의 채도 변화 경로와 다른 양상을 보이는 부분입니다.

일반적으로 인공물의 고유색이 서로 명확하게 구분되는 반면, 자연물은 이보다는 점차적인 변화를 보입니다. 예제 74의 사과가 이를 잘 보여줍니다. 인공물과 자연물을 잘 표현하기 위해서는 정반사와 난반사를 분리했을 때 변화하는 고유색에 대해서 잘 이해할 필요가 있습니다.

파장이 하나일 때
(채도가 높음)

파장이 여러 개일 때
(채도가 낮음)

69 왼쪽의 강렬한 빨간색처럼 채도가 높은 색은 하나의 순수한 파장이 만들어 낸 결과물입니다.

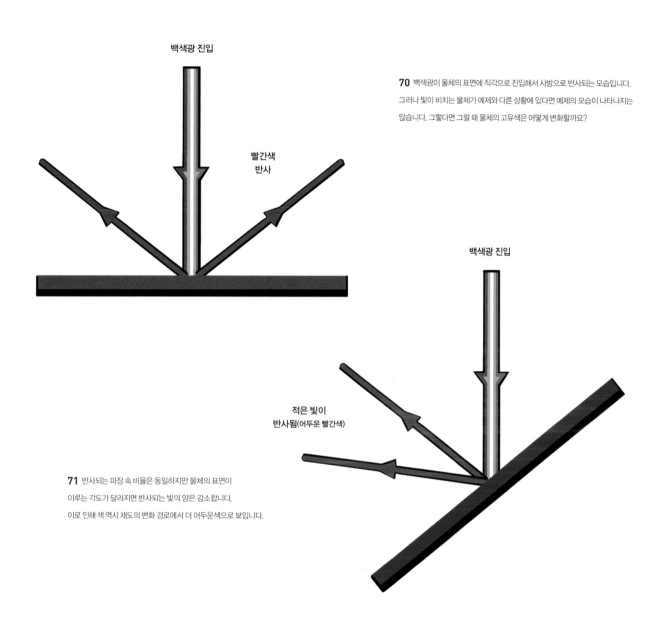

백색광 진입

빨간색 반사

70 백색광이 물체의 표면에 직각으로 진입해서 사방으로 반사되는 모습입니다. 그러나 빛이 비치는 물체가 예제와 다른 상황에 있다면 예제의 모습이 나타나지는 않습니다. 그렇다면 그럴 때 물체의 고유색은 어떻게 변화할까요?

백색광 진입

적은 빛이 반사됨(어두운 빨간색)

71 반사되는 파장 속 비율은 동일하지만 물체의 표면이 이루는 각도가 달라지면 반사되는 빛의 양은 감소합니다. 이로 인해 색 역시 채도의 변화 경로에서 더 어두운색으로 보입니다.

잘못된 모델링의 예시

명도가 증가하나 채도는 감소

명부가 칙칙하고 창백함

올바른 모델링의 예시

명도와 채도가 함께 증가

가장 명도가 높은 지점에서 채도도 가장 높음

72 색의 모델링이 잘못되었을 때와 올바르게 이뤄졌을 때의 예시

73 정반사가 일어났을 때의 변화를 제거하여 난반사에서의 변화만 보면 물체의 고유색에서 채도가 감소하는 모습을 명확하게 볼 수 있습니다.

명부와 암부를
표현했을 때

고유색만
표현했을 때

74 자연물의 고유색은 인공물보다는 복잡한 모습을 보이지만, 그럼에도 고유색을 따로 떼어낼 수 있습니다.

Image 74 apples (top to bottom) © ilietus and grey (via Adobe Stock)

원색 광원

색상과 채도는 백색광 아래서 쉽게 볼 수 있습니다. 그러나 완벽하게 모든 색을 포함하는 백색광을 찾아보기 어렵다는 것이 문제이죠. 우리가 볼 수 있는 가장 완벽한 백색광은 자연광입니다. 그러나 하루에 길어야 몇 시간 정도만, 그것도 날씨가 맞아떨어져야 볼 수 있습니다. 그런데 색광이 비추었을 때

물체가 보이는 고유색의 채도와 색상은 백색광일 때와는 다르게 작용합니다. 아래 예제에서 LED 등으로 각각 흰색과 빨간색, 초록색, 파란색 빛을 비추었을 때 원색과 2차색이 어떻게 보이는지가 제시되어 있습니다(75). 예제에서 우리는 전반적인 풍경의 채도와 색상은 변하지 않고 하나의 색상과 채도만 묘사되는 것을 알 수 있습니다. 또한 각각의

색을 띤 빛이 비쳤을 때, 해당 색의 원색이 아닌 다른 색은 어떤 빛도 반사하지 못하고 고유색이 완전히 검은색으로만 나타납니다. 이를 통해 한 가지 중요한 규칙을 발견할 수 있습니다. 바로 어떠한 물체의 고유색은 색이 있는 광원의 색과 감산 혼합한다는 것입니다.

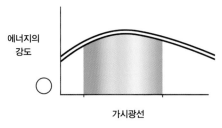

백색광(모든 색이 완벽히 표현된다)

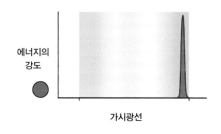

적색광(빨간색이 포함된 색만 빛을 반사한다)

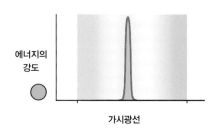
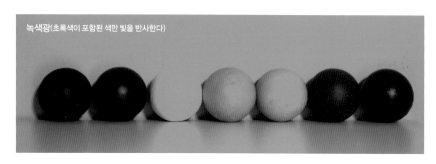
녹색광(초록색이 포함된 색만 빛을 반사한다)

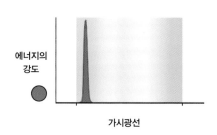

청색광(파란색이 포함된 색만 빛을 반사한다)

75 광원의 색과 동일한 색이 포함된 색만 빛을 반사합니다. 나머지 색은 검은색으로 보입니다.

2차색 광원

이제 하나의 색을 띠는 파장에 다른 색을 띠는 파장을 더해보면 한 가지 유용한 사실을 알 수 있습니다. 빛에는 두 개의 색을 띠는 파장밖에 없는데 우리 눈에는 세 번째 색이 보인다는 것입니다(76). 이를 통해 우리는 색을 인지하려면 모든 파장이 빛에 포함되지 않아도 된다는 사실을 알 수 있습니다. 이 사실을 이용하면 색광을 다룰 때 우리가 사용할 수 있는 규칙이 조금 더 단순해집니다. 바로 빛을 다룰 때 우리는 RGB라는 3색의 비율만 맞겨주면 나머지 색은 우리 눈에서 알아서 인지한다는 것입니다.

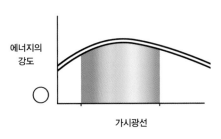

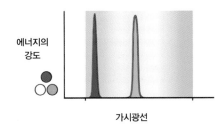

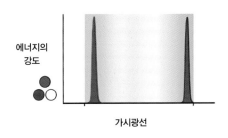

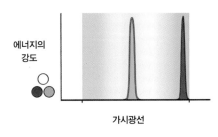

76 색이 두 개 포함된 파장에서는 색이 하나인 파장일 때보다 훨씬 넓은 범위의 고유색을 인지할 수 있습니다.

난색광과
한색광

지금부터는 우리가 일상에서 더 자주 마주치는, 좀 더 균형 잡힌 광원에 대해 이야기해 보겠습니다. 이때 난색이나 한색으로 표현되는 색온도는 백열등이 해당하는 색을 띠기 위해 도달해야 하는 온도(켈빈kelvin[8] 단위로 표시)를 기준으로 분류합니다. 116페이지에서 색온도에 대한 얘기는 더욱 자세하게 할 예정이니, 당장은 크게 나누었을 때 색온도에는 난색과 한색이 있다고만 정리하겠습니다(77a~c).

난색광과 한색광은 앞서 살펴보았던 하나 또는 두 개의 색을 띠는 파장보다는 빛을 비추었을 때 색에 끼치는 영향이 크지는 않습니다. 한색광을 비추었을 때는 대체로 채도가 낮은 한색 계통의 색이 채도가 높아지며, 반대로 난색 계통의 색은 채도가 낮아지고 어두워집니다. 난색광을 비추었을 때는 이와 반대되는 현상이 벌어지죠.

초록색은 난색과 한색 사이의 중성색이라고 할 수 있습니다. 흥미로운 점은 광원 역시 색채 스펙트럼과 마찬가지로 난색에서 한색 방향으로 이동하는데 초록색을 띠는 빛은 보이지 않는다는 것입니다. 이는 열을 발산하는 물체가 갖는 흑체 복사(black-body radiation)라는 고유의 성질 때문입니다. 달리 말하면, 초록색을 띠는 광원은 극히 찾아보기 힘들며, 현실 세계에서는 관측하기 힘들다는 것입니다. 흑체 복사라는 개념에 대해서는 118페이지에서 다시 다루겠습니다.

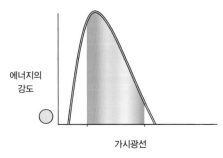

77a 모든 색이 표현되나 난색의 채도는 떨어지고, 한색의 채도는 높아집니다.

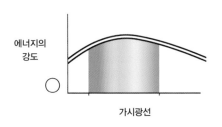

77b 균형 잡힌 백색광 아래에서는 모든 색이 잘 표현됩니다.

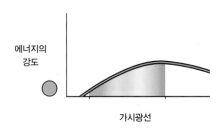

77c 모든 색이 표현되나 한색의 채도는 떨어지고, 난색의 채도는 높아집니다.

8 역주 : 물질의 특성으로 정의되지 않는 절대온도의 단위입니다.

주변광이 만드는 그림자 AMBIENT SHADOWS

지금까지 주변광의 개념에 대해서 살펴보았으니, 이제는 주변광이 암부의 명도에 어떻게 영향을 주는지 배워볼 차례입니다. 이 책에 소개된 예제 중 다수는 앞서 79페이지에서 소개한 바 있는 '암부의 명도를 중간으로 유지한다'는 법칙을 따르고 있습니다. 즉, 주변광의 명도를 명도 스케일에서 최고치(흰색의 최댓값)라고 했을 때 명부의 명도는 주변광이 보이는 명도의 절반인 중간값을 지니는 회색이라는 것입니다. 이 법칙을 따르면 주변광의 명부는 처리할 수 있지만 암부에서는 조금 더 복잡한 법칙이 적용됩니다.

한 가지 짚고 넘어가야 할 점은 암부의 명도라는 것이 사실 물체 그 자체가 지닌 속성은 아니라는 것입니다. 주변광이 비추지 않는다면 고유색을 지닌 물체의 암부는 명도가 존재하지 않을 것입니다. 즉, 완전히 검은색으로만 보이겠죠! 암부는 주변광이 작용한 결과로 명도를 갖게 되고, 우리 눈에 보이게 됩니다. 결국 암부의 명도는 주변광과 고유색을 지닌 물체가 상호작용을 해서 만들어진 결과물인 것이죠.

광원에서 출발한 빛은 물체에 닿을 때마다 일정량의 광자가 물체에 흡수되어 점차 어두워지기 때문에 물체의 암부(물체의 그늘과 그림자)는 주변광보다는 명도가 어둡습니다. 일부 포토그래퍼는 외부 광원을 사용해 의도적으로 이 규칙을 깨기는 하지만, 일반적인 경우라면 대체로 적용되는 규칙입니다. 따라서 우리가 어떤 풍경을 그리고자 할 때 먼저 풍경의 평균 명도를 따져봐야 합니다. 평균 명도로 주변광이 대체로 어느 정도의 명도를 띠어야 하는지 알 수 있기 때문입니다.

앞서 언급한 '암부의 명도를 중간으로 유지한다'는 법칙은 배경이 흰색에 명도가 높을 때 사용하기 좋습니다. 또한 이전 장에서 달을 예시로 들어 설명했듯이 배경이 완전히 검은색이면 암부 역시도 완전히 검은색으로 나타납니다. 두 가지 사례를 통해 우리는 주변광의 명도가 배경이 보이는 흰색과 검은색 그 중간 지점이라는 것을 알 수 있습니다. 따라서 만약 배경이 흰색일 때 암부의 명도가 50%라면, 명도가 50%인 배경의 암부는 75% 어두운 값을 명도로 보일 것이고, 배경이 검은색일 때 암부의 명도는 100% 어두울 것입니다(78). 같은 방식으로 명부와 암부의 명도를 비율로 환산하여 계산할 수 있습니다. 하나의 풍경에서 명부와 암부가 보이는 명

도의 비율을 유지하면 물체의 색이나 배경과 무관하게 현실성 있게 물체를 표현할 수 있습니다(79).

다만 이 규칙은 절대적인 것은 아니고 외부 요인에 의해서 깨질 수도 있다는 점을 명심해야 합니다. 카메라는 암부의 명도를 어떤 명도 값이라도 맞춰서 노출을 할 수 있고, 아티스트는 표현의 효과를 위해서 명부와 암부의 명도 비율을 의도적으로 조절하기도 합니다. 다만 어떤 상황에도 항상 유지되어야 하는 것은 이들 요소 사이의 전반적인 관계입니다.

앞에서 설명한 것과 같이 세밀하게 몇 퍼센트인지 보여주는 규칙은 초보자를 위한 가이드 역할을 하는 셈이죠. 하지만 규칙을 이루고 있는 요소인 배경과 암부의 관계는 이미지 전체에서 일관성이 유지되어야 합니다. 어떤 이미지에서 암부가 어느 정도까지 검은색을 띨 수 있는지 세밀하게 계획하고 표현한다면, 굉장히 현실적인 이미지를 만들 수 있을 것입니다.

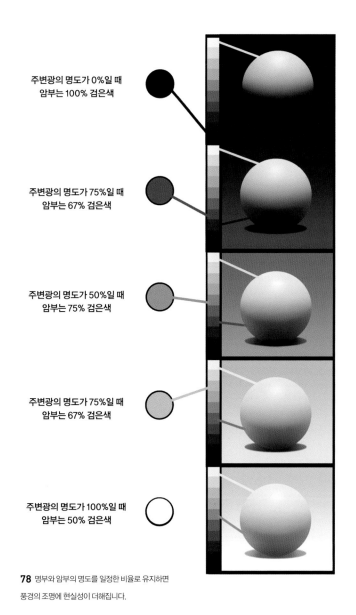

주변광의 명도가 0%일 때
암부는 100% 검은색

주변광의 명도가 75%일 때
암부는 67% 검은색

주변광의 명도가 50%일 때
암부는 75% 검은색

주변광의 명도가 75%일 때
암부는 67% 검은색

주변광의 명도가 100%일 때
암부는 50% 검은색

78 명부와 암부의 명도를 일정한 비율로 유지하면
풍경의 조명에 현실성이 더해집니다.

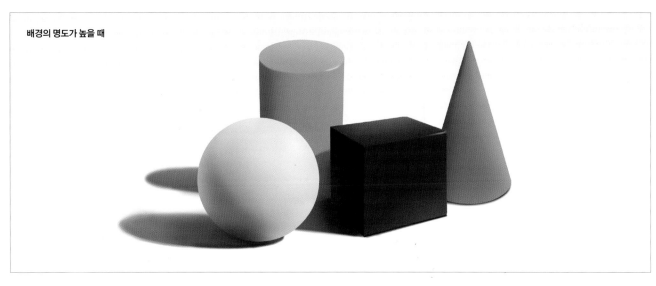

배경의 명도가 높을 때

배경의 명도가 중간일 때

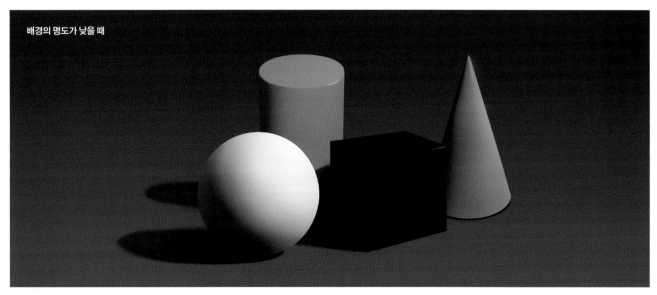

배경의 명도가 낮을 때

79 명부와 암부의 명도를 일정 비율로 유지하면 배경의 명도와 무관하게 물체의 색을 모두 표현할 수 있습니다.

반사광 REFLECTED LIGHT

무광체에서의 조명을 다루면서 마지막으로 설명할 현상은 반사광(reflected light)입니다(바운스 라이트 (bounce light)로도 불립니다). 반사광은 주변 배경에 반사되어 형상으로 진입하는 빛을 뜻합니다. 또한 반사광은 주변광보다 훨씬 직접적인 방식으로 작용하기 때문에 주변광과는 구분합니다.

가장 중요한 점은 반사광은 자연적으로 2차광(sec-ondhand light)이라는 것입니다. 즉, 가장 밝은 고유색을 지닌 채로 어떠한 물체의 표면에 닿은 다음 반사된 빛이기 때문에 광원의 밝기보다는 항상 어둡다는 것이죠. 주광원은 대체로 직접 쳐다보기도 어려울 만큼 밝지만, 어떤 물체의 표면에 반사된 빛은 그만큼 밝지 않은 것을 예시로 들어 설명할 수 있습니다.

물체에 직접 빛을 비추는 직접 광원에 대한 얘기를 하자면, 직접 광원이 결국 국부 광원이라는 점을 기억해야 합니다. 101페이지에서 언급했듯 국부 광원은 '역제곱 법칙'을 따르기 때문에 밝기가 지수적으로 감소합니다. 또한 국부 광원이 태양광에 비하면 엄청나게 약한 빛이기 때문에 국부 광원으로 인한 빛은 매우 빠르게 주변광 수준으로 어두워집니다. 따라서 이전 장인 〈주변광이 만드는 그림자〉에서 논의했듯이 우리는 반사광을 광원과 물체와의 상대적인 거리를 기준으로 생각해 볼 수 있습니다. 즉, 반사광은 빛을 반사하는 면에 가까이 있을 때만 형상에서 보일 정도로 강해집니다(80).

반사광이 작품을 그릴 때 형상의 암부를 효과적이고 아름답게 표현할 수 있는 하나의 방법이기는 하지만 반사광으로 인한 효과를 지나치게 강조하지 않는 것이 중요합니다. 104페이지에 제시된 예시에서 보이듯 반사광은 사실 많은 초보자들이 가장 많은 실수를 하는 부분이기도 합니다. 반사광이 닿는 부분을 지나치게 밝게 표현하면 명도 그룹 사이의 통일감이 깨지고 전반적인 조명에 사실감이 사라집니다. 반사광은 은은한 빛이며 항상 암부에서 사용하기로 한 명도 그룹 안에서 유지되어야 한다는 것을 기억해야 합니다.

예제 81에서는 반사광이 너무 밝게 표현되었을 때 대상이 이상하게 보이고 분위기도 사라진다는 것을 알 수 있습니다. 예제 81에서의 반사광은 암부 그룹의 명도, 심지어는 명부에 포함된 부분 중 일부보다도 밝습니다. 이 문제를 해결하기 위해서는 먼저 전체적인 화면의 명도를 한 단계 높게 설정하고, 본래 구상했던 암부의 명도보다 살짝 밝은 명도로 표현한 뒤 반사광이 나타나는 부분에 빛을 더하는 것이 아니라, 점차적으로 명도를 낮추면 됩니다 (82). 이 방법은 단순하게 어둠을 더하는 방식이기 때문에 반사광의 명도가 암부의 명도 값을 초과할 수 없게 됩니다. 매우 효율적이면서도 실용적인 방식이기 때문에 많은 화가들이 널리 사용하기도 합니다.

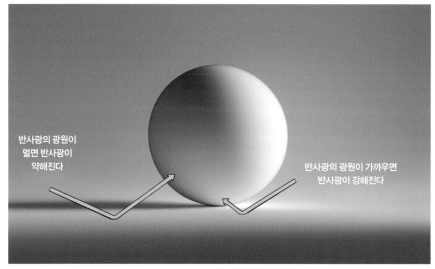

80 반사광은 빛을 반사하는 면이 대상 물체와 가까울 때 가장 잘 보입니다.

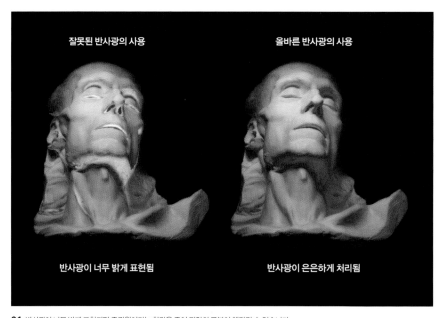

81 반사광이 너무 밝게 표현되면 주광원이라는 착각을 주어 명암의 구분이 헷갈릴 수 있습니다.
반면 은은하게 처리했을 때에는 명도 그룹 사이의 구분이 유지되고, 이미지에 사실성이 유지됩니다.

저대비로 시작

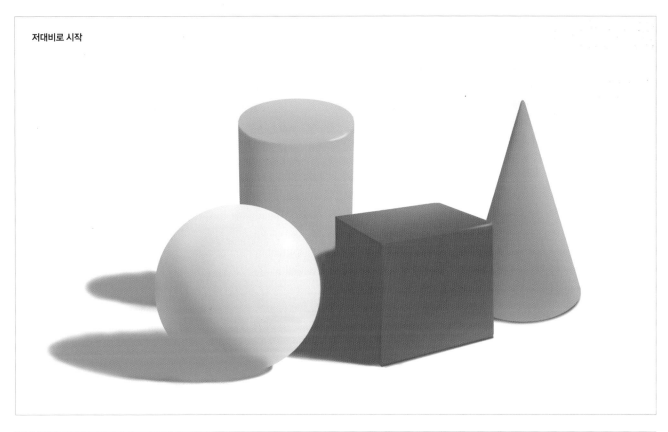

고대비로 마감

82 암부의 밝은 영역부터 그리기 시작하여 점차 명도를 낮추는 방법을 사용해 보세요. 명도를 높이는 것보다 나을 것입니다.

암부의 색 THE COLOR OF SHADOWS

지금까지 무광체의 표면에서 색이 어떻게 표현되는지 살펴보았으니, 이제는 암부의 색과 무엇이 암부의 색을 결정하는지 살펴볼 차례입니다. 아티스트 사이에서 가장 널리 퍼진 상식은 '난색 계통의 빛은 한색 계통의 그림자를, 한색 계통의 빛은 난색 계통의 그림자를 만든다'는 것입니다. 특정한 주제를 특정한 상황에서 표현할 때는 유용한 생각이지만, 암부의 색이 결정되는 방식을 정확하게 묘사한 것은 아닙니다.

예제 83을 보면 똑같은 물체가 3개의 서로 다른 배경에서 똑같은 조명 아래 놓여 있습니다. 주어진 배경 중 하나는 파란색(한색)이고 다른 하나는 주황색(난색)이죠. 이때 물체의 그림자가 보이는 색은 배경의 색에 따라 제각기 달라집니다. 배경이 파란색일 때는 위에서 언급한 '난색 빛 = 한색 그림자'라는 규칙을 따르지만, 배경이 주황색일 때는 정반대로 난색 빛일 때 이보다 더 난색인 그림자가 나옵니다.

이렇듯 '난색 빛 = 한색 그림자'가 항상 적용될 수 있는 규칙이 아니라는 것을 알게 되었으니, 작품을 만들 때 믿고 쓸 수 있는 더 정확한 규칙이 필요합니다. 그늘(shade)과 그림자(shadow)를 아우르는 암부(shadows)는 광원에서 직접 빛이 비치지 않고 배경의 주변광으로만 빛이 비치는 어두운 부분으로 앞서 정의한 바 있습니다. 이러한 암부의 정의에 비추어 봤을 때 새로이 적용할 수 있는 규칙을 발견할 수 있습니다. 바로 그림자의 색은 배경의 주변광을 띤 색이라는 것입니다.

'난색 빛 = 한색 그림자'라는 규칙은 아마도 주로 야외의 풍경을 그리는 화가들이 만들었을 것으로 보입니다. 야외의 풍경을 그릴 때는 아주 잘 작동하는 규칙이기 때문이죠. 실외의 풍경에서 그림자는 태양광이 만들어내는 난색의 빛에 비하면 극단적으로 한색으로 보입니다. 그러나 이러한 현상이 일어나는 근본적인 원인을 이해하는 것이 중요합니다. 바로 파란 하늘이 아주 강렬하고 색도가 높은 파란색의 주변광을 뿜어내는데, 이에 따라서 배경에서 하늘을 향하고 있는 면에서 하늘의 한색 주변광이 항상 느껴지기 때문입니다. 예제 84에서 이 현상을 잘 확인할 수 있습니다. 하늘의 파란색과 잔디의 초록색 빛이 각각 흰색공의 위쪽 면과 아래쪽 면에 선명하게 보입니다.

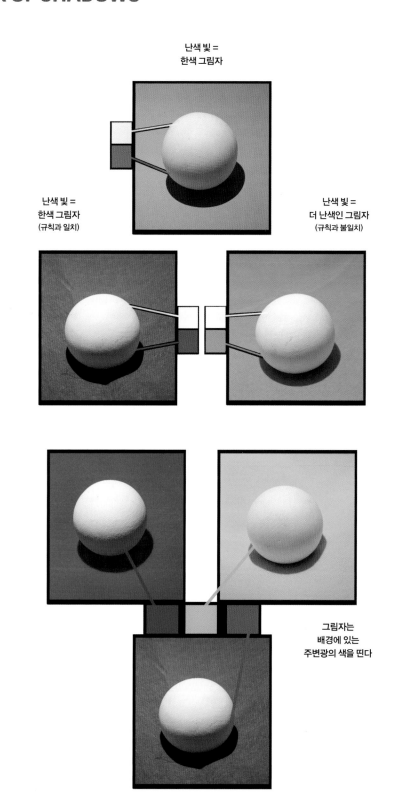

난색 빛 =
한색 그림자

난색 빛 =
한색 그림자
(규칙과 일치)

난색 빛 =
더 난색인 그림자
(규칙과 불일치)

그림자는
배경에 있는
주변광의 색을 띤다

83 배경의 색이 그림자의 색을 결정한다는 것을 알 수 있습니다.

따라서 암부는 서로 다른 밝기와 색도를 지닌 여러 광원의 결과물이기 때문에, 암부는 하나의 풍경에서 가장 다양하고 다채로운 영역이며, 우리에게 암부는 여러 색을 활용할 기회의 장입니다.

암부의 특성을 잘 활용한 것이 바로 아래에 제시된 호아킨 소로야의 그림입니다(85). 예제를 보면 하늘 방향을 바라보고 있는 면은 파란 하늘을 닮은 한색을 보이고, 지면을 바라보는 면은 지면의 고유색인 난색으로 인해 하늘을 바라보는 면보다 난색을 보인다는 것을 알 수 있습니다.

이제 암부의 색을 결정할 때 사용할 수 있는 규칙을 찾았습니다. 대상이 되는 풍경에서 평균이 되는 주변광의 색을 찾은 다음 암부가 위치한 면에서 바라본다고 가정하고 장면을 상상해 보는 것입니다. 무엇이 보이게 될까요? 파란 하늘이 보이나요, 아니면 햇살이 비추는 풀이 보이나요? 이렇게 가정했을 때 '눈에 보이는' 색이 암부가 위치한 면에서 주로 사용할 색이 되는 것입니다.

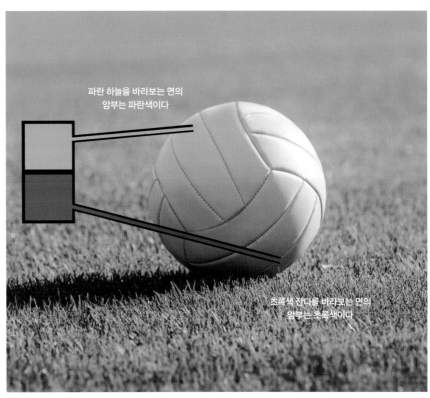

파란 하늘을 바라보는 면의 암부는 파란색이다

초록색 잔디를 바라보는 면의 암부는 초록색이다

84 암부는 바라보고 있는 면에서 주변광이 띠는 색에 영향을 받습니다.

● 난색의 지면을 바라보는 면

○ 한색의 파란 하늘을 바라보는 면

○ 태양광이 입사하는 각

85 호아킨 소로야의 〈Surtidor(1899)〉에서는 아래쪽을 바라보는 면이
지면에서 반사된 난색을 띠고, 위쪽을 바라보는 면은 하늘의 한색을 띱니다.

전역 조명 GLOBAL ILLUMINATION

어떠한 풍경 안에 있는 물체의 표면이 모두 고유색을 띤 빛을 발한다는 개념은 3D 그래픽 프로그램에서는 '전역 조명(Global Illumination)'이라 불립니다. 전역 조명을 사용하면 예제 86에서 볼 수 있듯이 풍경에 크게 현실감을 불어넣을 수 있습니다.

전역 조명의 강도는 약한데, 그 이유는 이전 장에서 살펴보았듯이 반사광이 기본적으로 2차광이므로 원래 광원의 강도를 뛰어넘을 수 없기 때문입니다. 이 때문에 전역 조명은 주로 암부에서만 그 존재를 인식할 수 있습니다. 그러나 사실 풍경 전체에 걸쳐

서 크든 작든 영향을 주고 있으며, 우리가 작품을 창작할 때 항상 염두에 두어야 하는 요소입니다. 전역 조명을 세심하게 신경 쓰면 작품에 빛이 채워졌다는 느낌이 듭니다.

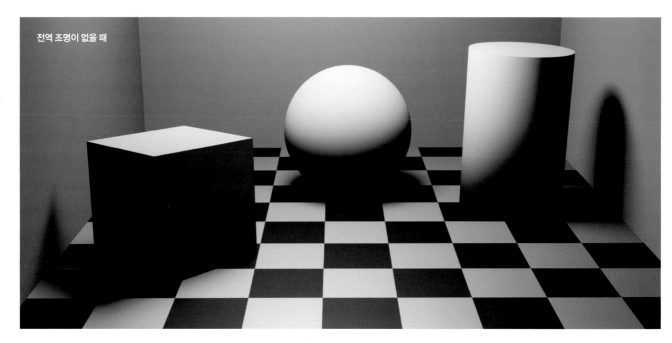

전역 조명이 없을 때

전역 조명이 있을 때

86 전역 조명을 적용했을 때와 아닐 때를 비교해 보세요.

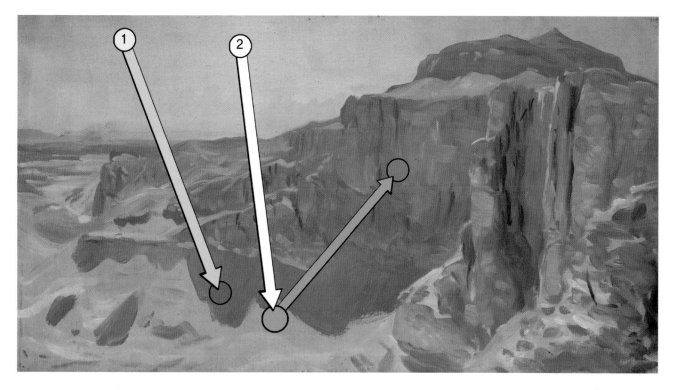

 한색 계통 흰색의 천공광이 비춤

 난색 계통 백색광이 비춤

 난색 계통 회색의 표면이
한색을 더 많이 흡수

 난색 계통 회색의 표면이
한색을 더 많이 흡수

 반사된 난색광이 다시 난색 계통 회색에 비침

87 존 싱어 사전트의
〈이집트 데르 엘 바흐리의 언덕
(Cliffs at Deir el Bahri, Egypt)
(1890-91)〉에서 하늘에서 비추는
한색의 주변광이 난색 계통 회색의
지면에 한색의 그림자를 드리우고,
난색 계통 흰색의 태양광이
지면에 반사되어 다시 절벽의 색을
난색 계통으로 바꾸는 것을
볼 수 있습니다.

반사광과 암부의 상호작용

더불어 이렇게 물체의 표면에서 반사된 색광이 암부에서 어떻게 작용하는지 이해하는 것이 중요합니다. 대개는 물체의 표면에 닿은 광선이 '표면의 색을 띤다'고, 그리고 이 색이 암부에 적용된다고 생각합니다. 일반적으로는 이 말이 맞으나 반사광이 결국에는 감산 혼합을 한다는 사실을 염두에 두어야 합니다. 빛은 모든 색이 모이면 흰색이 되고 물체와 작용할 때마다 점점 빛은 색을 잃어서 흰색에서 멀어집니다. 그리고 105페이지에서 배웠듯 우리 눈에 보이는 채도가 높을수록 빛이 지닌 파장은

하나의 색을 띠는 영역에만 위치합니다. 그리고 반사광이 감산 혼합을 한다는 사실은 반사광으로 인해 발생하는 색에도 영향을 줍니다.

일반적으로 채도가 낮은 색이 색상은 비슷하되 채도가 낮은 암부로 반사되면 채도가 크게 높아지는 것으로 알려져 있습니다. 이는 반사광과 암부가 상호작용할 때 빛에 포함된 한색 계통의 색이 걸러지기 때문입니다. 이를 잘 보여주는 것이 예제 87이죠. 예제 87에는 하나의 색이 두 번 걸러져서 채도가 두 배 높은 난색이 만들어지는 것을 알 수 있습니다.

그러나 한색광이 난색의 표면에 반사되었을 때는 암부의 색은 크게 어두워집니다. 이는 같은 양의 한색광이 흡수되지만, 더 적은 양의 적색광이 반사되어 결과적으로 빛의 양이 감소했기 때문입니다.

광원의 온도
LIGHT SOURCE TEMPERATURE

조명을 구매할 때나 그림을 그릴 때 광원이 작동하는 방식을 이해해야 합니다. 그런데 이때 한 가지 이해하기 어려운 개념이 바로 광원과 색온도 사이의 관계입니다. 다행히도 광원과 색온도 사이의 관계를 색으로 표현하면 복잡해지지는 않습니다. 대체로 난색 계통의 빨간색에서 중간에 흰색을 거쳐서 한색 계통의 파란색으로 이어지는 경로를 따라가죠. 그리고 이때 빛의 온도는 켈빈(kelvin) 단위로 측정됩니다.

켈빈 단위는 대문자 K로 표시되고, 값이 낮으면 난색의 주황색, 값이 높으면 한색의 파란색을 스펙트럼으로도 표현할 수 있는데, 촛불은 여기서 2,000 켈빈(K)보다 낮은 수치를 보이고, 주광(daylight)은 5,000K~6,000K 정도이며, 파란색 천공광(sky-light)은 10,000K 이상입니다(88).

광원의 온도가 올라가면 점차 한색을 띠는 파란색에 가까워진다는 것이 일반적으로 생각했던 것과는 다를지도 모르겠습니다. 광원의 온도와 색 사이의 관계가 헷갈릴 수는 있지만, 위에서 언급한 스펙트럼을 보이는 불꽃을 예시로 들면 조금 더 쉽게 이해할 수 있습니다. 촛불처럼 온도가 낮은 불꽃은 주황색에 가까운 색을 띱니다. 그런데 가스레인지처럼 화력이 강력해서 온도가 더 높은 곳의 불꽃은 점차 파란색을 띱니다(89).

이처럼 온도에 따라 색이 변화하는 광원을 '흑체 복사체(blackbody radiator)'라 부릅니다. 열을 받으면 빛을 방출하는 물체이며, 자연광과 인공광을 방출하는 광원 중에 가장 흔하게 찾아볼 수 있는 형태입니다.

예제 90에서는 온도에 따른 색 변화를 인간이 인지할 수 있는 전체 색 영역에 표현하고 있습니다. 전자기파의 복사로 나타나는 컬러 스펙트럼(파란색, 나노미터 단위)과 온도에 따라 나타나는 색의 스펙트럼(빨간색, 켈빈 단위)을 비교해 보면, 온도가 가장 높을 때 보이는 빛이 초록색 계열의 채도를 띤 색이 아니라 원색이 모두 혼합된 흰색이라는 것을 알 수 있습니다. 이 때문에 우리가 불꽃이 초록색을 띠는 것을 거의 보지 못하는 것이죠.

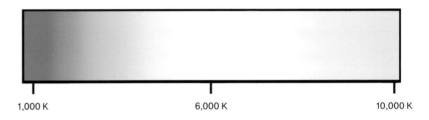

88 전구를 보면 알 수 있듯이 빛의 색온도는 켈빈 단위로 표기됩니다. 켈빈 단위로 표시했을 때 값이 낮으면 난색에 가까워집니다.

1,000 K   6,000 K   10,000 K

온도가 낮을 때의 불꽃(난색)

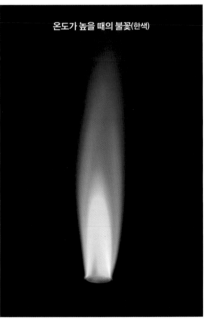
온도가 높을 때의 불꽃(한색)

89 온도가 낮은 촛불의 불꽃은 난색을 띠는 주황색인 반면, 온도가 높은 가스레인지의 불꽃은 한색을 띠는 파란색입니다.

컬러 스펙트럼과 온도에 따른 스펙트럼을 비교하면 몇 가지 재미있는 사실을 발견할 수 있습니다. 두 개의 스펙트럼이 대체로 난색 계통의 주황색에서 한색 계통의 파란색으로 변화하지만 두 가지 차이점을 보입니다. 먼저 온도에 따른 스펙트럼에서는 초록색과 청자색을 찾아볼 수 없습니다. 청자색은 스펙트럼 위에 없고, 초록색은 위에서 살펴보았듯 흰색이 그 자리를 차지하고 있습니다. 두 번째로 온도에 따른 스펙트럼에서는 중간 값인 흰색으로 움직일 때 채도가 점차 감소한다는 것입니다.

초록색과 청자색이 온도에 따른 스펙트럼에서 표현되지 않는다는 사실은 사실 아티스트 입장에서는 좋은 소식입니다. 자연광이나 일상에서 우리가 볼 수 있는 광원을 표현할 때 초록색이나 청자색을 쓸 일이 없다는 것이니까요. 이 두 색은 인공적으로 색을 입힌 전구를 표현할 때처럼 특별한 상황이 아니라 일반적인 난색광이나 한색광을 묘사할 때라면 사용하는 색의 범위를 좁힐 수 있습니다. 하지만 그럼에도 의문이 남습니다. 대체 왜 이런 현상이 벌어지는 것일까요? 무엇 때문에 초록색이 흰색으로 바뀌는 걸까요? 왜 청자색은 보이지 않는 것일까요?

     Candle photo © mark_ka (via Adobe Stock) | Blue flame photo © Anton Bryksin/Shutterstock.com

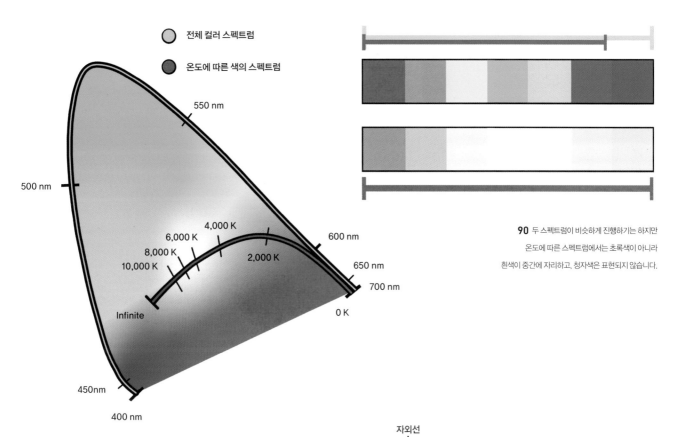

전체 컬러 스펙트럼

온도에 따른 색의 스펙트럼

550 nm

500 nm

4,000 K

6,000 K

8,000 K

10,000 K

2,000 K

600 nm

650 nm

700 nm

Infinite

0 K

450nm

400 nm

90 두 스펙트럼이 비슷하게 진행하기는 하지만 온도에 따른 스펙트럼에서는 초록색이 아니라 흰색이 중간에 자리하고, 청자색은 표현되지 않습니다.

이 질문에 답하기 위해서는 우리 눈에 보이는 현상 뒤편에서 물리적으로 어떤 일이 일어나는지 조금 더 깊게 살펴봐야 할 필요가 있습니다. 가장 먼저 우리가 기억해야 할 점은 빛은 모두 복사라는 것입 니다. 48페이지에서 배웠듯이 전자기 파장의 복사 중에서 우리가 실제로 볼 수 있는 영역은 아주 좁은 부분에 불과합니다. 그리고 자외선이나 적외선처 럼 인간의 눈이 볼 수 있는 영역보다 파장의 길이가 짧거나, 긴 파장도 있습니다(91).

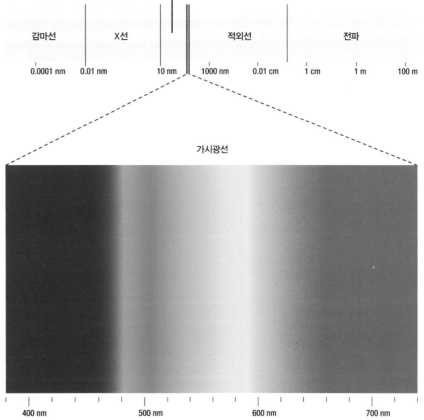

자외선

감마선

X선

적외선

전파

0.0001 nm   0.01 nm   10 nm   1000 nm   0.01 cm   1 cm   1 m   100 m

가시광선

400 nm   500 nm   600 nm   700 nm

91 전자기 스펙트럼에서 아주 작은 영역만 우리가 색으로 감지합니다.

Image 91 © Peter Hermes Furian (via Adobe Stock)

흑체 복사체 BLACKBODY RADIATORS

이제 우리 주변에서 찾아볼 수 있는 가장 흔한 광원을 이르는 과학적인 명칭인 '흑체 복사체'에 대해서 조금 더 자세히 살펴보겠습니다. 사실 대부분의 광원은 스펙트럼 전체에서 복사파를 방출합니다. 방출하는 정도에는 차이가 있지만 대개는 일정한 패턴을 따릅니다. 아래 예제 92에서 각각의 광원이 어떤 식으로 에너지를 방출하는지 확인할 수 있습니다.

정확하게 이러한 현상이 벌어지는 이유를 알 필요는 없습니다. 다만 가시광선 영역 외에도 전자기 스펙트럼이 넓게 펼쳐져 있다는 점은 알아 두는 것이 좋습니다. 48페이지의 〈색〉 단원에서 다루었듯, 광원은 대체로 하나의 파장만 방출하는 것이 아니라 모든 색에 해당하는 파장을 어느 정도 방출합니다. 또한 광원이 방출하는 에너지의 세기가 강해질수록(켈빈 단위가 올라가서 한색에 가까워질수록) 그래프의 최고점이 파란색이 위치한 왼쪽으로 움직인다는 것을 알 수 있습니다. 이것과 광원의 색온도 사이의 관계를 알기 위해서 먼저 가시광선 영역 안에서 에너지 강도에 따른 그래프의 변화를 마저 살펴보겠습니다.

방출하는 에너지의 강도가 낮은 광원을 먼저 보겠습니다(93). 낡은 할로겐 전구나 약한 불꽃이 여기에 해당합니다. 그래프의 모양만 보아도 알 수 있듯, 이때의 그래프는 스펙트럼에서 난색 방향으로 크게 쏠려 있습니다. 그 결과 이런 광원은 난색 계통의 주황색을 띠게 됩니다.

다음으로는 중간 정도의 에너지를 방출하는 광원을 살펴보겠습니다. 이 광원은 초록색에서 최고점이 형성됩니다(94). 이런 광원이 보이는 그래프가 초록색에서 최고점을 형성하기는 하지만, 빛을 구성하는 색이 대체로 균형을 이루고 있습니다. 이전 단원을 통해서 빛이 가산 혼합을 하며, 색을 띤 빛들이 동일한 양으로 섞이면 흰색이 된다는 것을 배웠습니다. 즉, 그래프의 최고점이 초록색이긴 하지만 우리가 실제 인식하는 빛의 색은 흰색이 된다는 것입니다. 태양이 방출하는 빛도 똑같이 균형 잡힌 그래프를 보이는데, 인간의 눈이 태양광을 감지하기 위해서 진화했기 때문에 이 종류의 빛에서 가장 많은 색을 보는 것입니다.

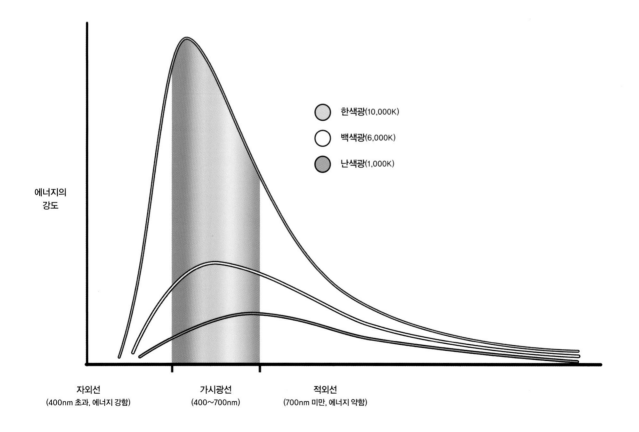

에너지의
강도

한색광(10,000K)

백색광(6,000K)

난색광(1,000K)

자외선
(400nm 초과, 에너지 강함)

가시광선
(400~700nm)

적외선
(700nm 미만, 에너지 약함)

92 에너지의 강도가 강한 광원은 다른 광원에 비해 왼쪽에서 최고점이 형성되어 한색의 빛을 발합니다.

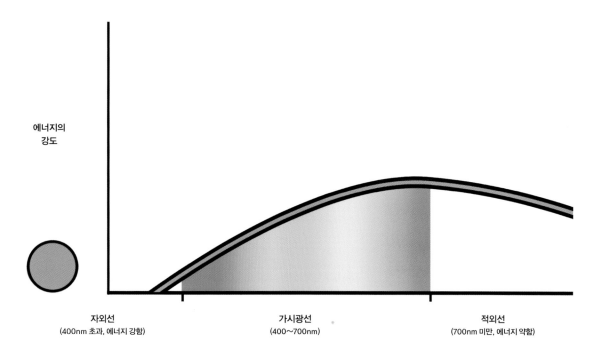

93 에너지의 강도가 약한 광원은 빨간색 영역에서 최고점을 형성하여 난색을 더 많이 띕니다.

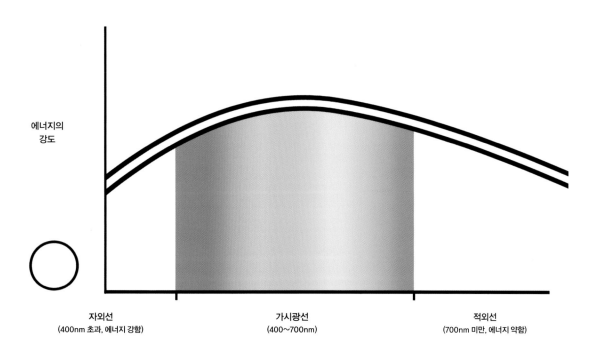

94 에너지의 강도가 중간인 광원은 초록색에서 최고점이 형성되는데, 빛으로 보았을 때는 흰색으로 가산 혼합합니다.

이러한 광원에는 모든 색이 담겨 있고, 대체로 색 사이의 균형을 이룹니다.

광원이 방출하는 에너지의 강도가 더 강해지면 그 래프는 다시 한번 균형이 깨지고 이번에는 파란색 방향으로 집중되는 모습을 보입니다(95). 그래프가 한쪽으로 치우친 모습은 주황색 광원과 비슷하지 만, 에너지의 강도가 강할 때 광원이 방출하는 빛의 양이 훨씬 더 많습니다. 이 때문에 이때의 광원은 난색을 띠는 광원과 비교했을 때 색이 강하지 않습 니다. 이렇게 그래프의 최고점이 점차 왼쪽으로 이 동하는 현상은 예제에 보인 것 이상으로 계속됩니 다. 그러나 청자색에 편향된 색을 보이는 광원을 만 들기 위해서는 무한한 양의 에너지가 필요한데, 청 자색이 가시광선 스펙트럼의 맨 끝에 있는 색이기 때문입니다. 그런데 이렇게 무한한 에너지를 지닌 물체는 자연에 없기 때문에 우리가 자연에서 청자 색을 보이는 광원을 찾아볼 수 없는 것입니다.

색이 제한된
광원

지금까지 설명한 내용이 우리가 마주하는 대부분 의 광원이 작동하는 방식이기는 하지만 모든 광원 이 이와 같이 작동하는 것은 아니라는 것을 강조하 고자 합니다. 신호등만 보더라도 이 사실을 알 수 있 죠! 그러나 흑체 복사를 통해 우리는 서로 다른 색을 지닌 광원이 발산하는 파장은 스펙트럼에서 한쪽으 로 쏠려 있다는 사실을 짐작해 볼 수 있습니다.

예제 96a에서 제시된 것과 같이 채도가 높은 광원 이 이때의 예시입니다. 예제의 그래프를 보면 가시 광선 중 하나의 영역에서 그래프가 우뚝 솟은 것을 확인할 수 있습니다. 대체로는 모든 색이 포함된 광 원에 필터를 씌워서 이런 색광을 만들어 냅니다. 그 리고 대부분의 RGB LED 조명이 이런 식으로 스펙 트럼에서 각각의 영역에서 특정 영역만 보이도록 작동합니다(96b).

이렇게 인공적으로 색을 제한한 광원은 자신이 내 뿜는 색 외의 다른 색은 발하지 않습니다. 그래서 여러 색을 지닌 물체를 이렇게 색을 제한한 광원에 비추면 광원의 색과 일치하는 색만 보이게 됩니다. 다음 장에서는 이렇게 색을 제한한 광원에서 어떠 한 대상의 사진을 찍었을 때 발생하는 문제를 알아 보겠습니다.

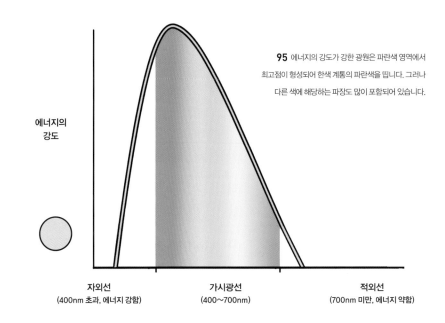

95 에너지의 강도가 강한 광원은 파란색 영역에서 최고점이 형성되어 한색 계통의 파란색을 띱니다. 그러나 다른 색에 해당하는 파장도 많이 포함되어 있습니다.

에너지의
강도

자외선
(400nm 초과, 에너지 강함)

가시광선
(400~700nm)

적외선
(700nm 미만, 에너지 약함)

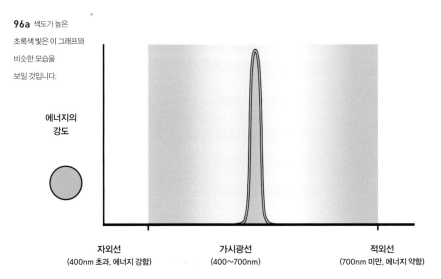

96a 색도가 높은 초록색 빛은 이 그래프와 비슷한 모습을 보일 것입니다.

에너지의
강도

자외선
(400nm 초과, 에너지 강함)

가시광선
(400~700nm)

적외선
(700nm 미만, 에너지 약함)

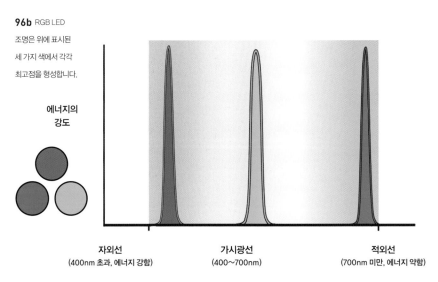

96b RGB LED 조명은 위에 표시된 세 가지 색에서 각각 최고점을 형성합니다.

에너지의
강도

자외선
(400nm 초과, 에너지 강함)

가시광선
(400~700nm)

적외선
(700nm 미만, 에너지 약함)

연색지수

사실 어떠한 광원도 앞서 설명한 이상적인 흑체 복사 그래프를 완벽하게 따르지는 않습니다. 심지어 태양광조차도요. 모든 광원은 표현할 수 있는 색에 조금씩 한계가 있습니다. 그리고 어떠한 광원이 표현할 수 있는 색이 흑체 복사 그래프와 일치하는 정도를 표현한 것이 바로 연색지수입니다.

스튜디오에 설치할 조명을 살 때 연색지수를 참고하면 좋습니다. 연색지수는 100점이 만점으로 90점이 넘어가면 대체로 좋은 조명이라고 할 수 있습니다. 조명의 연색지수와 색온도가 스튜디오의 조명을 설치할 때 많은 아티스트들이 신경 쓰는 요소들입니다.

따라서 어떤 조명을 볼 때 우리는 스스로 이 조명이 난색광인지, 한색광인지 아니면 모든 색이 포함된 백색광인지 생각해 봐야 합니다. 하지만 인간의 눈이 자연적으로 서로 다른 광원에 적응하도록 진화했기 때문에 한 자리에서 이것을 파악하는 것이 쉽지 않을 수도 있습니다.

배경에서 비추는 조명을 확실하게 파악할 수 있는 가장 쉬운 방법은 컬러체커(ColorChecker)라는 연색성표(Color Rendition Chart/맥베스 컬러차트(Macbeth chart)라고도 불립니다)를 사용하는 것입니다. 컬러체커는 단순한 사각형 몇 개에 색이 칠해진 표입니다. 이 컬러체커를 서로 다른 조명에 비추어보면 조명이 어떤 종류인지 확실하게 파악할 수 있습니다.

오른쪽에는 서로 다른 조명 아래에서 컬러체커를 사진에 담은 모습이 제시되어 있습니다. 이렇게 조명이 달라졌을 때 우리 눈에 컬러체커 속 색이 어떻게 보이는지 확인해 보세요(97).

97 컬러체커를 활용하면 실제 풍경에서 빛의 연색지수를 알아낼 수 있습니다. 예제를 통해 우리 눈에 보이는 색이 광원의 색에 크게 영향을 받는다는 사실을 알 수 있습니다.

백색광

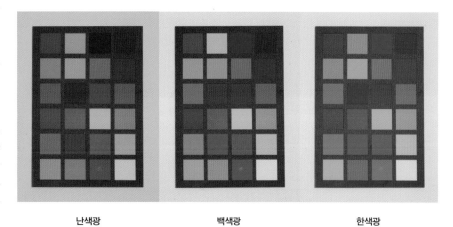

난색광　　　　백색광　　　　한색광

원색광

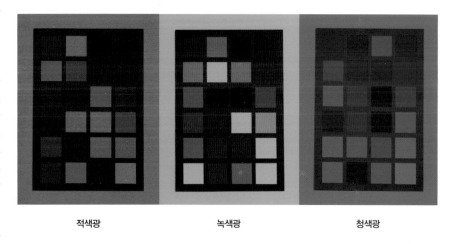

적색광　　　　녹색광　　　　청색광

2차색광

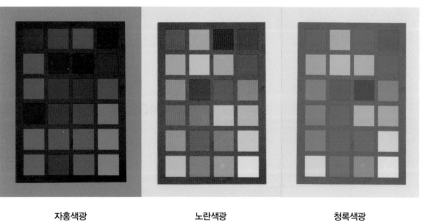

자홍색광　　　　노란색광　　　　청록색광

주광의 변화 THE PROGRESS OF A DAY

이렇게 빛의 온도에 대해서 배워봤습니다. 하지만 마지막으로 우리가 다루고 가야 할 중요한 개념이 하나 남아있습니다. 바로 주광의 색과 하루 동안 주광의 색이 변화하는 양상입니다. 자연광이 만들어내는 효과는 정말 다양하고 변화했을 때 모습도 명확하지만, 일반적으로 특정한 시간에 주광이 어떻게 표현되는지 알고 있다면 유용할 것입니다.

많이들 태양광이 노란색이라고 생각하지만, 실제로 우주에서 보면 태양광은 흰색입니다. 태양광이 지구의 대기에 진입하면서 파란색 빛이 하늘에서 산란이 되기 때문에 지구에서 보았을 때 태양은 따뜻한 노란색으로, 하늘은 차가운 파란색으로 보이는 것이죠. 여기에 대해서는 164페이지에서 더 자세히 다루겠습니다.

100페이지의 지구에서 보았을 때 태양은 실질적으로 무한히 멀리 떨어져 있는 조명이라고 할 수 있다고 했습니다. 따라서 태양에서 출발한 광선은 사실상 평행광이라고 생각할 수 있습니다. 그렇다면 태양은 지구에 있는 우리에게 있어서는 가장 완벽한 직접 광원이 되며, 다른 국부 조명에 의해 명도의 감소가 일어나지 않는 광원이 됩니다(98).

94페이지에서는 광원의 너비가 직광이나 산광을 만드는 데 얼마나 관련이 있는지도 배웠습니다. 그렇다면 하늘은 가장 너비가 넓은 광원이기 때문에 하늘에서 비추는 빛은 우리가 볼 수 있는 빛 중에 가장 많이 퍼져 나가는 산광일 것입니다. 천공광은 태양광과 비교했을 때 확연히 약한 빛이기 때문에 천공광으로 일어나는 명도 변화는 실외의 그늘이나 그림자에서만 확인할 수 있습니다. 이에 따라서 많은 화가가 얘기하는 '난색 빛 = 한색 그림자'라는 공식이 탄생하기도 했습니다.

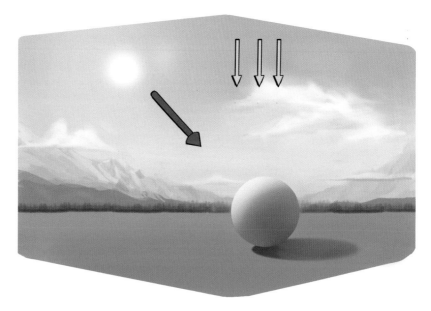

● 난색의 태양광(완벽한 직광)

○ 한색의 천공광(완벽한 산광)

98 태양광은 우리가 볼 수 있는 빛 중 실질적으로 가장 완벽한 평행한 직광으로, 천공광은 가장 완벽한 산광으로 볼 수 있습니다.

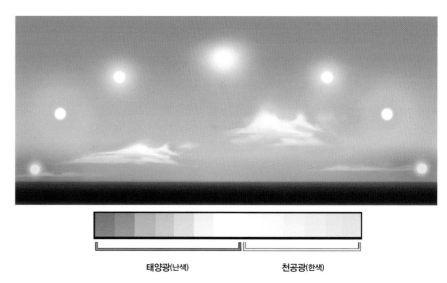

태양광(난색)　　　천공광(한색)

99 태양이 하늘을 이동하면서 태양광의 색온도와 천공광의 색온도가 함께 변화합니다.

태양광의 변화

이러한 태양광과 천공광의 상호작용 중 한 가지 흥미로운 사실은 태양광의 색이 시간에 따라 변화한다는 것입니다. 그리고 이때의 색 변화는 하루 중어떤 시간인지에 따라 대체로 쉽게 예측해 볼 수 있죠. 그중에서 태양광의 색이 가장 크게 변화하는 것은 해가 뜰 때와 해가 질 때입니다. 하늘에서 태양의 위치가 낮아지는 때인데, 이때 우리가 느끼는 태양광의 색은 점점 따뜻한 난색으로 변하다가 결국빨간색이 됩니다.

해가 뜨고 시간이 지나서 태양이 하늘 가장 높은 곳에 있으면 태양광의 색은 점차 순수한 흰색에 가까워집니다. 그러다 태양이 가장 높게 자리하는 정오에 정점을 이룹니다(99). 눈치챘을지도 모르겠지만 이러한 태양광의 변화는 118페이지에서 언급한흑체 복사 그래프와 동일합니다. 다른 행성에서는 대기의 색에 따라서 태양광의 변화가 다를 수도 있지만, 지구상에서는 일반적으로 태양광은 이러한변화를 거칩니다.

이런 변화가 일어나는 이유는 태양이 하늘에 낮게떠 있으면 태양광이 대기에 낮은 각도로 진입하기때문입니다. 그렇게 되면 태양광이 우리 눈에 닿기까지 더 많은 대기를 지나야 하므로 태양광에 포함된 파란색 빛이 대기 중에서 더 많이 산란되고, 그결과 우리가 인지하는 빛의 색은 더 따뜻한 난색이되는 것이죠.

태양광의 변화가 가장 극적으로 발생하는 시간은일출과 일몰입니다. 오른쪽에 제시된 디아밀라 크노프의 그림에서 이러한 변화가 잘 표현되어 있습니다(100). 우리는 직관적으로 예제에서 표현된 시간대가 하루 중 얼마나 찰나인지 잘 알고 있습니다. 아마도 대부분의 경우에는 길어야 30분 정도 보이는 광경이죠. 일단 해가 구름 없는 하늘에 한 번 뜨면 태양광의 색은 아주 느리지만 천천히 그리고 미묘하게 점차 흰색으로 바뀌어 갑니다.

100 위에 제시된 장면들은 실습 단원의 디아밀라 크노프 〈Day by Day〉 장에서

직접 연습해 볼 그림들입니다(208페이지). 동틀 녘부터 해질녘까지 하루 동안 시간에 따른

태양광과 천공광의 변화를 확인할 수 있는 예제입니다.

Image 100 artwork © Djamila Knopf

101 흐린 날에는 구름층이 태양광과 천공광을 산란하여 색온도를 중화합니다.

102 구름층이 두꺼우면 더 많은 주광이 산란되어 우리에게 닿지 않습니다.

흐린 날

우리가 자주 마주하는 하늘 중에는 구름이 듬성듬성 낀 날과 구름이 잔뜩 낀 흐린 날이 있습니다. 비행기를 타본 사람들은 알겠지만, 태양의 따뜻한 빛과 하늘의 파란빛은 구름 위에서도 그대로입니다. 그렇다면 구름은 태양광과 천공광을 섞어서 다시 원래 태양이 내뿜는 백색광으로 돌리는 장치 정도로 생각할 수 있습니다. 이 때문에 흐린 날 하늘에서 비치는 빛은 우리가 자연에서 찾아볼 수 있는 빛 중에 가장 색의 균형이 잘 잡힌 백색광입니다(101).

흐린 날에는 태양이 대부분 또는 완전히 구름에 가려지기 때문에 하늘에서 비치는 빛은 우리가 찾아볼 수 있는 가장 완벽한 산광이기도 합니다. 구름층이 두껍고 조밀해지면 더 많은 빛이 구름에서 산란되어 점차 어두워집니다. 그러다가 결국엔 비가 오고, 다시 하늘이 개죠(102).

흐린 날의 빛이 이렇듯 균형이 잘 잡혀 있다 보니, 흐린 날 보이는 물체는 대체로 큰 변화 없이 자신의 고유색을 보입니다. 그래서 많은 아티스트들이 조명을 공부할 때 흐린 날 보이는 물체의 고유색을 기본 값으로 놓고 활용했습니다. 만약 흐린 날 보이는 빛을 잘 이해하면 다른 광원도 손쉽게 작품 안에서 활용할 수 있게 될 것입니다.

다시 한번 스탠호프 포브스의 〈콘월 바닷가의 어시장(1884-85)〉을 보겠습니다(103). 예제를 보면 고유색이 간결하게 표현되어 있고, 형상이 아래를 바라볼 때 명도의 변화가 천천히 일어나는 것을 알 수 있습니다. 흐린 날의 빛은 가장 은은하고도 아름다

103 〈콘월 바닷가의 어시장(1884-85)〉에서 우리는 형상과 주제의 고유색이 구름 낀 날과 흐린 날의 빛 아래에서 얼마나 선명하고도 명확하게 구분되는지 확인할 수 있습니다.

운 빛이라서 많은 정물화 화가가 가장 사랑하는 빛이기도 했습니다.

달빛

해가 지면 밤이 찾아옵니다. 밤이 되면 가장 먼저 조명이 달 밖에 없기 때문에 낮에 비해서는 확연히 어두워진다는 점이 낮과 밤의 가장 큰 차이일 것입니다. 그러나 일반적으로 달빛(또는 월광)에 대해 많은

사람들이 잘 알지 못하는 것은 달빛이 결국 태양광과 동일하다는 것입니다(104). 또한 많은 사람이 직관적으로 달빛을 '한색광'이라 생각하는데 물리학적으로 보면 사실이 아닙니다. 달빛은 단순히 태양광이 달의 표면에서 반사된 것에 불과하며, 태양광과 마찬가지로 대기를 통과하기 때문에 달빛이 태양에 비해서 더 한색일 이유는 없습니다.

달빛은 다만 태양광에 비해서 훨씬 약한데, 결국 달

빛이 2차광이기 때문입니다. 사실 순수한 달빛은 워낙 약하기 때문에 인간의 가시영역 가장자리에 위치합니다. 이 때문에 달빛이 비추었을 때 색은 태양광 아래 있을 때보다 채도도 약하며, 세부 사항도 잘 안 보이게 됩니다(105).

104 달빛이 태양광보다 '차가운' 빛이라 생각하는데 달빛도 결국 태양광이 반사된 빛이기 때문에 색온도에는 큰 차이가 없습니다.

105 더비의 조셉 라이트(Joseph Wright of Derby)가 그린 〈A Lake by Moonlight(1773-75)〉는 태양광과 비교했을 때 달빛이 비춘 풍경에서 달빛이 침침하고 색상도 미약한지를 잘 보여주는 예제입니다.

빛 LIGHT
정반사체 SPECULAR

거울이나 금속의 표면과 같은 정반사체를 묘사하는 일은 아티스트가 어느 정도 경력을 쌓았든 항상 힘든 일입니다. 하지만 지금까지 배운 주제와 마찬가지로 정반사체의 표면 역시도 논리적으로 나누어 차근차근 접근하면 아주 복잡한 대상이나 풍경까지도 결국에는 그려낼 수 있게 될 것입니다.

정반사 SPECULAR REFLECTION

지금까지 난반사와 난반사가 일어나는 무광체의 표면에서 어떤 일이 벌어지는지 알아봤으니, 이제는 빛이 보이는 현상 중 우리가 두 번째로 흔하게 볼 수 있는 현상인 정반사에 대해 이야기해 보겠습니다(01). 많은 초보자가 정반사를 무시하고 난반사의 일부분이라고 생각하고는 합니다. 그러나 난반사하는 물체의 표면에서는 정반사도 따로 어느 정도 벌어지고 있다는 점을 기억해야 합니다.

난반사체의 표면에서 정반사도 함께 일어나고, 이것이 우리가 묘사하려는 장면의 색에 영향을 주기 때문에 우리는 정반사가 일어나는 원리에 대해 잘 알고 있어야 합니다. 정반사가 일어나는 원리는 우리가 지금까지 배웠던 난반사의 원리와는 근본적으로 다릅니다. 그래서 지금껏 배웠던 규칙 중 다수가 적용되지 않습니다.

정반사와 난반사의 차이 중에 가장 명확한 것은 바로 정반사체의 표면에는 그림자가 드리우지 않는다는 것입니다. 달리 말하면 완전 정반사체의 표면에는 그림자가 생기지 않습니다. 이 현상은 예제 02에서 표현되어 있는데, 다른 물체가 드리운 그림자 아래에 있을 때와 완전히 빛에 노출됐을 때 모두 거울 표면의 명도가 동일합니다. 이 현상을 통해서 우리는 정반사의 첫 번째 원리를 도출할 수 있습니다. 바로 정반사체는 주변 환경을 비춘다는 것입니다.

거울의 표면에 보이는 상(이미지)의 원본은 (거울 표면의 법선을 중심으로) 같은 각도상에 위치합니다 (03). 아주 간단한 원리이지만 이를 통해 우리는 정반사체에 대한 기본적인 지식을 얻을 수 있습니다.

또한 빛이 정반사체의 내부로 진입하지 않기 때문에 정반사체에서 반사된 빛은 물체가 지닌 고유색의 영향을 받지 않습니다. 더불어 반사상의 색은 주변 환경의 색에 의해 결정됩니다. 따라서 정반사를 묘사할 때는 물체 그 자체보다는 물체 주변의 환경에 더 세심하게 관심을 기울여야 합니다.

형상이 복합한 정반사체도 주변의 환경이 표면에 맺히지만, 형상의 모양에 따라 변형이 일어난다고 볼 수 있습니다. 그리고 이렇게 복잡한 형태를 다루기에 앞서서 지금껏 그래왔듯이 차근차근 접근하도록 하겠습니다. 기본 도형인 육면체와 원기둥, 구체 형상의 정반사체를 그리는 것부터 시작하겠습니다.

본격적으로 시작하기에 앞서 먼저 가장 단순한 형태인 평면일 때 정반사체를 살펴보겠습니다. 평면인 정반사체는 우리가 익숙한 사물이기도 하죠. 바로 거울입니다.

01 정반사체와 무광체에서 나타나는 빛을 비교한 모습입니다.

그림자가 드리웠을 때

그림자가 없을 때 거울

그림자가 드리웠을 때 거울

02 거울 위에 있는 물체가 그림자를 드리워도
거울 표면에 맺히는 상에는 그림자가 드리우지 않습니다.

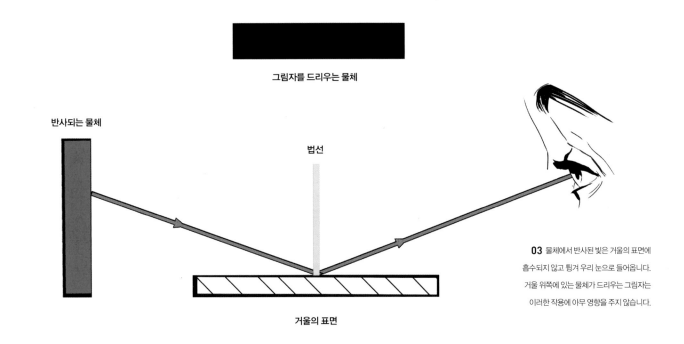

그림자를 드리우는 물체

반사되는 물체

법선

03 물체에서 반사된 빛은 거울의 표면에
흡수되지 않고 튕겨 우리 눈으로 들어옵니다.
거울 위쪽에 있는 물체가 드리우는 그림자는
이러한 작용에 아무 영향을 주지 않습니다.

거울의 표면

거울 THE MIRROR

거울이 작동하는 방식을 심도 있게 이해하기 위해서 거울을 90도 돌려가며 어떤 일이 벌어지는지 살펴보겠습니다. 이를 통해 정반사가 반사체의 표면에 맺히는 상에 어떻게 영향을 주는지 알아보겠습니다.

아래의 예제에서는 도미노에 색을 칠해서 시계의 문자판처럼 빙 둘러 배치했습니다. 시계에서 시간이 위치하는 부분은 가운데를 기준으로 서로 30도 차이가 나도록 배치합니다. 이렇게 하면 거울에 비치는 것이 무엇인지 정확하게 알 수 있습니다. 그리고 거울을 원의 가운데에 놓습니다. 이때의 배치를 간략하게 표현한 그림(오른쪽)에서는 거울의 표면과 수직하는 선(법선)이 빨간색으로 표시되어 있습니다. 거울의 표면에 반사된 물체와 카메라(즉 관찰자)가 이루는 각도는 파란선(반사각)으로 표시했습니다.

0도 : 거울을 0도 회전시켰을 때 카메라에는 좌우가 반전된 카메라의 모습이 보입니다. 거울을 접해 본 사람이라면 누구나 친숙한 모습이죠. 지금까지는 식은 죽 먹기입니다(04)!

15도 : 거울을 15도 돌리면 0도일 때보다 도미노가 더 많이 보입니다. 카메라가 위치한 곳에서 30도 떨어진 빨간색 도미노가 이제 거울 표면에는 가운데에 있고, 그 옆에 있는 주황색 도미노도 살짝 보입니다(05).

30도 : 이제 거울을 30도 회전시키면 조금 더 극적인 효과가 나타납니다. 법선과 카메라가 이루는 각도는 같은 값으로 증가했지만, 반사각은 법선의 두 배가 되었습니다. 그래서 법선은 30도 각도에 있는 빨간색 도미노를 가리키고 있지만 카메라에는 빨간색 도미노는 안 보이고 60도 각도에 있는 노란색 도미노가 보입니다(06).

도미노의각도

| 30 | 45 | 60 | 90 | 120 | 135 | 150 |

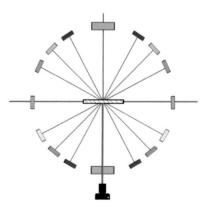

04 거울이 0도 회전해서 카메라를 바라보고 있을 때, 거울의 표면에는 거울의 앞쪽과 카메라 뒤쪽에 있는 부분이 좌우가 반전된 형태가 보입니다.

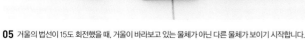
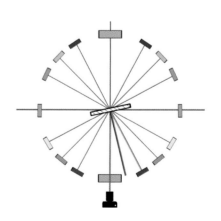

05 거울의 법선이 15도 회전했을 때, 거울이 바라보고 있는 물체가 아닌 다른 물체가 보이기 시작합니다.

거울을 30도 회전했을 때

06 30도 회전했을 때 법선 상에 위치한 물체와 반사각 상에 위치한 물체는 더 큰 차이를 보입니다.

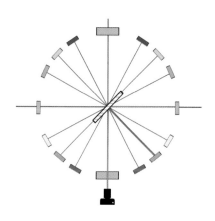

거울을 45도 회전했을 때

07 45도 각도에서 반사각은 법선의 두 배인 90도를 이룹니다.

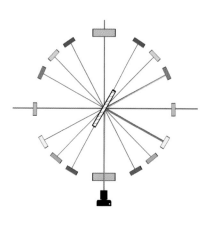

거울을 60도 회전했을 때

08 60도 각도에서는 거울의 거의 뒤편에 있는 물체가 보이기 시작합니다.

45도 : 45도 회전시켰을 때는 반사각이 법선의 두 배가 됩니다. 즉, 90도 각도에 위치한 물체가 거울의 표면에 보이는 것인데, 이 경우에는 거울의 오른쪽인 3시 방향에 있는 초록색 도미노가 보입니다. 앞으로 작품을 창작할 때 이 45도가 굉장히 중요한데 이 지점부터 관찰자의 뒤편에 있는 주변 환경이 거울에 보이기 시작하기 때문입니다. 따라서 관찰

자의 위치를 파악하고 주변 환경의 어느 부분이 반사되어 보일지 파악할 때 이 45도 지점을 알아내는 것이 굉장히 중요합니다(07).

60도 : 거울을 60도 회전시키면 이제 거울의 표면 끄트머리에 있는 밝은 파란색 도미노가 보입니다. 초보자가 많이 하는 실수 중 하나가 바로 우리 눈

에 거울이 바라보고 있는 각도에 위치한 광경이 보이면, 거울에도 거울이 바라보는 광경이 반사되어야 한다고 가정하는 것입니다. 그러나 위의 예제를 통해 이것이 사실이 아니라는 것을 알 수 있습니다 (08).

**거울을 75도
회전했을 때**

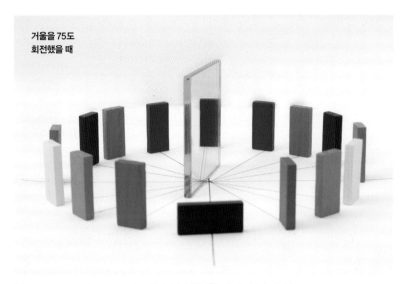

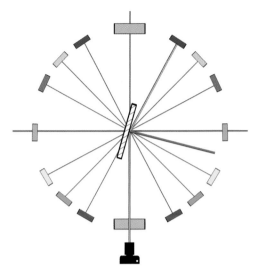

09 75도 각도에서는 거울에 보이는 물체가 거울의 법선 상에 위치한 물체보다 더 많이 보입니다.

**거울을 90도
회전했을 때**

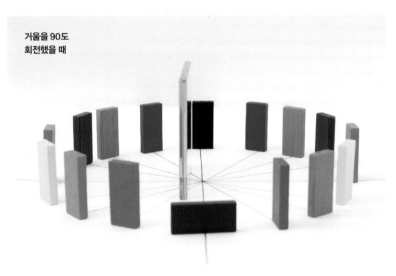

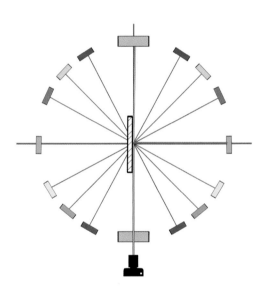

10 90도 각도에서는 거울의 납작하고 평평한 옆면이 보이며 반사상도 더 이상 보이지 않습니다.

75도 : 거울을 계속 돌려서 75도 각도에 이르면 이전에 나타난 현상을 더욱 또렷하게 볼 수 있습니다. 거울의 표면에는 거울의 정면에 있는 더 이상 주황색이나 노란색, 초록색 도미노가 아예 보이지 않습니다. 대신에 뒤쪽에 있는 어두운 파란색 도미노가 거울에 비칩니다(09).

90도 : 이제 거울을 마지막까지 돌려보면 그동안은 거울에 가려져 보이지 않던, 거울 뒤쪽에 있는 도미노가 보입니다. 이를 통해 우리는 거울 뒤쪽에 있는 물체를 제외하면 모든 각도에 있는 물체는 특정한 각도에서 거울의 표면에 반사되어 보인다는 것을 알 수 있습니다(10).

또한 이 과정을 통해서 얻을 수 있는 가장 중요한 교훈은 거울이 관찰자의 정면에 자리하고 있다면 거울에 반사되는 상은 거울의 정면에 있는 광경이라는 점입니다. 하지만 거울을 45도 회전시키면 거울은 점차 멀리 있는 광경을 비추기 시작해서, 일정 지점에서는 거울이 위치한 곳보다 '뒤'에 있는 광경도 비추기 시작합니다.

거울 작도하기, PART 01
CONSTRUCTING THE MIRROR, PART 01

앞선 내용에서 관찰자와 거울이 이루는 각도 사이에 어떤 관련이 있는지, 그중에서도 45도가 관찰자의 위치를 파악할 때 가장 중요한 각도라는 점을 배웠습니다. 이제는 작품 속에서 거울이 특정한 각도로 기울어져 있을 때 이를 표현할 수 있는 직관적인 방법을 배워보겠습니다.

이 책에서 다룰 부분은 아니지만 모든 그림에서는 원근법이 굉장히 중요하다는 점을 먼저 강조하고

자 합니다. 원근법에 대해 더 많이 알수록 3차원의 공간을 그려내는 것이 더 쉬워질 것입니다. 그러나 원근법 외에도 거울 표면의 위치를 파악할 때 쓸 수 있는 단순하면서도 유용한 방법이 하나 있습니다. 바로 타원을 활용하는 것입니다.

원에 원근법을 적용하면 타원이 나타납니다. 몇 개의 주요 각도에서 타원이 어떻게 보이는지 알면 어떤 평면의 위치도 쉽게 파악할 수 있습니다.

아래의 예제에서 다룰 각도는 이전 장과 마찬가지로 관찰자의 시점에서 완전 정면에서 점차 수직(90도)으로 회전시켰을 때 나오는 각도들입니다 (11~15).

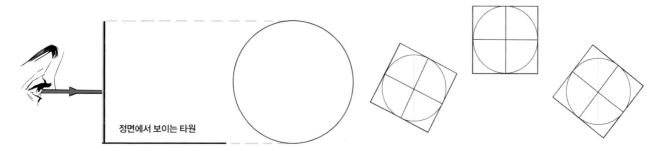

11 정면에서 보이는 타원은 원과 1:1 비율이며, 어느 방향에서도 단축 현상이 발생하지 않습니다. 이때의 비율은 정사각형의 평면을 관찰자가 정면으로 바라보고 있을 때만 발견할 수 있습니다.

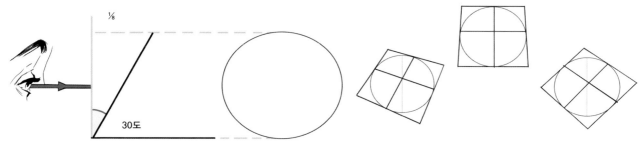

12 원이 30도 회전하면 약간의 단축 효과가 발생합니다. 이때 나타나는 타원에는 관찰자 뒤쪽에 있는 주변 환경이 모두 담깁니다.

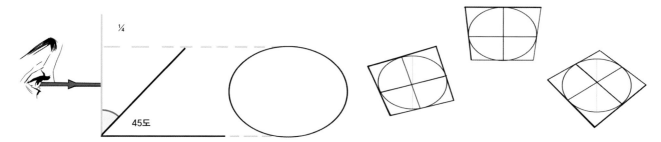

13 원이 45도 회전하면 단축 효과가 눈에 띌 정도로 나타나서 타원 높이의 1/4 정도가 보이지 않습니다. 이 각도에서 수평 반사가 일어나므로 위치를 파악할 때 중요한 지점입니다. 관찰자의 뒤쪽에 있는 주변 환경은 약간의 단축 효과가 있긴 하지만 거울의 표면에 담깁니다.

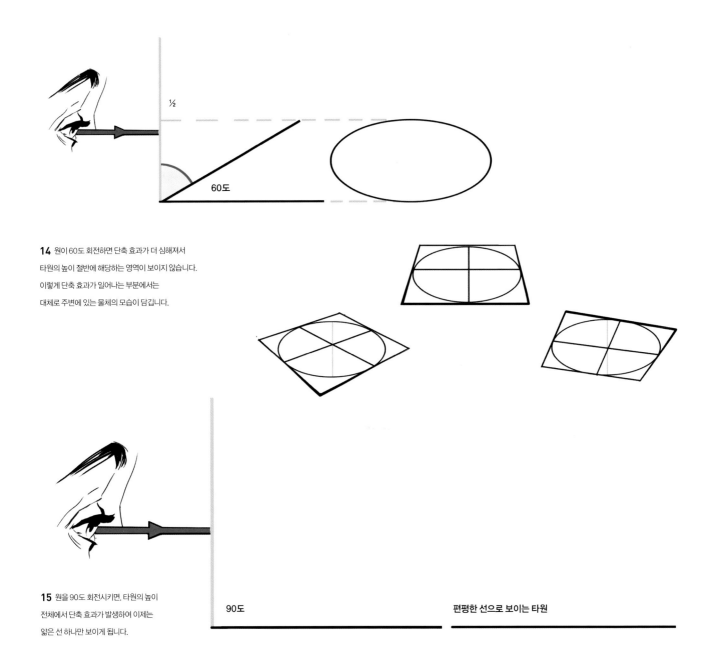

14 원이 60도 회전하면 단축 효과가 더 심해져서
타원의 높이 절반에 해당하는 영역이 보이지 않습니다.
이렇게 단축 효과가 일어나는 부분에서는
대체로 주변에 있는 물체의 모습이 담깁니다.

15 원을 90도 회전시키면, 타원의 높이
전체에서 단축 효과가 발생하여 이제는
얇은 선 하나만 보이게 됩니다.

90도   편평한 선으로 보이는 타원

타원으로
기준선 그리기

이렇게 원을 회전시켰을 때 몇 가지 각도에서 나타
나는 타원의 모양을 기억하면 어떤 면을 마주했을
때 여기에 맞는 타원을 그려 넣어서 면이 이루고 있
는 각도를 대략 파악할 수 있습니다. 복잡하게 원근
법을 기준으로 계산하는 것보다 훨씬 유연하고 실
용적으로 반사각을 알아낼 수 있는 방법입니다.

다만 이 방식은 원처럼 가로와 세로 길이의 비율이
1:1인 면에만 적용할 수 있습니다. 그래야 원을 그
려 넣어, 원이 타원으로 바뀌면서 보이는 비율에 따
라 각도를 추론할 수 있기 때문입니다.

그러나 완벽하게 정사각형을 이루는 거울은 거의
존재하지 않기 때문에 조금 방법을 틀어서 적용해
야 합니다. 바로 하나의 면에서 1:1 비율을 이루는

부분을 찾아서 그 위에 원을 그리는 것이죠. 예제
16a~c에서 이 과정을 어떻게 적용할 수 있는지 확
인해 봅니다. 어떤 면이든 그 위에는 1:1의 비율을
이루는 부분이 존재합니다. 그래서 이 방법을 유용
하게 사용할 수 있습니다.

16a 원을 배치하려면 정사각형이 필요합니다.
다행히도 이렇게 생긴 거울의 표면에서도
정사각형을 이루는 부분을 찾을 수 있습니다.

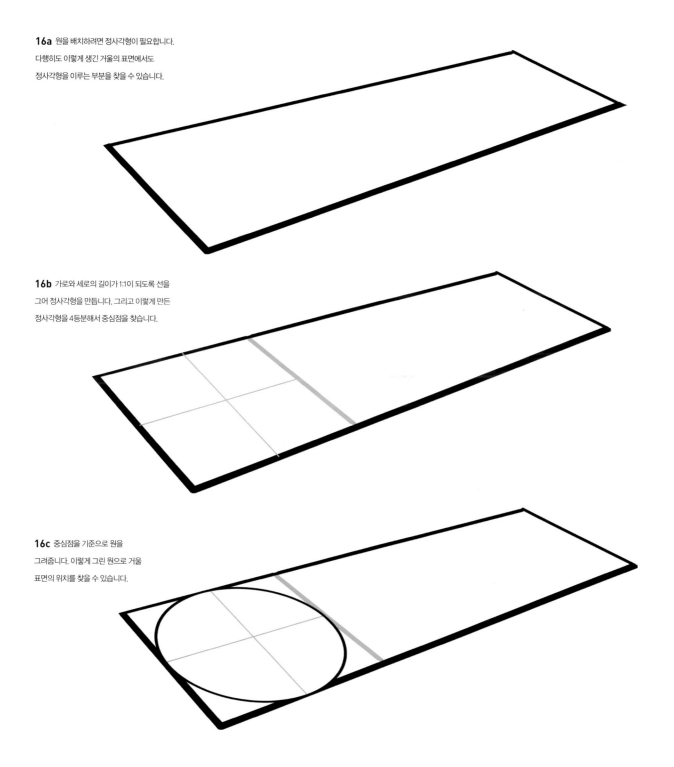

16b 가로와 세로의 길이가 1:1이 되도록 선을
그어 정사각형을 만듭니다. 그리고 이렇게 만든
정사각형을 4등분해서 중심점을 찾습니다.

16c 중심점을 기준으로 원을
그려줍니다. 이렇게 그린 원으로 거울
표면의 위치를 찾을 수 있습니다.

반사상의 위치 PLACING THE REFLECTION

거울 표면의 위치를 대략 파악하는 방법을 알았으니 이제 그 위에 반사된 이미지(반사상)를 배치하는 방법을 배울 차례입니다. 우리는 직관적으로 반사상이 대강 어느 위치에 있어야 할지 알고 있습니다. 그러나 거울의 표면에 반사상을 정확하게는 어떻게 배치하는 것일까요?

거울 속 세상

우선 잔잔한 호수에 비친 산맥의 모습을 살펴보겠습니다(17). 거대한 호수가 실질적으로 무한한 거울의 역할을 하고 사진에 나온 지면과 평행하여 편평하다는 것을 알 수 있기 때문에 이 예제를 활용하는 것이 유용합니다.

호수에 비친 산맥의 모습을 보면 사실상 무한히 펼쳐져 있는데 여기서 우리는 아주 중요한 사실을 하나 알 수 있습니다. 바로 반사상이 평행선(아래 있는 사진에서 파란 선)을 따라서 위치한다는 사실입니다. 이때 평행선은 거울의 표면(호수)에서 완벽하게 수직을 이루고 있습니다. 이를 '법선'이라 부르며, 지난 70페이지에서 다룬 바 있습니다. 정리하자면, '거울 표면에 맺힌 반사상은 언제나 표면의 법선과 일치한다'입니다.

또한 사진 속 반사상은 법선과 일치하여 위치하고 실제 산맥과 똑같은 수평선(아래 그림 속 빨간선)을 공유합니다. 이렇게 보면 사진 속 반사상은 단순히 산맥의 모습을 상하 반전해서 그대로 옮겨 놓은 것처럼 보입니다. 여기서 두 번째 규칙이 도출됩니다. '반사상은 현실의 물체가 반전된 모습이며, 현실의 물체와 거울 표면이 이루는 거리와 동일한 거리상에 위치한다'는 것이 바로 그것입니다. 반사상은 현실과는 별개의 공간에 존재하는 것으로 생각해도 좋습니다. 현실의 물체가 거울 표면으로부터 떨어진 만큼 반사상도 '거울 속 세상'에서 같은 거리만큼 거울 표면에서 떨어져 있는 것이죠.

거울의 시점

사진 속에서 호수에 반사된 산맥의 모습은 실제 산맥을 상하만 반전하여 그대로 옮겨 놓은 것처럼 보입니다. 그러나 실제 산맥과 관찰자인 우리 사이의 거리 때문에 산맥의 세부적인 모습까지 그대로 담기지는 않았습니다. 따라서 조금 더 논의를 이어가기 위해서 단순한 물체를 단순하게 평면으로만 이뤄진 거울에 비추어 보겠습니다(18).

그러면 앞서 살펴본 두 개의 규칙이 여전히 적용된다는 것을 알 수 있습니다. 거울 표면에 비치는 반사상은 법선을 따라 상이 맺히고 물체와 거울 사이

17 이 장면의 호수는 거대한 거울 역할을 하며, 거울의 정면을 따라 산이 수직으로 직접 반사되어 보이는 것을 볼 수 있습니다.

Image 17 photo © Tom Fenske (via Adobe Stock)

의 거리도 반사상에서 그대로입니다. 다만 이 경우에는 실제 원기둥의 모습이 단순히 상하 반전만 된 것이 아니라는 것을 알 수 있습니다. 이는 거울 표면의 관점에서 본 원기둥이기 때문입니다. 따라서 관찰자 시점에서 보이는 원기둥의 윗부분이 아니라 거울의 시점에서 본 원기둥의 밑부분이 반사상으로 보이는 것입니다. 즉, 반사상은 반사가 되는 물체와 무관하게 자체적인 시점을 지닙니다.

거울의 시점에서 보이는 것이 반사상이 된다는 사실을 알면 앞으로 유용하게 활용할 수 있습니다. 거울을 그릴 때 무엇이 반사되는지 한 번 더 생각해 봐야 한다는 점을 알려주기 때문입니다. 어떤 풍경에 거울이 있을 때 어떤 각도에서도 거울에 맺히는 반사상을 제대로 그리기 위해서는 풍경에서 관찰자가 어디에 있는지 깊이 있게 이해해야 합니다.

거울
늘리기

지금까지는 거울의 표면에 직접 맞닿아 있는 물체에 대한 얘기만 했습니다. 그러나 실제 작품을 그릴 때 항상 물체가 거울에 맞닿아 있지는 않죠. 그래서 물체와 거울이 서로 떨어져 있을 때 거울에 반사되는 모습을 표현하는 방법을 알아야 합니다. 다행히 이 문제는 쉽게 해결할 수 있습니다.

예제 19를 보면, 기본적으로 반사상은 앞서 살펴본 것과 같은 규칙을 따릅니다. 단지 반사상의 일부가 잘려서 보이는 것이죠. 따라서 이 경우에 대한 해결책은 거울의 표면을 늘려서(파란 선) 물체의 표면에 닿게 하는 것입니다. 그다음 앞서 배운 방법을 적용해 물체의 반사상을 그리면 됩니다. 그리고 이미지를 그릴 때는 실제로 거울이 위치하는 부분에만 반사상을 표현하면 되고요.

반면 또 다른 문제도 있습니다. 앞서 살펴본 방식은 거울을 늘리면 물체와 맞닿는 경우에만 적용할 수 있습니다. 그렇다면 예제 20처럼 원기둥이 공중에 떠 있는 경우에는 어떻게 해결할 수 있을까요? 이때에도 비슷한 방법을 사용하면 됩니다. 다만 이 경우에는 물체를 늘려서 거울의 표면에 닿게 해야 합니다. 이렇게 물체를 늘린 다음에는 같은 방법을 적용하면 됩니다. 실제 원기둥과 거울의 표면이 이루는 거리는 '거울 속 세계'에서 반사상과 거울의 표면이 이루는 거리와 같습니다.

두 방법을 따로 사용하거나 또는 섞어서 사용하면 거울에 비치는 어떤 반사상도 그려낼 수 있습니다. 거울 속 공간으로 '투영'하는 방식은 반사상을 그릴 때 가장 흔하게 사용하는 방법입니다.

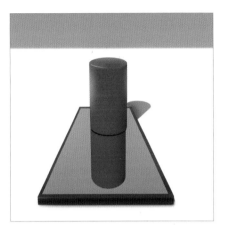

18 거울 표면에 반사된 물체는 우리가 바라보는 물체를 그대로 따서 붙인 것이 아닙니다. 거울의 시점에서 바라본 물체의 이미지이죠.

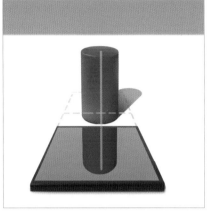

19 물체와 거울의 표면이 맞닿아 있지 않은 경우 거울의 표면을 늘려서 둘이 맞닿아 있다고 가정하여 반사상을 그릴 수 있습니다.

20 물체를 늘려서 거울의 표면에 보이는 물체의 위치와 모습을 정확하게 표현할 수 있습니다.

거울 작도하기, PART 02
CONSTRUCTING THE MIRROR, PART 02

거울을 작도할 때 알아야 하는 기본적인 규칙에 대해 배웠으니, 이제는 실제로 거울을 그릴 때 이 규칙이 어떻게 적용될 수 있는지 알아보겠습니다.

먼저 거울이 지면 위에 놓여있는 간단한 정물화에서 거울을 그리는 법부터 시작하겠습니다(21a~f). 그리고 거울이 공중에 떠 있을 때 거울에 반사상이 맺히는 경우도 그려보겠습니다.

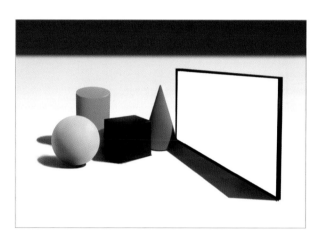

21a 풍경 안에 거울을 배치합니다. 일단은 거울에 맺히는 상은 고려하지 않고 배치만 하겠습니다. 거울에 비춰보고 싶은 물체가 있다면 나중에 풍경 안에 배치한 사물만 바꿔서 지금 배우는 것과 동일한 과정으로 그리면 됩니다.

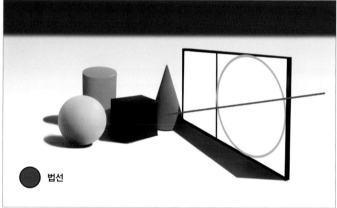

법선

21b 거울 표면에서 정사각형을 찾아서 그 안에 원을 그립니다. 원을 통해서 거울의 위치와 각도를 알아냅니다. 예제에서는 원의 모습이 60도 회전했을 때의 타원입니다. 따라서 거울에는 거울 '뒤쪽'에 위치한 물체의 상이 맺힌다는 것을 알 수 있습니다. 예제에서 보이는 짧은 축은 거울 표면의 법선입니다. 이 법선을 사용하면 거울의 각도를 쉽게 알아낼 수 있습니다.

21c 137페이지에서 배웠듯 거울의 표면에 반사될 물체와 닿을 때까지 표면을 늘여줍니다. 거울을 늘이거나(예제에서는 빨간색으로 표시된 부분) 물체를 법선 방향으로 늘여서 서로 맞닿게 하면 됩니다.

물체의 중심을
지나는 선

거울 표면을
지나는 선

두 선을 연결

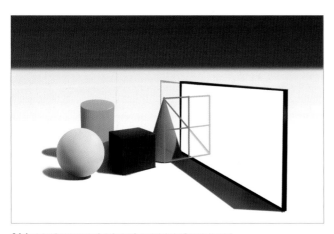

21d 이제 거울의 늘인 부분을 활용해 거울 표면에서 법선을 그려서 물체와
거울 사이의 거리를 알 수 있습니다. 이 거리를 '거울 속 세상' 거리로 표현하면
됩니다. 오른쪽 그림처럼 지시선을 거울 안으로 투영하면 됩니다.

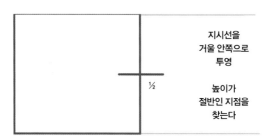

지시선을
거울 안쪽으로
투영

높이가
절반인 지점을
찾는다

½

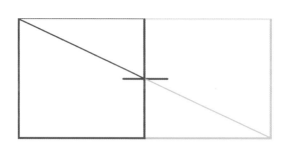

가운데 지점을 지나도록 대각선을 그어줍니다.
이를 통해 반사상의 중심과 거울 표면 사이의 거리를 알 수 있습니다.

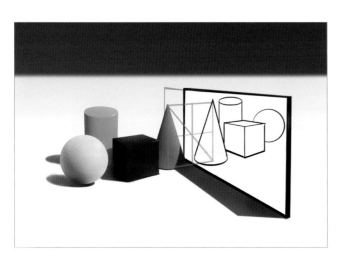

21e 앞선 과정을 반복해서 각각의 물체의 지시선을 '거울 속 세상'에 그려줍니다.
이를 통해 반사상의 선을 그립니다. 한 가지 유념해야 하는 점은 이때 보이는 물체의 모습은
관찰자의 시점이 아닌 다른 시점에서 보이는 모습이라는 것입니다. 거울 표면에서 보이는
모습에 확신이 없다면 물체에 표시하고 물체를 옮겨가며 확인해 보는 방법도 있습니다.
다른 시점에서 보이는 물체의 모습을 그리는 것을 직관적으로 할 수 있게 되면,
복잡한 주제를 그릴 때 큰 도움이 될 것입니다.

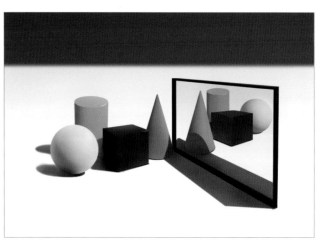

21f 반사상의 얼개는 완성되었습니다. 이제는 반사상의 표면에 입체감과 양감을 더하는 렌더링만
남았습니다. 이때 한 가지 기억해야 할 점은 어떤 거울도 빛을 완벽하게 반사하지는 않는다는 것입니다.
따라서 반사상은 실제 물체에 비해서 조금 어둡게 표현해야 합니다.

복잡한 각도에서 반사상 그리기

이제 앞서 배운 간단한 방법을 조금 더 반사각이 복잡할 때 어떻게 적용할 수 있는지 살펴보겠습니다. 이번에 묘사할 풍경은 거울의 각도 때문에 조금 더 어렵긴 하지만, 여기에 적용되는 규칙은 이전과 동일합니다. 앞서 배운 방법을 활용해서 거울이 어느 각도에 위치해 있든, 물체의 반사상을 거울 표면으로 옮길 수 있습니다(22a~g).

어떤 풍경이라도(거울의 각도가 45도 이하이고) 거울이 물체를 직접 비추고 있다면 이 방법을 활용할 수 있습니다. 만약 거울이 관찰자의 시점에서 보이지 않는 영역을 반사하고 있다고 해도(즉, 거울의 각도가 45도를 넘어간다면) 여전히 법선 근처에 있는 사물의 상이 거울 표면에 맺힙니다. 따라서 이 경우에는 관찰자의 시점에서 보이지 않는 풍경을 상상하고 이를 거울 표면에 담기 위해서 조금 더 계획을 세우면 됩니다.

 법선   거울 표면에 투영한 형상

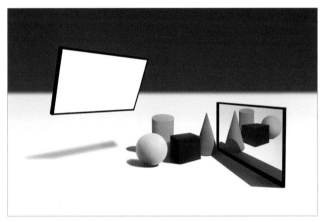

22a 풍경 안에 거울을 배치합니다.

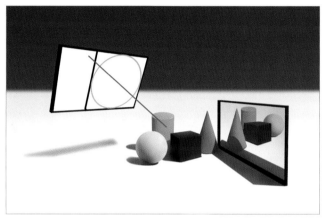

22b 이전과 마찬가지로 거울 표면에 1:1 비율을 지니는 정사각형을 찾아서 그 안에 원을 배치합니다. 원의 중심점에서 반사상을 그리려는 물체를 지나는 가장 짧은 선을 그려서 이를 축으로 삼습니다. 이 축이 거울 표면의 법선이 됩니다.

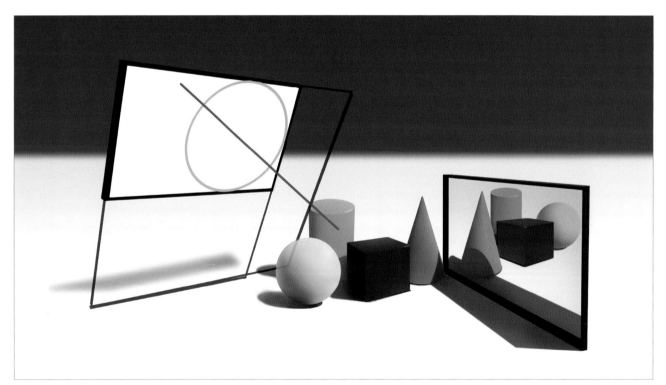

22c 거울을 오른쪽과 아래쪽으로 늘여서(예제의 빨간 부분) 거울이 지면과 물체의 뒤쪽과 맞닿도록 합니다.

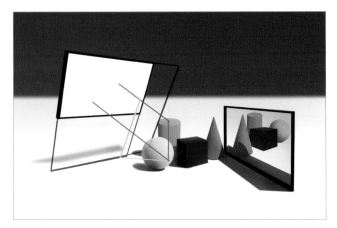

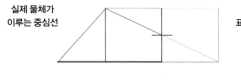

실제 물체가
이루는 중심선

거울의
표면으로 투영

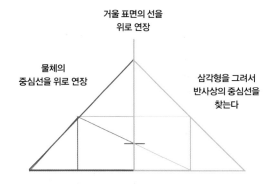

거울 표면의 선을
위로 연장

물체의
중심선을 위로 연장

삼각형을 그려서
반사상의 중심선을
찾는다

22d 반사각이 복잡할 때 사용하는 지시선은 일반적인 경우보다는
조금 더 복잡합니다. 그러나 적용하는 규칙은 동일합니다.
한 가지 추가해야 하는 작업은 바로 거울의 각도와 반사상의 중심선을
지면에 투영해서 삼각형을 이루도록 하는 것입니다.

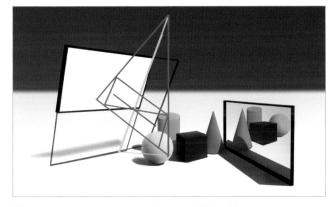

22e 원기둥의 중심선과 지면에 투영한 지시선을 연장해 삼각형을 만듭니다.
삼각형의 반대편은 거울 표면에서 반사상이 이루는 각도가 됩니다.

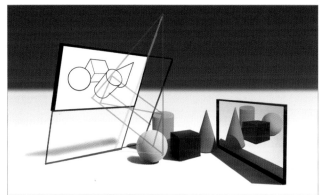

22f 앞선 과정을 다른 물체에도 반복하여
거울의 표면의 반사상의 외곽선을 그려줍니다.

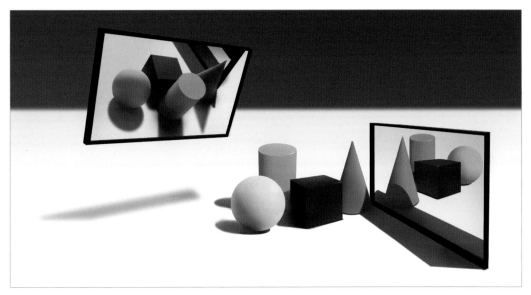

22g 반사상을 렌더링하여 표면을 처리합니다. 다시 강조하지만, 반사상의 명도는 실제보다 조금 어두워야 합니다.

거울 그리기 연습

거울을 더 쉽게, 그리고 잘 그리기 위해서 시도해 보면 좋은 연습이 있습니다. 바로 사진이나 그림 등 원래 있는 이미지에 거울을 여러 모양과 각도로 배 치하는 것입니다. 아래 예제와 같이 거울을 배치하 려면 관찰자의 시점에서는 보이지 않는 부분을 상 상해야 합니다. 관찰자가 어디에 있고, 관찰자의 시 점에서는 보이지 않는 부분이 어떻게 생겼는지 알 기 위해서는 평면도를 참고해야 할 수도 있습니다. 그러나 점차 이 연습이 익숙해지면 상상하는 것만 으로도 이미지에서 보이지 않는 영역을 거울 표면 에 그릴 수 있게 됩니다(23).

23 복잡한 풍경에 거울을 배치하고, 거울을 살짝 틀면 주변에 있는 환경이 거울에 담깁니다.

Image 23 photo by David Fintz on Unsplash

곡면 거울 CURVED MIRRORS

표면이 정반사체인 기본 도형으로 넘어가기 전에
짚고 넘어가야 할 정반사의 특징이 한 가지 더 있
습니다. 표면이 완벽하게 평평하지 않은 정반사체
의 표면에서는 반사체의 형태가 왜곡된다는 것입
니다.

볼록거울

가장 먼저 일반적인 평면거울에서 보이는 반사상
을 살펴보고, 거울의 표면이 볼록하게 바뀌었을 때
(구체의 바깥 면처럼 밖으로 휘었을 때) 반사상이 어떻
게 변화하는지 살펴보겠습니다. 평면거울에서는
광선이 거울의 표면에 닿은 다음 바로 관찰자에게
돌아옵니다. 그래서 거울 표면에 비친 물체의 모양
에는 왜곡이 없습니다(24).

이제 거울을 볼록하게 구부리면 반사상에 왜곡이
나타나는 것을 확인할 수 있습니다(25). 거울에 맺
힌 상이 거울이 휜 부분에서 양옆이 눌린 것처럼 보
입니다. 그래서 거울에 비친 원기둥의 모습이 실제
보다 얇고 서로 가까이에 위치한 것처럼 보입니다.
이런 현상은 표면이 볼록한 모든 반사체에서 일어
납니다.

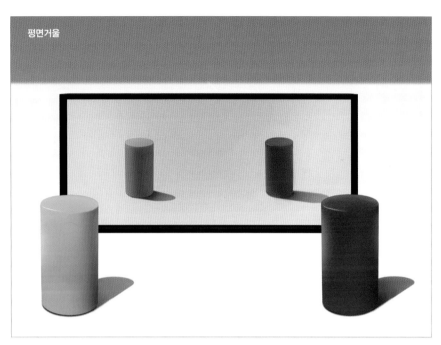

평면거울

24 평면거울의 표면에서 보이는 반사상에는 왜곡이 없습니다.

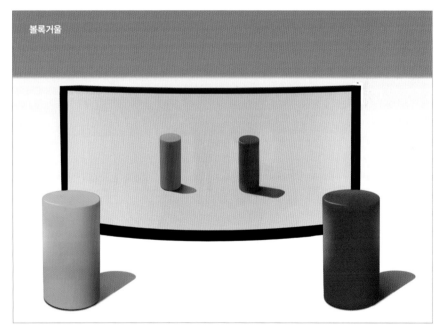

볼록거울

25 살짝 볼록하게 휜 거울의 표면에서는 반사상이 짓눌린 것처럼 보입니다.

이런 현상이 일어나는 이유는 반사가 일어나는 것을 단순화해서 보면 쉽게 알 수 있습니다(26). 평면 거울에 평행광을 비추면 이때의 광선은 거울의 표면에서 튕겨져 출발한 지점으로 되돌아옵니다. 반면 볼록거울에 빛을 비추면 거울 표면에 닿은 빛은 다른 방향으로 튕겨 나갑니다. 볼록거울에서는 다른 각도에서 비춘 빛이 넓은 범위로 반사되므로 반

사상은 거울의 좁은 면에 담겨야 합니다. 그래서 반사상이 양쪽이 눌린 것처럼 보이는 것이죠.

예제 27과 28에서는 볼록거울이 더 많이 구부러질수록 반사상에서 일어나는 왜곡의 정도도 심해진다는 것을 알 수 있습니다. 그리고 현실에서는 두 개의 평면이 직접 맞닿아 존재할 수 없기 때문에 구

부러진 정도가 커졌을 때 반사상이 어떻게 변화하는지 이해하는 것이 중요합니다. 148페이지에서 더 이야기하겠지만, 현실에 존재하는 물체에는 두 개의 면이 이어지는 부분에서는 면이 어느 정도 구부러져 있습니다.

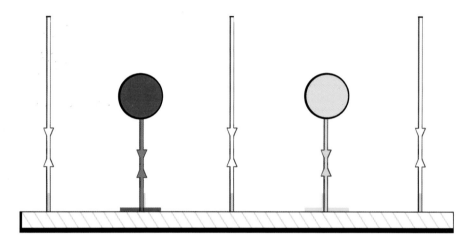

평면거울

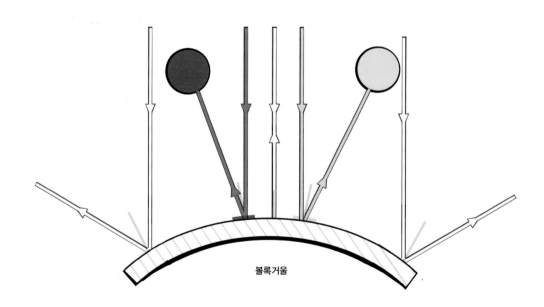

볼록거울

26 거울이 볼록해질수록 반사상은 거울의 곡면을 따라서 좌우가 납작하게 보입니다. 이는 표면에서 반사된 빛이 사방으로 퍼지고, 좁은 면에서 물체의 상이 맺혀야 하기 때문입니다.

살짝 구부러진 거울

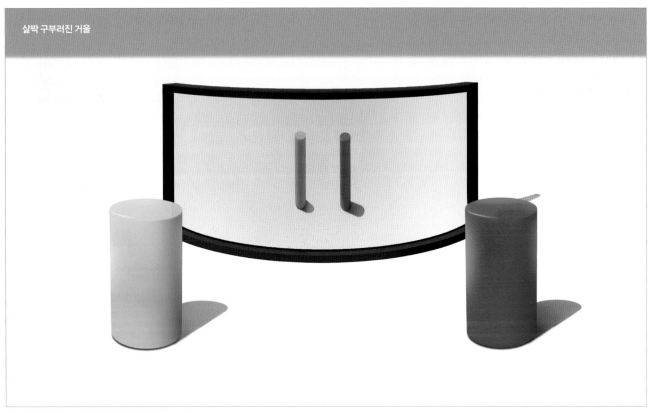

27 거울이 더 많이 볼록하게 구부러질수록 구부러진 방향을 따라서 반사상은 더욱 좌우가 눌려서 보입니다.

구부러진 정도가 큰 거울

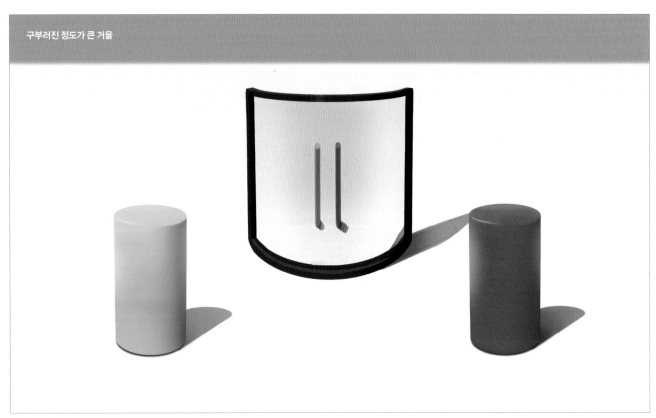

28 구부러진 정도가 큰 볼록거울에서는 상이 더 왜곡되어 맺히고 주변의 모습이 더 눌린 모습으로 보입니다.

오목거울

지금까지 볼록거울에서 반사상이 어떻게 맺히는지 살펴보았으니. 이제는 볼록거울과는 반대로 구부러진 오목거울(구체의 안쪽 면처럼 안쪽으로 구부러진 거울)에 대해 살펴보겠습니다.

오목거울의 작용을 단순하게 표현한 예제 29를 보면 오목거울에서는 볼록거울과 정반대의 현상이 일어나는 것을 볼 수 있습니다. 빛이 밖으로 퍼져 나가는 것이 아니라 한 방향으로 보입니다. 심지어 한 지점에서 모이기도 하는데, 이 지점을 '초점'이라 부릅니다. 구부러진 정도가 큰 오목거울은 초점이 거울 가까이에 위치합니다. 이 초점과 비교했을 때 물체가 어디에 있느냐에 따라 오목거울에 맺히는 반사상의 왜곡에 큰 차이가 있습니다.

물체가 초점보다 앞에 있을 때 발생하는 왜곡은 볼록거울에서 상이 맺히는 것과 비교해 보면 쉽게 이해할 수 있습니다. 볼록거울에서 보이는 왜곡의 정반대 현상이기 때문입니다. 볼록거울에서는 상이 눌려서 보이지만, 오목거울에서는 상이 늘어나서 보입니다(30).

물체가 초점에 가까이 갈수록 반사상은 점점 더 늘어난 모습으로 보입니다. 그리고 초점 위에 위치하면 반사상은 거울 표면 전체에 맺힙니다(31). 그리고 초점을 지나면 이전과는 다른 현상이 발견됩니다.

물체가 초점 뒤에 있으면 거울에 진입하는 빛이 물체와는 반대 방향으로 반사되는데 이 때문에 서로 좌우가 바뀌어 보이게 됩니다. 예제 32에서 볼 수 있듯 파란색 원기둥이 왼쪽에 있었는데 거울에서는 오른쪽에 보이고, 오른쪽에 있는 빨간색 원기둥은 왼쪽에 보입니다. 또한 이렇게 좌우가 반전된 이미지는 볼록거울에 맺히는 반사상처럼 좌우가 눌린 모습으로 보입니다. 초점 앞에 있을 때 늘어나서 보이는 것과는 반대로요.

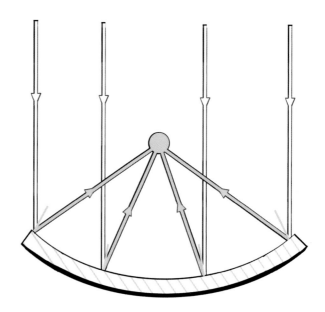

29 오목거울에서는 빛이 '초점'이라 불리는 한 점으로 모입니다.

초점보다 가까이 위치할 때

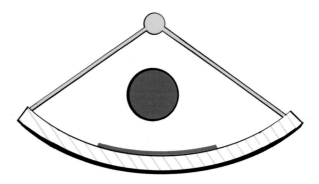

30 물체가 거울의 초점보다 가까이에 있을 때 반사상은 거울의 축을 중심으로 퍼져 보입니다.

초점 위에 있을 때

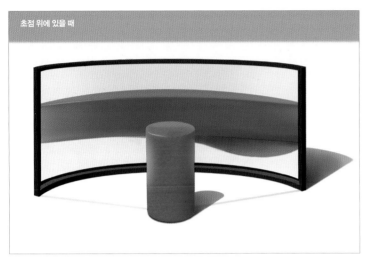

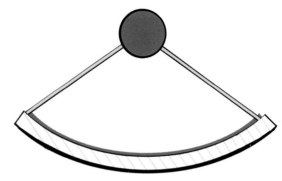

31 물체가 초점 바로 위에 있을 때 반사상은 거울 표면 전체에 맺힙니다.

초점 뒤에 있을 때

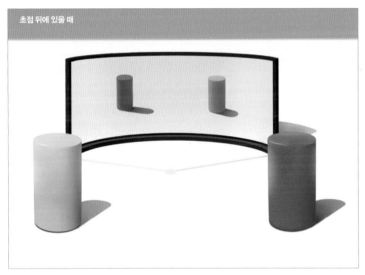

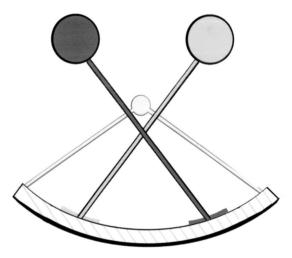

32 물체가 초점 뒤에 있을 때 반사상은 거울의 축을 중심으로
좌우가 반전된 채로 좌우가 눌린 것처럼 보입니다.

반사상의 왜곡

위에서 설명한 현상을 직접 확인하고 싶다면 숟가락을 사용해 보세요. 거리
에 따라서 숟가락에 비치는 모습이 어떻게 달라지는지도 확인해 보세요. 특
히 진짜로 오목한 면에서는 반사상이 늘어져 보이고, 볼록한 면에서는 눌려
보이는지 직접 확인해 보세요. 주변에서 찾아볼 수 있는 대부분의 거울은
이런 왜곡이 일어나지 않게 만들어졌지만, 놀이공원에 있는 '요술 거울'에
서는 이 왜곡 현상이 익숙할지도 모릅니다.

정반사 육면체 THE SPECULAR CUBE

지금까지 거울을 작도하는 방법에 대해 알아보았으니, 이제는 표면이 정반사체인 기본 도형을 그리는 방법을 알아보겠습니다. 먼저 이전과 마찬가지로 가장 단순한 형상인 육면체부터 시작하겠습니다.

앞서 평면거울에서 빛이 어떻게 반사되는지 배웠는데, 표면이 정반사체인 육면체를 그릴 때 평면거울을 그리는 방법을 그대로 적용할 수 있습니다. 기본적으로 육면체는 결국 여섯 개의(육) 면이(면) 서로 연결된 물체이기(체) 때문입니다. 따라서 평면거울을 그릴 때 썼던 방법을 그대로 적용할 수 있죠.

그러나 86페이지에서 언급했듯, 육면체를 구성하는 여섯 개의 면이 붙었을 때 이루는 테두리(edge)는 절대 하나의 직선으로만 이뤄지지 않습니다. 현실에 존재하는 육면체를 자세히 들여다보면, 면과 면이 이어지는 부분은 어느 정도 둥글게 처리가 되어 있음을 알 수 있습니다(34). 육면체에서 면이 안쪽에서 서로 맞닿는 부분과 바깥쪽에서 맞닿는 부

분 모두가 이렇게 다듬어져 있습니다(35).

이렇게 면과 면 사이의 접합부를 둥글게 처리하기 위해서 접합부는 여러 면으로 이뤄지게 됩니다(베벨링). 그리고 이렇게 접합부가 여러 면으로 이뤄져 있기 때문에 접합부에 맺히는 상은 엄청나게 압축되어 주변의 명도와 대비를 이루는 선 하나 정도로만 보이게 됩니다.

이렇게 두 면 사이 접합부에서 반사상이 압축되어 보이기 때문에 정반사체의 하이라이트는 주로 이렇게 베벨링이 이뤄진 부분에 위치합니다. 면이 여러 개로 이뤄져 있기 때문에 빛을 직접 바라보는 면이 존재할 가능성이 크기 때문입니다. 예제 36에서 이 현상을 확인할 수 있습니다. 예제에서는 3개의 육면체가 서로 다른 방향을 바라보고 있습니다. 육면체의 면 중에는 하나만 가장 밝게 빛을 반사하는 반면 육면체의 테두리는 여러 개가 밝게 빛을 반사하고 있습니다.

대체로 하이라이트는 두 개의 면이 만나는 부분에 위치한다고 할 수 있습니다. 이 규칙을 활용하면 현실 속에 존재하거나 보다 복잡한 주제를 그릴 때 훨씬 쉽게 대상을 묘사할 수 있고, 대상에 현실성과 깊이감을 더해줍니다.

그리고 단순히 기본 도형 말고도 이보다 복잡한 형상이나 유기체를 그릴 때도 이 규칙을 적용할 수 있습니다. 예제 37을 보면 정반사에서 나타나는 하이라이트만 분리한 뒤에 평면화한 두상과 비교해 보면 두 면이 볼록하거나 오목하게 서로 만나는 지점에 하이라이트가 위치하는 것을 알 수 있습니다. 어떤 상황에서는 하이라이트가 하나의 면 전체에 위치할 수도 있지만, 테두리에 하이라이트가 있는 경우가 가장 흔하며 현실이나, 상상 속에 존재하는 복잡한 대상의 구조를 강조할 때 유용하게 활용할 수 있는 규칙입니다.

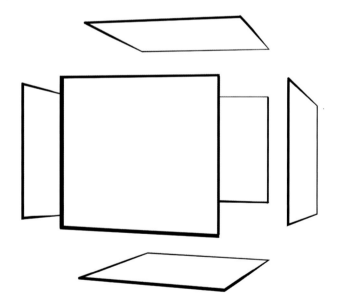

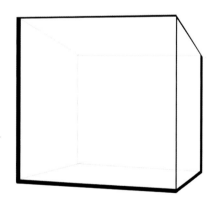

33 육면체는 여섯 개의 면이 서로 연결된 형상이며, 평면거울을 그릴 때 적용했던 규칙을 활용해서 쉽게 묘사할 수 있습니다.

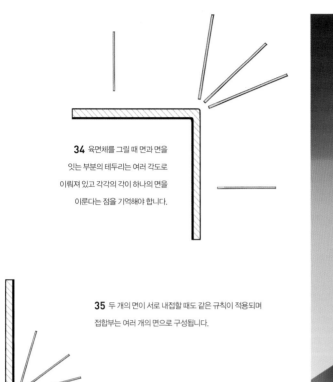

34 육면체를 그릴 때 면과 면을 잇는 부분의 테두리는 여러 각도로 이뤄져 있고 각각의 각이 하나의 면을 이룬다는 점을 기억해야 합니다.

35 두 개의 면이 서로 내접할 때도 같은 규칙이 적용되며 접합부는 여러 개의 면으로 구성됩니다.

36 육면체에서 베벨링이 이뤄진 테두리 부분은 여러 각도에서 빛을 직접 반사합니다. 반면 육면체의 기본 면은 일부 각도에서만 직접 빛을 반사합니다.

37 대상이 복잡할 때에도 하이라이트는 두 개의 면이 만나는 지점에 위치합니다. 위에 있는 인물의 초상화를 평면화해서 보면 이를 쉽게 확인할 수 있습니다.

LIGHT : SPECULAR

정반사의
핵심

본격적으로 정반사 육면체를 그리기 전에 정반사를 그릴 때 알고 있어야 할 간단한 규칙 몇 가지를 먼저 설명하겠습니다.

가장 먼저 정반사체 표면에 맺히는 반사상은 전적으로 주변 환경에 의해 결정됩니다. 즉, 우리가 그리려는 대상 주변의 모습을 확실하게 알고 있어야 한다는 것입니다. 정반사체를 그리기에 앞서 줌-아웃했을 때 주변이 어떤 모습일지 먼저 그려서 어느 부분이 어떻게 반사될지 계획을 세워보는 것도 좋습니다(38). 나중에는 주변에서 보이지 않는 부분까지 상상해서 처리할 수 있게 되겠지만 처음 정반사체를 그릴 때는 이렇게 차근차근 접근하는 것도 좋은 방법입니다.

두 번째로 정반사체 표면의 명도를 정할 때 모든 빛은 반사될 때 명도가 떨어진다는 사실을 기억해야 합니다. 즉, 정반사 육면체의 표면에 보이는 반사상은 어두운색으로 표현해야 합니다(39). 어떠한 색이 정반사체의 표면에서 반사될 때 이때 색은 포화도의 변화 경로(41페이지 참고)를 따라서 어두워집니다.

정반사체의 표면에서 명도의 감소(drop-off)는 대체로 눈에 띌 정도로 크게 나타나지만, 광원은 일반적으로 주변광보다 훨씬 밝기 때문에 명도의 감소가 크게 나타나지 않습니다. 그래서 금속의 표면에서 광원이 어두워지지 않는 것입니다. 또한 광원의 밝기는 노출에 의해 클리핑됩니다(24페이지 참고).

세 번째로 반사체 위에는 그림자가 드리우지 않지만, 반사체 자체는 다른 물체의 표면에 그림자를 드리웁니다. 즉 정반사 육면체를 그릴 때에도 주변의 환경에 육면체의 그림자를 제대로 작도해야 합니다. 또한 정반사체의 그림자 역시 정반사체의 표면에 반사되어 보이니 그림자도 표면에 표현하는 것을 잊어서는 안 됩니다(40).

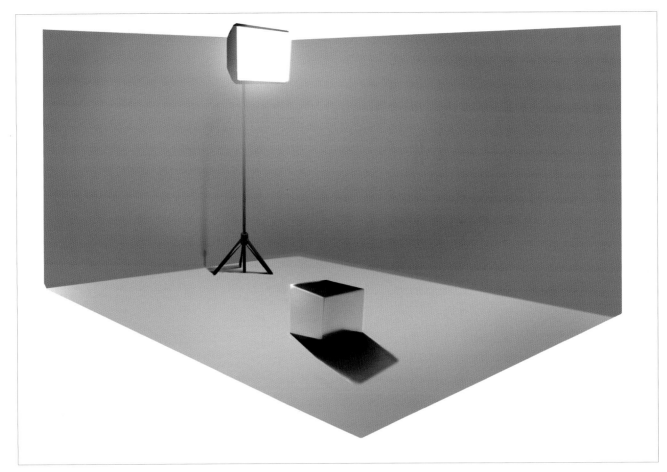

38 주변 환경을 먼저 구상하고 그리려는 대상을 환경에 배치하면 정반사체를 그리는 것이 훨씬 쉬워집니다.

150

39 실제 물체와 물체의 반사상을 비교해 보면 구체에 비친 반사상의 명도가 훨씬 어둡다는 것을 알 수 있습니다.

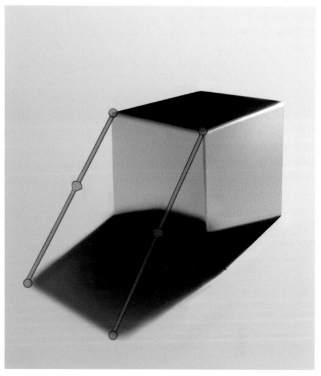

40 정반사체 위에는 그림자가 지지 않지만, 정반사체 자체는 그림자를 드리웁니다. 따라서 정반사체의 그림자와 표면에 비치는 그림자를 모두 표현해야 합니다.

육면체 배치하기

이제 정반사 육면체를 진짜로 그려볼 차례가 되었습니다. 다시금 강조하지만, 정반사체의 표면은 전적으로 주변 환경에 의해 결정됩니다. 따라서 주변 환경이 어떤 모습인지 아는 것이 가장 중요하고, 육면체를 연습할 때 가장 좋은 방법은 사진이나 그림처럼 기존에 존재하는 이미지를 사용하는 것입니다.

주제는 어떤 것이든 상관없습니다. 현실 속에 존재하는 것이든 상상 속에 존재하는 것이든 쉽게 구할 수 있는 것이면 됩니다. 다만 가장 쉬운 방법은 참조용으로 사용할 만한 사진이나 거장의 그림 위에 육면체를 배치하는 연습을 해보는 것입니다. 가능한 많은 배경에서 육면체를 여러 각도로 돌려가며 배치하는 연습을 해보세요. 연습하는 과정에서는

앞서 설명한 정반사의 핵심을 적용하는 것도 잊지 마세요.(41).

41 기존에 존재하는 풍경에 육면체를 넣고 그 표면을 처리하는 연습을 해보세요. 사진이나 거장의 그림을 활용하는 것이 좋습니다.

정반사 구체 THE SPECULAR SPHERE

정반사 육면체에 대해서 꼼꼼하게 다루었으니, 이제는 다음 기본 도형인 구체에 대한 이야기를 해보겠습니다. 지금까지 배운 정반사체의 표면을 그리는 방법이 정반사 구체에서도 모두 적용됩니다. 구체의 표면에는 주변의 모습이 반사되죠. 다만 사방으로 둥근 구체의 표면에 맞춰 주변의 모습이 왜곡되어 보입니다(42).

구체의 표면에서 빛이 반사되는 경로를 구체의 가운데에서 바깥으로 쫓아가 보면 왜 정반사 구체의 표면에서는 주변의 거의 모든 모습이 반사되는지 알 수 있습니다. 관찰자가 구체에서 멀리 떨어질수록 주변 환경이 더 많이 구체의 표면에서 보이고, 거의 구체 주변 360도에 가까운 지점이 보입니다 (43).

정반사 구체가 이렇게 주변의 환경을 거의 360도에 걸쳐서 반사한다는 특징은 VFX(시각 효과) 분야에서 굉장히 유용하게 활용합니다. 실제로 어떤 장면에 크롬으로 만든 구체를 함께 배치하여 그래픽으로 만든 물체를 삽입할 때 크롬 구체에 비치는 모습을 참고하기도 하죠. 정반사 구체의 표면에 비치는 주변 환경의 모습에서 필요한 정보를 거의 다 얻을 수 있기 때문입니다.

42 정반사 구체의 표면에서는 주변의 환경이 구체의 표면에 맞게 왜곡되어 보입니다.

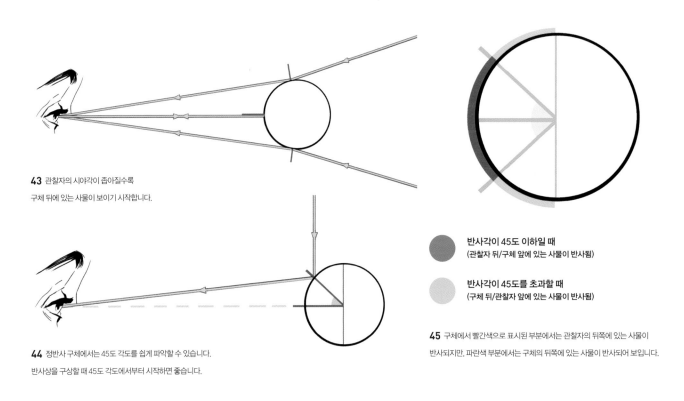

43 관찰자의 시야각이 좁아질수록 구체 뒤에 있는 사물이 보이기 시작합니다.

44 정반사 구체에서는 45도 각도를 쉽게 파악할 수 있습니다. 반사상을 구상할 때 45도 각도에서부터 시작하면 좋습니다.

● 반사각이 45도 이하일 때
(관찰자 뒤/구체 앞에 있는 사물이 반사됨)

● 반사각이 45도를 초과할 때
(구체 뒤/관찰자 앞에 있는 사물이 반사됨)

45 구체에서 빨간색으로 표시된 부분에서는 관찰자의 뒤쪽에 있는 사물이 반사되지만, 파란색 부분에서는 구체의 뒤쪽에 있는 사물이 반사되어 보입니다.

Image 42 forest photo by Marc Pell on Unsplash

결국 우리가 표현해야 하는 것이 구체의 모양에 맞게 왜곡된 구체 주변의 환경이라는 사실은 알게 되었는데, 그렇다면 이를 실제로 표현하려면 어떻게 해야 하는 걸까요? 크롬 구체의 표면에서 발생하는 왜곡 현상은 특별하고 복잡한 원근법으로 볼 수 있습니다(곡선 원근법(curvilinear perspective)). 우선 어떤 풍경에서 관찰자의 위치는 어떻게 정하면 될까요?

가장 먼저, 그리고 가장 중요하게 생각해야 할 부분이 바로 앞서 설명한 반사각이 45도를 이루는 지점을 찾는 것입니다. 반사각이 45도를 이루는 지점에서 완벽한 수평 반사가 일어나니 참고하기에 아주 유용한 지점이 되는 것이죠(44).

45도 지점 안쪽에 맺히는 상은 모두 관찰자의 뒤쪽에 있는 사물이고, 45도 지점 바깥쪽에 맺히는 상은 구체의 뒤쪽에 있는 사물입니다(45). 그리고 정반사 구체에서 45도 지점은 어느 방향에서도 대부분 구체의 중심에서 3/4지점에 위치합니다. 예제 46에서 빨간색으로 표시된 영역이 바로 45도 지점입니다.

초보자들은 이 45도 지점이 구체의 꽤 안쪽에 위치하고 있다는 사실에 놀라고는 합니다. 예제 47에서는 초보자의 작품에서 자주 찾아볼 수 있는 실수를 보여주고 있습니다. 이 예제에서는 빨간색 막대가 구체의 외곽선 근처에서 반사되는 모습을 표현했습니다. 그러나 반사 작용을 제대로 묘사한 예제에서는 막대가 거의 구체 외곽에서 1/4 지점에 반사되는 것으로 표현했습니다. 그리고 막대 뒤에 있는

환경도 같이 보입니다. 정반사체의 표면에서 일어나는 반사 작용을 제대로 묘사하는 일은 많은 연습과 시행착오가 필요한 것입니다.

46 구체에서 반사각이 45도를 이루는 지점은 구체의 중심에서 3/4 지점에 위치하며, 방향과는 무관합니다.

반사상을 외곽에 배치한 잘못된 사례

반사상을 45도 지점에 잘 표현한 사례

47 왼쪽의 예시처럼 구체 근처에 있는 사물을 구체의 외곽에서 반사되는 것으로 표현하는 것이 흔히 저지르는 실수입니다. 45도 지점에서 상이 맺혀야 하며 반사되는 물체의 주변 모습도 담겨야 합니다.

곡선 원근법[1]에서의 왜곡이나(어안 렌즈로 촬영한 사진에서 보이는 왜곡) 정반사 구체에서 반사상을 제대로 표현하는 일이 만만치 않은 일인 것은 맞습니다 (48). 반사상을 완벽하게 표현하는 일이 어려운 것은 맞지만 다행히 완벽한 수준으로 표현할 필요는 거의 없습니다. 그림에서는 반사상이 정반사체의 표면에 위치하는 것이라는 것을 알 수 있을 정도로만 표현하면 됩니다. 경험이 쌓이면 눈대중으로도 그리고자 하는 사물의 어느 정도 구부러졌는지(곡률) 파악해서 표면 위에 반사상을 표현할 수 있게 됩니다.

그러나 곡선 원근법에서 소실점이 어디에 있고, 단순한 풍경에서 곡선 원근법을 제대로 한두 번 활용해 볼 필요는 있습니다. 이를 통해서 왜 이런 왜곡이 일어나는지 알 수 있기 때문이죠. 예제 49에 제시된 그리드와 소실점을 자유롭게 활용해 보세요.

구체 배치하기

정반사 육면체와 마찬가지로 기존에 존재하는 풍경에 정반사 구체를 배치하고 그 표면을 처리하는 연습이 구체의 표면에서 일어나는 정반사의 작용을 이해하는 가장 기본적인 방법입니다. 가능한 많은 풍경에 구체를 배치해 보세요. 이 과정에서 알게 되는 것들이 이후 더 복잡한 형상의 정반사체를 그릴 때 도움이 될 것입니다. 구체의 표면을 처리(렌더링)하는 방법이 다른 복잡한 형상의 표면을 처리할 때 기본이 되므로 정반사 구체를 렌더링하는 방법을 잘 알고 있어야 합니다(50).

150페이지에서 육면체를 다루며 언급한대로 줌아웃했을 때 주변 환경의 모습을 먼저 그려보고 반사체의 표면을 그리는 것이 관찰자의 위치를 파악하고 전체 풍경의 모습을 구상하는 데 도움이 될 것입니다.

48 위의 예제에서 주변의 환경이 45도 지점을 지나며 정반사 구체의 표면에서 어떻게 왜곡되며 구체 뒤쪽의 사물(초록색 이파리 등)이 보이는지 확인할 수 있습니다.

위쪽과 **아래쪽의 소실점**(45도)

왼쪽과 오른쪽의 소실점(45도)

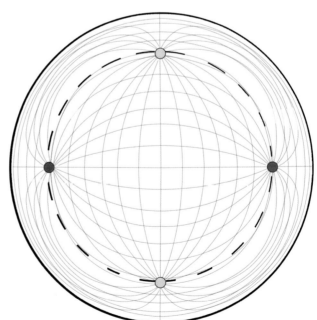

49 예제 48에서 사용한 곡선 원근법과 45도 지점을 표시한 그림입니다.

---

1 역주 : 5점 투시로도 불립니다.

Image 48 photo © Jakub (via Adobe Stock)

50 익숙해질 때까지 각기 다른 풍경에 정반사 구체를 배치하고 표면을 처리하는 연습을 해보세요.

51 주변 환경 전체의 모습과 조명을 먼저
구상하는 것이 정반사체 표면에서 반사상을 표현할 때
큰 도움이 될 것입니다.

Beach photos © Sergio Eschini/EyeEm and Miniloc (via Adobe Stock). Forest photo by Marc Pell on Unsplash

복잡한 형상의 정반사체 COMPLEX SPECULAR FORMS

지금까지 정반사 육면체와 구체의 표면을 처리하는 방법에 대해 배워보았습니다. 이제 또 다른 기본 도형인 원기둥의 표면을 처리하는 방법을 배우겠습니다. 무광체일 때 원기둥의 표면에서는 명부와 암부가 규칙적으로 나타났지만, 정반사체일 때는 무광체일 때보다 규칙성이 떨어집니다.

정반사 원기둥

지금까지 배운 내용을 고려하면 원기둥이 주변의 모습을 왜곡해서 반사한다는 사실을 추론해 볼 수 있습니다. 나아가 원기둥의 표면에 맺히는 상은 원기둥 옆면의 곡면에 맞춰 왜곡되고 좌우가 눌린 형태일 것이고, 원기둥 위, 아래에 있는 평평한 면에서는 육면체의 표면에서 볼 수 있는 형태일 것이라는 점을 추론해 볼 수 있습니다(52). 그렇다면 주변 환경 중 어느 부분이 원기둥의 곡면과 평면에 반사되는지 알아내는 것이 이제 문제가 됩니다.

다행히도 이 문제를 해결할 수 있는 간단하고도 직관적인 방법이 있습니다. 정반사 구체는 주변의 환경을 거의 전부 반사하기 때문에 원기둥 표면의 반사상을 표현할 때 구체를 활용하는 것이 바로 그 방법입니다. 원기둥의 각도에 따라서 구체의 어느 지점이 각각 원기둥의 평면과 곡면에 해당하는지 여부만 파악하면 됩니다(53).

그다음 원기둥 표면의 곡률에 맞추어 구체의 표면에 비친 형상의 왜곡을 조절하면 됩니다. 이렇게 구체에 비친 반사상을 활용하면 원기둥이 어느 각도로 틀어져 있든 주변 환경의 모습을 잘 반영하여 묘사할 수 있습니다(54). 사실 구체를 활용하면 다양한 정반사체를 묘사할 때 관찰자의 위치를 결정할 수 있습니다. 82페이지에서 무광체의 조명을 처리

할 때 구체를 사용했던 것과 마찬가지로 정반사체의 표면을 처리할 때 구체를 활용하는 방법이 굉장히 유용합니다.

평면(반사상의 왜곡이 없음)

곡면(반사상의 왜곡이 나타남)

52 정반사 원기둥의 평면과 곡면에서는 각각 주변의 환경을 다르게 반사합니다.

53 구체의 표면에 나타나는 반사상을 참고하면 좋습니다. 위의 예제는 원기둥의 평면과 곡면이 각각 주변의 모습 중 어디를 반사하는지 파악할 때 도움이 됩니다.

54 정반사 구체의 표면에 나타나는 반사상을 기준으로 하면, 원기둥이 어떤 각도로 있어도 원기둥의 표면을 처리할 수 있습니다.

낙서 형상 정반사체

88페이지에서도 언급했듯, 정반사라는 새로운 빛의 작용을 연습할 때 '낙서(doodle)'처럼 뚜렷한 특징이 없는 형상으로 연습하는 것이 큰 도움이 됩니다. 기본 도형의 표면을 처리하는 것과 마찬가지로 기존에 존재하는 풍경에 정반사체를 집어넣고 이때 정반사체의 표면에 맺히는 상을 사실감 있게 처리하는 연습을 하는 것이 가장 좋습니다. 이때 사용할 풍경은 상상 속 풍경이든 현실 속 풍경이든, 아니면 사진이든 상관없습니다. 별다른 특징이 없는 임의의 실루엣을 그리고 표면을 정반사체로 처리하는 연습을 직접해 보세요(55a~d).

55a 아무렇게나 형상을 그려주세요.
구체적인 모양이 있든, 추상적인 모습이든 모두 좋습니다.

55b 무광체의 조명을 처리할 때와 마찬가지로 '와이어프레임(wireframe)'으로 단면선을 그어서 구조에 입체감을 줍니다. 이 시점에서 지면에 물체의 캐스트 섀도우를 그려주면 좋습니다.

55c 정반사 구체를 하나 그려줍니다. 낙서 형상의 표면을 처리할 때 참고용으로 사용할 예정입니다.

55d 구체의 표면에 맺힌 상을 참고하여 낙서 형상의 표면을 처리합니다.
구체에서 낙서 형상에 해당하는 지점을 찾아서 형상의 표면에 맞춰 왜곡 정도를 조절해서 반사상을 묘사하면 됩니다.

Image 55 beach photo © Miniloc (via Adobe Stock)

정반사체의 색 변화 SPECULAR COLOR CHANGES

정반사체의 표면에 맺히는 상은 주변의 환경에 의해 결정됩니다. 그리고 주변 환경의 색이 정반사체의 표면에 보이는 색에 가장 큰 영향을 줍니다. 그러나 어떤 정반사체는 다른 색을 반사하기도 하고, 서로 다른 파장을 선택적으로 반사하거나 흡수하기도 합니다.

이렇게 다른 색으로 반사하는 정반사체 중에 우리 주변에서 가장 흔하게 찾아볼 수 있는 것이 바로 금입니다. 금으로 만든 물체의 표면에 맺히는 상은 노란색으로 보이는데 금이 선택적으로 파란색은 흡수하고 빨간색과 초록색을 반사하기(그리고 이 두 개의 색은 가산 혼합해서 노란색을 만든니다) 때문입니다. 여기에 대해서는 32페이지에서 배웠었죠. 이렇게 어떤 정반사체가 선택적으로 특정한 파장을 흡수하거나 반사하면 정반사체의 표면에는 주변의 환경이 지닌 색과 정반사체의 고유색이 감산 혼합하여 보이게 됩니다. 이 현상을 그래픽 프로그램을 활용해 재현하는 가장 쉬운 방법은 바로 정반사체에 원하는 색을 'Multiply' 레이어로 적용하는 것입니다. 그러면 어떤 색이든 사실감 있게 정반사체에 고유색이 있는 것처럼 보이게 됩니다(56). 정반사체에서 보이는 색은 대체로 포화도의 변화 경로에서 어두운색입니다. 그러나 하이라이트는 명도가 워낙 높기 때문에 포화도의 변화가 나타나지 않습니다. 이렇게 고유색을 지닌 정반사체를 묘사할 때 가장 좋은 방법은 색상 필터를 적용한 다음에 하이라이트를 추가하는 것입니다.

그러나 정반사체의 고유색이 다른 색이 변화하는 것을 완전히 막지는 않습니다. 실외에서 고유색을 지닌 정반사체를 관찰해 보면 실제로 많은 색이 물체의 표면에서 보이는 것을 알 수 있습니다. 그리고 난색과 한색 사이의 관계도 정반사체의 고유색과 상관없이 유지됩니다. 다만 고유색과 반대되는 색은 고유색으로 인한 필터링에 가장 크게 영향을 받습니다. 예제 57을 보면 파란 하늘이 금색 정반사체의 표면에서 크게 영향을 받은 것을 확인할 수 있습니다.

명도의 변화

이렇게 고유색을 지닌 정반사체의 표면에서 색이 선택적으로 흡수됩니다. 더불어 정반사체는 일반적으로는 빛을 효율적으로 반사하는 물체라고 할 수 있습니다. 빛을 가장 많이 반사하는 물체를 흰색으로 정의했던 것처럼 완벽한 정반사체는 가장 효율적으로 빛을 반사하는 물체입니다.

그러나 이때의 '완벽한' 정반사체는 이론으로만 존재합니다. 현실에 존재하는 정반사체는 빛을 모두 반사하지도 못하며 반사 효율 역시도 반사체에 따라 크게 차이가 납니다(58).

56 그래픽 프로그램으로 작업을 할 때는 정반사체의 고유색을 'Multiply' 레이어에 적용해서 사실적으로 고유색을 지닌 정반사체를 표현할 수 있습니다.

57 정반사체가 하늘의 파란색과 반대되는 색인 금색일 때 표면에 비친 색이 크게 달라지는 것을 알 수 있습니다. 그러나 그 외에 상대적으로 주변 환경의 색과 명도는 여전히 명확하게 잘 보입니다.

Image 57 beach photo © Miniloc (via Adobe Stock)

24페이지에서 노출에 대해서 배울 때 언급했듯 광원은 우리가 지닌 재료로 표현하기에는 너무 밝습니다. 그리고 우리가 그리려는 풍경에 있는 그 어떤 물체보다 몇 배는 더 밝죠. 따라서 반사상에서 어두운 부분은 광원보다 더 빠르게 어두워집니다. 실제로는 같은 비율로 어두워지는 것이지만 광원의 밝기가 워낙 높기 때문에 같은 비율로 어두워져도 체

감이 안 될 뿐입니다. 결국 반사 효율이 떨어지는 반사체의 표면에서 밝게 표시되는 부분은 광원만 남게 됩니다(58). 그리고 이렇게 정반사의 비율이 낮은 것이 우리가 주변에서 볼 수 있는 대부분의 무광체인데, 무광체 역시 빛을 어느 정도는 확산 반사하기 때문입니다. 예제 59에서는 이전에 살펴보았던 무광체 구체의 사진이 다시 보입니다. 편광 필터를 이용해 정반사와 난반사를 분리했는데, 하이라이트는 정반사를 분리한 사진에만 나타나는 것을 알 수 있습니다.

그뿐만 아니라 무광체 표면의 고유색이 어두워질수록 정반사가 더 또렷하게 보이는 것 역시 보입니

다. 이는 정반사의 비율이 높아지는 것이 아니라, 대비 때문에 벌어지는 현상에 가깝습니다. 어두운 물체에서는 고유색의 빛에 정반사로 인한 빛이 묻혀서 보이지 않다가, 고유색이 어두워지면 정반사로 인한 빛이 더 잘 보이게 되는 것이죠.

이를 통해 두 종류의 반사를 함께 표현할 때 유용하게 활용할 수 있는 규칙을 도출할 수 있습니다. 형상의 고유색이 밝아지면 무광체에서 보이는 반사가 더 뚜렷하게 보이고, 반대로 고유색이 어두워지면 정반사체에서 보이는 반사가 더 뚜렷하게 보인다는 것입니다. 이 규칙을 예제 60에서 직접 확인할 수 있습니다.

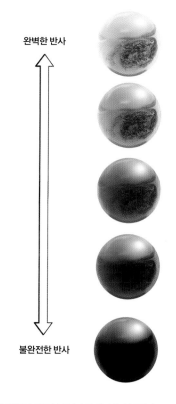

완벽한 반사

불완전한 반사

58 완벽하게 정반사가 일어나면 주변의 환경이 뚜렷하고 세밀하게, 그리고 밝고 채도가 높은 색으로 표현됩니다. 반면 불완전한 반사가 일어나면 세부적인 모습이 보이지 않고 대비도 커지며 색도 채도를 잃습니다.

원본

난반사만 분리

정반사만 분리

59 무광 구체에서도 어느 정도의 정반사가 관측이 됩니다. 편광자를 사용해 빛을 분리해 보면 이를 보다 분명하게 알 수 있습니다.

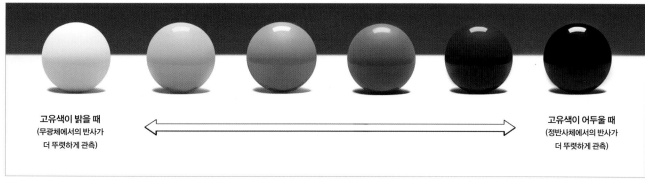

고유색이 밝을 때
(무광체에서의 반사가
더 뚜렷하게 관측)

고유색이 어두울 때
(정반사체에서의 반사가
더 뚜렷하게 관측)

60 정반사와 난반사를 모두 활용하여 형상을 묘사할 때 고유색이 밝은 물체는 무광체에서 보이는 반사가 더 뚜렷하게 보이며, 고유색이 어둡다면 정반사체에서 보이는 반사가 더 뚜렷하게 보인다는 것을 기억하세요.

빛 LIGHT
투명체 TRANSPARENCY

앞선 장을 통해 빛이 무광체의 표면에서 어떻게 흡수되고 정반사체의 표면에서는 어떻게 반사되는지 알아보았습니다. 이제는 투명체의 표면에서 일어나는 빛의 반응에 대해 배워보겠습니다. 투명체에서 '투명'은 빛이 물체의 내부를 통과하며 휘어지는 현상을 말합니다. 무광체와 정반사체, 투명체에 대해 배운 지식을 더하면 어떤 주제를 접하든, 확신을 갖고 그 주제에 적합한 빛을 그릴 수 있게 될 것입니다.

투명체 TRANSPARENT MATERIALS

얼핏 보면 표면이 투명체인 기본 도형을 그리는 일은 아주 단순하게 보입니다. 어떤 물체가 완전 투명체라면 그 물체의 반대편에 위치한 사물을 그리는 것으로 투명체를 표현할 수 있으니까요. 그러나 현실에는 완벽하게 투명한 물체가 존재하지 않으며, 현실에 존재하는 투명체를 통과할 때 어느 정도 빛의 손실이 발생합니다.

이렇게 빛이 투명체를 통과할 때 손실되는 현상을 우리는 어떤 물체 위에 투명한 시트를 겹겹이 쌓아 올려서 확인할 수 있습니다(01). 시트의 개수가 늘어나 두꺼워질수록 점차 투명체인 시트가 어느 순간 불투명체처럼 작용합니다. 시트의 개수가 늘어날수록 시트 뒤에서 투과되어 보이는 물체의 색은

점차 희미해지고 투명체가 지닌 고유색에 가까워집니다. 그러다 결국에는 반대편에 있는 물체가 완전히 보이지 않게 되죠(02).

이 현상을 통해서 우리는 투명체의 깊이(depth)를 표현할 수 있는 규칙을 도출해 낼 수 있습니다. 바로 투명체의 두께가 두꺼워질수록 투명체를 투과해서 보이는, 건너편에 위치한 물체의 대비는 투명체의 고유색으로 인해 감소한다는 것입니다. 그리고 대비의 감소가 가장 눈에 띄게 보이긴 하지만 투명체를 지날 때 빛의 양도 감소하기 때문에 투명체를 통해서 보이는 물체는 실제 물체보다 어둡게 표현되어야 합니다.

주변에서 가장 쉽게 찾아볼 수 있는 투명체는 바로 유리입니다. 그러므로 유리를 이용해서 투명체에서 어떤 현상이 일어나는지 조금 더 살펴보겠습니다. 예제 03과 04에서 보이듯, 유리잔의 테두리 부분을 지나는 빛은 관찰자의 눈에 도달하기까지 더 많이 물체(즉, 유리)를 통과해야 합니다. 이에 따라서 유리잔의 테두리 부분이 어둡게 보이는 것이죠. 두께로 인한 빛의 손실과 대비의 감소는 가장 단순하면서도 직접적으로 어떤 물체가 투명체라는 것을 보여줄 수 있는 방법입니다. 예제 05의 유리잔 그림에서 빛의 손실과 대비의 감소만으로 투명체를 얼마나 효과적으로 표현할 수 있는지 알 수 있습니다.

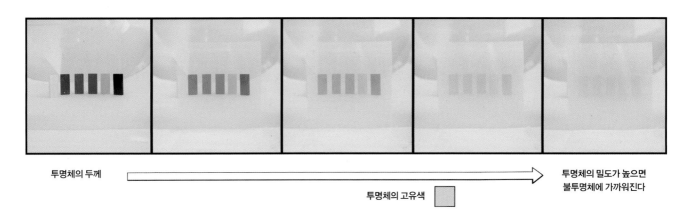

투명체의 두께 ⟶ 투명체의 밀도가 높으면 불투명체에 가까워진다

투명체의 고유색 ☐

01 투명체 시트의 개수를 늘려서 배치하면 투명체 뒤로 보이는 장면의 대비가 낮아집니다.
그리고 투명체에 투과되어 보이는 물체와 투명체의 고유색은 감산 혼합하며 마지막에는 불투명체처럼 고유색만을 보입니다.

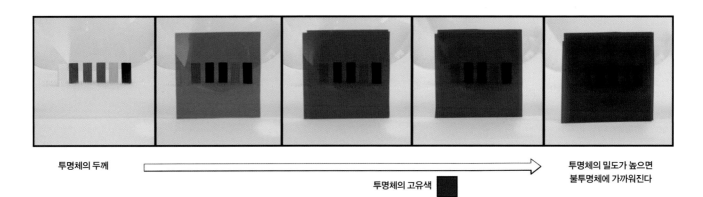

투명체의 두께 ⟶ 투명체의 밀도가 높으면 불투명체에 가까워진다

투명체의 고유색 ■

02 투명체의 고유색과 무관하게 같은 규칙이 적용됩니다.

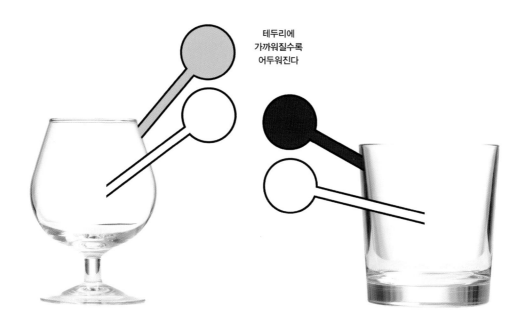

테두리에
가까워질수록
어두워진다

03 위의 유리잔은 가운데에 가까울수록 밝아지고, 테두리에 가까워질수록 어두워집니다.
집에 있는 유리잔에서 이 현상이 진짜로 보이는지 직접 확인해 보세요!

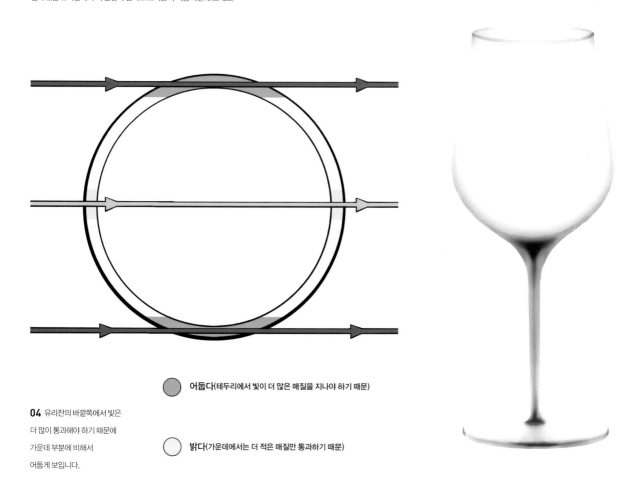

⬤ **어둡다**(테두리에서 빛이 더 많은 매질을 지나야 하기 때문)

04 유리잔의 바깥쪽에서 빛은
더 많이 통과해야 하기 때문에
가운데 부분에 비해서
어둡게 보입니다.

◯ **밝다**(가운데에서는 더 적은 매질만 통과하기 때문)

05 테두리를 어둡게 표현하면 사실감 있게 유리잔을 그릴 수 있습니다.

대기 원근법 ATMOSPHERIC PERSPECTIVE

초보자들이 대체로 간과하고 지나치는 중요한 사실 중 하나가 바로 우리를 둘러싼 대기가 사실은 투명체라는 것입니다. 어떤 물체를 볼 때 사실 우리는 대기라는 투명체를 통해서 보고 있는 것이죠. 그래서 관찰자와 관찰 대상 사이에 존재하는 공기의 양이 늘어날수록 대비가 감소하는 정도도 커집니다.

아티스트인 우리는 이렇게 대기에서 보이는 대비의 감소를 유용하게 활용하여 깊이감을 표현할 수 있습니다. 또한 대기는 창의적으로 활용할 여지가 많은 물질이기도 합니다. 묘사하려는 풍경 어느 지점에서 대기를 두껍게 해도 사실감이 있다고 느껴지고, 어느 지점에서 안개가 있어도 이상하지 않으니까요.

예제 06에서는 두 개의 구체가 그려져 있습니다. 위쪽에 있는 그림에서는 구체 하나가 다른 구체에 비해 뒤쪽에 있지만 같은 거리에 있는 것처럼 느껴집니다. 반면 아래쪽에 있는 그림에서는 앞쪽에 있는 구체의 대비를 높여서 대비를 조절했는데, 그러니까 두 구체 사이의 거리감이 보다 잘 느껴집니다. 앞쪽과 뒤쪽의 대비가 같다(깊이감이 느껴지지 않고 평평하게 느껴진다).

산란하는 빛

대기 원근법에서 또 한 가지 흥미로운 사실은 대기에서 나오는 빛이 기본적으로 '한색'이라는 것입니다. 이는 태양광이 대기에 진입하면서 파란색(에너지의 강도가 높은) 빛이 산란되어 하늘로 확산되기 때문입니다(07). 이 때문에 우리가 일반적으로 태양을 노란색이나 주황색으로 지각하는 것인데, 지구에서는 어디를 가도 대체로 변치 않는 사실이죠. 그러나 우주에서 바라본 태양광은 완벽한 흰색입니다. 지구에 있는 우리에게 태양이 노란색으로 보이는 것은 파란색 파장이 대기 중에서 산란되기 때문입니다(레일리 산란(Rayleigh scattering)이라고도 합니다).

해가 질 때는 태양광이 점차 난색 계통의 색으로 바뀐다는 것은 경험을 통해 알고 있을 것입니다. 이는 빛이 대기를 통과하는 각도가 낮아지면 더 많은 대기를 통과해야 하므로 파란색 빛이 그만큼 더 많이 산란되기 때문입니다. 122페이지로 되돌아 가보면 이 현상의 예시를 다시 볼 수 있습니다.

앞쪽과 뒤쪽의 대비가 같다
(깊이감이 느껴지지 않고 평평하게 느껴진다)

배경의 대비를 낮춘다

앞쪽의 대비를 높인다

깊이감과 형상이 더 잘 느껴진다

06 배경에 있는 구체의 대비를 낮추면 이미지에 입체감이 더해지며, 관객이 이해하기도 쉬워집니다.

07 우리 눈에 비친 하늘은 파란색인데 지구의 대기에서 파란색 파장이 산란되기 때문입니다. 이러한 빛의 산란으로 인해 태양광은 노란색으로 보이죠.

Image 07 photo by Avess on Unsplash

이렇듯 대기 그 자체가 파란색을 띠기 때문에 한색은 대체로 뒤에 있는 것처럼 보이고 난색은 앞에 있는 것처럼 보입니다. 예제 08에 제시된 줄무늬에서 파란색 선과 빨간색 선의 명도는 같습니다. 그러나 앞서 언급한 현상 때문에 파란색 선은 빨간색 선에 비해서 상대적으로 '뒤쪽'에 있는 것처럼 보입니다. 그러나 그렇다고 해서 배경에서 난색을 절대 사용할 수 없다는 것은 아닙니다. 45페이지에서 다루었듯 색은 상대적이기 때문에 어떤 색이 '한색', 또는 '난색'이라는 것은 다른 색과 비교했을 때 상대적으로 결정되는 것입니다. 따라서 한색이 대체로 배경에 위치한다고 하더라도 이 '한색'은 수많은 방법으로 표현할 수 있습니다.

예제 09에서는 디아밀라 크노프가 이러한 대기 원근법을 작품 속에서 잘 녹여낸 것을 확인할 수 있습니다. 우선 작품 속에서 멀리 떨어진 배경이 한색으로 표현되었고 대비가 감소했다는 것을 (여기서는 명

도를 밝게 해서 대비를 낮추었습니다) 알 수 있습니다. 이를 통해 깊이감과 공간감이 표현되었죠. 작품을 흑백으로 변환해 보면 전체적인 풍경에서 명도의 대비가 얼마나 잘 구분되어 표현되었는지 알 수 있

습니다. 언제나 그렇듯 명도가 어떤 이미지에서 가장 중요한 구성 요소이기 때문에 거리에 따라 대비를 조절(즉, 명도를 바꾸는 것)하는 일이 시각적으로 깊이감을 주는 데 핵심적인 역할을 합니다.

08 대기는 한색이고 태양광은 난색이기 때문에 한색은 대체로 난색에 비해서 뒤쪽에 있는 것으로 보입니다. 위의 그림에서는 어떤 색이 앞에 있는 것처럼 보이나요?

09 위의 일러스트에서는 멀리 있는 배경이 한색의 색상과 높은 명도로 표현된다는 것을 알 수 있습니다.

굴절 이해하기
UNDERSTANDING REFRACTION

투명체를 표현할 때는 굴절에 대해 이해하는 것이 중요합니다. 굴절이란 다양한 밀도를 지닌 매질을 지날 때 빛이 휘어 투명체의 표면에 보이는 상이 왜곡되는 현상을 일컫습니다. 그리고 굴절은 정도의 차이만 있지 모든 투명체에서 나타나는 현상입니다. 예제 10에서 광선이 유리블록을 통과하면서 휘는 것을 확인할 수 있습니다.

굴절이 일어나는 원인을 쉽게 이해하기 위해서 포장도로에서 진흙도로로 진입하는 차에 빛의 반응을 비유해 보겠습니다. 포장도로를 달리는 차가 진흙도로에서 달리는 차보다 빠르게 움직이리라는 것을 쉽게 짐작할 수 있을 것입니다. 만약에 차가 포장도로에서 진흙도로로 비뚤게 진입하면 한쪽 바퀴가 먼저 진흙도로에 닿게 될 것입니다. 그러면 양쪽 바퀴의 속도가 달라지죠. 포장도로 위에 남아있는 쪽의 바퀴가 더 빠르게 움직일 테니 이에 따라 차는 회전하게 되고 결국 차의 진행 방향이 바뀝니다(11).

10 위의 사진을 통해 빛이 유리블록을 통과할 때 얼마나 굴절되는지 알 수 있습니다.

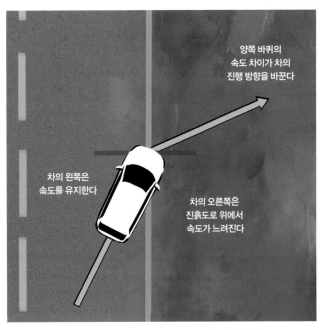

양쪽 바퀴의 속도 차이가 차의 진행 방향을 바꾼다

차의 왼쪽은 속도를 유지한다

차의 오른쪽은 진흙도로 위에서 속도가 느려진다

11 빛이 굴절은 차가 서로 상태가 다른 도로로 진입할 때로 비유해서 이해하면 쉽습니다.

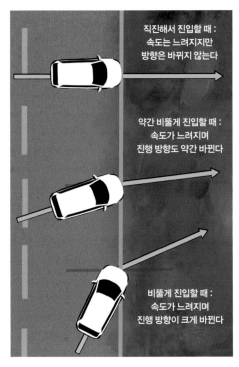

직진해서 진입할 때 : 속도는 느려지지만 방향은 바뀌지 않는다

약간 비뚤게 진입할 때 : 속도가 느려지며 진행 방향도 약간 바뀐다

비뚤게 진입할 때 : 속도가 느려지며 진행 방향이 크게 바뀐다

12 빛을 차에 대입했을 때 차가 접근하는 각도에 따라 굴절이 발생하는 각도도 바뀝니다.

Image 10 photo © Menno van der Haven/Shutterstock.com

한 가지 유념해야 할 점은 차가 진흙도로로 접근하는 각도와 차의 진행 방향이 굴절되었을 때 이루는 진행 방향이 이루는 각도는 절대 수직이 될 수 없다는 사실입니다(빨간색 선으로 표시된 부분이며 '법선'이라고 합니다). 진입 각도와 굴절 각도는 항상 사선을 이룹니다.

예제 12에서는 차로 비유한 빛이 서로 다른 세 개의 각도로 진입했을 때의 경우를 보여주고 있습니다. 만약에 차가 직진으로 진흙도로로 진입한다면 양쪽 바퀴가 동시에 진흙도로로 진입할 것입니다. 그러면 차의 속도는 느려지지만, 진행 방향은 바뀌지 않습니다. 그리고 차가 진흙도로로 진입하는 각도, 즉 진입 각도가 작아지면 한쪽 바퀴가 진흙에 닿고 난 뒤 다른 바퀴가 진흙에 닿기까지 걸리는 시간이 늘어날 것이며, 이로 인해 차의 진행 방향은 더 크게 변화할 것입니다.

빛에도 이 원리를 적용할 수 있습니다. 빛의 밀도가 높은 매질을 통과하면 위에서 언급한 현상에 의해서 속도가 느려집니다. 위와는 반대되는 상황에서도 같은 현상도 발생합니다. 밀도가 높은 물체에서 낮은 물체로 빛이 이동할 때도 굴절이 발생하는 것입니다.

빛이 굴절되는 정도는 물질에 따라 큰 차이를 보입니다. 또한 물체에서 왜곡이 일어나는 정도는 빛이 어느 정도 굴절되는지에 따라 달라집니다. 이때 어떤 물체에서 빛이 굴절되는 정도를 '굴절률'이라고 부릅니다. 굴절률을 정확하게 측정하는 방법이 있기는 하지만 과학자가 아닌 우리는 거기까지는 자세히 알 필요가 없습니다. 자세히 알려고 하면 끝도 없어지니까요! 이러한 현상이 있고 그 강도가 물체에 따라 다르다는 점만 알고 가면 됩니다. 어떤 물체가 있을 때 이 물체가 보이는 왜곡의 정도만 일정하게 유지하면 아티스트인 우리는 어느 정도 자유롭게 굴절률을 조절할 수 있습니다.

평면에서 일어나는 굴절은 상대적으로 단순하게 표현할 수 있습니다. 평면 뒤에 위치한 물체의 상을 조금 다른 각도로 틀어서 표현하면 되니까요. 진입 각도가 작아질수록 굴절도 크게 일어납니다. 예제 13에서는 유리판의 각도가 작아질수록 유리판에 보이는 상이 얼마나 큰 왜곡이 일어나는지 확인할 수 있습니다. 반면 유리판이 정면으로 놓여있을 때는 왜곡이 발생하지 않습니다.

다음으로는 유리로 된 물통을 사용해서 서로 다른 각도에서 굴절과 왜곡이 어떻게 보이는지 살펴보겠습니다. 예제 14에서 물통의 가운데 부분은 약간 확대되어 보이지만 상의 왜곡은 거의 보이지 않습니다. 그러나 물통의 테두리 부분에서는 빛의 진입 각도가 작아질수록 왜곡도 강해지는 것을 확인할 수 있습니다. 물통의 가운데 부분에서는 흰색 테이블이 평평하지만, 테두리에서는 왜곡이 일어났다는 사실도 알 수 있죠.

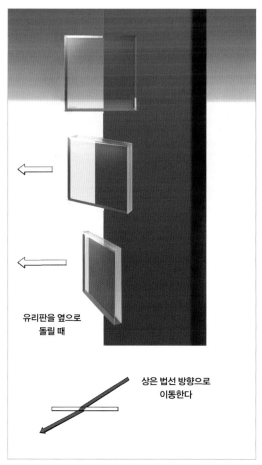

유리판을 옆으로 돌릴 때

상은 법선 방향으로 이동한다

13 위의 예제를 통해 굴절된 상은 투명체의 법선 방향으로 이동한다는 것을 알 수 있습니다.

14 관찰자의 시점에서 빛의 진입 각도가 작을 때 상이 왜곡되는 정도도 커집니다(이 경우 물통의 테두리 부분).

투명체의 면과 형상
TRANSPARENT PLANES AND FORMS

곡면 투명체에 투과되는 상이 왜곡되는 방식을 이해하기 위해서 먼저 곡면이 휘어진 정도(곡률)에 따라 상이 어떻게 바뀌는지 살펴보겠습니다. 예제 15에 보이는 물체가 곡면 투명체를 통해 왜곡시킬 물체입니다.

하나의 면으로 이뤄진 투명체에서 나타나는 왜곡은 대체로 정반사체에서 보이는 왜곡의 정반대라고 생각할 수 있습니다. 예제 16에서 볼 수 있듯 평행광을 오목한 투명체 곡면으로 비추면 광선은 바깥으로 퍼져 나갑니다. 볼록거울에서 보이는 것과 마찬가지 현상이죠. 즉, 오목한 투명체 곡면(즉, 오목렌즈)을 통해 보면 상이 축소되어 보인다는 사실을 알 수 있습니다.

또한 오목거울과 마찬가지로 볼록렌즈에는 초점이 있습니다. 즉, 오목거울에서 물체와 오목거울의 초점 사이의 거리에 따라 상이 커 보이거나 상이 반전되어 보이는 현상이 볼록렌즈에서도 볼 수 있다는 말이 됩니다.

• 물체가 초점보다 가까이 있으면 물체는 확대되어 보입니다.

• 물체가 초점 위에 있으면 물체의 상은 렌즈 전체에 맺힙니다.

• 물체가 초점보다 멀리 있으면 상이 반전되어 맺힙니다.

이렇게 정리한 규칙과 렌즈의 가운데에(관찰자의 시점에서 바로 정면에 보이는 부분) 가까워질수록 왜곡이 줄어든다는 규칙을 활용하면 볼록렌즈와 오목렌즈라는 기본적인 곡면 투명체에서 나타나는 굴절을 사실감 있게 묘사할 수 있습니다.

렌즈에서 보이는 상의 왜곡 현상과 162페이지에서 논의한 대비를 사용하면 기본 도형을, 렌즈를 통해 보았을 때 모습을 사실감 있게 두께감을 주어 표현할 수 있습니다. 그리고 앞서 살펴본 것처럼 기본 도형은 형상과 부피를 이해할 때 가장 중요한 요소이죠.

만약에 어떤 곡면 투명체가 유리공처럼 완전히 볼록하게 휘어지면 이 투명체의 초점은 투명체의 안으로 이동합니다. 즉, 투명체의 뒤쪽에서 투과되어 보이는 물체는 어느 방향에서 보아도 모두 반전되어 보인다는 것이죠. 이때 상은 상하와 좌우가 모두 반전되어 보입니다(20). 그러나 한 면은 완전 곡면이고 다른 면들은 평면인 투명체 원기둥에서 보이는 상은 곡면의 축을 따라서 일어나는 반전이 전부입니다. 이때의 예시가 173페이지에 제시되어 있습니다.

그러나 '그러면 복잡한 형상에서 일어나는 굴절과 왜곡은 어떻게 표현하면 되나'라는 걱정은 하지 않아도 좋습니다. 실제로 형상이 복잡해지면 형상에서 일어나는 굴절과 왜곡은 아주 복잡하게 나타납니다. 구체에서는 그나마 왜곡과 굴절이 쉽게 예측할 수 있지만 형상이 복잡해지면 보다 직관적으로 이를 표현해야 합니다.

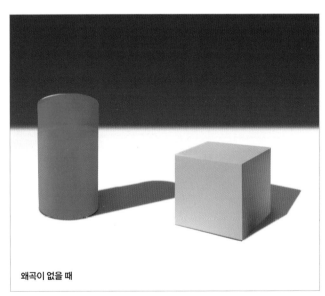

왜곡이 없을 때

15 투명한 렌즈를 통해 바라볼, 왜곡이 없을 때의 모습입니다.

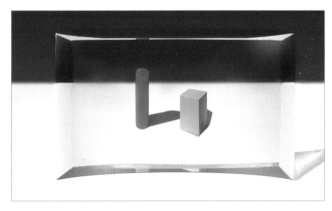

오목렌즈

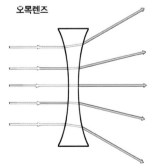

16 투명한 오목렌즈를 통해 보면 빛이 퍼져 나가며 상이 축소되어 보입니다.

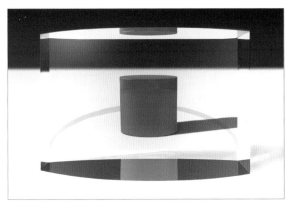

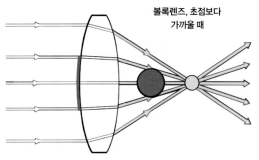

**볼록렌즈, 초점보다
가까울 때**

17 물체가 볼록렌즈의
초점보다 가까이
있으면 볼록렌즈의
표면에서 균일하게
확대되어 보입니다.

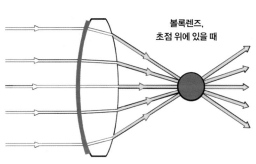

**볼록렌즈,
초점 위에 있을 때**

18 물체가 볼록렌즈의
초점 위에 있으면 볼록렌즈
전체에 상이 맺힙니다.

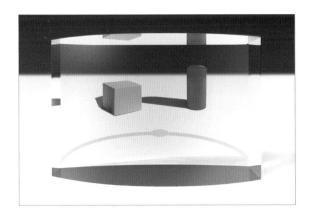

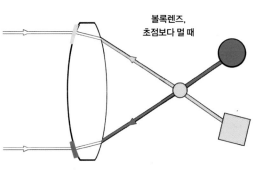

**볼록렌즈,
초점보다 멀 때**

19 물체가
볼록렌즈의 초점보다
멀리 있으면 좌우가
반전되어 보입니다.

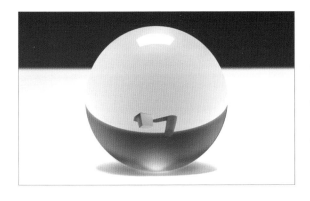

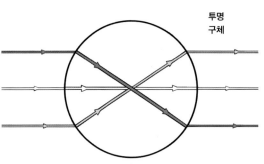

**투명
구체**

20 투명한 구체를
통해 바라본 물체는
상하와 좌우가 모두
반전되어 보입니다.

투명체의 그림자와 초면
SHADOW AND CAUSTIC LIGHT

투명체가 드리우는 그림자는 우리가 지금까지 살펴본 그림자에서 몇 가지 손을 봐야 그릴 수 있습니다. 가장 먼저 해야 할 일은 간단합니다. 투명체를 비추는 빛은 다수가 투명체를 투과해서 지나가므로 투명체의 그림자는 불투명체에 비해 훨씬 밝습니다. 투명체의 두께가 두꺼워지면 투명체의 그림자도 어두워집니다.

두 번째로 살펴볼 투명체의 특징은 상당히 흥미롭습니다. 바로 '초면[1]'이라고 불리는 현상입니다. 초면은 빛이 굴절되어 어느 지점에 집중된 결과로 보이는 밝은 지점을 가리킵니다. 예제 21에서 그림자 가운데 부분에서 보이는 것과 예제 22에서 유리를 통과한 빛이 아롱거리게 맺힌 부분이 초면입니다.

한 가지 강조하고 싶은 점은 형상이 단순할 때만 초면의 형태를 쉽게 예측할 수 있다는 것입니다. 물체의 형상이 복잡하면 물체를 통과하는 빛의 굴절과 집중이 복잡하게 얽혀 예측하기 힘든 방식으로 초면을 만들어냅니다. 그 예시가 바로 예제 22이죠. 하지만 투명체를 묘사할 때 초면을 활용하면 이미 지를 보다 아름답게 만들 수 있습니다.

21 빛이 투명체를 통과하고 투명체가 드리우는 그림자의 밝기를 높입니다. 투명체의 두께가 두꺼워지면 그림자는 어두워집니다.

22 굴절된 빛이 몇 개의 점으로 집중되면 초면이 발생합니다.

---

1 역주 : 면의 모양이 '불에 그슬린 것 같다'하여(영문명의 CAUSTIC도 같은 뜻입니다) 그을리다 초(焦)를 써서 초면이라고 합니다. 또는, 화면(火面)이라고도 합니다.

Image 22 © Maksim Kostenko (via Adobe Stock)

전반사
TOTAL INTERNAL REFLECTION

육면체처럼 표면이 평면으로 이뤄진 투명체를 묘사하는 일은 쉽진 않습니다. 그리고 그 과정에서 한 가지 더 알고 가야 할 개념이 있습니다. 바로 '전반사'입니다.

반사라고 하면 우리는 대체로 어떤 물체의 바깥쪽에서만 일어나는 것으로 생각합니다. 〈정반사〉 장에서 다룬 반사와 마찬가지라고 생각하죠. 그러나 반사는 밀도가 높은 매개의 안쪽에서도 발생합니다. 예제 23을 보면 수영장 바닥의 파란 선이 위쪽의 물 표면에 반사되는 것을 확인할 수 있습니다.

이러한 현상이 일어나는 이유는 앞서 배웠던 굴절과 관련이 있습니다. 반응의 결과는 굴절과는 반대이지만요. 굴절을 설명할 때는 빛이 밀도가 낮은 매개(공기)에서 밀도가 높은 매개(유리나 물)로 진입할 때를 가정했지만 이번에는 빛이 물에서 공기로 이동하는 상황을 가정하겠습니다. 그러면 물에서 공기로 진입할 때 빛의 속도는 빨라질 것입니다.

이때 우리 눈에는 어떤 현상이 일어나는지 알기 위해서 다시 이전처럼 빛을 차로 비유해서 설명하겠습니다. 굴절을 설명할 때와는 달리 이번에는 차가 진흙도로(차가 느리게 움직이는 도로)에서 포장도로(차가 빠르게 움직이는 도로)로 이동한다고 하겠습니다. 차가 진흙도로와 포장도로의 경계면에 이르면 이전과 마찬가지로 차의 한쪽 바퀴가 다른 쪽보다 일찍 포장도로에 닿습니다. 그러면 포장도로 쪽에 있는 바

퀴가 다른 쪽보다 빠르게 움직이겠죠. 그 결과로 차의 진행 방향이 바뀌게 됩니다. 굴절이 일어날 때도 마찬가지입니다. 다만 이번에는 진흙도로와 포장도로가 맞닿는 접선의 법선 방향이 아니라 법선에서 멀어지는 방향으로 진행 방향이 바뀝니다(24).

그 결과로 차의 접근 각도가 커지면 어느 순간 차의 진행 방향이 두 도로의 접선과 평행하는 지점이 발생합니다. 이때 차의 접근 각도를 '임계각(critical angle)'이라 부릅니다. 그리고 임계각은 물체에 따라 서로 다릅니다(25). 다시 강조하지만 아티스트

인 우리는 서로 다른 물질의 임계각을 모두 일일이 외울 필요는 없습니다. 이런 개념이 있는 걸 아는 정도면 충분합니다.

임계 각도를 넘어서 접근 각도가 더 커지면 차의 진행 방향은 이제 다시 진흙도로로 돌아가는 것으로 바뀝니다. 그리고 이렇게 빛이 어떤 물체 내부에서 외부로 탈출하지 못하고 반사가 되는 현상을 전반사라 부릅니다(26).

23 위의 사진에서 전반사가 일어날 때의 모습을 잘 확인할 수 있습니다. 전반사의 결과로 수영장 바닥이 위쪽의 수면에 반사되어 보입니다.

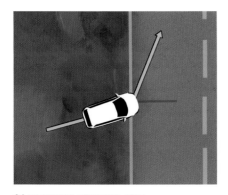

24 166페이지에서 설명한 굴절과는 반대로 차가 이번에는 진흙도로에서 포장도로로 이동합니다. 그리고 한쪽 바퀴가 포장도로에 먼저 닿아서 법선에서 멀어지는 방향으로 진행 방향이 변화합니다.

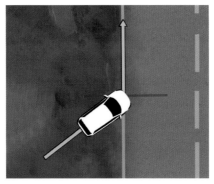

25 진입 각도가 작아지면 차는 '임계각'에 이릅니다. 그 결과 진흙도로와 포장도로의 접선과 평행하는 방향으로 진행 방향이 바뀝니다.

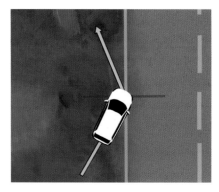

26 임계각보다 진입 각도가 작아지면 차는 포장도로에 진입했다가 다시 진흙도로로 되돌아갑니다. 이러한 현상을 전반사라 부릅니다.

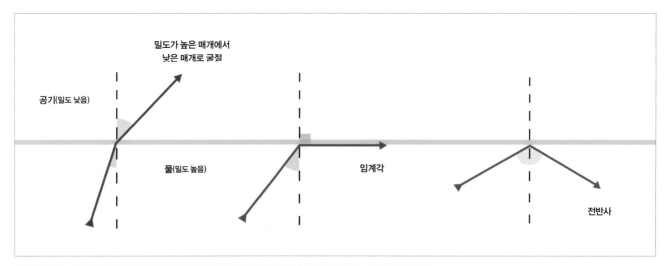

27 빛이 밀도가 높은 매개에서 상대적으로 밀도가 낮은 매개로 굴절될 때 빛의 탈출 각도는 정반사 굴절이 일어날 때와는 반대로 점점 커집니다.

임계각에서 진입 각도가 작아지면 빛이 물 밖으로 빠져나가지 못하는데 이때 빛은 물의 표면을 따라서 움직입니다.

전반사가 일어나면 빛은 다시 밀도가 높은 매개 안으로 전부 반사됩니다.

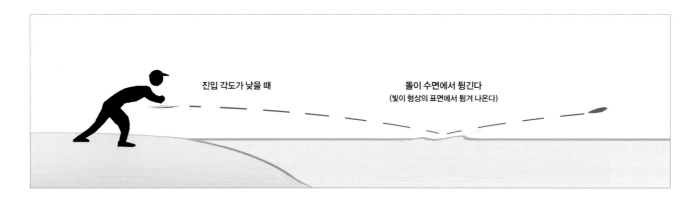

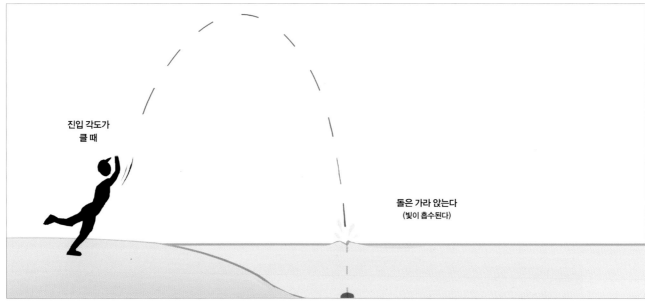

28 물수제비 할 때를 생각해 보세요. 물수제비를 뜨는 각도에 따라 돌은 가라앉기도(흡수), 수면에서 통통 튀기도(반사)합니다.

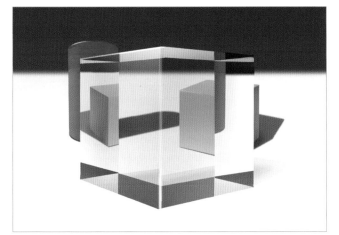

29 투명체 형상의 표면에 보이는 상은 관찰자의 시점에서 바라봤을 때 형상의 면이 이루는 각도에 따라 달라집니다.

 반사된 상(해당하는 면과 관찰자의 시점이 이루는 각도가 낮을 때)

투과된 상(해당하는 면과 관찰자의 시점이 이루는 각도가 직각에 가까울 때)

예제 27에서는 빛이 물에서 공기 중으로 이동할 때 일어나는 반응을 단순화해서 표현하고 있습니다. 물론 현실에서는 예제에서 표현된 현상 사이에 수많은 중간 단계가 존재합니다. 그러나 기본을 배우는 차원에서 투명체의 각 면에는 투과된 상이나 반사된 상이 보인다고 단순화해서 설명해 볼 수 있습니다.

앞선 장에서 배운 내용이 난해하거나 잘 이해가 되지 않을 수도 있습니다. 실제로 작업을 할 때 '전반사'라는 것을 우리는 어떻게 작품에 녹여낼 수 있을까요?

이때 도움이 되는 것이 바로 여러분 중 대부분도 한 번쯤 해봤을 물수제비입니다(28). 돌이 수면에서 튕기기 위해서는 돌을 낮은 각도에서 던져야 합니다. 만약 돌을 던지는 각도가 너무 높으면 돌은 그냥 물에 첨벙하고 가라앉겠죠. 이때 돌을 빛으로, 물을 투명체에 대입해서 이해하면 편합니다. 만약에 돌이 수면에서 튕긴다면 빛이 투명체의 표면에서 반사된 것이고, 돌이 가라앉으면 빛은 투과되어 투명체 뒤에 있는 물체가 관찰자에게 보이겠죠.

투명체에서 일어나는 빛의 작용에 대해 배웠으니, 이제는 투명 육면체나 다른 평면 형상을 보았을 때 우리 눈에 보이는 것이 무엇인지 우리는 이해할 수 있습니다. 예제 29에서 투명체의 안쪽 위쪽 면과 아래쪽 면에는 내부 반사가 보이며 관찰자 쪽에 있는 안쪽 면에는 투명체 뒤쪽의 물체가 투과되어 보입니다.

전반사와 이전에 배웠던 왜곡과 깊이에 따른 대비 변화를 잘 활용하면 물체의 곡률과 무관하게 투명체라는 새로 배우는 형상을 잘 표현할 수 있습니다 (30).

이 정도 배웠으면 이제 기존에 존재하는 아무 풍경에나 투명체를 삽입해 볼 수 있습니다. 직접 한 번 해보세요! 정반사체와 마찬가지로 투명체의 표면 역시 주변 환경에 의해 많은 부분이 결정됩니다. 따라서 가능한 많은 풍경에 투명체를 삽입하는 연습을 하는 것이 최선입니다. 본인이 그린 풍경이나 사진 속에 투명체를 삽입하는 연습을 해보세요(31).

30 투명 원기둥에서는 투명 육면체와 마찬가지로 전반사가 보입니다. 그러나 동시에 이전에 배웠던 곡면의 왜곡도 관측됩니다.

31 151페이지와 155페이지에서 했던 것과 마찬가지로 사진에 투명체를 삽입하는 연습을 해보세요.

색의 변화 COLOR CHANGES

투명체 역시도 고유색을 띨 수 있는데, 투명체의 고유색은 158페이지에서 배웠던 정반사체의 고유색과 비슷하게 변화합니다. 투명체의 고유색은 일종의 필터 역할을 하여 고유색이 있는 투명체를 지나는 상은 해당하는 색의 포화도 변화 경로를 따라서 어두운색으로 바뀝니다(32).

정반사체와 마찬가지로 그래픽 프로그램에서 투명체의 색을 구현하는 방법은 바로 해당하는 색을 'Multiply' 레이어로 적용하는 것입니다. 그러나 투명체에 고유색을 넣을 때 정반사체와는 조금 달라지는 부분이 몇 개 있습니다.

가장 다른 점은 정반사로 발생하는 빛은 투명체의 고유색에 영향을 받지 않습니다. 그래서 정반사와 투명체의 고유색은 따로 표현해야 합니다. 두 번째로 162페이지에서 다루었듯 빛은 어떤 물체를 더 많이 지날수록 물체의 고유색을 더 강하게 띱니다. 투명체에 고유색이 있다면 투명체의 두께가 두꺼울수록 이 투명체를 지나는 빛의 포화도도 크게 변화한다는 것입니다.

그렇기 때문에 'Multiply' 레이어를 일괄 적용하면 포화도가 투명체 전체에서 동일하게 바뀌는데 이것이 예제 33에서 보이는 초보자들이 자주 하는 실수입니다. 투명체를 사실적으로 표현하려면, 투명체의 두께에 따라 포화도의 변화를 다르게 표현해야 합니다. 즉, 구체의 중심부에서는 포화도의 변화가 크게, 테두리에서는 더 투명한 느낌이 나도록 표현해야 합니다.

이렇게 고유색을 지니는 투명체에서 색은 감산 혼합입니다. 서로 다른 고유색을 띤 투명체를 겹겹이 배치하면 결과적으로 투명체를 모두 투과하여 보이는 색은 검은색일 것입니다. 예제 34에서 보이는 컬러 렌즈가 바로 이러한 고유색을 지닌 투명체의 예시입니다. 만약에 이런 컬러 렌즈를 충분히 겹쳐 놓는다면 결과적으로 빛이 투과하지 못하여 우리 눈에는 검은색만 보이게 될 것입니다.

32 투명체도 고유색을 띨 수 있습니다. 위의 예제에서는 빨간색과, 파란색, 노란색을 띤 투명체가 제시되어 있습니다. 투명체의 고유색은 투명체와 작용하는 빛에 영향을 줍니다.

투명체를 잘 표현한 경우

투명체를 잘못 표현한 경우

형상의 두께가 두꺼운 부분에서 고유색의 포화도가 증가한다.

형상의 두께와 무관하게 고유색의 포화도가 동일하다.

33 많은 이들이 투명체의 고유색을 표현할 때 형상과 무관하게 포화도를 동일하게 적용하는 실수를 합니다.
실제로는 고유색의 포화도는 형상의 두께가 두꺼워질수록 증가하고 얇은 곳에서는 포화도가 감소해야 합니다.

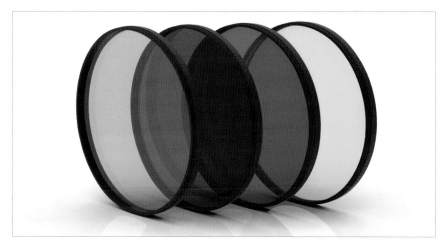

34 투명체의 고유색은 서로 겹쳐 놓으면 감산 혼합을 합니다.
위의 컬러 렌즈를 통해 이를 확인할 수 있습니다.

35 빨간색 투명체는 빨간색 그림자를 드리웁니다. 그림자의 색은 본래의 고유색보다는 어둡고
포화도도 낮습니다. 그러나 그림자 위에 생기는 초면에서는 높은 밝기가 관측됩니다.

투명도와
색 그림자

앞선 장에서 배웠듯 빛은 투명체를 통과하며 그림자에 어느 정도 영향을 줍니다. 따라서 투명체에 고유색이 있는 경우, 투명체의 고유색 역시 그림자의 색에 영향을 줍니다. 예제 35에서 그림자는 빨간색을 띠는데 투명체가 빨간색 빛만 투과시키기 때문입니다. 그리고 이렇게 투명체를 투과한 빛은 주변광과 섞여서 본래의 색보다는 포화도가 떨어진 색을 띱니다.

눈치를 채셨을지도 모르겠지만 그림자의 가운데 부분에는 초면 효과가 나타나고 있습니다. 170페이지에서 다루었듯 초면은 투명체를 통과한 빛이 굴절되어 일정 지점에서 모이는 현상으로 고유색에서 가장 채도가 높은 색으로 나타납니다.

예제 36에서는 유리구슬을 통해 초면 효과가 물체 내부에서도 발생한다는 것을 알 수 있습니다. 물체 내부에서 초면 효과가 발생하면 구슬의 한 부분이 매우 높은 채도와 밝기를 보입니다. 투명 구체에서 이런 내부 초면은 주로 광원의 반대편에 위치합니다. 그러나 형상의 모양이 복잡할 때는 초면이 어디에 생길지는 예측하기 어렵습니다.

36 초면 현상으로
발생하는 밝은 지점은
색유리 구슬 내부와 구슬의
그림자에서도 발견됩니다.

Image 34 © Walkanddream/Shutterstock.com | Image 36 © John Brueske/Shutterstock.com

굴절과 훈색
REFRACTION AND IRIDESCENCE

굴절에 대해서 마지막으로 알아볼 사실은 바로 모든 색(빛의 파장)이 같은 정도로 휘지 않는다는 것입니다. 사실 에너지의 강도가 높은(한색) 빛이 가장 먼저 굴절되고, 에너지의 강도가 낮을수록(난색) 더 늦게 굴절됩니다.

즉, 백색광을 충분히 굴절시키면 백색광을 구성하는 색을 분리할 수 있다는 말이 됩니다. 31페이지에서 이 사실을 다루기도 했죠. 그리고 바로 이 방법이 아이작 뉴턴이 프리즘을 통해 빛을 회절시켜 컬러 스펙트럼을 발견할 때 사용한 방법입니다. 이렇게 빛이 여러 색으로 분리되는 현상은 빛이 투명체를 통해 충분히 굴절되어 '훈색[2] 효과(irides-cent effect)'를 일으킬 때 나타납니다.

훈색을 뜻하는 영단어 'iridescence'는 라틴어로 무지개를 뜻하는 'iridis'가 어원으로, 말 그대로 무지갯빛을 뜻합니다. 그리고 무지개는 우리가 주변에서 가장 흔하게 찾아볼 수 있는 빛이 분리되는 현상입니다. 무지개는 공기 중에 물방울의 숫자가 충분히 있어서 빛에서 색을 분리할 때 나타납니다. 또한 무지개는 훈색 중에 형태를 예측하기 쉬운 현상인데, 무지개는 언제나 큰 원형으로 나타나기 때문입니다. 인간의 눈에 있는 원추세포 때문에 우리가 무지개를 이런 모양으로 인식하는 것이기도 하죠. 일반적으로 우리는 무지개의 절반만 봅니다. 무지개의 반쪽이 지평선에 의해 가려져 보이기 때문입니다. 그러나 우리가 작품을 그릴 때는 대체로 아치 모양으로 무지개를 표현하는 것으로 충분합니다.

훈색은 정말 많은 요소에 의해 발생합니다. 그래서 작품에서 표현하고자 할 때 각기 다른 표면에서 훈색이 어떻게 보일지 정확하게 예측하는 것이 정말로 어렵습니다. 하지만 한 가지 공통적으로 관찰되는 사실은 훈색이 발생할 때 컬러 스펙트럼에 있는 색이 빨간색부터 청자색(violet)까지 차례대로 관찰된다는 것입니다(38).

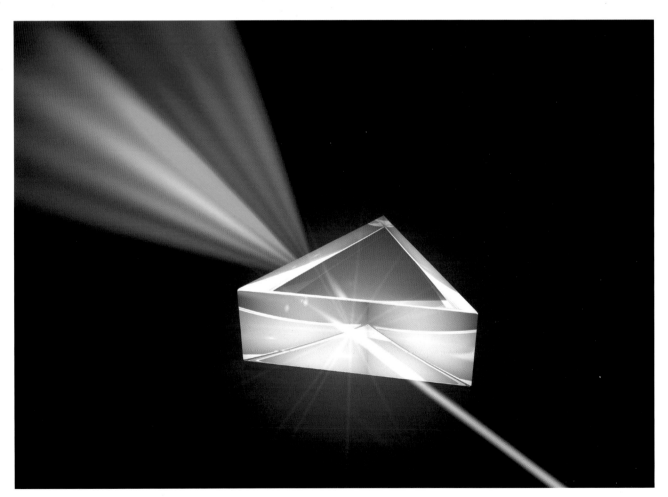

37 〈색〉 장에서 다루었듯 빛은 컬러 스펙트럼으로 분리할 수 있습니다.

2 역주 : 한자로는 '暈色'으로 표현하고 이때 暈은 햇무리나 달무리를 뜻하는 글자입니다.

Image 37 © SteveUnit4/Shutterstock.com

동물계에서 훈색은 흔하게 보이는 현상입니다. 기름이나 비누 거품의 표면부터 특정한 각도에서 유리를 봤을 때도 훈색이 나타납니다. 훈색이 나타나는 정도에는 차이가 있지만 대체로 훈색에서 보이는 색은 채도가 높고 무지개와 같은 순서로 색이 나타납니다(39).

훈색에서 보이는 색의 크기와 모양은 물체의 표면에 따라 달라지지만, 색의 순서만 유지하면 훈색은 이미지를 풍성하게 해주는 도구가 될 수 있습니다. 훈색은 자연에서 보이는 색 중에 가장 채도가 높은 색이기 때문에 작품을 다채롭게 해주는 효과를 낼 수 있습니다.

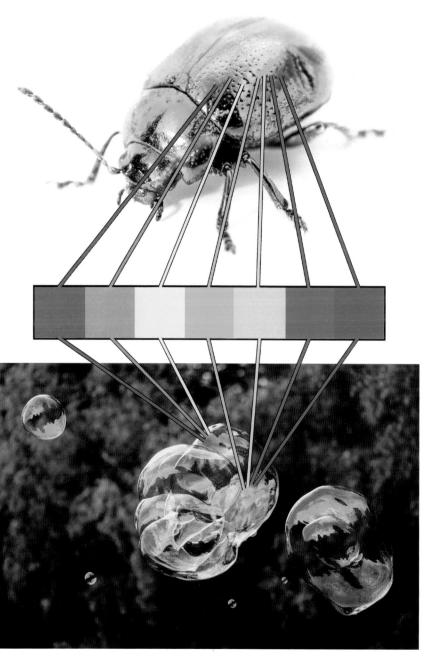

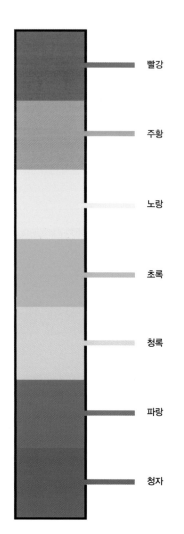

빨강

주황

노랑

초록

청록

파랑

청자

38 〈색〉 장에서 배웠듯 빛은 컬러 스펙트럼으로 분리될 수 있습니다.

39 훈색이 나타나는 물체와는 상관없이 색상의 순서는 항상 같습니다.

Beetle photo © Anatolii (via Adobe Stock) | Bubble photo © nikkytok/Shutterstock.com

반투명체 TRANSLUCENCY

지금까지는 물체 뒤에 있는 사물이 투명하게 보이는 투명체에 대해서 배워봤습니다. 이제는 투명체의 불투명도가 높아지면(무광체에 가까워지면) 어떤 일이 일어나는지 알아보는 것이 도움이 되겠습니다. 먼저 정반사체에 질감을 더했을 때와 마찬가지로 투명체의 불투명도가 증가하면 투명체에 투과되어 보이는 상이 점차 흐려지다가 일정 수준을 지나면 완전히 보이지 않게 됩니다. 완전히 불투명체는 아니지만 물체 뒤에 있는 사물이 더 이상 보이지 않게 되는 것이죠. 투명체를 반투명체로 점진적으로 바꾸어 보았을 때 이 현상을 확인할 수 있습니다(40).

반투명체의 표면을 묘사할 때 발견할 수 있는 한 가지 흥미로운 사실은 반투명체가 어딘가 모르게 친숙하게 보인다는 것입니다. 반투명체나 무광체 모두 명부의 형태와 암부의 형태가 광원에 의해 결정된다는 점이 공통되기 때문입니다. 그러나 반투명체와 무광체 사이에는 두 가지 주요한 차이점이 있습니다. 먼저 반투명체에서는 '암부'가(이름과는 달리) 명부에 비해서 명도가 밝습니다. 다음으로 암부에서 채도가 많이 증가한다는 점입니다. 이 두 가지는 무광체와 뚜렷하게 구분되는 차이점입니다. 사실 어떻게 보면 무광체에 적용되는 규칙의 정반대처럼 보이기도 합니다. 그렇다면 왜 반투명체에는 우리가 이전에 살펴보았던 규칙이 적용되지 않는 것일까요?

반투명체와 무광체 사이의 첫 번째 차이점은 그 이유를 설명하기 쉽습니다. 반투명체의 '암부'가 명부보다 밝은 것은 반투명체에서는 빛이 쉽게 투과하기 때문입니다. 한편 아주 적은 빛만 반사하기 때문에 반투명체에서는 '명부'의 명도가 어둡게 나타나는 것이죠. 이렇게 반사되지 않은 빛이 물체를 투과하여 물체의 반대편에 이르러 '암부'의 명도를 밝게 합니다.

암부에서 채도가 증가하는 현상을 설명하기 위해서는 어떤 물체가 투명하게 보이는 원리를 분자 단위에서 조금 더 깊게 이해하는 것이 좋습니다. 예제 41에서는 서로 밀도가 다른 물체와 분자가 만났을 때 어떻게 작용하는지 간략화해서 보여주고 있습니다. 공기처럼 투명도가 극도로 높은 물체에서 분자들은 서로 멀리 떨어져 있습니다. 분자 사이의 공간으로 빛은 아무 방해도 받지 않고 지날 수 있고, 대부분의 광자는 분자와 아무런 작용도 하지 않습니다. 앞서 살펴본 정반사체의 경우 그 정반대의 현상이 일어납니다. 분자들이 서로 촘촘하게 자리하고 있어서 빛이 투과할 수 있는 공간이 없는 것이죠. 그래서 빛은 반사됩니다.

투명체 불투명도를 높였을 때 반투명체

40 투명 구체의 불투명도를 높이면 일반적으로 무광체에서 '암부'로 분류되는 부분의 밝기가 밝아지며 '명부'에 해당하는 부분보다 채도가 높아집니다.

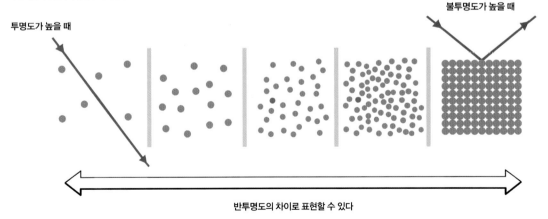

투명도가 높을 때

불투명도가 높을 때

반투명도의 차이로 표현할 수 있다

41 분자 사이의 간격이 조밀할 때 빛은 물체를 투과하기 힘들어집니다. 그리고 일정 수준에 이르면 반사됩니다. 공기와 금속은 위의 스펙트럼에서 양 극단에 자리한 물질들로 다른 물체는 이 둘 사이 어느 지점에 있다고 생각해 볼 수 있습니다.

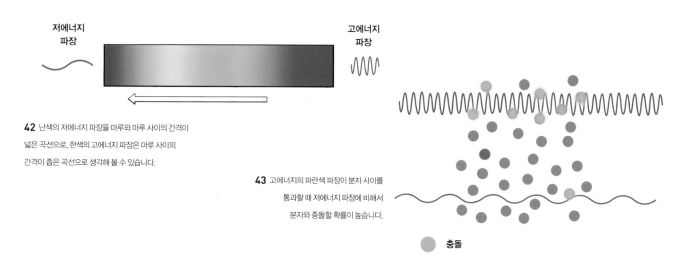

저에너지 파장

고에너지 파장

42 난색의 저에너지 파장을 마루와 마루 사이의 간격이 넓은 곡선으로, 한색의 고에너지 파장은 마루 사이의 간격이 좁은 곡선으로 생각해 볼 수 있습니다.

43 고에너지의 파란색 파장이 분자 사이를 통과할 때 저에너지 파장에 비해서 분자와 충돌할 확률이 높습니다.

● **충돌**

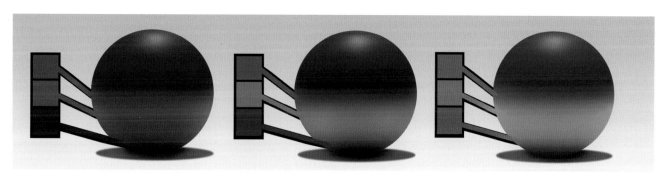

44 빛이 반투명체를 투과할 때 한색은 난색 계통의 색으로 바뀌고 암부에서는 채도가 높아집니다.

이렇게 반투명도가 높고 낮음에 따라 투명체와 정반사체가 나뉘는데 그 사이에는 빛이 물체의 분자와 작용하며 에너지를 잃는 정도에 따라 다양한 반투명체가 존재합니다. 그리고 물체의 분자와 빛이 작용할 때 빛은 감소하기 때문에 반투명체에서는 아주 강력한 빛만이 물체를 완전히 투과할 수 있습니다.

파장의 에너지

이전 장을 통해 우리는 색을 물리적으로 표현하면 결국 전자기 파장 스펙트럼 위에 존재하는 파장에 불과하다는 사실을 배웠습니다. 이 스펙트럼에서 난색은 에너지의 강도가 낮은 파장이고, 한색은 에너지의 강도가 높은 파장입니다. 이때 이렇게 에너지의 강도가 완전히 다른 두 개의 파장을 예제 **42**처럼 곡선으로 표현해 보면, 고에너지 파장은 움직임이 많고 저에너지 파장은 움직임이 적다는 사실을 유추할 수 있습니다.

이 두 형태의 파장을 반투명체에 쏘아보면 빛과 물질의 작용에서 중요한 사실을 깨달을 수 있습니다. 고에너지의 파란색 파장은 저에너지 파장에 비해 반투명체의 분자와 더 많이 충돌하고 그만큼 물체의 분자와 상호작용을 할 확률이 높습니다(**43**). 빛과 분자가 충돌할 때마다 빛은 에너지를 일정량 잃고, 결국에는 물체에 완전히 흡수됩니다. 반면 저에너지의 빨간색 파장은 분자와 덜 충돌하며 분자 사이의 공간을 지나갑니다. 빛과 분자 사이의 작용을 굉장히 단순화해서 설명한 것이지만, 이 정도면 아티스트로서 필요한 정도는 모두 배웠다고 할 수 있습니다.

물론 이런 설명이 추상적이고, 아티스트에게는 결국 실제로 작품에서 어떻게 녹여낼 수 있는지가 중요한 것도 사실입니다. 그렇다면 이런 이론적인 내용이 실제 작품을 창작할 때 어떻게 적용될 수 있을까요? 이렇게 파장을 통해 설명함으로써 우리는 한

색이 난색보다 더 빨리 에너지를 잃는다는 사실을 알 수 있습니다. 즉, 파란색 빛은 빨간색 빛에 비해서 더 빠르게 '산란'되는 것이죠. 따라서 어떤 매질을 통과할 때 빛은 파란색 빛을 점점 잃어가면서 점차 난색으로 바뀝니다. 많은 물체에서 이렇게 한색이 난색에 비해서 빠르게 산란되는 현상은 너무 빠르게 일어나서 우리가 감지하기 어렵지만 반투명체에서는 이 현상이 확연하게 드러납니다(**44**).

반투명체의 그림자를 묘사할 때에는 반드시 투과된 빛이 난색 계통으로 변화한 것을 표현해야 합니다. 즉, 색상이 빨간색 계통으로 바뀌거나, 고유색이 난색인 경우에는 암부의 채도가 증가하도록 표현해야 합니다. 이와 같은 반투명체의 특징 때문에 반투명체의 암부에서는 가장 채도가 높은 색이 관찰되기도 합니다.

표면하산란 SUBSURFACE SCATTERING

반투명체에서 빛이 난색 계통으로 변화하는 것을 '표면하산란'[3]이라 부릅니다. 그리고 어떤 물체라도 투명도가 있다면 나타나는 현상입니다. 이 아름다운 현상을 다루는 법을 이해하기 위해서 먼저 지금까지 다룬 물체보다 밀도가 높은 물체인 양초로 설명을 해보겠습니다. 양초는 표면하산란이 일어나는 대표적인 물체입니다. 이전 장에서 살펴본 완전 반투명체와 비교했을 때 양초의 밀도는 훨씬 높으며, 이 때문에 빛이 양초의 표면을 완전히 통과할수 없습니다(45).

예제 45를 통해 빛이 양초를 통과하며 점차 난색 계통으로 바뀌고 어두워진다는 사실을 확인할 수 있습니다. 빛이 물체의 표면을 투과하면서 점차 물체의 암부가 보이는 전반적인 명도 수준으로 명도가 감소합니다. 빛이 물체를 투과하면서 완전히 에너지를 잃는 지점을 물체의 '침투 깊이'라 부릅니다.

침투 깊이라는 개념을 사용하면 초보자들이 자주 저지르는 실수를 바로잡을 수 있습니다. 일반적으로 초보자들은 표면하산란을 단순하게 무광체에서 일어나는 빛의 작용의 정반대라고 이해합니다. 그래서 무광체에서 보이는 빛의 작용을 반대로 뒤집어서 적용하는데, 그러면 물체에서 가장 밝은 부분은 예제 46처럼 가장 아래쪽에 위치하게 됩니다. 그러나 이렇게 물체를 표현하는 방법에는 약간의 오류가 있습니다. 예제 46의 올바르게 표현한 구체에서 볼 수 있듯이 표면하산란이 일어날 때 가장 명도가 높은 지점은 빛이 물체를 어느 정도 투과하는지에 따라 달라집니다. 반투명체에서 침투 깊이는 대체로 테두리에서 가장 얕기 때문에 예제 47처럼 구체에서 가장 밝은 지점은 가장 아래쪽이 아니라 명암 경계선에 위치하게 됩니다. 그리고 명암 경계선을 기점으로 빛이 침투해야 하는 깊이가 깊어지므로 명도는 낮아집니다.

표면하산란을 표현할 때 가장 흔한 주제가 되는 대상은 바로 인체의 피부입니다. 표면하산란을 은은하게 잘 표현하는 것이 피부라는 까다로운 주제를 다룰 때 가장 중요한 요소입니다. 예제 48처럼 손을 들어서 밝은 빛에 비추어 보세요. 그러면 피부를 투과해서 산란한 빛이 아주 채도가 높은 빨간색을 만들어내는 것을 확인할 수 있습니다. 그리고 이렇게 생기는 빨간색 빛번짐이 손의 가장자리에만 위치하며 손가락의 중심부와 손바닥 쪽으로 갈수록 급격하게 사라진다는 것도 알 수 있습니

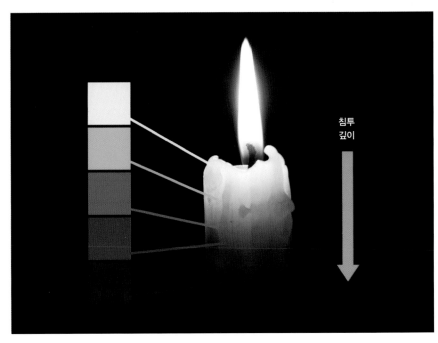

45 표면하산란이 일어나면 색은 빨간색으로 바뀌며 포화도는 증가하고 광원에서 멀리 떨어질수록 어두워집니다.

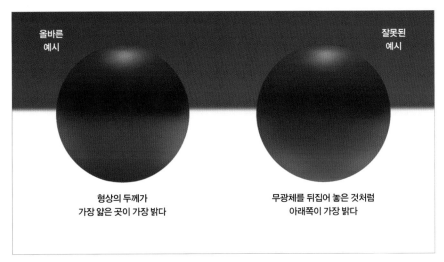

46 반투명체를 표현할 때 단순하게 무광체를 뒤집어서 표현하는 실수를 많이 합니다. 그러나 표면하산란이 실제로 작동하는 방식은 이와 다릅니다.

다. 이는 손가락 쪽에 있는 밀도가 높은 뼈와 살, 그리고 손바닥이 빛이 투과되는 것을 막기 때문입니다. 인체는 각 부위마다 밀도와 투명도가 다릅니다. 어느 부분도 밀도와 투명도가 동일하지 않죠. 따라서 인체를 묘사하기 위해서는 인체를 세밀하게 살펴봐야 합니다.

---

3 역주 : 물체의 표면 밑에서 빛의 산란이 일어난다는 뜻으로, 서브서피스 스캐터링이라고도 합니다.

Image 45 photo © mark_ka (via Adobe Stock)

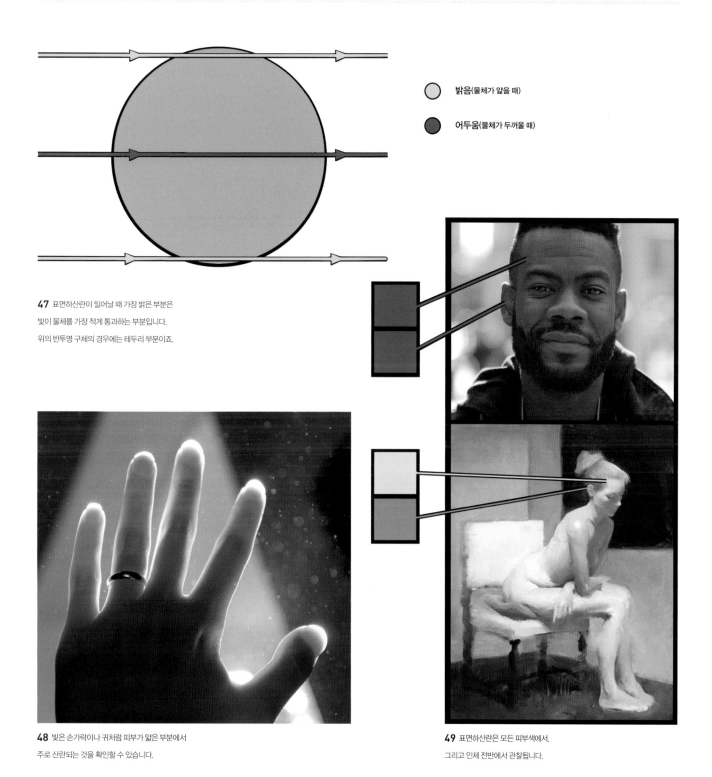

밝음(물체가 얇을 때)

어두움(물체가 두꺼울 때)

47 표면하산란이 일어날 때 가장 밝은 부분은
빛이 물체를 가장 적게 통과하는 부분입니다.
위의 반투명 구체의 경우에는 테두리 부분이죠.

48 빛은 손가락이나 귀처럼 피부가 얇은 부분에서
주로 산란되는 것을 확인할 수 있습니다.

49 표면하산란은 모든 피부색에서,
그리고 인체 전반에서 관찰됩니다.

198페이지에서 피부와 피부의 색조에 대해서는 별도의 장을 두어 깊이 있게 논의하겠습니다. 그러니 일단은 피부색이 밝을 때 표면하산란이 가장 눈에 띄게 나타나지만, 표면하산란은 피부색과 무관하게 나타난다는 것만 강조하고 넘어가겠습니다. 멜라닌이 증가하면 피부색이 어두워지고 표면하산란이 조금 덜 일어날 수는 있지만 예제 **49**에서 볼 수 있듯이 아예 발생하지 않는 것은 아닙니다. 그 중에서도 귀의 얇은 연골과 피부는 표면하산란이 가장 잘 관측되는 부위입니다. 그러나 정도의 차이만 있지 인간의 피부에서는 정도의 차이만 있지 전부 표면하산란이 일어납니다.

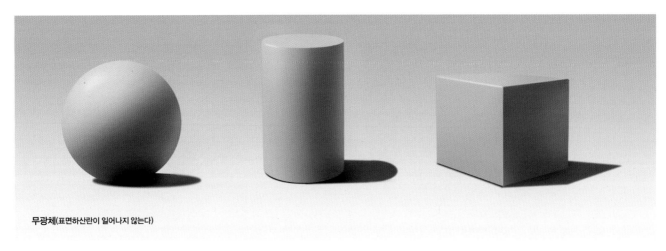

무광체(표면하산란이 일어나지 않는다)

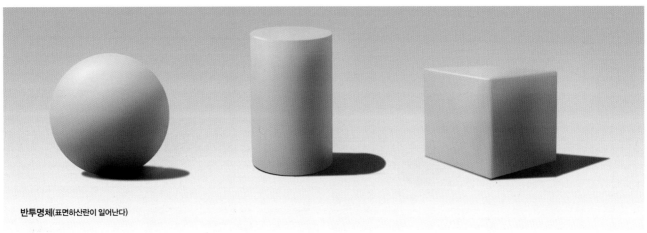

반투명체(표면하산란이 일어난다)

50 무광체와 피부와 같은 반투명체의 차이를 위의 예시에서 단번에 확인할 수 있습니다.
표면하산란이 반투명체를 좀 더 난색으로 보이게 합니다.

은은하게
표면하산란
표현하기

예제 50에서는 밝은 피부색을 지닌 물체를 반투명체와 무광체일 때로 나눠 비교하면 표면하산란을 어떻게 처리하면 될지 알 수 있습니다. 물체를 반투명체로 보이게 하려면 색온도를 난색 계통으로 바꾸고 물체의 두께가 두꺼운 부분의 명도를 낮추면 됩니다.

표면하산란 효과를 잘 보이게 하려고 위의 예제에서는 변화를 과장해서 표현했다는 사실을 강조하고자 합니다. 실제 작품에서는 표면하산란이 형상 전체에 걸쳐 강도를 다르게 해서 표현되어야 하는데 인체의 피부밑에 자리한 해부학적 구조가 인체의 부위마다 서로 다르기 때문입니다.

예제 51에서는 빛의 침투 깊이를 높였을 때 표면하산란이 어떻게 나타나는지를 점진적으로 표현하고 있습니다. 표면하산란이 전혀 일어나지 않을 때는 피부가 돌처럼 전혀 투명하지도 않고 투박한 느낌마저 납니다. 반면 표면하산란이 너무 강하게 나타나면 형상 내부에 광원이 있는 듯한 느낌이 듭니다. 따라서 표면하산란이라는 은은한 효과를 표현하기 위해서는 균형이 가장 중요하다는 사실을 알 수 있습니다.

지금까지는 물체를 비추는 광원이 단일 직접 광원인 경우로만 한정하여 논의를 진행했습니다. 그러나 현실에서는 그런 경우가 거의 없습니다. 대부분의 상황에서는 주변광이 물체에 영향을 주며 물체를 사방에서 비추고 표면하산란을 일으킵니다. 또한 물체의 표면 아래에서 사방팔방으로 흡수되고 반사됩니다. 이 때문에 빛의 진행 경로를 파악하는 일은 사실상 불가능하죠.

반면 실외에서 아주 강렬한 집중 광원이 있는 경우 우리 눈에는 반투명체의 전반에서 표면하산란이 일어나는 것을 확인할 수 있습니다. 그러나 형상의 명부에서는 다른 빛이 너무 강렬하기 때문에 표면하산란으로 인한 영향을 확인하기 힘듭니다. 따라서 표면하산란은 대체로 물체의 암부에서 더 잘 확인할 수 있습니다. 예제 52의 양초가 이를 잘 보여줍니다. 표면하산란이 일어날 때 암부는 일반적으로 빛의 색보다 난색을 띠며 불투명도가 높은 무광체일 때보다 약간 더 밝습니다.

표면하산란이
일어나지 않을 때

표면하산란이
강렬하게 발생할 때

지금까지 배운 것을 시험해 보세요

이제 이 책의 세 번째 장인 〈빛〉 장이 끝났습니다. 이제 어떤 물체를 마주했을 때 그 물체의 종류가 무엇인지, 빛과는 어떠한 작용을 할지 파악할 수 있게 되었습니다. 주변에서 찾아볼 수 있는 물체를 평소보다 더 날카로운 눈으로 살펴보세요. 이렇게 살펴본 물체가 어느 정도로 무광체나 정반사체, 또는 투명체의 특징을 지니고 있나요? 이 물체의 형태와 색이 빛과 물체의 작용에 어떻게 영향을 줄까요? 물체를 비추는 빛의 종류는 무엇인가요? 일상 속 물체를 탐구하면서 더 많은 것을 깨우칠 수 있게 될 것입니다.

51 위의 구체는 서로 투명도가 다른데 이를 통해 색온도가 증가하는 것과 표면하산란이 일어날 때 어떤 현상이 일어나는지 확인할 수 있습니다.

52 반투명체인 양초의 암부는 일반적으로 주변광에 비해서 색온도가 높습니다.

빛 LIGHT
서로 다른
물체 섞기
COMBINING MATERIALS

빛이 선보이는 복잡다단하고도 환상적인 현상을 이해하는 과정을 마무리하는 차원에서 〈이론〉 단원의 마지막 장에서는 무광체와 정반사체, 투명체가 보이는 작용이 섞여서 나타날 때 무슨 일이 일어나는지 알아보겠습니다. 현실에 존재하는 어떤 물체도 하나의 성질만을 지니지는 않습니다. 이전 장에서도 언급했지만, 빛과 물체가 닿았을 때 하나 이상의 작용이 일어날 수 있고, 우리가 지금까지 다룬 것보다 복잡한 현상이나 표현하기 까다로운 물체도 존재합니다. 그러나 이들을 잘 표현한다면 우리가 창작하는 이미지에 사실성이 더해지죠.

프레넬 효과 THE FRESNEL EFFECT

무광체나 정반사체, 투명체의 표면에서 나타나는 빛의 작용은 결코 분리되어 발생하지 않습니다. 우리가 마주하고 묘사하려는 대부분의 물체에서 이들 빛의 작용은 어느 정도 동시에 일어납니다. 이러한 여러 가지 빛의 작용을 한꺼번에 표현하기 위해서 이해해야 할 개념이 한 가지 있습니다. 바로 프레넬 효과입니다.

오귀스탱 장 프레넬은 19세기의 과학자로 광학 분야에 큰 족적을 남겼습니다. 특히나 빛의 굴절과 렌즈의 작용에 대한 이해를 증진하는 데 크게 기여했죠. 그러나 이 책에서는 프레넬이 남긴 업적 중에서도 한 가지 특정한 현상을 언급할 때 프레넬의 이름을 사용할 예정입니다. 청명한 하늘 아래에서 호수를 보았을 때 잘 보이는 현상입니다(01).

예제 속 호수를 보면, 관찰자의 시점에 가까이 있는 지점에서는 물이 투명하게 보여 수면 아래에 있는 바위가 선명하게 보입니다. 그러나 관찰자의 시점에서 멀어지면 점차 호수의 물은 투명도를 잃고 수면 아래에 있는 물체가 보이지 않게 됩니다. 그리고 일정 지점에 이르면 호수 건너편 먼 곳에 있는 풍경이 정반사 되어 보입니다. 이렇게 호수 건너편의 풍경이 수면에 비추어 보이는 지점에서는 호수는 투명도를 완전히 잃고 관찰자의 눈에는 반사된 상만이 보이게 됩니다.

이 현상은 171페이지에서 배웠던 '전반사'로 인해 발생한 현상입니다. 관찰자가 바라보는 각도가 작아질수록 수면 아래에 있는 물체가 투과되어 보이는 정도보다, 물체가 물 내부에서 반사되는 정도가 커집니다(즉, 빛이 수면 밖으로 빠져나가지 못하고 안에서만 반사됩니다). 그래서 수면 아래 있는 물체의 상이 관찰자에게 닿지 못하게 됩니다. 그 결과 점차 반사된 상이 더 많이 보이게 되며 결국에는 표면에 반사상만이 보이게 되는 것이죠. 이 현상은 '관찰 각도가 크면 정반사가 약하게 발생하고, 관찰 각도가 작으면 정반사가 강하게 발생한다'로 정리할 수 있습니다(02, 03).

많은 사람이 투명도가 높은 물체에서 일어나는 이 현상을 직관적으로는 이해하고 있습니다. 광활한 호수가 있다면 건너편의 풍경이 멀리 떨어진 호수의 수면에 반사되지만, 내가 발을 담그고 있는 쪽에는 수면 아래에 있는 사물이 보인다는 식으로 말이죠. 그러나 대부분은 이 현상이 무광체의 특정을 지

01 프레넬 효과는 호수에서 확인할 수 있습니다.

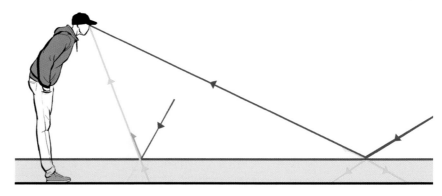

 관찰 각도가 클 때(반사상은 잘 안 보이고 투과상은 잘 보인다)

관찰 각도가 작을 때(반사상은 잘 보이고 투과상은 잘 안 보인다)

02 관찰 각도가 크면 반사상은 약하게 보이지만, 수면 아래의 물체는 투과되어 선명하게 보입니다. 그러나 관찰 각도가 작으면 반대 현상이 나타납니다.

닌 물체를 포함해서 많은 물체에서 관찰되는 현상이라는 사실은 모르고 있습니다.

예제 04에서 빨간색 무광체 판을 정면에서 보면 반사가 전혀 일어나지 않는 등 무광체의 특성이 명확하게 보입니다. 그러나 판을 약간 기울여서 관찰 각도를 달리하면 판의 표면에 점차 빛이 반사되기 시작합니다. 판의 표면에서 반사가 점점 강하게 일어날수록 판의 색은 고유색인 빨간색보다는 배경의

흰색 영향을 더 많이 받습니다. 주변에 있는 테이블같이 표면이 무광체인 물체에서 이 현상이 직접 나타나는지 실험해 보세요. 우선 물체의 바로 위에서 물체를 보고 있다가 점차 관찰 각도를 낮추어 가며 물체의 표면에서 색은 어떻게 변화하고 반사는 어떻게 나타나는지 직접 확인해 보세요(05).

Image 01 © davyladd (via Adobe Stock)

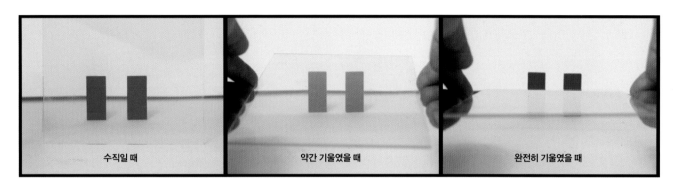

수직일 때   약간 기울였을 때   완전히 기울였을 때

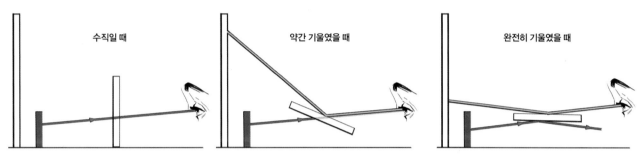

수직일 때   약간 기울였을 때   완전히 기울였을 때

03 유리판을 수직으로 세워서 보면 반사는 거의 일어나지 않고 건너편에 있는 물체가 거의 완전히 투과되어 보입니다.
그러나 유리판을 기울일수록 점차 투과되어 보이는 상은 잘 안 보이고 반사되어 보이는 상이 잘 보이게 됩니다.

04 관찰 각도가 낮아지면 배경의 색(이 예제에서는 흰색)이 점점 더 많이 무광체 표면의 색과 가산 혼합합니다.

관찰 각도가 점차 낮아질 때

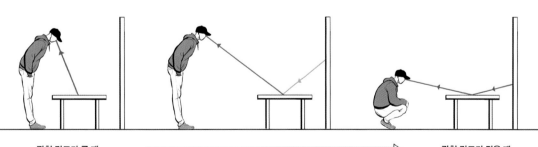

05 주변에서 표면이 평평한 다양한 물체를 여러 각도에서 관찰해 보고 관찰 각도에 따라 물체의 표면이 어떻게 보이는지 확인해 보세요.

관찰 각도가 클 때
무광체의 특성이 강하게 나타난다
반사는 약하게 나타난다

관찰 각도가 작을 때
무광체의 특성이 약하게 나타난다
반사는 강하게 나타난다

프레넬 효과를 표현하지 않았을 때

프레넬 효과를 표현했을 때

06 지면에 맺힌 반사상이 단순히 물체를 뒤집어 놓은 것처럼 비현실적으로 보입니다. 프레넬 효과를 이용해 반사상이 멀어질수록 흐리게 보이도록 표현하면 훨씬 사실적으로 보입니다.

프레넬 효과로 사실성 더하기

어떤 물체를 표면에서 약간의 반사가 일어나는 바닥 위에 놓으면 프레넬 효과가 사실성에 주는 영향을 또렷하게 볼 수 있습니다. 예제 06에서 프레넬 효과를 적용하지 않았을 때 바닥에 보이는 반사상은 단순하게 물체를 뒤집어 놓은 것처럼 보입니다. 그 결과 전체적인 풍경이 뭔가 인위적인 느낌이 납니다. 빈면 프레넬 효과를 적용해서 표면에서 멀어질수록 반사상을 흐리게 처리하여 약간의 그래디언트를 적용하면 전체적인 풍경이 보다 사실적으로 보입니다.

프레넬 효과는 생각하는 것보다 우리 주변에서 흔하게 찾아볼 수 있습니다. 주변에 있는 물체의 표면을 잘 살펴보세요! 또한 프레넬 효과는 매 순간 일

어나고 있는데 특히나 관찰자와 물체가 이루는 각도가 작을 때 물체의 색에 큰 영향을 줍니다. 무엇보다도 표면이 곡선인 물체에서 프레넬 효과는 지대한 영향을 줍니다. 표면이 곡면인 물체는 물체의 정면에서부터 관찰자의 눈에 보이지 않는 뒷면까지 관찰자와 다양한 각도를 이룹니다. 따라서 표면이 곡면인 물체에서 프레넬 효과를 확실하게 확인할 수 있죠(07).

단순하게 모델링을 한 형상에 프레넬 효과를 적용하면 형상이 훨씬 사실적으로 보입니다. 예제 08에서는 무광체에서 일어나는 빛의 작용만을 표현한 기본적인 원기둥이 제시되어 있습니다. 이 원기둥의 명도와 채도는 광원과의 상대적인 거리와 위치에 의해서 표현되어 있습니다. 그 결과 어느 정도는 입체적으로 보이지만 어딘가 자연스럽지 않고, 사실적

이지 않은 3D 도형 정도로 밖에 보이지 않습니다.

그런데 여기에 정반사로 인한 빛의 작용을 추가하면 이미지에 사실성이 크게 더해진다는 사실을 알 수 있습니다. 어떤 형상의 표면에는 언제나 주변 환경으로 인한 색의 변화가 있고, 우리는 작품을 창작할 때 이 점을 항상 유념해야 합니다.

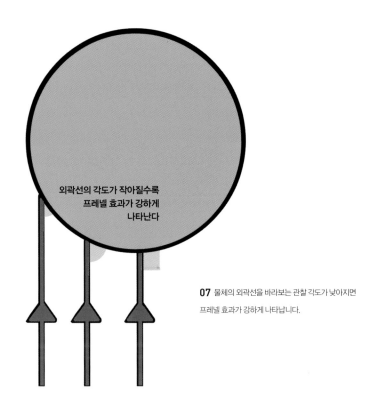

외곽선의 각도가 작아질수록
프레넬 효과가 강하게
나타난다

07 물체의 외곽선을 바라보는 관찰 각도가 낮아지면
프레넬 효과가 강하게 나타납니다.

돌아온 물수제비 비유

172페이지에서 전반사를 이해하기 위해 '물수제비'에 빗대어 생각했던 것처럼 프레넬 효과도 '물수제비'로 설명할 수 있습니다. 어떠한 물체의 면 위에서 물수제비가 생긴다면, 그 물체는 빛을 강하게 반사한다고 할 수 있을 것입니다.

만약 같은 돌을 던진다고 했을 때 원통의 곡면을 맞은 돌은 튕겨 나갈 것입니다. 이때 이렇게 돌이 튕겨 나간 부분에서는 반사가 뚜렷하게 나타나는 것을, 반면 우리의 시야와 직각으로 위치한 부분에서는 반사가 약하게 일어나는 것을 볼 수 있습니다.

무광체의
조명만 적용했을 때

정반사체의
조명만 적용했을 때

무광체에 프레넬 효과로 인한
반사를 적용했을 때

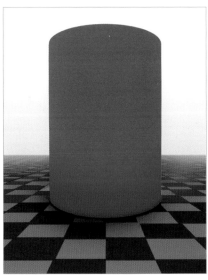 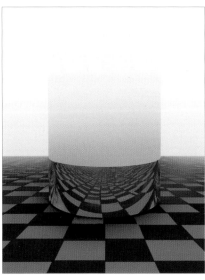 

08 무광체의 조명만 따로 떼어놓고 보면 어딘가 입체감과 사실성이 떨어져 보입니다. 인 스크린 모드에서 정반사로 인한
빛의 작용을 레이어로 추가하고 물체의 테두리에서 더 강하게 반사가 일어나도록 조절하면 훨씬 깊이감이 느껴집니다.

무광체에서 보이는 정반사 효과
SPECULAR EFFECTS ON MATTE SURFACES

지금까지는 정반사체와 무광체에서 보이는 다양한 빛의 작용에 대해서 알아보았습니다. 이제는 두 물체의 특성을 모두 지닌 물체에서 빛이 어떻게 작동하는지 살펴보겠습니다. 어떤 물체도 완전히 무광체일 수는 없습니다. 무광체라도 어느 정도 정반사를 합니다. 그렇기 때문에 작품을 그릴 때 이 점을 항상 유념해야 합니다.

102페이지에서 논의했듯 일반적으로 어떠한 물체에서 정반사와(무광체에서 일어나는) 난반사는 서로 다른 레이어(층)에서 일어나는 것으로 생각해 볼 수 있습니다. 정반사는 형상을 둘러싸는 껍데기에서 일어나는 것으로 생각해도 좋습니다. 그래픽 프로그램을 이용하여 작업을 했을 때의 장점 중 하나는 레이어를 사용해서 정반사와 난반사를 손쉽게 표현할 수 있다는 점입니다. 난반사를 아래쪽 레이어에 배치하고 그 위에 정반사를 배치하면 됩니다. 예제 09에서는 하나의 형상에 난반사와 정반사를 별개의 레이어로 만들었습니다. 이를 통해 두 개의 효과가 형상에서 어떻게 보이는지 확인할 수 있습니다.

72페이지에서도 확인했듯, 어떤 물체가 무광체의 특성을 더 많이 지니면(즉, 난반사가 더 많이 일어나면) 빛은 물체의 표면에서 대부분 흡수되어 물체는 비효율적으로 정반사를 하게 됩니다. 따라서 어떤 물체의 정반사를 표현할 때 물체의 재질이 크롬이라고 가정하고 정반사가 일어날 때의 조명을 표현할수도 있지만, 암부에서는 정반사로 일어나는 빛의 작용 중 많은 부분이 손실됩니다. 결국 실제 작품을 창작할 때는 그리 효율적인 방법은 아니라는 것이죠. 이 때문에 화가들은 어떤 물체가 보이는 정반사를 표현할 때 하이라이트만 참고합니다. 그러나 물체 전반에서 정반사가 나타날 때와 난반사가 나타날 때 어떤 미묘한 차이가 있는지 알고 있는 것 역시 중요합니다.

또한 정반사와 난반사가 나타나는 두 레이어는 물체의 표면에서 빛으로 가산 혼합합니다. 즉, 정반사에서 어둡게 나타나는 부분에서는 난반사로 인한 빛의 작용만 관측된다는 것입니다. 더불어 정반사에서 밝게 나타나는 부분에서는 정반사 레이어가 밑에 있는 무광체 표면의 색의 명도를 밝게합니다. 이 현상을 포토샵에서 확인하려면 정반사 레이어를 'Screen' 블렌딩 모드로 바꾸어 보세요.

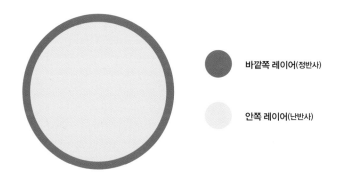

바깥쪽 레이어(정반사)

안쪽 레이어(난반사)

난반사만 분리

정반사만 분리

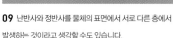

09 난반사와 정반사를 물체의 표면에서 서로 다른 층에서 발생하는 것이라고 생각할 수도 있습니다.

정반사 + 난반사

프레넬 효과로 인한 반사 추가

10 프레넬 효과를 더하면 정반사의 정도에 구분이 생겨서 관찰자와 이루는 각도가 작은 면에서 반사가 더 강하게 일어납니다. 반사가 더 강하게 일어나는 면은 배경의 색을 띱니다.

예제 10의 첫 번째 사진을 통해 난반사로 인한 조명만 있을 때와 비교하면, 정반사로 인한 조명을 추가했을 때 얼마나 사실감이 더해지는지 알 수 있습니다. 다만 정반사와 난반사의 조명을 함께 사용했을 때 정반사가 일어날 때 발생하는 하이라이트의 채도가 물체의 고유색에 비해 낮아진다는(즉, 틴팅이 일어난다는) 것입니다. 물감을 사용해 작업을 할 때 굉장히 중요한 사실인데, 그래픽 프로그램을 사용할 때와 달리 블랜딩 모드로 이 효과를 후보정 과정에서 추가할 수 없기 때문입니다.

이렇게 정반사 레이어와 난반사 레이어를 가산혼합한 뒤에는 앞서 배웠던 프레넬 효과를 더해줘야합니다. 즉, 형상이 관찰자와 이루는 각도가 낮은 부분에 배경이 지닌 색을 약간 더해줘야 한다는 것입니다. 프레넬 효과는 은은하게 드러나지만, 물체가 배경에 사실성 있게 스며들게 할 때 많은 초보자들이 생각하는 것보다 훨씬 굉장히 중요한 역할을 합니다.

프레넬 효과와 배경의 색

프레넬 효과로 인해 조금씩 달라지는 물체 표면의 색을 표현하기 위해서 먼저 서로 다른 배경에 물체를 가져다 놓고 비교해 보겠습니다(11). 예제를 통해 물체의 위쪽 면이 배경의 색에 얼마나 큰 영향을 받는지 알 수 있습니다. 배경이 파란색이면 한색 계통으로 바뀌고, 노란색 배경에서는 난색 계통으로 색온도가 바뀌는 것이 보입니다. 또한 배경의 색은 무광체 표면의 색과 가산 혼합한다는 점을 다시 강조하고자 합니다.

예제 12에서는 프레넬 효과를 제대로 표현하지 못했을 때 물체가 배경과 따로 노는 듯한 느낌이 나는 것을 알 수 있습니다. 배경과 동떨어져서 왠지 따로 있는 것 같은 느낌이죠. 물체는 언제나 주변에 자리한 배경의 색에 큰 영향을 받습니다. 따라서 사실성 있는 묘사를 위해서 배경이 물체에 끼치는 영향을 간과해서는 안 됩니다.

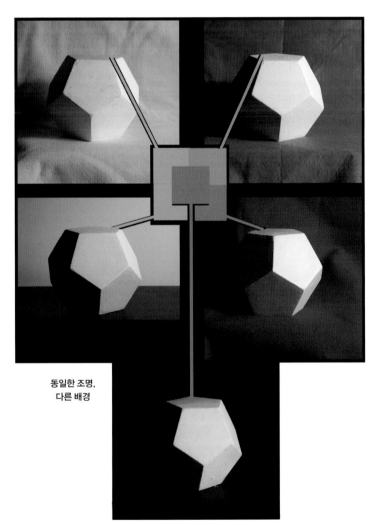

동일한 조명, 다른 배경

프레넬 효과를 적용하지 않았을 때

빨간색 배경에 있던 물체를 옮겨왔을 때

11 위에 제시된 물체의 위쪽 면을 비교해 보면, 배경이 우리가 인지하는 색에 얼마나 큰 영향을 주는지 알 수 있습니다.

12 프레넬 효과를 적용하지 않거나, 제대로 적용하지 않으면 물체와 배경이 얼마나 동떨어져 보이는지 예제를 통해 알 수 있습니다.

프레넬 효과는 물체의 고유색에 상관없이 발생합니다. 예제 13에서는 예제 12보다 고유색이 강렬한 물체가 서로 다른 배경에서 제시되어 있습니다. 그 중에서 배경이 검은색일 때 물체의 고유색에 주는 영향이 가장 적습니다. 따라서 검은색 배경을 '대조군[1]'으로 삼아서 다른 배경과 비교해 보겠습니다.

다른 배경에서 물체의 고유색은 위쪽에 따로 표기한 사각형의 바깥쪽에, 배경의 영향을 받은 색은 안쪽에 표현했습니다. 예제에서 확인할 수 있듯 배경이 물체의 색에 주는 영향은 어마어마합니다. 다만 고유색과 배경의 색이 섞였을 때 나오는 색은 우리가 배웠던 것과 일치합니다. 배경이 빨간색일 때 물체의 노란색은 주황색으로 보이며, 배경이 파란색일 때는 보라색으로 보입니다. 〈색〉 장에서 배운 내용이죠.

하지만 한 가지 흥미로운 점은 배경의 영향을 받아 변화한 색이 원래의 색에 비해서 명도가 높다는 것입니다. 이는 우리가 지금껏 다뤄왔던 많은 색의 변화와 다르게 배경과 물체의 고유색은 서로 빛으로 혼색이 일어나기 때문입니다. 즉, 이때의 혼색은 가산혼합이고 그래서 색이 섞일 때 명도가 감소하는 것이 아니라 증가하는 것이죠.

또한 배경과 물체의 색이 일치할 때는 색상의 변화가 가장 적다는 사실도 짚고 가고자 합니다. 같은 색이 섞이는 것이기 때문에 색상의 변화는 없지만 명도만 밝아지기 때문에 벌어지는 현상입니다.

하이라이트의 종류

무광체의 암부에서는 정반사로 인한 빛의 작용이 대부분 사라지기 때문에 물체에서 일어나는 정반사의 작용을 묘사하려면 하이라이트를 표현하는 것과 하이라이트를 올바른 위치에 배치하는 것이 가장 중요합니다. 하이라이트의 위치를 보다 자세히 알기 위해서는 광원의 이동 경로를 파악하고, 하이라이트를 두 개로 나누어 이들의 위치를 각각 배치하는 것이 좋습니다.

- **폼(form) 하이라이트[2]** : 채도와 고유 명도가 가장 강하게 나타나는 지점

- **정반사(specular) 하이라이트[3]** : 절대 명도가 가장 높으며 폼 하이라이트가 틴팅되어 낮은 채도를 보이는 지점

예제 14에서는 어떤 물체가 광원을 정면으로 바라보다가 점점 광원이 관찰자 위치에서 멀어지도록

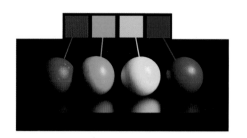

**검은색 배경에서
가장 영향이 적다**

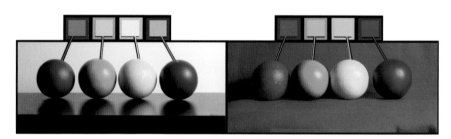

13 배경이 검은색일 때 물체의 고유색에 주는 영향이 가장 적습니다. 따라서 다른 배경과 비교할 때 검은색 배경을 기준으로 삼는 것이 좋습니다. 다른 색 배경일 때 각각의 예시 위에 표기한 사각형의 바깥쪽은 물체의 고유색이고 안쪽은 배경의 영향을 받아서 관찰자가 인지하는 색입니다.

회전시켰을 때 물체의 하이라이트가 어떻게 변화하는지를 보여주고 있습니다. 예제에서 파란 점은 폼 하이라이트이며, 주황 점은 정반사 하이라이트입니다. 폼 하이라이트는 물체의 면이 광원과 수직일 때 발생하며 정반사 하이라이트는 관찰자와 광원이 이루는 각도에 의해 결정됩니다. 앞서 배웠던 반사각은 항상 입사각과 같다는 빛의 성질 때문에 발생하는 것이죠(70페이지 참조).

하이라이트를 표현할 때 가장 많이 실수하는 부분이 바로 이 두 개의 하이라이트가 항상 같은 위치에 있으리라 생각하는 것입니다. 그냥 하이라이트를 하나 표현하고 거기서 내버려두는 경우가 많습니다. 그러나 예제 14를 통해 알 수 있듯 두 개의 하이라이트가 다른 위치에 있는 경우도 있습니다. 사실 두 하이라이트가 같은 위치에 있을 때는 관찰자의 시점과 광원이 동일한 위치에 있을 때만 가능한데, 이는 현실적으로는 불가능합니다. 그래서 광원이 현실적으로 자리할 수 있는 위치로 옮겨가면 폼 하이라이트와 정반사 하이라이트가 점차 서로에게서 멀어집니다. 광원이 물체를 수직으로 비출 때 폼 하

이라이트는 45도 지점, 즉 물체의 중간 지점에 위치합니다.

광원이 물체의 뒤로 이동하면 이제 폼 하이라이트는 구체의 뒤쪽에 위치하기 때문에 관찰자의 시점에서는 보이지 않습니다. 그러나 정반사 하이라이트는 여전히 관찰자의 눈에 보입니다. 또한 프레넬 효과로 인해서 이 부분에서 거의 직접광 정도로 강렬하게 빛이 반사됩니다. 이때의 하이라이트를 '림 라이트[4]'라 부르며 림 라이트의 색은 광원의 색에 강한 영향을 받습니다.

작업을 할 때 하이라이트를 분리해서 생각하고 표현하는 것이 정말 중요합니다. 나아가 어떤 그림을 그리더라도 가장 먼저 해야 하는 일이기도 합니다. 형상이 바뀌면 하이라이트도 바뀌어야 하는데 난반사와 정반사가 함께 일어나면 하이라이트의 채도가 높아지고, 정반사로 인해 폼 하이라이트의 명도도 높아져야 하기 때문입니다. 많이들 실수를 하는 부분이기 때문에 주의 깊게 살펴야 할 부분입니다.

1 역주 : 과학 실험에서 어떠한 조작도 가하지 않아서 변수를 조작한 '실험군'과 어떤 차이를 보이는지 비교하기 위한 대상 집단을 일컫습니다.
2 역주 : 일반적으로 '하이라이트'라고 지칭하는 부분입니다.

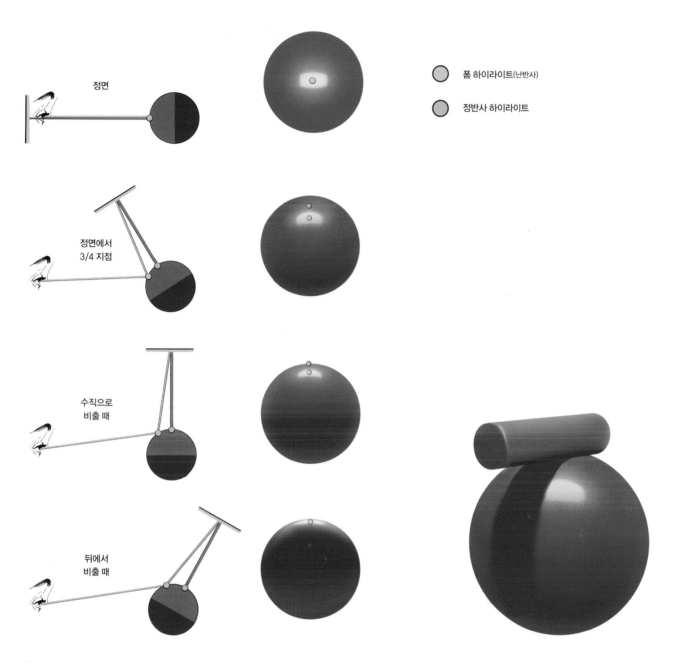

정면

정면에서
3/4 지점

수직으로
비출 때

뒤에서
비출 때

폼 하이라이트(난반사)

정반사 하이라이트

14 두 하이라이트가 관찰자의 시점에서 서로 다른 위치에 형성되는 것을 볼 수 있습니다.
이 둘이 같은 위치에 있을 때는 광원과 관찰자의 시점이 동일하다는 비현실적인 경우 밖에 없습니다.

15 물체의 암부와 하이라이트는 서로 맞닿을 수 없습니다.
다른 물체의 캐스트 섀도우가 하이라이트 위에
드리우는 경우만이 예외입니다.

한편 정반사 하이라이트는 절대 암부에 위치할 수 없습니다. 이는 반드시 지켜야 하는 규칙입니다. 정반사 하이라이트와 암부는 서로 맞닿을 수도 없고 정반사로 인한 빛과 명암경계선 사이에는 빛이 단계를 이루어 위치해야 합니다. 광원이 물체의 뒤에 위치해서 림 라이트가 생기는 경우에도 자세히 살펴보면 하이라이트와 암부 사이에 조밀하게 그래디언트가 있는 것을 알 수 있습니다. 아주 얇고 미

묘하게 있지만 그래도 암부와 하이라이트가 바로 맞닿지는 않습니다.

그러나 다른 물체가 드리운 캐스트 섀도우는 하이라이트 바로 위에 위치할 수 있습니다. 이 경우 하이라이트는 캐스트 섀도우를 벗어나오면 바로 다시 이어집니다. 하이라이트 위에 다른 물체의 캐스트 섀도우가 위치한 경우가 미술에서 가장 급격하

게 변화가 나타나는 경우일 것입니다. 그러나 이때가 유일하게 정반사 하이라이트와 암부가 서로 맞닿을 수 있는 경우입니다(15).

3 역주 : '센터 라이트(CENTER LIGHT)'라고도 부르는 부분입니다.
4 역주 : 물체의 테두리 부분을 타고 빛이 보이기 때문에 이런 이름이 붙었습니다.

질감의 변화 TEXTURE CHANGES

어떤 물체를 모델링할 때 한 가지 중요하게 생각해야 할 특징은 바로 표면의 질감입니다. 여기서 '질감'이란 단순히 물체를 구성하는 재료가 아니라 표면의 특성을 일컫는 말입니다. 표면의 거친 정도라고 생각해도 좋습니다. 물체를 만졌을 때 어떤 느낌이 드나요? 부드럽다는 생각이 드나요, 아니면 거칠다는 생각이 드나요? 거칠다면 어느 정도인가요?

일반적으로 질감이라고 하면 어떠한 재료가 지닌 고유의 특징이라고 생각합니다. 그러나 사실 질감은 물체 표면의 형태 변화로 인한 것이고 지금까지 우리가 배웠던 규칙이 그대로 적용됩니다. 초보자

들은 브러시를 활용해서 질감을 흉내내지만 조금 더 경험이 쌓인 아티스트들은 브러시를 끄고 제대로 질감을 표현합니다. 그리고 이렇게 제대로 질감을 표현하기 위해서는 물체를 확대했을 때 보이는 질감을 확대하지 않았을 때의 물체에 표현할 수 있어야 합니다.

초보자들은 질감에서 나타나는 디테일에 홀려서 질감을 표현해야 하는 전체적인 형상을 놓치고는 합니다. 이런 경우를 피하기 위해서는 물체가 고유색을 지닌 두꺼운 천으로 둘러싸였다고 생각하고 그림을 그리기 시작하는 것이 도움이 됩니다. 이렇

게 가상의 천으로 둘러싸인 물체를 '큰 형상'이라고 하겠습니다.

형상에서 보이는 큰 변화들을 먼저 표현하고 점차 작은 변화를 표현하다가 마지막에 아주 작은 질감을 표현하는 것이죠. 이러한 방법을 '일반적인 부분에서 세밀한 부분으로'라고 하며 어떤 물체를 모델링할 때 가장 핵심적으로 사용할 수 있는 방법입니다.

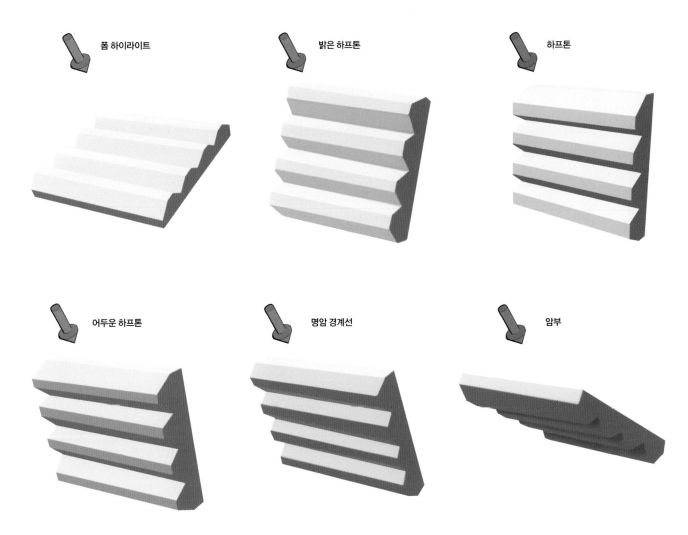

16 어떤 면이 질감을 지니고 있으면 명도 그룹이 드러나는 각도가 생깁니다. 위의 예제에서 면 위의 요철(凹凸)로

인한 질감이 각각의 각도에서 점점 선명하게 보이다가 다시 점차 다시 흐릿하게 보이는 것을 확인해 보세요.

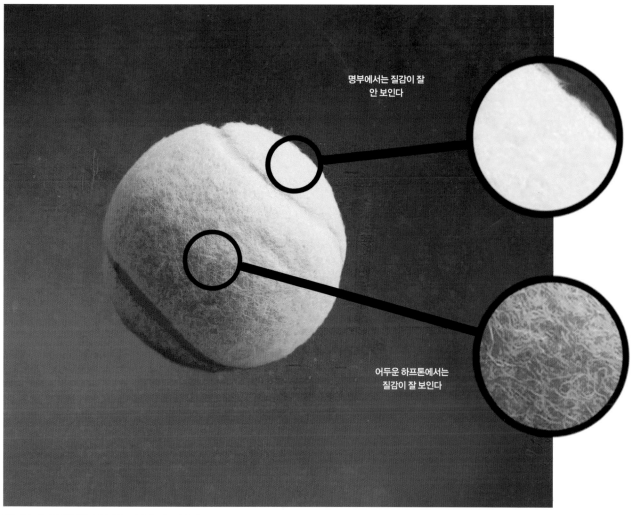

명부에서는 질감이 잘
안 보인다

어두운 하프톤에서는
질감이 잘 보인다

17 테니스공의 복실복실한 질감이 밝은 영역에서는 잘 보이지 않습니다.

질감 변화

무광체의 표면에서 질감을 표현할 때 한 가지 도움이 될 방법이 있습니다. 바로 단순한 면 하나를 명부에서부터 암부로 돌려보는 것입니다. 모델링했을 때 무엇이 보이는지 분명하게 하기 위해서 면에 삼각형 형태의 요철을 나란히 배치하겠습니다(16). 이 형상을 직접광 아래에 완전히 노출시키고 폼 하이라이트를 살펴보면 어디가 튀어나온 것이고, 어디가 들어간 것인지 구분이 쉽지 않습니다. 요철 부분의 명도 그룹이 서로 너무 가까이에 배치되어 어느 부분에서 명도가 바뀌어도 이를 구분하기가 쉽지 않습니다.

그러나 형상을 조금 기울여보면 점차 질감이 잘 느껴지고 암부에 이를수록 질감이 점차 선명하게 보입니다. 그리고 어두운 하프톤에서는 요철의 모양새나 높이까지 질감에 영향을 주는 정보를 가장 많

이 얻을 수 있습니다. 이를 통해 우리는 질감을 표현할 때 유용하게 활용할 수 있는 규칙을 하나 도출할 수 있습니다. 바로 '질감을 표현할 때는 어두운 하프톤에 집중하라'이죠.

형상이 광원으로부터 수직인 지점을 지났는데(어두운 하프톤) 형상의 모든 면이 암부에 포함되지 않는다는 점이 놀랍게 느껴질 수도 있습니다. 형상 전체가 암부에 있는 것으로 표현하려면 사실 형상을 훨씬 더 회전해야 합니다. 형상 전체가 암부로 표현되는 지점은 형상의 질감을 담당하는 요철의 정도에 따라 달라집니다. 다만 여기서 핵심은 명암경계선의 끝자락에서도 요철을 인지할 수 있다는 점입니다.

또한 일반적으로 암부에서 질감의 대비가 더 잘 보인다는 것도 사실입니다. 이는 특히나 사진에서 잘

드러나죠. 예제 17에서는 명부보다 어두운 하프톤 영역에서 테니스공의 복슬복슬한 질감이 훨씬 선명하게 드러난다는 것을 알 수 있습니다.

많은 아티스트가 어두운 하프톤에서 질감의 대비가 잘 드러난다는 점을 활용하여 어두운 하프톤에서만 질감을 표현하기도 합니다. 사실 어두운 하프톤에서 질감의 디테일을 표현하는 것으로 어떤 물체에 질감이 있다는 것은 충분히 전달할 수 있기도 합니다. 이 점을 잘 활용하면 우리도 훨씬 효율적이고 효과적으로 작품을 그릴 수 있습니다.

Image 17 photo © Sergey Nivens (via Adobe Stock)

정반사체의 질감

지금까지는 무광체의 표면에서 질감을 표현하는 법에 집중해서 이야기했습니다. 하지만 이전 장에서 배웠듯 난반사만 일어나는 완전한 무광체란 존재하지 않습니다. 따라서 정반사체의 표면에 질감이 어떤 영향을 주는지도 알고 있어야 합니다. 예제 18에서는 표면이 완벽하게 매끄러운 구체가 제시되어 있습니다. 이 구체를 기준으로 논의를 시작해 보겠습니다.

18 완벽하게 매끄러운 크롬 구체는 이번 장에서 질감을 다룰 때 기준점이 될 물체입니다.

예제 19에서는 구체에 한 방향으로 스크래치를 한 쌍 그어서 질감을 더한 모습입니다. 아래쪽에는 형상의 표면이 어떤 모습인지 단면을 통해 보입니다. 이렇게 스크래치로 만들어진 홈에서는 지금까지 우리가 배웠듯이 특정한 각도에서 주변 환경의 특정한 모습이 반사됩니다.

즉, 스크래치로 생긴 홈을 구성하는 면에서는 각 면에 수직인 부분의 상이 반사되어 맺힙니다. 그리고 스크래치를 더하면 스크래치에는 구체 앞부분의 명도가 반사되지 않습니다. 단면도에서는 서로 동일한 각도를 이루는 스크래치를 각각 빨간색과 파란색으로 표시했습니다.

만약 구체의 표면 전체에 스크래치를 만들면 정반사 하이라이트가 확대되는 것을 확인할 수 있습니다(20). 스크래치로 인한 홈이 아주 작고 홈 하나하나를 인지할 수 없을 만큼 개수가 많아지면 우리의 눈은 정반사 하이라이트가 하나 있는 것으로 인식합니다. 다만 스크래치의 수직 방향으로 확대되고 흐릿하게 반사된 상이 보일 뿐이죠. 스크래치의 방향을 바꾸면 하이라이트의 방향도 바뀝니다.

수평 방향과 수직 방향으로 난 스크래치를 합치면 상은 더 흐려지고 하이라이트도 수평과 수직 방향 양쪽으로 확대됩니다(21). 이 정도로 질감이 들어가면 이제 이 물체는 빛을 덜 반사하는 것처럼 보입니다. 그리고 질감이 더해지면 더욱 무광체에 가깝게 변해갑니다(22). 그러나 실제로 무광체가 되는 것은 아니고, 우리 눈의 착각일 뿐입니다. 이 물체는 여전히 정반사체입니다. 무광체가 되려면 물체를 구성하는 분자의 밀도가 줄어들어야 합니다. 표면에 질감이 생긴 정반사체의 표면에는 무엇이 반사되는지는 알 수 없지만 그래도 주변의 보습이 반사되는 것은 확실합니다. 이렇게 질감이 있는 정반사체를 우리는 주변에서 오래된 갑옷이나 중고차와 같이 세월의 흐름을 겪은 금속제에서 찾아볼 수 있습니다. 또한 광택을 지닌 메탈 페인트에서도 이러한 현상이 나타나는데 자그마한 금속 가루가 페인트에 섞여 있기 때문입니다. 그래서 메탈 페인트를 바르면 물체의 표면에 별도로 가공하지 않아도 표면이 거칠어 보입니다.

190페이지에서 배웠듯 어떤 물체에서도 정반사만 일어나는 법은 거의 없다고 봐도 무방합니다. 대부

하이라이트가 스크래치의 수직 방향으로 퍼져 나가는 모습

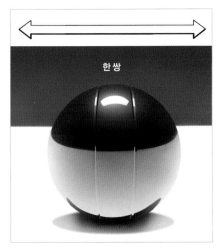

한 쌍

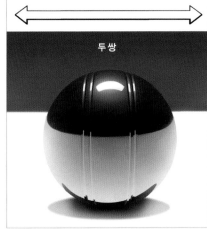

두 쌍

세 쌍

● ● 같은 각도는 같은 색으로 표현

19 정반사체에서 질감이 추가되면 표면에 반사되는 상은 질감을 만들어내는 요철의 수직 방향으로 퍼집니다. 그리고 요철의 각도가 같으면 같은 색을 반사합니다.

분의 물체에서 여러 종류의 빛의 작용이 함께 나타나고 우리 눈에 관측됩니다. 무광체는 대체로 비효율적으로 정반사를 하는 물체라고도 할 수 있는데 대개 이때 일어나는 정반사는 밝게 빛나는 정반사 하이라이트 영역에서만 보입니다. 따라서 195페이지에서 배웠듯 가장 효과적으로 정반사체의 질감을 묘사하기 위해서는 하이라이트와 어두운 하프

톤 영역에서 세부적으로 표현하면 됩니다.
예제 23에서는 같은 물체에 정반사 하이라이트와 어두운 하프톤 영역에서의 세부 묘사를 어느 정도로 하는지에 따라서 질감이 어떻게 보이는지 제시하고 있습니다. 대부분의 형상에서는 이 두 부분에 집중하면 질감을 표현할 수 있습니다.

20 구체의 표면 전체를 덮을 때까지 스크래치의 개수를 늘리면 수직 방향으로 반사상이 흐릿하게 보이는 현상이 더 강하게 나타납니다.

21 수직 방향과 수평 방향 모두에 스크래치가 생기면 정반사 하이라이트는 양방향으로 확대되어 보입니다.

22 질감이 훨씬 많이 들어간 정반사체의 표면은 무광체처럼 보이지만 사실은 완전한 무광체는 아닙니다.

23 정반사 하이라이트와 어두운 하프톤을 조절하는 것으로 물체 표면의 질감을 표현할 수 있습니다.

질감이 복잡한 물체 : 피부 COMPLEX MATERIALS: SKIN

이제 막 발을 뗀 아티스트에게 가장 매력적이면서도 표현하기 어려운 주제가 바로 피부입니다. 대부분의 아티스트는 빈도만 다르지 결국에는 사람을 묘사해야 하므로 피부를 표현하는 방법을 아는 것이 중요합니다. 그리고 피부를 표현하는 법을 배우면서 다른 물체를 분석하는 법 역시 배울 수 있습니다.

지금까지 우리가 배운 내용을 활용하면 피부를 표현하기 위한 기본적인 바탕은 마련할 수 있습니다. 피부를 묘사할 때나, 혹은 처음 보는 물체를 묘사할 때 반드시 스스로 던져봐야 할 세 가지 질문이 있습니다.

- **물체의 고유색이 있는가? 특정할 수 없다면 고유색의 범위는 어디에 포함되는가?**
  물체는 하나의 고유색이나 여러 가지가 섞인 고유색을 지닐 수도 있습니다. 혹은 자연물이거나 인공물일 수도 있죠. 자연물인 경우에는 물체의 색이 점차 변화하고, 다양한 색을 지녔을 것이라 예상할 수 있습니다. 반면 인공물의 경우(문신이나 페인트 등)에는 색의 변화가 자연물에 비해 급격하게 이뤄집니다.

- **해당 물체가 대체로 무광체인가, 정반사체인가, 투명체인가, 아니면 발광체인가?**
  물체의 표면을 묘사하는 렌더링을 할 때 물체의 표면에서 빛이 어떻게 작용하는지 알고 있어야 그 물체를 묘사할 때 기본적인 방향을 잡을 수 있습니다. 또한 어떤 물체나 여러 가지 빛의 작용이 한 번에 일어나기 때문에 각각의 작용이 어느 정도 비율로 일어나는지도 파악하고 있어야 합니다.

- **물체의 질감은 어떠한가?**
  물체의 질감이 거칠게 느껴지나요? 아니면 부드럽게 느껴지나요? 질감을 유발하는 요인은 무엇인가요? 물체에 질감이 있다면 이것을 어떻게 표현하면 될까요?

어떤 물체에 대해서 위에 언급한 세 가지 기본적인 질문을 스스로 던져보면서 어떤 방식으로 묘사해야 할지 감을 잡을 수 있습니다. 그리고 질문에 대한 답이 나왔다면 언제나 그렇듯 물체를 기본 도형인 구체와 육면체를 통해 렌더링하여 올바른 답인지 확인하는 것이 다음 단계입니다. 그렇다면 이 과

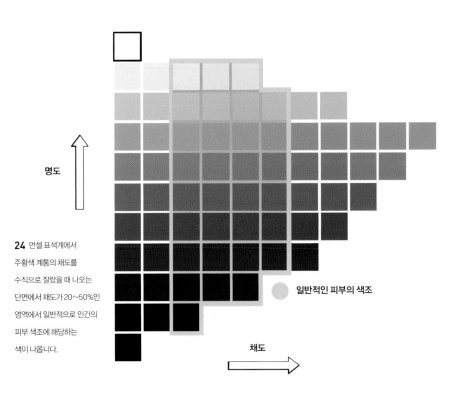

24 먼셀 표색계에서 주황색 계통의 채도를 수직으로 잘랐을 때 나오는 단면에서 채도가 20~50%인 영역에서 일반적으로 인간의 피부 색조에 해당하는 색이 나옵니다.

일반적인 피부의 색조

명도

채도

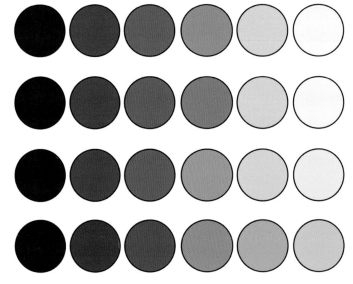

25 일반적으로 인간의 피부에 해당하는 색조는 주황색인데, 피부 역시 유기물이므로 그 안에서 빨간색과 분홍색까지 다양한 색 변화가 있다는 것을 알 수 있습니다.

정을 까다롭고도 변화무쌍한 인간의 피부를 묘사할 때 어떻게 적용할 수 있을까요?

고유색은
무엇인가?

물체의 고유색을 묻는 첫 번째 질문에 대해서 피부가 대상이라면 쉽게 답을 할 수 있습니다. 피부의 일반적인 고유색은 예상할 수 있는 좁은 범위 안에 위치하기 때문입니다. 예제 24를 보면 먼셀 표색계에서 주황색 계통의 채도를 수직으로 잘랐을 때 나오는 수직 단면에서 가운데 부분을 보면 대부분의 피부색이 이 범위 안에 있다는 것을 알 수 있습니다. 주황색에서 채도를 낮추면 피부색처럼 보이는데, 대체로 인간의 피부는 채도가 50% 미만인 주황색에서 찾아볼 수 있습니다.

그래픽 프로그램을 통해 작업을 할 때는 채도가 아니라 포화도를 통해서 피부색을 찾는다는 점에 유의해야 합니다. 즉, 피부의 색조가 어두워지면 채도는 대체로 같게 유지되지만, 포화도가 밝은 피부 색에 비해서 높아져야 한다는 것입니다.

일반적인 색조의 피부라면 대체로 피부색의 범위를 노란색과 주황색 사이의 색부터 채도가 100%인 빨간색 범위에서 찾아볼 수 있습니다(25). 주황색이나 빨간색은 피부의 표면을 통해 나타나는 채도가 높은 혈액이 띠는 색입니다. 초심자들은 피부의 표면에서 보이는 혈액과 혈관을 대체로 각각 빨간색과 초록색을 사용해 표현합니다. 많은 사람이 정맥을 '파란색'이라고 하는 것처럼 말이죠.

전체적인 피부와 함께 보았을 때 정맥이 파란색이나 보라색, 또는 초록색으로 보이지만 실제로 따로 떼어놓고 보면 채도가 낮은 주황색과 노란색, 빨간색으로 이뤄졌다는 것을 알 수 있습니다. 일반적으로 생각하는 '파란색'은 전혀 보이지 않죠(26).

피부는 자연물입니다. 따라서 피부의 색은 미묘하지만 조금씩 차이가 있고 점진적으로 변화합니다. 피부를 하나의 색으로만 표현하면 돌이나 플라스틱처럼 보일 것입니다. 따라서 피부 전체에 조금씩 색 변화를 주는 것이 중요합니다. 또한 이때의 색 변화가 상당히 좁은 영역에서 조화를 이루며 나타난다는 사실을 알아두면 유용하게 활용할 수 있습니다.

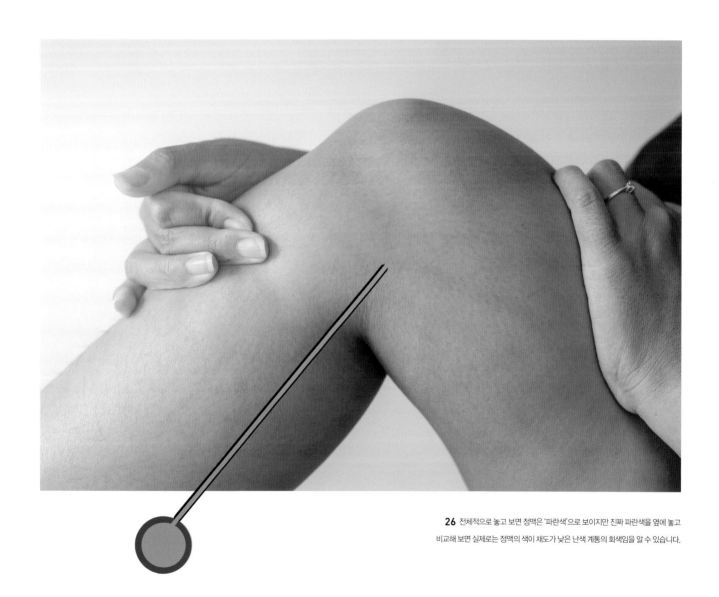

26 전체적으로 놓고 보면 정맥은 '파란색'으로 보이지만 진짜 파란색을 옆에 놓고 비교해 보면 실제로는 정맥의 색이 채도가 낮은 난색 계통의 회색임을 알 수 있습니다.

Image 26 photo © gballgiggs (via Adobe Stock)

무광체인가, 정반사체인가, 투명체인가?

일반적으로 피부는 대체로 무광체입니다. 그리고 많은 아티스트들이 피부가 무광체라는 사실을 활용해서 멋진 작품을 만들어냈죠. 그러나 조금 더 구체적으로 접근해 보자면 피부는 불투명하지만, 어느 정도 반투명한 물체이기도 합니다. 그리고 피부가 반투명하다는 사실은 피부의 색을 표현할 때 아주 중요한 역할을 합니다.

예제 27에서는 인간의 피부를 세 개의 층으로 단순화해서 나누어 놓은 것을 보여주고 있습니다. 이렇게 보면 피부는 지방, 근육과 혈액, 뼈라는 세 가지 층으로 이뤄져 있음을 알 수 있습니다. 이 세 개의 층은 인체의 부위마다 두께가 달라지는데, 이에 따라서 피부의 고유색이 서로 다르게 보이는 것입니다. 즉, 피부를 구성하는 세 개의 층이 이루는 두께에 따라서 각 부위의 채도가 높거나 낮을 수도 있으며, 노란색에 가깝거나 빨간색에 가까울 수 있습니다.

이러한 색의 변화가 보편적으로 나타나는 부위도 있습니다. 코나 귀가 그 예시인데 코나 귀는 대체로 다른 부위에 비해서 색이 빨간 편입니다. 코나 귀에서 혈액이 더 많이 흐르기 때문이죠. 그러나 정확하게 어디에서 피부의 색이 변화하는지 파악하기는 쉽지 않으며, 순간순간 묘사의 대상이 되는 사람이 느끼는 감정에 따라서도 시시각각으로 바뀌기도 합니다. 감정에 의한 피부색의 변화 중에 우리가 익숙한 것이 바로 창피할 때 두 뺨이 붉어지는 현상이죠. 이렇듯 피부의 색이 변하는 경우의 수가 셀 수도 없이 많기 때문에 피부색을 묘사하는 최선의 방법은 직접 살아있는 사람을 대상으로 관찰하고, 사람의 피부가 어떻게 변화하는지 배우는 것입니다.

지금까지 반투명체와 표면하산란에 대해 배운 내용은 피부에도 적용이 됩니다. 피부의 암부는 생각보다 밝고 채도가 높습니다. 또한 주변광은 피부의 투명한 부분에서 가장 어두운 부분(최암부)에 큰 영향을 줍니다. 피부와 피부 사이 좁은 공간을 통화할 수 있는 빛은 아주 작은 각도로 비추는 빛이기 때문에 많은 아티스트들이 피부가 투명하게 보이는 부위에서 가장 어두운 부분을 가장 채도가 높은 색으로 표현하고는 했습니다. 피부의 암부를 저채도의 검은색이 아니라 채도가 높은 빨간빛 주황색으로 칠하는 식으로요(28).

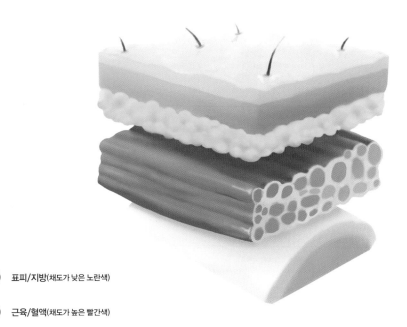

표피/지방 (채도가 낮은 노란색)

근육/혈액 (채도가 높은 빨간색)

뼈 (채도가 낮은 회색)

27 피부를 구성하는 세 개의 층은 부위에 따라 두께가 달라지는데, 이에 따라 피부의 고유색은 자연물처럼 점차 변화합니다.

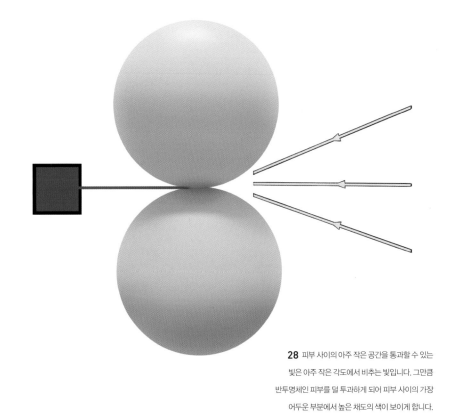

28 피부 사이의 아주 작은 공간을 통과할 수 있는 빛은 아주 작은 각도에서 비추는 빛입니다. 그만큼 반투명체인 피부를 덜 투과하게 되어 피부 사이의 가장 어두운 부분에서 높은 채도의 색이 보이게 합니다.

다만 이 방법이 살아있는 인간의 피부를 표현할 때 사용할 수 있는 유일한 방법은 아닙니다. 하지만 실제 인간의 피부를 묘사할 때 활용할 수 있는 아주 효율적인 방법이며, 피부가 투명하게 보이는 부분을 표현할 때 충분히 활용할 수 있는 방법이기도 합니다. 안데르스 소른의 작품인 예제 29가 이 방법을 활용해 피부를 묘사한 예시입니다.

또한 피부는 어느 정도 정반사를 합니다. 다만 일반적으로 피부는 비효율적으로 정반사하는 물체이기 때문에 하이라이트 외에는 정반사에 대해서는 크게 걱정하지 않아도 됩니다. 피부 위에서 주변의 상이 반사되어 맺히지는 않지만, 프레넬 효과로 인한 빛의 반사는 볼 수 있습니다.

그러나 여기서 한 가지 짚고 가고 싶은 부분이 있습니다. 바로 피부의 색조가 어두워졌을 때 나타나는 현상입니다. 피부의 색조가 어두워지는 것은 멜라닌 세포가 증가하기 때문입니다. 피부 속 멜라닌 세포의 밀도가 높아지면 피부의 명도는 낮아지며, 이에 따라 피부는 더 많이 정반사하게 되며 반투명도는 떨어집니다(30).

이렇게 발생하는 차이는 아주 미묘하지만 서로 다른 피부색을 표현할 때 빛의 어느 작용이 더 중요한지 결정하는 요인이 되기도 합니다. 밝은 피부를 표현하려면 반투명도가 중요하며, 어두운 피부를 표현할 때는 정반사가 중요합니다(31).

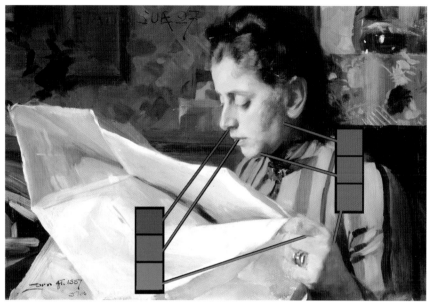

29 안데르스 소른이 1887년 그린 초상화인 〈독서 중인 엠마 소른(Emma Zorn, Reading)〉에서는 주변광이 차폐되어 나타나는 암부가 다른 피부에 드리운 암부에 비해서 색온도와 채도가 모두 높습니다. 콧구멍과 입술이 대표적인데 이 부위가 다른 데에 비해 투명도가 높기 때문입니다.

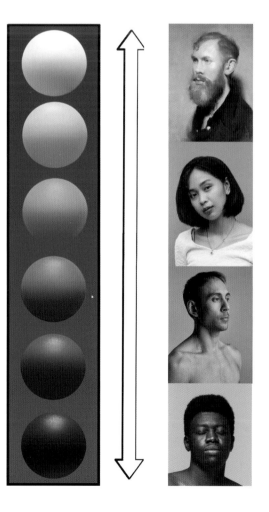

멜라닌 세포가 적으면 투명도가 높아진다

멜라닌 세포가 많으면 투명도는 낮아진다

31 멜라닌 세포의 밀도가 높아지면 피부의 색조는 어두워집니다. 또한 피부의 투명도는 낮아지며 더 많은 빛을 반사합니다.

30 피부의 색조가 밝아지면 피부는 더 투명하게 보입니다. 반면 색조가 어두워지면 투명도는 떨어집니다 (또한 정반사를 더 많이 합니다).

Image 30 photography (top to bottom) by Afif Kusuma on Unsplash, Robin Bharaj (robinbharaj.com), and Awab Husameldin on Unsplash

촉촉한 피부

건조한 피부

32 피부의 촉촉함에 따라서 피부가 보이는 정반사도 큰 차이를 보입니다. 따라서 유분이 많거나 건조한 부위를 묘사할 때 둘의 차이를 잘 알고 있어야 합니다.

질감은 어떠한가?

거울을 통해서 자기 피부를 꼼꼼하게 들여다보면 군데군데 모공이 있고 잔주름이 져 있는 등 피부가 기본적으로는 거칠고 질감을 지닌 물체라는 것을 알 수 있습니다. 피부의 질감은 아주 미묘한 것이지만 초보자들은 아예 인식하지 못하기도 합니다. 아티스트 중에는 일부러 피부의 질감을 강조하는 사람들도 있지만, 대체로 무광체로써 피부를 묘사할 때 우리는 피부의 질감에 크게 신경을 쓰지 않아도 됩니다.

그러나 피부의 질감은 피부가 정반사를 하는 부분에서는 큰 영향을 줍니다. 72페이지에서 다루었듯, 표면이 거친 물체에서 빛은 산란되어 반사상은 흐릿하게 보이며, 하이라이트 역시도 산란되어 보입니다. 더불어 피부가 수분이나 유분에 의해서 촉촉한 정도 역시 피부 표면의 질감에 영향을 줍니다.

예제 32에서는 촉촉한 피부에서 건조한 피부에 비해서 하이라이트가 더 날카롭고 뚜렷하게 나타나는 것을 확인할 수 있습니다. 이 현상은 피부 전역에 걸쳐서 나타나는데, 다른 부위에 비해서 더 매끄럽거나 유분이 많은 부위(코가 대표적이죠)에서 하이라이트가 더 뚜렷하게 나타납니다.

마지막으로 지금까지 고유색에 대해서는 광원이 모든 색을 포함한 백색광일 때를 기준으로 피부의 고

33 피부는 외부 광원의 색을 잘 전달합니다. 따라서 얼마든지 창의적으로 활용할 수 있죠.

유색을 시 실감 있게 표현하는 방법을 위주로 논의했습니다. 그러나 피부는 기본적으로 채도가 낮기 때문에 색광이 지닌 어떠한 색도 표현할 수 있습니다(다시금 강조하지만, 빛의 채도가 낮다는 것은 빛에 포함된 색은 더 '많이' 있다는 말입니다). 따라서 피부를 묘사할 때 우리 눈에 실제로 보이는 피부의 색은 전체적인 풍경의 색 영역 안에 포함되어야 합니다(33).

'피부색'은 사실상 어떠한 색도 될 수 있습니다. 그리고 전체적인 풍경의 색 영역이나 조명과 일치하

는 색이 피부의 색이 됩니다. 그래서 아디스드로시 우리는 물체의 색을 결정할 때 창의성을 발휘해야 하기도 합니다.

질감이 복잡한 물체 : 직물
COMPLEX MATERIAL: DRAPERY

지금까지 피부에 대해서 알아보았으니, 이제는 피부에 대해서 알아볼 때와 마찬가지 방법을 사용해서 다른 물체의 질감에 대해서도 알아보겠습니다. 피부 다음으로 자주 마주하게 될 물체가 바로 천과 같은 '직물'입니다. 그리고 직물도 피부처럼 세 가지 질문을 던져보면서 질감을 알아볼 수 있습니다.

고유색은 무엇인가?

이전에 살펴보았던 피부에 비해서 직물이 보이는 고유색은 훨씬 한정되어 있습니다. 직물은 염료를 사용해서 인공적으로 색을 입히기 때문에 표현할 수 있는 색상과 패턴의 범위가 제한되어 있습니다. 섞어서 만들어낼 수 있는 색이라면 모두 직물의 색이 될 수 있습니다(34). 이에 더하여 한 가지 더 염두해야 할 직물의 특징은 바로 직물은 대체로 서로

구분되는 조각 단위로 표현한다는 점입니다. 즉, 각각의 조각의 색과 모양이 다르다는 말입니다. 물론 예외가 되는 경우가 많겠지만, 일반적으로 우리가 표현하는 직물의 경우에는 이 규칙이 적용됩니다.

무광체인가, 정반사체인가, 투명체인가?

직물로 만들어진 옷감은 우리가 주변에서 찾아볼 수 있는 물체 중에 가장 무광체의 특성을 많이 띄는 물체입니다. 이는 옷감이 실과 실을 엮어서(직조해서) 만들어지기 때문입니다. 물론 비단과 같은 예외가 있기는 합니다(뒷면에서 자세히 다루겠습니다). 다만 대부분의 옷감은 아주 약하게 정반사를 하는 무광체입니다. 예제 35에서 옷감의 정반사를 따로 분리하여 제시하고 있으나 옷감을 묘사할 때는 난반사로 인한 빛의 작용이 핵심적입니다.

가끔 초보자들에게 옷감이 불투명한 물체라고 하면 깜짝 놀라고는 합니다. 옷감과 같은 직물의 올 사이로 빛이 보이는('시스루'라고 하죠) 현상을 경험했기 때문일 것입니다. 그러나 올 사이로 빛이 보이는 것은 직물이 투명성을 지닌 물체라서 그런 것이 아니라 직물이 올을 서로 엮어서 만들어졌기 때문에 발생하는 현상입니다.

직물에 빛을 비추어 보면 직물이 어떻게 직조되었는지 확연하게 볼 수 있습니다(36). 직물의 올 사이로 빛이 보인다면 이는 유리와 같은 투명체처럼 빛이 굴절되어 보이는 것이 아니라 직물을 구성하는 올과 올 사이의 공간으로 빛이 통과하기 때문입니다.

34 직물의 색은 혼색을 해서 만들 수 있는 색 어느 것이든 될 수 있습니다. 즉, 우리가 작품 안에서 표현할 수 있는 직물의 색에는 (패턴과 직물의 무늬 또한) 사실상 제한이 없습니다.

36 옷감 사이로 빛이 보이기는 하지만 이는 옷감이 투명체의 특성을 보여서 그런 것이 아니라 옷감이 섬유를 직조해서 만들어진 것이기 때문입니다.

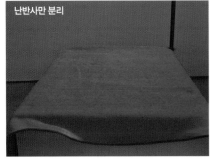
난반사만 분리

원본

정반사만 분리

35 위의 예제에서는 편광 필터로 난반사와 정반사를 분리했을 때의 모습을 보여주고 있습니다. 정반사가 일어나기는 하지만 난반사가 직물의 주된 특성입니다.

질감은 어떠한가?

직물의 질감은 직물을 구성하는 실의 밀도에 따라 큰 차이를 보입니다. 그러나 대체로는 튜브 형태의 실이 다양한 패턴으로 직조되어 질감이 크게 느껴집니다. 직물이 이루는 패턴은 직물을 구성하는 실의 짜임에 따라서 여러 가지로 나뉘지만, 대체로는 직물을 구성하는 섬유의 패턴을 반복하는 형태입니다. 옷감의 특정한 부분에서 올이 짜인 개수를 '스레드 카운트(thread count[5])'라고 하며, 스레드 카운트가 높을수록 직물의 질감은 부드럽습니다.

우리가 일상에서 마주할 수 있는 대부분 옷감의 스레드 카운트는 인간의 눈에 올 하나하나가 보이지는 않을 정도로 높습니다. 그러나 실제 작품을 그릴 때 옷감의 질감을 정확하게 묘사하지는 않더라도 옷감이 어떤 구조로 이뤄져 있는지 아는 것이 유용합니다. 예제 37에서는 실의 종류에 따라 해당하는 실로 직조한 옷감이 어떻게 보이는지 확인할 수 있습니다. 스레드 카운트가 아주 낮은 실(수제 니트 옷감 등)에서 일상에서 흔히 볼 수 있는 정도의 스레드 카운트를 보이는 실까지 제시되어 있습니다.

물체 위에 직물이 덮여 있을 때

직물을 표현할 때 또 한 가지 고려해야 할 점은 바로 직물이 대체로는 얇은 물체이며 다른 물체 위에 걸쳐진 상태로 있다는 점입니다. 이 때문에 직물이 잘 묘사가 된 경우에는 언제나 직물 그 자체의 형태보다 그 밑에 있는 형상에 의해 형태를 잘 표현합니다(38). 직물을 묘사할 때는 다음과 같은 질문을 스스로 던져보는 것이 좋습니다.

• 어떤 형상 위에 걸쳐져 있는가?
  직물의 밑에 있는 형상이 곡면인가요? 평면인가요? 아니면 뾰족하게 각이 지어져 있나요?

• 어떤 힘이 작용하는가?
  예제 38과 같이 중력만 작용하고 있나요? 아니면 무언가에 의해 당겨지거나 바람에 펄럭이는 것처럼 다른 힘이 작용하고 있나요?

• 좁은 범위에 위치한 직물이 놓인 부분이 있는가?
  좁은 범위에 직물이 놓였다면 직물이 접히게 됩니다.

직물을 묘사하는 경우의 대부분은 옷을 묘사하는 경우일 것입니다. 그리고 우리가 주변에서 마주하는 대부분의 옷은 천 한 필 전체를 사용해서 만드는 것이 아니라 다양한 모양과 크기를 지닌 옷감을 바

스레드 카운트가 낮은 실 (질감이 도드라진다) ←————————→ 스레드 카운트가 높은 실 (질감이 미세하게 느껴진다)

37 옷감의 질감은 실의 밀도를 의미하는 스레드 카운트가 높을수록 부드럽게 느껴집니다. 질감이 부드럽다면 우리는 조금 더 약하게 질감을 표현해야 합니다.

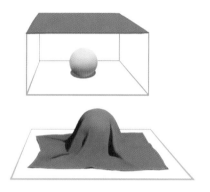
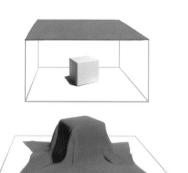

38 직물 밑에 있는 물체의 형상을 고려해야 합니다. 또한 직물이 놓이기에 공간이 좁다면 주름이 생기거나 직물이 접히게 됩니다.

느질하여 엮은 것입니다. 이렇게 두 개의 옷감이 만나서 바느질이 된 지점을 솔기(seam)라고 합니다(39). 솔기는 그 역할과 옷의 스타일에 따라 큰 차이를 보이므로 참고 자료에서 형태와 크기를 참조하는 것이 가장 좋습니다. 그러나 대체로 솔기는 옷감이 너무 많이 접히는 것을 막기 위한 용도이기에 옷감이 접히는 부분이 위치하며 두 개의 옷감이 만나는 지점에서 옷감이 살짝 도드라져서 깊게 그림자를 드리우는 것으로 표현됩니다.

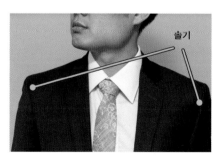

솔기

39 옷에는 솔기와 바느질 자국이 있는데, 이것이 전반적인 직물의 형태와 질감의 방향에 영향을 줍니다.

40 비단은 아주 촘촘하게 직조되어 정반사가 많이 일어나는 직물입니다. 이런 점에서 우리가 일반적으로 볼 수 있는 직물과는 차이점을 보입니다.

그 외의 직물

'직물은 대체로 무광체'라는 규칙에서 예외인 것이 바로 촘촘하게 짜인 비단입니다. 비단의 표면에서는 정반사가 많이 일어나는데, 비단이라는 직물을 구성하는 실이 아주 촘촘하게 직조되어 표면을 아주 매끄럽게 만들기 때문입니다(40).

따라서 이 책에 제시된 예시의 대부분이 면과 같은 일반적인 직물에만 해당하며, 때에 따라서는 이 책에서 언급한 규칙을 따르지 않는 예외적인 직물이 있다는 것을 알고 있어야 합니다. 직물에 대해서 처음 배울 때에는 매끈한 무광체의 직물로 시작하는 것이 좋지만 모든 직물이 이와 같지는 않습니다. 패션 업계에서는 남들과 다르기 위해서 애를 씁니다.

그래서 서로 다른 특징을 지닌 직물을 사용하며, 활용하는 색의 범위도 광활하고 같은 직물도 서로 다른 방법으로 사용하려고 합니다. 따라서 우리가 직접 참고 자료를 관찰하고 분석해서 옷마다 어떤 차이가 있는지 파악하는 것이 가장 중요합니다.

그 외에 질감이 복잡한 물체 OTHER COMPLEX MATERIALS

피부와 직물 외에도 우리 주변에는 수많은 물체가 있고 그 종류는 무한해서 이를 모두 표현하는 일이 버겁게 느껴지기도 합니다. 이 책에서는 이 수많은 물체를 묘사하기 위한 기본적인 방법을 배운 것이고, 이 책에서 배운 방법을 활용하면 다양한 물체의 질감과 빛과의 작용, 색을 분석해서 작품에 녹여낼 수 있게 될 것입니다.

앞 장에서 소개한 세 가지 질문을 스스로 물어보는 것을 잊지 마세요('고유색은 무엇인가? 무광체인가, 정반사체인가? 투명체인가? 질감은 어떠한가?'). 또한 지금까지 해왔듯 참고자료를 모아서 새로운 물체를 접하면 이를 기본 도형에 적용해 보는 연습을 해 보세요. 그리고 이렇게 파악한 질감을 다양한 풍경 속에, 여러 가지 조명 아래에 배치해 보는 연습을 해 보세요. 이를 통해 새로이 접한 물체를 완전히 이해하고 자신감 있게 다룰 수 있게 될 것입니다.

아래 제시된 예제 41은 서로 다른 세 가지 재질로 만들어진 물체를 기본 도형으로 렌더링하여 질감

을 파악하는 연습을 한 예시입니다. 이 외에 주변에서 어떤 재질을 찾아볼 수 있나요?

풍화된 철

철은 원래라면 정반사체여야 하지만 풍화 작용의 결과로 표면이 거칠어졌고 이 때문에 실질적으로 무광체처럼 보입니다. 풍화된 철의 고유색은 채도와 명도가 모두 낮은 한색 계통의 회색이지만 수분으로 인해 녹이 슨 부분은 어느 정도 난색에 채도가 높은 색을 보입니다. 이렇듯 부분에 따른 한색과 난색의 구분이 철이 풍화되었다는 것을 보여줄 때 핵심적인 요소입니다.

나무

나무는 일반적으로 무광체이며 고유색은 노란빛 빨간색 색상 영역에서 저채도의 갈색입니다. 나무의 질감은 나무가 어떻게 가공되었는지에 따라 크게 달라지는데 예제에서는 매끄럽게 표면이 처리되어 있습니다. 나무는 자라면서 어두운 줄무늬인 나이테를 특정한 방향으로 만드는데 이 나이테를

표현하는 것이 물체가 나무라는 것을 보여줄 때 중요한 요소입니다.

왁스

180페이지와 183페이지에서 살펴보았듯 양초의 재료인 왁스는 대체로 반투명한 물질입니다. 또한 왁스에서는 표면하산란이 잘 관측됩니다. 예제에서는 명도는 높지만, 채도는 낮은 난색 계통의 노란색이 물체의 고유색으로 제시되어 있고 질감은 전반적으로 부드럽습니다. 왁스가 녹아서 흘러내리며 굳는 과정에서 촛농이 생기는데, 촛농이 만들어내는 가늘고 기다란 형상은 왁스의 투명도를 아주 잘 보여줍니다.

풍화된 철   나무   왁스

41 지금까지 무광체와 정반사체, 투명체에 대해 배운 내용을 바탕으로 새로이 마주한 물체를 분석해 그림으로 옮길 수 있습니다.

Image © Guweiz

튜토리얼 TUTORIALS

Image © Djamila Knopf

DAY BY DAY

디아밀라 크노프 Djamila Knopf

〈튜토리얼〉 장에서는 여름의 하루를 흐린 날과 청명하게 햇빛이 비치는 날, 이른 아침의 하늘, 해질녘, 비 오는 날이라는 서로 다른 조명 상황에서 그려보겠습니다. 각각의 조명 상황에 서로 다른 분위기와 이야기를 부여했습니다. 가장 먼저 흐린 날의 단순하고도 단조로운 조명을 그릴 것입니다. 이 시점에 '책 제목에 '색'과 '빛'이 있는데 그럼 색 얘기는 언제 하는데?'라는 생각을 할지도 모르겠습니다. 그러나 기초가 되는 부분을 완성한 후 바로 여러 가지 색을 사용하는 방법으로 곧바로 넘어가겠습니다.

색과 빛은 감정을 유발하고 이야기를 전달할 때 아주 효과적인 수단입니다. 또한 주변의 환경과도 밀접하게 연관되어 있습니다. 색과 빛에 더해 계절과 날씨, 하루의 어떤 시점을 묘사하는지에 따라 서로 다른 감정과 이야기를 전달할 수 있죠. 풍경화를 그릴 때 저는 항상 '이 풍경에 담긴 이야기는 무엇일까? 색의 온도는 어떻게 될까? 태양광은 얼마나 있을까?'와 같은 질문을 스스로에게 던집니다. 이러한 질문에 답해보는 것이 재밌기도 하고 다른 조명 아래 놓았을 때 어떤 장면이 얼마나 극적으로 변화하는지 관찰하는 것을 좋아하기 때문이기도 합니다.

이번 장의 그림은 포토샵을 사용해서 그렸지만, 레이어와 블렌딩 모드를 지원하는 프로그램이라면 굳이 포토샵이 아니어도 같은 방법으로 실습을 해 볼 수 있습니다. 물론 제가 소개하는 것 말고도 정말 수많은 방법으로 색과 빛을 묘사할 수 있습니다. 저는 그 중에 하나만을 소개한다는 말을 먼저 전하고자 합니다.

01 세밀하게
선 그리기

일러스트를 시작할 때 저는 항상 선을 세밀하게 그려서 화면의 전반적인 구성이나 원근법, 인물의 해부학적 구조, 바디랭귀지 등 구도상에서 발생할 수 있는 문제를 미리 파악하고 해결하려 합니다. 이렇게 하면 일종의 기초 공사를 끝내 놓는 것이라서 이 위에 나중에 서로 다른 색과 조명을 바로 적용할 수 있습니다. 다른 말로 하면 세밀하게 그려 놓은 선도(line drawing)가 이후에 여러 가지 색을 자유롭게 시험해 볼 수 있는 안전망 역할을 하는 셈입니다.

어느 정도로 세밀하게 선도를 그리는지는 나중에 구성할 팔레트와 그림에 녹여낼 분위기에 따라서 큰 차이를 보일 수 있습니다. 제 경우에는 언제나 '선으로는 눈에 보이는 것을, 색으로는 느껴지는 것을 표현한다'는 법칙을 따르고 있습니다. 이번 장에서 서로 다른 색을 사용했을 때 '느껴지는 것'이 어떻게 달라질 수 있는지 확인해 보겠습니다.

조명 상황 : 흐린 날

가장 먼저 그려볼 조명은 흐린 날의 담천광(曇天光)입니다. 햇빛이 전혀 없는 완전히 흐린 날을 한 민 상상해 보세요. 하늘을 올려다봐도 보이는 것은 흰색이나 밝은 회색 빛을 띤 두꺼운 구름이 전부일 것입니다. 이때의 구름이 사진관에 가면 있는 소프트 박스와 같은 역할을 해서 위에서 비추는 빛을 산란시킵니다. 그 결과 풍경 전체를 균등하게 비치는 조명이 되는 것이죠. 담천광은 사물의 세세한 부분을 모두 노출 정도로 밝힙니다. 다만 직접적으로 비추는 태양광이 없기 때문에 암부가 강하게 생기지는 않죠.

02 흐린 날의
상황 설정하기

저는 흐린 날이 '가장 순수하게' 풍경을 보여주는 조명이라고 생각합니다. 암부도 강하게 생기지 않고 시선을 빼앗는 요소도 없으니까요. 말하자면 무미건조하게 사실을 있는 그대로 '자, 여기 보이는 게 집이야'라는 것처럼 보여주는 조명입니다.

팔레트를 구성할 때 저는 가장 먼저 흰색 캔버스를 채우는 일을 합니다. 흰색을 기준으로 색을 결정하는 것이 힘들기 때문이죠. 그래서 캔버스의 흰색을 중성적이고 약간 어두운색으로 채웁니다. 이번에 그릴 일러스트에서는 밝은 회색의 하늘을 기준으로 삼겠습니다. 그리고 새로운 색을 선택할 때마다 그 색이 채도(saturation[1])와 밝기, 색온도에서 기준이 되는 색과 부합하는지 확인하겠습니다.

색을 선택할 때는 너무 밝은 색도 너무 탁한 색도 안 됩니다. 그래서 팔레트에 색을 새로 더할 때는 레이어를 따로 만들어서 적용해 본 뒤에 어울리지 않는 것 같으면 포토샵의 색상/채도 슬라이더를 조정하여 색의 색조를 조정했습니다.

01 어떤 프로그램을 사용하든 선도 레이어를 'Multiply' 모드로 설정한 뒤 이 레이어 밑에 다른 레이어를 배치합니다.
이렇게 하면 스케치를 그린 선도는 어떤 색을 칠하든 변화 없이 유지됩니다.

1 역주 : 앞의 〈이론〉 장에서는 'CHROMA'와 구분하기 위해 본래 의미에 가까운 '포화도'로 옮겼습니다만, 포토샵에서 'SATURATION'의 번역어를 '채도'로 택했기 때문에 〈튜토리얼〉 장에서는
SATURATION을 '채도'로 옮기고, 'CHROMA'의 경우에는 영문 표기를 병기하여 구분하겠습니다.

02 팔레트를 구성할 때 명도 그룹을 전경(foreground)과 중경(middle ground), 배경(background)으로 나누었습니다.
위의 경우에는 화면 가까이 위치한 나뭇잎의 어두운 면이 전경이고 화면 멀리 위치한 밝은 회색의 하늘이 배경입니다.

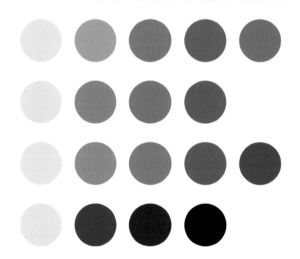

팔레트 구성하기

위에 제시된 색들이 기준 색으로 설정한 밝은 회색을 기반으로 했을 때 이번 그림에서 사용할 색입니다. 시각적인 흥미를 돋우기 위해 지면과 집, 나뭇잎에 밝은색과 어두운색을 섞어서 가능한 넓은 범위의 명도와 색상을 사용하는 것이 목표입니다.

새로운 색 더하기

팔레트에 색을 새로 더하는 일이 어렵게 느껴질 수도 있습니다. 화면에 초록색 물체를 더하고 싶다고 해서 paint bucket 도구를 사용해 초록색을 추가하면 전체적인 풍경과 색이 어울리지 않는 느낌이 들 것입니다. 그래서 저는 미리 구성해 놓은 팔레트에서 제가 사용하려는 색에 가장 가까운 색을 골라서 사용합니다. 그리고 색을 새로 더하고자 할 때 다음과 같은 세 가지 질문을 스스로 던져봅니다.

• 새로 더할 색의 온도가 원래의 색보다 한색인가, 난색인가?

• 새로 더할 색이 원래의 색보다 밝은가, 어두운가?

• 새로 더할 색이 원래의 색보다 채도가 높은가, 낮은가?

03 미묘한 색상의 변화를 지붕과 지면에서 확인할 수 있습니다.

03 팔레트 완성하기

이렇게 구성한 팔레트를 보면 중성 색조를 집 부분에서 특히 많이 사용했음을 알 수 있습니다. 개인적으로 목조 건물을 그리는 것을 좋아하는데 목재의 자연스러운 느낌이 주변의 무성한 풀과 잘 어울리고, 눈이 편한 느낌을 주기 때문입니다. 또한 중성 색조는 채도가 높은 색을 사용할 때 아주 좋은 배경이 되기도 합니다.

많은 사람이 그림이 칙칙하고 단조로워 보인다는 이유로 중성색과 회색의 사용을 꺼립니다. 그러나 저는 오히려 중성색과 회색을 즐겨 사용합니다. 만약 회색을 전혀 사용하지 않고 화면의 모든 요소의 재도를 잔뜩 올려놓는다면 관객은 어디에 눈을 두어야 할지 모르게 될 것이고, 그 결과 화면의 어느 곳도 강조가 되지 않게 됩니다. 그러나 의도를 갖고 포인트를 주기 위해서 채도가 높은 색을 사용하고, 중성색과 균형을 잘 맞춘다면 채도가 높은 색과 중성색은 서로를 보조하는 역할을 합니다. 이 방법을 활용하여 관객의 시선을 유도하고 화면에서 리듬을 만들어 낼 수 있습니다.

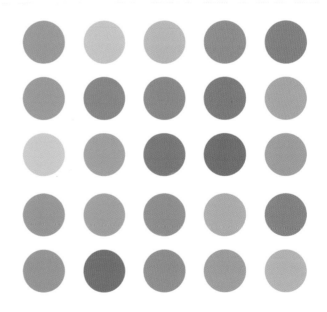

색상을 자유자재로

다양한 색상을 사용한다면 회색 색조에 조금 더 적극적으로 활용할 필요가 있습니다. 회색 색조의 색은 생각보다 더 다채롭습니다. 위에 보이는 색들이 모두 회색 색조를 지닌 색입니다.

회색 영역

색상환에서 보면 앞서 제시된 다양한 회색 색조의 색들이 채도가 낮은 영역에 몰려 있음을 알 수 있습니다.

04 초가지붕 느낌 내기

지금까지 구성한 팔레트가 만족스럽다면 이제는 세부적인 부분과 질감을 그릴 차례입니다. 지금 상태에서 화면을 보면 모든 것이 평평해 보입니다. 하지만 저는 지붕은 초가지붕처럼, 기둥은 나무로 만들어진 것처럼 보이게 하고 싶습니다. 질감은 화면 안에서 조명이 아무런 극적인 효과도 내지 않을 때 더 중요합니다. 따라서 풍경 안에 위치한 물체 표면의 디테일을 살리는 데 집중하려고 합니다. 나뭇잎의 표면을 조금 더 매끈하고 윤기가 돌게, 돌은 조금 더 거칠게 표현하는 것으로요.

작품을 그릴 때 저는 순서를 정해 놓고 그리지는 않습니다. 일반적으로는 화면에서 차지하는 영역이 큰 부분을 먼저 그려서 작품이 진행되고 있다는 느낌을 받을 수 있는 부분이나, 왠지 모르겠지만 가장 많이 신경 쓰이는 곳을 먼저 그립니다. 이번에는 둘 모두에 해당하는 것이 지붕이니, 지붕을 먼저 그리겠습니다.

04a~04c 초가지붕의 느낌을 내기 위해서 획 도구를 사용하고 암부는 조금 더 어둡게 처리했습니다. 그리고 이 과정에서 획 도구로 그은 스트로크가 지붕의 원근법과 일치하도록 했습니다.

04d 스트로크를 더하고 암부를 조정해도 아직 지붕이 조금 단조로워 보입니다. 그래서 식물을 더해서 조금 변주를 주었습니다. 약간의 초록색을 추가하면 시각적인 재미를 유발할 수 있습니다.

05a~05d 나무판자가 평평한 것처럼 보이게 하기 위해 신경을 썼습니다. 명도 값이나 암부와 명부의 위치가 잘못되면 휘거나 뒤틀린 것처럼

보이는 일이 비일비재하게 일어나기 때문입니다. 그래서 암부와 명부를 배치하는 일은 아주 섬세하고 정확하게 이뤄져야 합니다.

기준 색 **색온도가 낮은 회색**

어두운 강조색

색조 구성하기

기준 색을 기반으로 색온도가 낮은 한색 계통의 회색과 이보다 어두운 강조색을 구성했습니다. 그러나 전반적으로는 명도와 색 영역을 좁은 범위에서 유지했습니다

05 나무판자

지금까지 색을 칠한 사물을 보면 부피와 구조가 일반적으로 가장 중요하다는 점을 알 수 있습니다. 커리어 초반에 저는 명도 값을 한 번에 너무 크게 바꾸는 실수를 저지르고는 했는데 점차 조금씩 바꾸는 것이 맞는 방법이라는 것을 알게 되었습니다. 이제는 먼저 동일한 물체의 표면에서 대비는 작게 유지하고, 서로 다른 색상을 입히는 것에 집중합니다. 그리고 조금씩 미세하게 그래디언트와 그늘과 그림자, 찍힌 자국 등을 표현하여 사물의 질감과 입체감을 더하고 있습니다.

물론 나무판자를 묘사하는 것이 엄청 재미있는 일이거나, 이 일러스트에서 핵심이 되는 부분은 아닙니다. 그래서 전반적인 풍경에서 적당히 시선을 잡아끌되 가장 먼저 시선을 이끄는 부분이 되지 않을 정도로 디테일을 묘사했습니다.

06 그림자 예찬

그늘과 그림자를 포함하는 암부는 입체감을 만들어낼 때 핵심적인 역할을 합니다. 담천광이 비추는 흐린 하늘 아래의 조명 상황을 묘사하고 있기 때문에 명부와 암부를 뚜렷하게 구분할 필요는 없습니다. 대신 광원(구름이 잔뜩 낀 하늘이 만들어내는 소프트 라이트)에서 멀어질수록 점차 어두워지는 부드러운

그래디언트를 활용해야 합니다. 이를 통해 형상의 그늘에 생기는 암부를 보여주고, 궁극적으로는 화면 안에 있는 사물들의 구조를 잘 드러내는 것이 목표입니다.

또한 이 시점에서 '주변광의 차폐(ambient occlusion)'라는 현상을 언급하고자 합니다. 빛이 아주 조금 또는, 전혀 비치지 않는 구석이나 벽 사이의 틈에서 발생하는 현상이죠. 천이 두껍게 접히는 부분이나 가구와 바닥이 만나는 지점에서 발생하기도 합니다. 팔을 접었을 때 오금 부분에서 피부가 눌리는 지점에서도 이 현상이 일어납니다. 96페이지에서 주변광의 차폐에 대한 자세한 내용을 확인할 수 있습니다.

우리가 그릴 장면에서는 지붕의 아랫부분이 형상의 그늘과 주변광의 차폐의 영향을 가장 강하게 받습니다. 지붕의 아랫부분은 빛이 가장 비치지 않는 부분인데, 자전거와 상자가 쌓여 있는 왼쪽 구석에서 여기저기 조그마한 구멍이 나 있는 부분 역시 가장 적은 빛을 받는 부분입니다.

06a 단순하고 부드러운 그래디언트로 암부를 표현하고 깊이감을 줄 수 있습니다. 제 경우에는
화면의 암부와 화면 안에서 묘사되는 사물의 질감이 서로 잘 어울리는지 한 번 더 확인합니다.

06b 색을 칠할 때나 화면 속 사물의 디테일을 표현할 때 빛이 위에서 비춘다는 것을 계속 생각합니다.

06c 지붕 밑에 있는 사물을 비추는 빛이 위쪽에 위치하기 때문에 지붕에 가려진 자전거와, 상자 등은
아래쪽으로 갈수록 더 밝아집니다. 같은 현상이 사다리와 미닫이문에도 나타납니다.

암부의 색

암부에서 가장 어두운 부분에서도 저는 완전 검은색을 최대한 사용하지 않으려 했습니다. 대신에 약간 채도가 낮은 어두운 갈색을 사용했습니다.

07 나뭇잎 위
한색 하이라이트

흐린 날 어떤 물체에서 위쪽의 하늘을 바라보고 있는 면은 한색을 띱니다. 이 효과는(매끈한 표면을 가진 물체 중에서는) 나뭇잎에서 가장 잘 확인할 수 있습니다. 하늘을 바라보고 있는 나뭇잎은 한색의 천공광을 반사하여 나뭇잎의 표면이 조금 파란색으로 보이게 합니다. 작품에서 설정한 하늘의 색이 회색이지만, 여전히 한색 계통의 색이기도 하고 저는 개인적으로 이 현상으로 나타나는 모습을 좋아해서 조금 강조해서 표현하는 편입니다.

211페이지의 팁 부분에서 팔레트에 포함된 색을 사용해 색을 더하는 방법을 소개했습니다. 이번에는 캔버스에서 나뭇잎의 색을 뽑아내서 파란색 계통으로 색을 바꾸고, 밝기는 높인 뒤, 채도를 낮추도록 하겠습니다. 이렇게 만들어지는 색 사이의 차이는 밝기가 5~10% 정도만 차이가 날 정도로 아주 미묘합니다. 그러나 색상과 채도도 함께 만져주면 굉장히 효율적으로 전반적인 풍경과 어울리는 색을 찾는 방법이 됩니다.

앞으로는 나뭇잎뿐만 아니라 지면에 위치한 돌 등 화면에서 하늘을 바라보는 물체 표면의 색을 찾을 때 똑같은 방법을 사용하겠습니다.

07a~07b 나뭇잎의 하이라이트를 파란색으로 바꾸면 색이 다채로워지고, 해가 뜨지 않았을 때 공기에서 느껴지는 싸늘함이 느껴집니다.

07c~07d 하이라이트가 한색으로 보이는 현상은 표면이 매끈한 나뭇잎처럼 표면에서 빛을 잘 반사하는 물체에서 도드라지게 나타납니다.

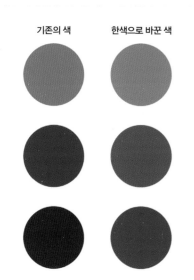

기존의 색   한색으로 바꾼 색

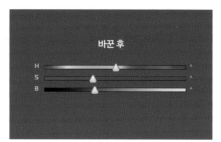

한색 하이라이트

왼쪽에 보이는 색은 한색으로 바꾸기 전에 나뭇잎에 보이는 색(왼쪽 줄)과 한색으로 하이라이트를 바꿨을 때의 색(오른쪽 줄)입니다. 이 견본 색상에 해당하는 HSB 슬라이더는 가운뎃줄인데, 두 경우에 차이가 얼마나 미묘한지 알 수 있습니다.

08 대기 원근법

화면 속 나무와 덤불, 산을 보면 멀리 있는 사물이 점차
밝아진다는 사실을 눈치챘을 것입니다. 이들 사물의 고
유색은 유지되지만, 사물과 관찰자 사이의 거리가 멀어
질수록 밝기가 밝아지는 경향이 있습니다.

이는 '대기 원근법'이라 불리는 현상으로 풍경화를 그
릴 때 아주 중요한 역할을 합니다. 공기는 사실 완전히
투명한 물체가 아니며 빛이 100% 완전히 투과할 수 없
습니다. 공기 중에는 먼지도 있고 수증기도 있어서 빛
에 영향을 줍니다. 이 때문에 멀리 떨어진 사물은 점차
파란색으로, 더 밝게 나타나며, 채도와 대비는 떨어집
니다. 사물이 멀리 떨어져 있을수록 이 현상은 강해져
서 어느 지점에 이르면 멀리 떨어진 사물은 하늘과 섞
여서 보이게 됩니다. 이 현상에 대한 자세한 설명은 164
페이지에서 확인할 수 있습니다.

우리가 그리는 그림에서는 집 뒤에 펼쳐진 덤불과 산에
서 이 현상을 확인할 수 있습니다. 또한 집에 테두리 부
분에 있는 덤불과 산을 훨씬 밝게 표현했는데, 집과의
거리가 멀리 떨어져 있다는 것을 보이고 싶었기 때문입
니다. 같은 규칙을 오른쪽에 있는 덤불에도 적용해서
관찰자와 가까이 있는 사물은 어둡게 표현했습니다.

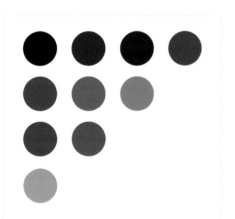

모호해지는 색

위에 제시된 색상 견본은 화면 안에 있는 사물
의 색입니다. 위쪽 줄의 색은 오른쪽에 있는 큰
덤불에서 뽑아왔고, 두 번째와 세 번째 줄은 집
뒤쪽에 있는 풀, 그리고 가장 아래 줄은 산에서
뽑아왔습니다. 심부로 갈수록 사용하는 색이
점차 줄어듦을 알 수 있습니다.

08a 전경에 있는 나뭇잎이 전체 화면에서 가장 어두운데 이들 나뭇잎이
관찰자와의 거리가 가장 가까우므로 대기 원근법의 영향을 가장 덜 받기 때문입니다.

08b 사물의 고유색은 유지되기 때문에 어떤 물체는 가까이 있어도 조금 더 밝게 보입니다. 오른쪽
아랫부분에 있는 풀이 근처에 있는 풀에 비해 밝은색이라는 것에서 이 점을 알 수 있습니다.

09 퍼져 나가는 색

눈치챘을지도 모르겠지만 저는 다양한 색상을 활용하는 것을 좋아합니다. 하지만 삼천포로 빠지지 않고 다시 화면의 오른쪽에 주목해 보겠습니다. 이쪽에 있는 나뭇잎은 이전 단계에서 묘사했던 것에 비하면 단조롭고 다채로움이 없는 초록색으로 보입니다. 개인적으로는 칙칙하고 생동감이 떨어져 보이는데, 둘 다 제가 그림을 그릴 때 피하고 싶은 요소들입니다.

이렇게 조명이 단순한 풍경을 그릴 때는 물체의 고유색을 잘 다루는 것이 중요합니다. 그리고 이번 조명은 화면 안에 있는 여러 식물이 서로 다른 고유색을 보여줄 수 있는 무대이기도 합니다. 그래서 나무와 풀에 나타나는 암부를 다양하게 표현하고 꽃도 다채롭게 표현했습니다. 초록색과 흙색의 색조가 화면에서 가장 많이 쓰이긴 하지만 꽃을 통해서 화려한 색감을 보여줄 수 있고, 꽃들이 흐드러져 피어 있는 모습이 빽빽하게 우거진 덤불과 대비를 이룹니다. 이를 통해서 조화와 대비, 작은 것과 큰 것의 대비, 고채도와 회색조의 대비, 명부와 암부의 대비를 표현하고자 했습니다.

저는 작업을 마무리할 때 아래와 같은 질문을 스스로에게 끊임없이 던집니다.

- 팔레트의 색이 균형 잡혀 있는가?
- 특정한 부분을 강조하거나 톤 다운할 수 있는가?
- 조명에 사실감이 있는가?
- 광원의 강도와 방향이 화면 전체에서 유지되는가?
- 이야기가 잘 전달되었는가?(즉, 이 그림이 흐린 날 숲 속에 있는 집처럼 보이는가?)

09a 색상의 변화가 없을 때 나뭇잎은 단조롭고 칙칙하게 보입니다.

09b 이 부분이 전체 화면에서 가장 세밀하게 표현되는 부분입니다. 또한 가장 많은 색이 사용되는 부분이기도 하죠.

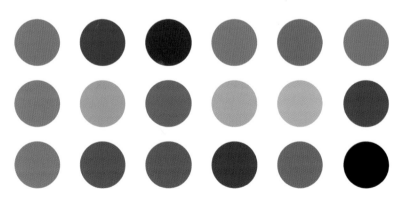

최종적으로 사용한 팔레트

최종적으로 사용한 팔레트를 단순하게 표현하면 왼쪽과 같습니다. 초록색과 흙색 색조가 주를 이루는 가운데 꽃의 색상이 시각적으로 단조로움을 피할 수 있게 해줍니다.

실습 내용 요약 : 흐린 날

흐린 날의 조명 상황에 대해 배운 내용을 다시 한번 살펴보겠습니다. 화면 안에서 태양광이 직접 비치는 부분이 없고, 대신에 두꺼운 구름층이 하늘 전체를 가려서 회색으로 보이고 있습니다. 이 구름층 때문에 아래로 비치는 부드럽고 균일한 조명이 생기는데, 이때의 조명으로 명부와 암부 사이에 부드러운 그레디언트가 발생합니다. 하이라이트(특히 하늘을 바라보고 있는 물체의 표면에서의)는 색온도에서 한색인 색으로 나타나며, 상대적으로 암부는 난색 계통의 색으로 보입니다. 다만 사물의 정체와 디테일을 확인할 수 있을 정도로 충분한 빛은 비치고 있습니다.

이러한 내용을 이야기와 감정을 전달할 때 어떻게 활용할 수 있을지 자문해 보는 것이 좋습니다. 흐린 날이라고 하면 떠오르는 분위기에는 무엇이 있을까요? 어떤 상황에서 흐린 날을 배경으로 하는 것이 적절할까요? 물론 결정은 여러분이 내리는 것이지만 제가 생각하는 내용을 몇 가지 소개합니다.

가장 먼저 앞서도 언급했듯 담천광 아래에서 사물은 있는 그대로 보입니다. 사물의 구조와 질감이 잘 보이며 이에 따라 사물의 디자인이 강조됩니다. 따라서 어떤 풍경에서 분위기를 강조하는 것이 아니라, 풍경 그 자체를 중립적으로 보이고 싶다면 담천광을 활용하는 것이 좋습니다.

반면 제대로 강조한다면 흐린 날의 하늘은 어둡고, 빽빽하며 갑갑한 분위기를 줍니다. 인물의 포즈와 잘 어울릴 때 두꺼운 구름층은 화면 속 인물의 어두운 감정 상태를 드러내는 도구로 활용할 수도 있습니다. 또한 흐린 날은 갑자기 비가 내릴 것 같은 느낌도 듭니다. 그래서 상황이 악화될 것임을 암시할 수도 있죠.

대체로 흐린 날을 부정적인 감정과 연관 짓기는 하지만, 구름 뒤에 가려진 해가 다시 뜰 것이라는 희망을 암시하기도 합니다. 이러한 분위기는 모두 어떻게 화면을 묘사하고 화면 속 인물이 어떤 반응을 보이냐에 따라 달라집니다. 어떤 경우에는 흐린 날은 무언가 미스터리하고 긴장감이 흐르며, 초현실적인 느낌을 줄 때 가장 유용한 조명이기도 합니다. 모든 상황에 통용되는 '만병통치약'은 없고, 이 점이 이 일을 하는 재미기도 하죠. 그러니 아티스트로서 창의력을 마음껏 발휘해 보세요.

보통의 흐린 날
이 화면에는 인물을 넣지 않았습니다. 전반적인 풍경을 디자인하고 단순하게 보이는 것이 목표였기 때문입니다.

Final image © Djamila Knopf

조명 상황 :
밝은 햇빛이 비치는 날

이제 본격적으로 다채로운 색을 그림에 넣어보겠습니다. 흐린 날의 풍경을 차근차근 색으로 채워서 더욱 행복하고 즐거운 느낌을 주는 밝은 날의 풍경을 묘사해 보겠습니다. 밝은 햇빛이 쏟아지는 날이야말로 제가 가장 자신 있게 그릴 수 있는 조명이며, 제가 작품에서 가장 많이 사용하는 조명이기도 합니다. 햇빛이 비치는 날의 따뜻함과 긍정적인 분위기, 생동감이 넘치는 색을 좋아합니다. 서로 다른 대비와 암부의 패턴을 주제로 다른 조명 상황을 표현할 것이기 때문에 구름 없는 하늘에서 내리쬐는 청공광은 작품에 극적인 느낌을 불어넣고 구도를 통해 작품을 흥미롭게 할 수 있는 무대입니다. 그러나 마냥 쉽게 그릴 수는 없는 조명이기도 하죠.

10 해가 뜬다

맑고 해가 쨍쨍하게 내리쬐는 날을 그리려면 흐린 날을 묘사할 때 만들어 놨던 기본적인 요소를 다시 활용하고 흐린 날을 묘사할 때 활용했던 규칙을 그대로 활용하면 됩니다. 다만 흐린 날과 맑은 날이 보이는 가장 큰 차이점은 바로 맑은 날에는 세 가지 광원이 화면에 영향을 준다는 것입니다. 태양이 비치는 따뜻한 직접광(흐린 날에는 없던 강력한 광원)과 반사광, 그리고 하늘에서 반사된 파란색 빛입니다. 이 세 가지 빛에 대해서는 논의를 진행하면서 더 자세히 알아보겠습니다.

우선 가장 먼저 흐린 날의 조명을 맑은 여름날의 조명으로 바꾸려면 무엇이 필요한지 생각해 봐야 합니다. 가장 확실한 것은 화면이 훨씬 밝고 따뜻해야 한다는 것입니다. 다행히도 이 문제는 간단하게 해결할 수 있습니다. 포토샵의 조정 레이어를 활용하면 됩니다. 먼저 색온도를 올려주고 다음으로 밝기를 증가시키면 됩니다.

또한 오른쪽의 그림에서 작은 인물을 추가했는데, 이를 통해 작품에 생동감이 생겨납니다. 작품을 만드는 과정 어느 때든 인물을 넣을 수 있는데 그래픽 프로그램 속 레이어 기능의 장점입니다. 레이어에 대해서는 228페이지에서 더 자세히 다루겠습니다.

10a~10b 조정 레이어를 적용하기 전과 후의 그림입니다. 조정 레이어만 적용했음에도 풍경의 분위기가 크게 바뀌었습니다. 그러나 여기서 작업이 끝나는 것은 아닙니다.

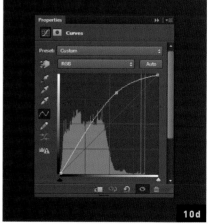

10c~10d 조정 레이어에서 'Photo Filter'를 적용해 색온도를 높여줬고, 다음으로는 'Curves'를 사용해서 밝기를 높였습니다. 의도적으로 가장 어두운 영역에는 손을 대지 않았는데 대비가 강하게 보이기를 원했기 때문입니다.

조정 레이어

각각의 조명 상황에 따른 색의 변화를 표현하기 위해서 포토샵의 조정 레이어 기능을 앞으로도 계속 활용할 예정입니다. 조정 레이어는 전체 일러스트에서 어느 위치에도 넣을 수 있고, 조정 레이어를 활용하면 색과 명도를 빠르게 바꿀 수 있습니다. 조정 레이어는 일종의 마스크 레이어로 필요하다면 특정한 영역에서 적용한 효과를 제거하거나, 불투명도를 낮출 수도

있습니다. 원본 레이어에 영향을 주지 않기 때문에 조정 레이어를 언제든 켜고 끌 수 있으며 원할 때는 자유롭게 수정할 수 있고 삭제할 수도 있습니다. 조정 레이어를 활용하면 쉽고 빠르고 유연하게 다양한 색을 실험해 볼 수 있습니다.

11a~11b 조정 레이어의 'Vibrancy'를 60 더했습니다. 조정 레이어에서 'Selective Color〉Green'을 선택하고 초록색을 노란색 방향으로 60만큼 바꿔주었습니다. 그 결과 위와 같은 모습이 나타납니다.

11 생동감 넘치는 햇살과 뭉게구름

아직은 화면이 전반적으로 칙칙해 보입니다. 그래서 조금 더 색을 더해줄 필요가 있습니다. 맑은 날 보이는 풍경을 흐린 날과 완전히 다르게 하는 것을 목표로 하겠습니다. 그래서 화면에 생동감을 불어넣고 초록색 색조의 색온도를 전반적으로 난색 계통으로 바꿔주기 위해서 조정 레이어를 추가했습니다.

흐린 날의 풍경과 비교했을 때 가장 큰 차이는 바로 하늘이 회색에서 밝은 파란색으로 바뀌었다는 것입니다(다음 페이지의 예시 참조). 하늘색만 바뀌어도 즉각적으로 풍경의 보조색(dominant color[2])이 바뀌며 전반적인 분위기도 크게 바뀝니다. 흐린 날 하늘의 밝기가 원래 밝았기 때문에 저는 레이어를 새로 만들어서 블렌딩 모드를 Multiply로 설정한 뒤에 레이어 위에 파란색을 입혔습니다.

이 정도로 변화를 주면 이제 화면 앞쪽의 모습이 충분히 여름날의 풍경처럼 보이기 시작합니다. 여름날의 느낌을 더 강하게 하기 위해 뭉게구름을 추가하겠습니다.

2 역주 : 주조색(BASE COLOR)에 이어 면적 비율이 큰 색을 의미합니다.

11c 흐린 날의 화면과 비교해 보면 분위기가 크게 달라진 것을 알 수 있습니다.

11d~11f 구름을 표현할 때는 명부와 암부의 대비를 작게 유지해서 구름에 너무 시선이 쏠리지 않게 했습니다.

또한 구름 밑에 파란 하늘의 색을 살짝 추가하여 마무리했습니다.

12 화면 속 어두운 부분은 블렌딩 모드를 적용하기 이전에 화면에 추가한 캐스트 섀도우입니다. 또한 하늘 부분에 있는 화살표는 태양광이 비치는 방향입니다. 태양의 위치가 하늘 높이 떠 있을수록 캐스트 섀도우의 길이는 짧아집니다. 태양이 낮게 떠 있으면 반대로 짧아지죠.

저는 구름을 표현할 때 구름의 외곽선과 테두리를 먼저 그리는 방법을 가장 좋아합니다. 먼저 하나의 색(이 경우에는 밝은 회색)만 활용해서 어느 정도 기본적인 형태가 완성될 때까지 구름을 그립니다. 그리고 클리핑 마스크를 만들어서 구름을 그린 레이어에 적용합니다. 이렇게 하면 이후에 획을 추가해도 이 획이 구름 형태 안에만 적용됩니다. 그러면 구름에 그림자를 더해서 구름이 입체적으로 보이게 하는 데에만 집중할 수 있죠.

12 길게 드리운 그림자

이 시점에서 화면 속 풍경은 흐린 날의 풍경과 비교했을 때 훨씬 밝고 푸근한 느낌을 줍니다. 그러나 한 가지 모자란 것이 있는데 바로 그늘과 그림자입니다. 하늘에서 비치는 천공광으로 인해 사물의 그늘에 생기는 암부는 있지만, 이제는 태양이 직접 풍경을 비추고 있으므로 태양광이 사물에 의해 가려져 생기는 그림자인 캐스트 섀도우도 그려줘야 합니다.

저는 캐스트 섀도우를 그릴 때 항상 빛이 진입하는 방향을 확인하고 캐스트 섀도우의 방향을 빛의 방향에 맞추려고 노력합니다. 그래서 화면 속 어떤 사물이 빛의 진행을 '가로막을까?' 고민하죠. 화면상에 화살표를 그려서 빛의 방향을 표시하고, 이를 기준으로 빛의 방향이 유지되도록 하는 것이 유용합니다. 그러나 아주 정확하게 빛의 방향을 표현하지는 않아도 됩니다. 가끔은 작품을 통해 전달하려는 바와 일치한다면 일부러 조금 부정확하게 그려서 시각적인 흥미를 작품에 더하기도 합니다.

또한 저는 그림자를 일종의 디자인 요소처럼 다루었습니다. 즉, 형태와 패턴을 흥미롭게 만드는 데 집중했다는 말입니다. 그림자는 구도에 흥미를 불어넣어서 관객의 시선을 잡아끄는 도구가 될 수도 있고 심지어는 화면 바깥에 있는 사물이 화면 안으로 캐스트 섀도우를 드리울 수도 있습니다. 그림자는 또한 작품에 깊이감을 더해주는 요소로, 그림자를 통해 아티스트는 특정한 영역을 그룹 단위로 묶어서 관리할 수 있게 됩니다.

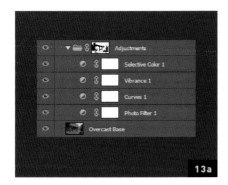

13 태양광 끄기

암부가 얼마나 밝아야 할지, 또 어떤 색을 띠어야
할지 결정하는 일이 어려울 수도 있습니다. 저는 과
학자가 아니므로 태양광이 만들어내는 그늘과 그
림자를 그릴 때 일반적으로 살짝 차갑고(파란색이나
보라색의 명청색) 명부에 비해서 20~40% 정도 밝은
색을 사용합니다.

그러나 지금 작업 중인 화면에서는 레이어를 조금
걷어내어 이전에 작업했던 흐린 날의 화면으로 돌아
가겠습니다. 흐린 날에서 보이는 조명이 전구를 끄
듯이 태양광을 껐을 때 나타나는 모습이기 때문에
이때의 조명을 맑은 날의 암부로 사용하겠습니다.

암부를 그릴 때에는 하드 라이트로 드리우는 캐스
트 섀도우는 경계가 뚜렷하고, 소프트 라이트는 경
계가 모호하다는 사실을 기억하면 좋습니다. 또한
거리도 중요합니다. 키가 큰 나무는 보통 크기의 나
무에 비해서 지면에 드리우는 그림자의 경계가 모
호합니다. 가끔 저는 인물을 그릴 때 이 규칙을 깨
고는 합니다. 여기에 대해서는 뒤에서 차차 다루겠
습니다.

14 반사광

한 가지 더 고려해야 할 요소는 바로 반사광입니다.
태양광이 워낙 밝고 강하기 때문에 대부분 물체의
표면에서는 태양광이 반사되고, 이렇게 반사된 태
양광은 풍경 전체에 영향을 줍니다. 이 반사광이 만
들어내는 효과를 그림 속 지붕의 밑부분에서 확인
할 수 있습니다. 지면에서 반사된 빛이 밑에서 위로
지붕의 밑부분을 비추고 있는 것이 보입니다. 맑은
날에는 지면을 바라보고 있는 면은 색온도가 따뜻
하게 변합니다. 앞 장에서 그림자에서는 색온도가
차가워진다고 했지만, 난색광이 한색의 그림자에
비치는 경우도 있습니다. 다만 반사광은 언제나 주
광원에서 직접 비치는 빛에 비해서 약하고 그래서
주광원에 의해 쉽게 묻힐 수 있다는 점을 기억해야
합니다.

13a~13b 흐린 날의 조명을 드러내기 위해서 맑은 날을 표현할 때 사용했던 조정 레이어의 일부 영역을 지웠습니다.
레이어를 모두 하나의 폴더에 배치했기 때문에 하나의 마스크 레이어를 활용해서
암부(검은색)를 칠해도 명부(흰색)에 영향을 주지 않을 수 있습니다.

13c~13d 캐스트 섀도우를 추가하면 화면에 입체감이 더해집니다.

13e~13f 강력한 태양광에 의해 생긴 캐스트 섀도우의 테두리는 뚜렷합니다.

14a~14b 변화는 미묘하게 일어나지만 반사광으로 인한 효과를 더 많이 넣으면, 분위기가 따뜻하게 변하고 태양광이 사실적으로 느껴집니다.

직접광과 반사광의 작용이 헷갈릴 때는 다음의 규칙을 활용하면 됩니다. '암부의 가장 밝은 부분의 명도는 명부의 가장 어두운 부분의 명도보다 항상 어둡다.' 그림의 지붕을 보면 이 규칙을 잘 확인할 수 있습니다. 지붕의 명부와 암부는 명확하게 분리되어 있고 난색의 반사광은 명부에 있는 어두운 부분보다 어둡게 표현되어 있습니다(그러나 벽에 난 틈은 암부에 포함되기 때문에 이 규칙에서 제외됩니다).

사물이 난색광 아래에 있을 때 저는 빛이 암부에 비추는 부분에 주황색 명청색을 추가하기도 하는데 이 부분의 테두리 영역은 좀 더 난색으로 바뀌고 채도도 증가하기 때문입니다.

지붕의 명부에서 사용한 색

지붕의 암부에서 사용한 색

반사광의 명부와 암부

지붕의 명부와 암부에서 추출한 색상 견본입니다. 각각 각 부분에서 가장 밝은 부분과 가장 어두운 부분의 색이죠. 암부의 가장 밝은 부분(좌측 하단)이 명부의 가장 어두운 부분(우측 상단)에 비해 명도가 어둡다는 사실에 주목해 보세요.

15 파란 천공광

이제 이번 조명 상황을 시작할 때 언급했던 빛 중 두 가지인 태양광과 반사광을 다뤘습니다. 남은 것은 파란색 천공광입니다. 다행히도 우리는 흐린 날을 그리면서 천공광이 어떻게 작동하는지 이미 살펴보았습니다. 하늘을 바라보는 면은 색온도가 차가워진다는 것을 앞서 배웠죠. 이를 다르게 말하면 약간 파란색으로 바뀐다는 것입니다.

그러나 맑은 날에는 태양광이 가장 강력한 빛이고 다른 빛을 집어삼키기 때문에 파란색 천공광은 암부에서만 관측할 수 있습니다. 하늘에 구름이 끼지 않았을 때 특히 이 현상이 도드라지게 나타나는데, 하늘을 가리는 것이 없으니 더 많은 파란색 빛이 지면에 도달할 수 있기 때문입니다.

천공광과 반사광으로 인한 효과를 섞으면 맑은 날 암부를 그릴 때 적용할 수 있는 규칙을 도출할 수 있습니다. 바로 '하늘을 바라보는 면은 색온도가 한색이 되고, 색은 파란색을 띠며, 지면을 바라보는 면은 색온도가 난색으로 바뀌며, 색은 주황색을 띤다'는 것입니다.

16 인물
추가하기

이제 풍경에서 보이는 기본적인 요소들은 모두 해결했으니, 인물에 대해서 얘기해 볼 시간이 되었습니다. 이번 장에서 다룰 각각의 조명 상황에서 저는 같은 인물을 넣을 예정입니다. 다만 인물이 서로 다른 상황에 있는 것으로 묘사하여 작품에서 전달되는 이야기가 달라지도록 하겠습니다.

16 인물을 묘사할 때 아주 단순하고 좁은 범위의 색을 사용했습니다. 그래서 일단은 화면에 보이는 모든 사물이 평평하게 보이도록 했죠. 잠자리채의 그물 부분을 투명하게 보이게 하려고 이 부분만 마스크 레이어를 적용해 추가로 작업했습니다.

15a~15b 흐린 날과 맑은 날을 비교했을 때 하늘을 바라보는 나뭇잎이 하늘의 색을 띠고 있다는 사실을 알 수 있습니다.

흐린 날 지붕에서 사용한 색

맑은 날 지붕에서 사용한 색

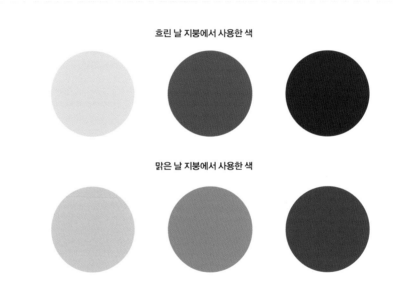

흐린 날과 맑은 날의 색상

위의 색상 견본은 흐린 날과 맑은 날 사용한 색들입니다.
각각 하늘색(왼쪽)과 천공광의 반사광(중간), 주조색(오른쪽)입니다.

화면 속 묘사되는 풍경이 일본식 전통 기옥이기 때문에 저는 화면 속에서 묘사되는 삶도 단순하고 옛 것처럼 보였으면 했습니다. 그래서 쇼와(昭和) 시대 (1926~1989)에 찍힌 사진을 모아서 참고했습니다. 자료를 찾는 동안 일본의 어린이들이 여름에 곤충 채집을 가는 것을 즐겨했다는 사실을 알게 되었습니다. 그리고 곤충 채집이 지금 그리는 작품에 잘 어울리겠다고 판단했습니다.

곤충 채집이라는 이야기는 색 선택에도 영향을 줍니다. 곤충을 잡으려면 주변 환경에 스며들 수 있어야 하니 인물에 보호색을 쓰는 것이 좋겠다고 생각했습니다. 그래서 중성색으로 옷을 칠했습니다. 또한 옷에 사용할 색의 범위를 좁게 유지하면 이 풍경에서 보이는 옛날 느낌을 잘 살릴 수 있습니다. 그래서 화면 속의 색을 살펴보고 인물과 어울리는 색을 선택했습니다. 물론 이렇게 고른 색에 약간 변형을 줄 수도 있지만 일단은 사용하는 색의 범위를 단순하게 유지하는 것으로 하겠습니다.

17a~17b 암부와 디테일, 약간의 그래디언트를 적용하기 전후에 보이는 인물의 모습입니다. 그림자의 테두리가 너무 뚜렷하면
사실성이 떨어져 보이지만, 저는 관객의 시선이 인물에 갈 수 있도록 의도적으로 테두리를 뚜렷하게 유지했습니다.

17c 인물을 표현할 때 사용한 레이어 구성입니다.
조금 더 세부적으로 묘사하고 싶다면(레이어 전반에서
은은하게 그래디언트를 더하는 등) 클리핑 마스크를 추가하고
인물 폴더 전체에 조정 레이어를 적용하면 됩니다.

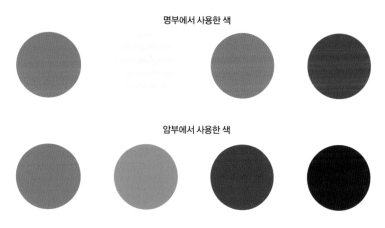

명부에서 사용한 색

암부에서 사용한 색

암부의 색 조정하기

암부에 해당하는 레이어를 선택해서(Ctrl을 누른 채로 레이어 아이콘을 클릭해서) 각 사물이 보이는 암부의 색을 바꿨습니다. 이렇게 하면 선택한 레이어에만 Color Balance(Ctrl+B)와 같은 색 조정이 가능합니다. 변경이 완료되면 Ctrl+D를 누른 채로 선택한 레이어를 클릭해 선택을 해제합니다.

17 셀 셰이딩

인물을 그릴 때 저는 셀 셰이딩(cel shading)이라는 기법을 사용합니다. 셀 셰이딩이라는 용어는 애니메이션을 그릴 때 예전에 영화 필름에 쓰이던 물질인 셀룰로이드(celluloid) 위에 수작업으로 그림을 그렸던 것에서 유래한 말입니다. 제가 사용하는 방법은 상당히 단순합니다. 우선 인물을 구성하는 각 요소에 주조색을 입힙니다. 그리고 그 위에 암부에 적용할 하나의 색을 선택합니다. 그리고 이후 필요할 때 쉽게 변경할 수 있도록 인물의 주조색과 암부를 별도의 레이어로 만든 뒤에 레이어의 이름을 각각 주조색과 암부로 지어줍니다. 그리고 두 레이어 위에 레이어를 새로 하나 추가한 뒤에 인물의 전체 실루엣을 추가한 뒤 블렌딩 모드를 'Multiply'로 설정해서 실루엣이 인물의 암부로 보이도록 합니다. 마스크 레이어와 결이 거친 브러시 도구를 사용해 일부를 지워주거나 필요할 때는 지운 부분을 되돌리기도 하면서 그림자의 형태를 완성합니다. 이 과정에서도 전체 화면에서 빛의 방향에 신경 써야 합니다.

다음으로는 클리핑 마스크를 생성한 뒤에 인물을 구성하는 요소 중에 조금 더 세부 작업이 필요하다고 생각되는 부분을 모두 클리핑 마스크 위에 붙입니다. 예를 들어, 제 경우에는 클리핑 마스크로 볼과 무릎, 팔꿈치, 손, 발 부분에 약간의 빨간색을 추가하고 머리카락에 하이라이트를 더했습니다. 또한 선도의 색을 바꿀 때도 클리핑 마스크를 활용했습니다. 마지막으로 화면 속 사물 일부에서 보이는 암부의 색을 바꿨습니다. 예를 들어, 인물이 입고 있는 윗도리의 그늘이 약간 파란색을 띠도록 했습니다.

229

18a 인물 주변에 빛 번짐(glow)을 추가하면 반사광이 비춘다는 느낌과
무더운 여름날의 열기를 관객에게 전달할 수 있습니다.

18b~18c 명부에 있는 나뭇잎을 난색 계통의 초록색으로 칠하는 아주 작은 변화이지만, 화면 속 나뭇잎이 더 흥미롭고 사실적으로 보입니다.

18 마무리 작업

이제 작품은 거의 마무리가 되었습니다. 이제 마지막으로 몇 가지만 조금 더해주면 되죠. 무엇보다도 저는 따뜻한 빛 번짐을 더해서 태양광이 비치는 느낌과 약간 과다 노출이 된 것 같은 느낌을 주고 싶습니다. 그래서 조정 레이어를 추가해서 하이라이트를 더 밝게 한 뒤 크고 결이 부드러운 브러시 도구로 인물 주변에 노란색을 칠해서 난색의 빛을 표현했습니다.

여기에 더해서 화면 오른쪽에 있는 나뭇잎 부분을 수작업으로 수정했습니다. 나뭇잎에 햇빛이 비쳐 반짝인다는 것을 표현하기 위해 밝은 초록색 색조 위에 빛이 반사되는 부분을 표현한 것이죠.

이 과정에서 화면의 일부 영역은 질감을 잃습니다. 밝은 태양광을 묘사하려 할 때 자연스럽게 발생하는 현상입니다. 태양광이 밝게 비추면 명부에서 디테일은 조금 떨어지니까요. 비슷하게 밤의 풍경을 그릴 때는 사물의 세부적인 모습과 대비를 잃는 대신에 분위기를 더 잘 표현할 수 있습니다.

18d~18e 맑은 날의 풍경을 막 그리기 시작했을 때와 비교해 보면, 나무 기둥의 질감이 약해졌다는 것을 알 수 있습니다.

여름의 색

흐린 날을 묘사할 때 사용했던 팔레트와 비교해 보면 맑은 날에 사용한 색은 훨씬 밝고 행복한 감정을 불러일으킵니다.

231

실습 내용 요약 :
밝은 햇빛이 비추는 날

태양광이 직접 비추는 조명 상황에 대해서 배운 내용을 요약하겠습니다. 먼저 세 가지 광원에 대해 배웠습니다. 직접 비추는 태양광과 반사광, 파란색 천공광 이렇게 세 가지였습니다. 그중에서 태양광이 가장 강한 빛이며 풍경 전체에 캐스트 섀도우를 드리웁니다. 그림자의 방향을 빛의 방향과 일치하게 유지하는 것이 가장 중요합니다.

맑은 날에 사용했던 전반적인 색은 흐린 날보다는 따뜻하고 생동감이 넘칩니다. 또한 보다 '순색'에 가깝습니다. 그리고 화면을 비추는 빛은 더 밝아졌지만, 가장 어두운 부분의 명도는 유지되기 때문에 대비는 더 커집니다. 저는 무더운 여름날의 열기를 떠올렸고 이를 작품에서 전달하고자 했습니다. 그래서 관객이 작품을 보며 매미가 맴맴 우는 소리와 공기 중의 열기, 발밑에 자리한 풀의 촉감을 떠올리길 바랐습니다.

흐린 날을 묘사할 때와 마찬가지로 작품을 통해 전달할 수 있는 이야기를 떠올려 볼 것을 권합니다. 물론 이전과 마찬가지로 밝게 햇살이 비치는 날 저는 어떤 이야기가 떠오르는지 몇 가지 예시를 들겠습니다.

개인적으로 밝은 햇볕은 가장 따뜻하며 긍정적이고 활짝 열린 느낌을 줍니다. 밝은 햇빛이 비치는 풍경은 생명으로 가득 차고 활기가 넘칩니다. 그래서 친근하고 다정한 이야기를 전개하기에 아주 적합한 무대입니다. 개인적으로 밝은 햇빛 아래에서는 자연(특히 초록)을 그리는 것이 가장 좋다고 생각합니다.

그러나 반대로 햇빛은 무더위와 눈을 뜨기도 힘들게 밝은 빛이 연상되기도 합니다. 그래서 뭔가 힘든 상황에 대한 이야기를 전달할 수 있죠.

마지막으로 태양광은 그림자의 구성과 패턴을 다양하게 만들어서 뭔가 극적인 느낌을 전달하기도 합니다. 이 점을 활용해서 화면 속 특정한 사물을 강조하거나 톤 다운할 수 있습니다. 처음 그린 스케치가 뭔가 밍밍하다면 줄무늬와 원으로 태양광이 번지는 것을 표현할 수 있습니다. 그러면 줄무늬와 원에 초점이 맞춰지고 관객의 시선이 모이게 됩니다.

맑고 따뜻하며 햇살이 가득한 날
어느 여름날 곤충 채집에 나선 아이를 담은 그림입니다. 화면 속 모든 것이 밝고 무성하며 활기차 보입니다.

조명 상황 :
이른 아침

다음으로 다뤄볼 상황은 이른 아침의 조명입니다. 여러 가지 방식으로 이른 아침을 표현할 수 있지만 가장 확실한 방법은 역시 따뜻한 햇빛이 지평선 너머로 고개를 드는 것을 묘사하는 것이겠죠. 그러나 저는 하루의 시작인 아침을 조용하고 고요하며 선선한 느낌과 연관 짓기도 합니다. 이 느낌을 담아내기 위해 소위 '블루 아워(blue hour[3])'라 불리는, 해가 뜨기 전에 아직 태양이 지평선에 이르지 못해서 차가운 빛이 주로 보이는 시간대를 표현해 보겠습니다.

19 블루 아워

저는 이른 아침을 세상이 깨어나기 전에 잠시 혼자만의 시간을 보낼 수 있는 때라고 생각합니다. 그래서 화면 안에 인물이 막 잠에서 깨어나 기지개를 켜며 하품하고 있는 이야기를 전달하면 좋겠다고 생각했죠. 이 시간대에는 파란색이 가장 눈에 띄는 색이며, 내리쬐는 태양이나 가로등도 없기 때문에 전반적인 풍경은 다소 어둡습니다.

이 모습을 표현하기 위해서 저는 흐린 날을 표현했던 그림으로 돌아가서 색과 명도를 조금 바꿔줬습니다. 조정 레이어에서 'Color Balance'를 사용해 전체적으로 파란색을 더했고, 'Selective Color'를 사용해 색조를 초록색에서 어두운 자홍색으로 바꿨습니다.

20 창백한 그림자

이제 암부와 광원에 대해 생각해 보겠습니다. 이전과 마찬가지로 하늘에서는 산광이 비추며 화면 속 모든 사물의 형태를 보여주고 있습니다. 그러나 아직 해가 뜨기 전이라 빛은 약해서 아직 그늘에 가려진 부분이 더 많습니다. 이른 아침은 이제 막 밤이 끝난 시간이라 주변광이 전반적으로 어둡습니다. 그러나 그렇다고 해서 태양광을 아예 무시하고 작품을 전개할 수는 없습니다.

같은 장소를 시간만 달리해서 표현하고 있기 때문에 해가 뜨고 지는 방향을 정하고 이렇게 정한 방향을 유지해야 합니다. 대부분의 경우에는 작품 속에서 해가 어디서 뜨고 어디로 지는지 생각할 필요는 없지만 이번에는 같은 환경에서 각기 다른 시간대를 그리고 있기 때문에 해가 진행하는 방향을 일정하게 유지하는 것이 작품에 사실성을 더합니다. 태양은 일정한 경로를 따라 움직입니다. 동쪽에서 떠서 남쪽으로 이동했다가 서쪽으로 지죠. 낮의 풍경을 그렸을 때 보인 빛의 방향을 기준으로 삼았을 때 지금 작업 중인 화면에서는 오른쪽이 남쪽이라는

19a~19b 가장 먼저 전체적인 팔레트를 파란색 계통으로 바꾸고 보색을 사용해 초록색 색상을 중화해야 합니다.

19c~19d 'Color Balance', 'Selective Color' 조정 레이어를 사용하면 비파괴적인 분위기 변화를 매우 쉽게 만들 수 있습니다.

3 역주 : 일출과 일몰 무렵에 태양이 지평선 아래로 내려가 파란 빛이 나는 시간대를 의미합니다.

것을 유추할 수 있습니다. 즉 멀리 있는 산 부분이 동쪽이고 관찰자가 있는 방향이 서쪽이라는 얘기가 되겠죠. 이렇게 설정한 방위를 기준으로 조명을 설정했습니다. 이번에는 산자락 뒤로 아직 넘어오지 못한 태양이 비추는 은은한 빛을 표현하려고 합니다.

21 파란색으로 분위기 조성하기

이번에 사용할 팔레트에는 한색이 이전보다 많이 포함되어야 합니다. 그래서 맑은 날의 풍경을 그릴 때 썼던 방법(11 생동감 넘치는 햇살과 뭉게구름 참고)을 다시 사용할 예정입니다. 레이어를 새로 만들고 'Multiply' 모드로 설정한 후, 크고 결이 부드러운 브러시 도구로 파란색을 칠해줍니다. 이렇게 만든 레이어를 하늘과 화면 속에 식물 모두에 적용했는데, 빛이 어두울 때 훨씬 진하고 분위기가 감돌아야 하는 사물이기 때문입니다. 오른쪽에 있는 나무와 덤불은 특히 하늘과 대비를 이루기에 좋은 위치에 있죠.

또한 중간 영역(집 근처) 전체의 암부를 어둡게 바꿨습니다. 이렇게 하면 선명도가 떨어지고 세부적인 모습이 보이지 않게 되지만, 전체적인 분위기를 살려주고 우리가 원하는 이야기와 맞아떨어집니다. 특

20 위의 그림에서 이 작품에서 태양이 하루 동안 어떻게 움직이는지 확인할 수 있습니다.

히나 이야기와 화면이 서로 상응하는 것이 저에게 중요하기도 하고요. 그리고 이렇게 중간 영역의 암부를 어둡게 하면 집 근처의 영역이 시각적으로 하나의 그룹으로 보이게 되어 이후 집의 문 쪽에 초점을 맞출 때 도움이 됩니다. 마지막으로 'Color Bal-

ance'를 사용해 암부에 약간 보라색을 띠는 명청색을 더해서 초록색 색조가 중화되도록 했습니다.

21a~21b 나무의 명도를 어둡게 하면 해가 아직 뜨지 않았다는 느낌을 주며, 전체적으로 아직 화면을 비추는 빛이 많지 않다는 느낌을 줍니다.

21c~21d 암부를 조금 더 어둡게 바꿨고, 보라색을 전반적으로 추가해서 초록색을 중화했습니다.

22 새로운 광원

이제 화면은 전반적으로 어두워 보입니다. 그러면 광원을 하나 새로 추가하면 딱 좋겠네요. 일러스트 작업을 할 때면 저는 항상 화면에서 흥미를 돋울 수 있거나, 관객의 시선을 끌 수 있는 지점을 찾으려 합니다. 화면을 전체적으로 살펴보고 조명을 설정한 뒤에 여기서 어떤 이야기를 할 수 있을지 스스로 자문하죠. 특히나 조명의 위치와 그림자의 패턴, 날씨가 제가 전달하려는 이야기와 결이 같아지게 하려고 노력합니다. 이런 요소를 활용하면 작품의 구도를 더 효과적으로 전달할 수 있기 때문이죠.

이번 작품에서는 집 안에 난색광을 추가하면 딱 좋을 것 같습니다. 해가 뜨기 전이기 때문에 아직 바깥은 어두우니 집 안에 조명이나 불을 켜 놓았다고 하면 아귀가 맞죠. 이 작품의 시대적 배경은 현대가 아니기 때문에 저는 집 안에 등불같이 불을 이용한 조명이 있을 것으로 판단했습니다.

집 안에서 나오는 빛은 새로이 시선이 모이는 지점이 되며 몇 가지 역할도 수행합니다. 우선 전반적으로 한색이 주조색으로 쓰인 상황에서 난색의 강조색을 더하는 효과가 있습니다. 또한 거대하고 어두운 집의 형태와 비교해서 작은 대비점으로 보이기도 하고, 인물의 배경 역할을 하면서 인물의 실루엣을 비추는 역할도 합니다. 인물을 문 근처에 배치했을 때 이런 구도로 표현하는 건 어떨지 생각이 바로 들었습니다.

23 하이라이트 더하기

이제 화면 안에 광원이 하나 추가되었고, 새 광원은 인물에게 영향을 주고 있습니다. 저는 일반적으로 인물의 명암을 표현할 때 두 가지 방법 중 하나를 사용합니다. 우선 밝은 주조색을 먼저 칠한 뒤 어두운 암부를 더하거나, 어두운 주조색을 먼저 칠하고 밝은 하이라이트를 더하는 방식을 사용하죠. 맑은 날을 그릴 때는 광원의 위치를 표현하기 위해 인물 위에 암부를 더했는데, 이번에는 반대로 명부를 먼저 칠해보겠습니다. 이번에 설정한 조명에서는 암부에 비해서 인물에서 명부가 차지하는 부분이 작아서 이 방법을 택했습니다.

인물의 주조색에 해당하는 모든 레이어 상단에 레이어를 하나 새로 만들고 'Color Dodge' 모드로 설정합니다. 그리고 명부를 채도가 낮은 황토색으로 칠합니다. 'Color Dodge'가 적용되면 적용한 색보다 밝은색은 모두 클리핑된 것처럼 보입니다. 이렇게 하면 전반적인 색감은 마음에 드는데, 아직 머리카락 부분은 조금 더 손을 봐야 할 것 같습니다. 머

22a~22b 인물 뒤쪽에 단순한 노란색 그래디언트를 배치한 다음 불의 느낌을 주기 위해 난색과 밝은 강조색을 더했습니다. 인물의 명도를 낮추기도 했죠.

22c 약간의 변화를 주었는데 전반적인 구도가 크게 바뀌었습니다.

리카락은 빛을 반사하는 경향이 있기 때문에 머리카락 위의 하이라이트를 좀 더 밝고 눈에 띄게 바꾸려고 합니다. 그래서 'Color Dodge' 레이어에서 머리카락 부분을 조금 더 밝고, 따뜻하며 채도가 높은 색으로 바꾸어 줍니다. 집에서 흘러나오는 빛을 조금 더 강조하기 위해서 레이어 전체를 복사한 뒤 블렌딩 모드를 'Overlay'로 변경해서 빛으로 인한 효과를 더해줬습니다.

또한 'Multiply' 모드를 사용해 옷 위에 진 그늘도 조금 더 어두운 부분을 만들어줬습니다. 마지막으로는 클리핑 마스크를 활용하여 볼에 빨간색을 더하는 등 약간의 색 변화를 주었습니다.

23a~23b 'Color Dodge'의 활용이 어려울 수는 있으나, 잘만 활용하면 하이라이트를 더할 때 아주 유용합니다.
같은 황토색이 옷과 피부에서 다르게 표현되는 이 느낌을 저는 개인적으로 좋아합니다.

황토색   머리카락 위 하이라이트

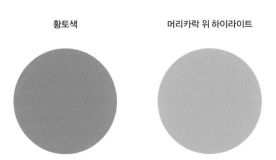

머리카락의 색 차이

왼쪽은 하이라이트를 칠할 때 사용한 채도가 낮은 황토색이고, 오른쪽은 Color Dodge 모드를
적용한 후 머리카락의 색입니다.

주도적인 일러스트

아티스트로서 여러분은 자기 작품을 원하는 방향으로 이끌 수 있어야 합니다. 광원을 어디에 배치
할지, 빛의 색은 무엇인지, 빛의 강도는 어느 정도인지 결정해야 하죠. 장면이 실외에서 펼쳐지는
지, 아니면 실내의 장면이든지 상관없습니다. 이렇게 주도적으로 화면을 묘사하는 과정을 저는 영
화를 감독하는 것과 비교하여 생각하고는 합니다. 배우의 위치를 정하고 조명을 활용해서 이야기
와 분위기를 서사에 맞추는 것처럼 말이죠. 대부분의 경우 이런 요소들은 우연히 맞아떨어지는 것
이 아니라 의도적으로 잘 조율해서 나온 결과물입니다.

레이어 구성

인물을 구성할 때 사용한 전체 레이어의 구성
입니다. 저는 작품을 창작할 때 비슷한 레이
어 구성을 사용합니다. 또한 위의 예시를 보
면 피부와 머리카락의 디테일을 조절할 때 어
디에 클리핑 마스크를 배치했는지 확인할 수
있습니다.

24 약간의 빛 조정

이즈음에서 작품을 돌아보니 작품에서 풍기는 분위기와 작품에서 사용한 색이 마음에 듭니다. 원하는 방향으로 작품이 만들어지는 기분이 듭니다. 이제 큼직큼직한 변경은 끝냈으니 이제 작품을 꼼꼼히 살펴보며 미세하게 조정을 할 수 있는 부분이 있나 살펴보겠습니다. 작품에서 '이른 아침'의 느낌이 더 잘 살 수 있게요.

우선 지붕에 있는 식물이 아직 너무 밝고 색도 뚜렷하다는 느낌이 듭니다. 그래서 'Multiply' 레이어를 사용해 약간 조정해 줍니다. 또한 집 앞에 있는 돌과 꽃에 조금 더 대비를 주어도 되겠다는 생각이 듭니다. 그래서 하늘색을 뽑아서 하늘을 바라보는 면이 빛을 반사하는 느낌이 나도록 부드럽게 브러시 도구로 칠해주었습니다.

이른 아침에는 자연적으로 반사광이 나타나기에는 빛이 너무 약합니다. 그래서 집이 아랫부분으로 가면서 밝아지는 것이 어색하게 느껴집니다. 지면에서 반사되는 빛이 없을 것이기 때문에 벽의 아랫부분을 어둡게 바꿨습니다.

마지막으로 집 안에서 흘러나오는 빛을 조금 더 밝게 해주었습니다. 주변에 있는 사물에 난색의 빛 번짐이 생기도록 문 가장자리의 나무와 양동이, 나무 기둥에 어두운 주황색을 칠했습니다.

24a~24b 지붕 위의 풀에 'Multiply' 레이어를 활용해 어둡게 해서 풍경에 스며들도록 했습니다.

24c~24d 빛을 조금씩 더 만져주면 전반적인 풍경이 일체감을 갖고 사실적으로 보입니다.

25a~25b 이전과 같은 방법으로 구름을 표현했습니다. 먼저 형태를 거칠게 잡아 놓고 클리핑 마스크를 적용하여
아래쪽에 하늘의 색을 더했습니다. 또한 위쪽이 조금 더 어둡게 보이도록 했습니다.

25 구름 사이로 비추는 빛

이전과 마찬가지로 가장 재미있는 부분을 마지막까지 남겨뒀습니다. 바로 구름을 그리는 작업이죠. 구름은 여러 가지 분위기를 묘사할 때 유용하게 활용할 수 있습니다. 구름의 형태와 종류는 다양하고 외곽선도 마음대로 바꿀 수 있기 때문에 풍경을 극적으로 보이게 합니다. 구름에 따라서 같은 풍경이 공포스럽게도, 평화롭게도, 몽환적으로도, 감격스럽고도 벅찬 순간으로 보일 수도 있습니다. 예를 들어 설명하자면, 인물이나 건물을 그릴 때에는 물리 법칙에 맞춰서 그려야 합니다. 물리 법칙과 너무 동떨어지면 화면 속 모습이 사실적이지 않기 때

문이죠. 그러나 구름은 물리 법칙에서 비교적 자유롭습니다. 구름은 주변의 영향을 굉장히 잘 받기 때문에 여러 가지 색과 형태를 띨 수 있어서 구도에 이야기를 더할 때 유용한 도구가 되어 줍니다.

이번 작품에서는 구름을 활용해서 화면의 넓은 영역을 차지하는 하늘에 대비가 모자라 단조롭게 보이는 부분에 극적인 느낌을 더해주려 합니다. 물론 금방이라도 비가 쏟아질 것 같은 하늘로 만들려는 것은 아닙니다. 제가 전하려는 이야기는 조용한 아침의 풍경이기 때문입니다. 그러나 조금의 대비를 더 하고 화면에 리듬을 만들어줄 살짝 어두운 패턴

을 더하는 정도는 좋을 것 같습니다.

이번에 그릴 구름은 맑은 날 하늘에 그렸던 구름에 비해서는 얕게 깔린 구름입니다. 그리고 저 멀리 해가 아직 떠오르지 않은 산맥 너머로 구름이 물러가는 것 같은 느낌을 주고 싶습니다.

또한 아직 위쪽에서 비추는 빛이 없기 때문에(태양이 아직 지평선 위로 떠오르지 않았기 때문에) 구름은 어두운 색을 띠게 하려고 합니다.

26 아침 안개

마지막으로 지면에 끼어 있는 안개를 묘사하겠습니다. 안개가 화면에 더해지면 뭔가 미스터리하고 묘하게 아름다운 분위기가 조성됩니다. 안개를 가장 흔하게 볼 수 있는 장소는 들판이나 외딴 도로, 숲 근처입니다. 그래서 저는 안개가 숲속에 외따로 있는 집이라는 화면 속 풍경에서 느껴지는 고립감을 잘 표현한다고 생각했습니다. 또한 안개가 끼었을 때 시야가 뿌옇게 보이는 것은 이른 아침에 화면 속 인물이 이제 막 잠에서 깨어 아직 멍한 상태를 반영하는 것으로 보이기도 합니다. 구도 관점에서 밝은 안개의 색은 전반적으로 어두운 풍경에 대비를 주는 역할을 합니다.

안개는 간단한 방법으로 만들었습니다. 풍경 전체 레이어 위에 일반 레이어를 하나 새로 만들고 크고 결이 부드러운 브러시 도구를 사용해 연한 파란색

을 칠해서 안개를 표현했습니다. 그리고 마스크 레이어를 추가해 나뭇잎과 화면 가까이 있는 부분에서는 안개를 지웠습니다. 그리고 같은 마스크 레이어에서 결이 거친 브러시 도구로 안개의 투명도를 높여주고 약간의 노이즈 효과를 주었습니다.

27 주황색과 파란색

밝은 석양이 비치는 시간대를 묘사한 것과 배색을 비교해 보면 많은 차이가 있는 점이 눈에 띌 것입니다. 이른 아침 시간대의 풍경은 색상환에서 서로 근처에 있으면서 포화도가 낮은 파란색으로 묘사했습니다. 강조색으로 작용하는 두 개의 색은 하늘에 위치한 밝은 파란색과 집 안에서 스며 나오는 빛의 따뜻한 색입니다. 석양의 풍경과 비교했을 때 아침의 풍경은 색온도의 차이도 크고 주변광도 어둡기

때문에 톡톡 튀듯이 색을 자랑하던 꽃은 눈에 띄지 않습니다.

작품에 매력을 더해주던 요소가 많이 없어졌다고 생각할지도 모르겠지만, 사실은 화려함과 생동감 대신 다른 요소를 더해준 것이라고 할 수 있습니다. 바로 분위기이죠. 몇 가지 색만 사용하는 단순한 색 배합은 '블루 아워'라는 시간대에 담긴 이야기를 전달하는 데 적합합니다. 대비와 보색(파란색과 주황색) 역시 무어라 콕 집어 말할 수는 없지만, 작품이 충분히 시각적으로 흥미롭게 보이도록 합니다.

26a~26b 지면에 안개를 더하면 전체적인 풍경에 분위기가 더해집니다.

대각선 리듬
전체적인 화면에서 하늘과 지면 등 밝게 보이는 부분에서
리듬이 느껴지도록 구성했습니다. 그리고 안개도 이런 리듬을 구성하는 요소이죠.

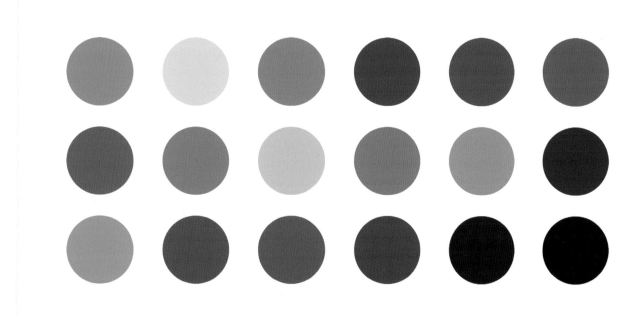

27 최종적으로 사용한 색입니다. 전반적으로 파란색 계열의 색을 사용했고, 불빛의 난색이 강조색을 이루고 있습니다.

실습 내용 요약 :
이른 아침

이른 아침의 풍경은 지금까지 다룬 조명 중 가장 깊은 분위기를 풍깁니다. 블루 아워에는 색의 다양성이 갖는 중요성은 줄어들고 보다 어둡고 채도가 낮은 색이 주로 관측됩니다. 밤이 이제 막 끝난 시점이기에 아직 태양은 지평선 아래에 있습니다. 이 때문에 인공 광원이 없다고 하면 화면 속 대부분의 영역이 암부로 표현됩니다. 또한 하늘에서 비추는 산란광이 너무 약하기 때문에 반사광은 나타나지 않습니다. 낮의 풍경에 비해 이른 아침은 뿌옇고 선명도가 떨어집니다. 또한 전반적인 대비도 태양광이 직접 내리쬘 때보다는 약합니다.

맑은 날의 모습과 마찬가지로 이른 아침의 조명도 여러 감정을 불러일으킵니다. 그래서 여러 이야기를 펼치는 것이 가능하죠. 개인적으로는 이른 아침은 일상의 번잡스러움이 시작되기 전 고독을 즐길 수 있는 시간입니다. 도시에서 아침을 맞이한다고 했을 때, 출근길에 오른 사람들이나 밤을 새우며 길거리를 방황하는 사람들을 제외하면 텅 빈 거리의 모습이 떠오릅니다. 공기는 상쾌하고 선선하며 새가 지저귀는 소리가 들립니다. 새로이 무언가를 시작하고, 기회를 앞두고 있고, 다시금 발자국을 내딛는 시간대입니다.

그러나 한편으로 이른 아침은 불면증이나 여러 생각으로 침대를 뒤척이며 잠들지 못해 날밤을 지새운 시간이 연상되기도 합니다. 또한 사색과 중요한 결정, 터닝 포인트가 연상되는 시간대이기도 합니다. 아직은 밤에 더 가깝기 때문에 이른 아침은 무언가 낯설거나 이상한 것을 조우할 수 있는 시간이기도 합니다. 희미한 빛이 일렁이며 저 멀리 무언가 있을 것 같은 미스터리가 느껴지는 시간대이기도 하죠.

차갑고도 파란 여명

완성된 작품의 모습입니다. 아이가 이른 아침에 비추는 빛 아래에서 기지개를 켜고

있습니다. 아직 해가 지평선을 넘어 뜨지 않았기에 안개가 끼어 있습니다.

조명 상황 : 해질녘

하루 동안 나타나는 주요한 조명 상황 중에 마지막으로 다뤄볼 것은 해질녘의 조명입니다. 해가 질 때쯤 되면 가지각색의 난색과 밝은색을 볼 수 있습니다. 저는 해질녘을 떠올리니 곧바로 하늘이라는 무대를 배경으로 펼쳐지는 형형색색의 구름과 화려한 색의 향연이 생각났습니다. 해질녘에 내리쬐는 빛은 화면 속에 담길 수 있는 색을 아티스트가 창의적으로 결정할 수 있도록 해줍니다. 약간의 난색만 포함한다면 주황색과 보라색 사이 어지간한 색은 거의 모두 사용할 수 있다고 개인적으로 생각합니다.

28 해질녘

해질녘의 조명을 표현하기로 마음먹자마자 한색 색조를 쓰자는 생각이 들었습니다. 그래서 이번 장면에서 주황색보다는 분홍색 계열의 색을 더 많이 쓰겠습니다. 이전과 마찬가지로 흐린 날의 조명을 배경으로 해질녘을 묘사해 보겠습니다. 가장 먼저 저는 화면 속의 색을 분홍색 계열로 바꾸기 위해서 'Photo Filter'를 활용해 전체적으로 빨간색을 적용했습니다.

다른 조명 상황을 표현할 때와 마찬가지로 조명 상황과 맞아떨어지면서도 시각적으로 흥미를 돋울 수 있는 여지가 있는 이야기를 화면에 포함하고자 합니다. 그리고 이번 장면에서는 아이가 등불을 들고 돌아다니는 장면을 포함하면 좋겠다는 생각이 들었습니다. 이 자체가 '아이가 이 시간에 어디 갈까?'라는 생각을 불러일으키는 흥미로운 이야깃거리일 뿐만 아니라 구도상으로도 관객의 시선을 잡아끄는 지점이 될 것이니까요.

28a~28b 'Photo Filter'만 적용했는데도 화면 속 분위기가 확 바뀌었고, 하늘에서 보이는 색도 재미있어졌습니다.

해질녘의 색상
해질녘을 묘사하고 있다면 위에 표현된 영역에 있는 색을 포함하는 것이 효과적입니다.

29 보색을 활용한 앞부

이른 아침의 조명을 묘사할 때 간략하게 보색을 활용한 팔레트를 언급했습니다. 보색을 활용해 팔레트를 구성하기 위해서는 색상환에서 반대 위치에 있는 색을 팔레트에 포함하기만 하면 됩니다. 널리 활용되는 보색 조합으로는 주황색과 파란색, 노란색과 보라색, 초록색과 빨간색 조합이 있습니다. 그러나 항상 채도가 높은 색으로만 보색 팔레트를 구성해야 한다는 것은 아닙니다. 색상환에서 해당하는 색상 영역 위에 '위치하는' 색이기만 하면 됩니다.

처음에 화면을 구상할 때는 빨간색과 초록색의 보색 조합을 사용할 계획은 없었습니다. 그러나 빨간색 필터를 적용해 보니 화면 속 식물과 잘 어울린다는 느낌을 받았습니다. 물론 이렇게 적용한 빨간색 명청색은 인물에도 영향을 주기 때문에 인물의 피부 색조는 분홍빛을 띠도록, 옷은 따뜻한 회색을 띠도록 변화를 주었습니다. 또한 머리카락은 파란색이 아니라 약간 보라색을 띠도록 했습니다.

이렇게 약간의 변화만 주었는데도 화면 속 보이는 전반적인 색과 명도가 꽤나 마음에 듭니다. 그러나 아직 캐스트 섀도우를 추가하는 작업이 남아 있습니다. 'Levels'를 조정해 화면의 밝기를 조금 밝게 해서 캐스트 섀도우를 추가하기 위한 첫 단추를 끼워줍니다.

29a~29c 'Levels'에서 슬라이더를 왼쪽으로 움직이면 전체적인 화면이(하이라이트도) 밝아집니다.

보색을 이루는 색상

이번에 사용할 팔레트에서는 초록색과 빨간색을 주로 사용합니다만, 미묘한 차이가 있습니다. 이른 아침을 표현할 때 팔레트와 비교해서 초록색이 더 따뜻한 계열의 색으로 표현되었음을 알 수 있습니다.

30 그림자 영역을 강조한 작품의 모습입니다.

30 해질녘 길게 늘어지는
그림자

해질녘에는 따뜻한 빛과 화려한 하늘 외에도 한 가지 특징이 더 있습니다. 바로 그림자가 길게 늘어진 다는 것이죠. 지평선을 기준으로 낮게 깔린 태양의 위치 때문에 그림자가 길게 늘어집니다. 그래서 그림자를 길게 그리면 화면 속 모습이 해질녘이라는 것이 더 깊이 있고, 사실적으로 보입니다.

앞 장에서 설정한 태양의 위치를 기준으로 했을 때 해가 지는 방향은 화면의 앞쪽, 즉 관찰자가 있는 방향입니다. 이전과 마찬가지로 그림자의 방향을 일관적으로 유지하는 것이 목표이기 때문에 화면 안과 밖 모두에서 빛의 진행을 가로막는 물체가 있는지 꼼꼼히 확인합니다. 이 과정에서 그림자의 패턴과 리듬을 더할 수도 있습니다.

전체적인 풍경에서 보이는 난색 빛과 비교했을 때 그림자는 한색이 주로 나타나고 반사광이 거의 없으므로 명도도 상당히 어둡게 나타납니다. 그림자의 이런 특징을 살리는 가장 쉬운 방법은 'Multiply' 레이어와 마스크 레이어를 활용하는 것입니다. 저는 레이어에 명도와 채도가 모두 낮은 파란색

을 적용한 다음 그림자 부분을 마스크 레이어를 활용해 잘라냈습니다. 그림자 부분의 명도가 낮지만, 완전히 검은색으로 칠하면 너무 삭막하고 비현실적으로 보일 것이기에 파란색 계열의 색을 사용했습니다. 그러니까 그림자가 너무 생뚱맞지 않고 사실적으로 보입니다.

사진 VS 현실

사진이 실제로 보이는 것을 그대로 보여주는 도구라고 생각하는 경우가 있습니다. 그러나 사실은 그렇지 않습니다. 해질녘 보이는 밝은색과 미묘한 색감 차이를 사진으로 담아보려 했지만, 모두 담기지 않아서 실망했던 경험이 있다면 이게 무슨 말인지 알 것입니다. 카메라에는 색 사이의 미묘한 차이가 모두 담기지 않는 경우가 많습니다.

그림을 공부할 때나 참고 자료로 활용할 때 사진은 아주 훌륭한 자료입니다. 그러나 사진에도 한계가 있다는 것을 아는 것도 중요합니다. 작품 속에서 다양한 색상과 미묘한 명도의 차이를 표현하려면 사진을 참고해서 그림을 그리는 것이 아니라, 직접 바깥으로 나가서 야외 사생을 해보는 것을 추천합니다. 야외 사생이 불가능한 상황이라면 다른 아티스트의 야외 사생 작품을 참고하는 것도 도움이 됩니다. 야외 사생을 해보면 사진에서는 볼 수 없는 가지각색의 색을 두 눈으로 직접 볼 수 있습니다.

31a 그림자에 한색을 더한 뒤의 모습입니다.

31 시각적 즐거움 더하기

같은 풍경을 서로 다른 조명 상황에서 그리다 보니 각각의 상황에서 서로 다른 부분이 강조된다는 점을 발견했습니다. 이런 의도하지 않은 우연을 저는 참 좋아하는데, 이런 우연이 작품을 그리는 과정을 훨씬 즐겁고 흥미롭게 만들어주기 때문입니다.

이번 풍경에서 제가 가장 마음에 들었던 부분은 화면의 왼쪽 아래 자전거와 상자, 나무판자가 쌓여 있는 부분입니다. 이 부분에서 위쪽은 지붕의 그늘인 암부에 들어가도록 표현했는데, 덕분에 이 부분에서 아주 역동적인 그래디언트가 생겼습니다. 그래디언트 때문에 따분하게 보일 수 있는 부분이 더욱 흥미로운 장면으로 탈바꿈했습니다. 그 덕에 이른 아침의 조명에서는 그다지 눈에 띄지 않았던 부분에 시선이 갑니다.

또한 그림자가 지면에 드리우는 패턴 속 명부와 암부의 리듬도 좋아합니다. 이러한 리듬은 관찰자의 시점과 가까운 전경과 꽃이 위치한 부분에서 도드라집니다.

31b~31d 화면 속 따분하게 보이는 부분도 그림자가 더해지면 시각적으로 '보는 맛'이 생기는 이 과정을 좋아합니다.

32 구름 위를 날아다니듯

다음으로는 구름을 추가하려고 합니다. 그림자가 길게 늘어지기 때문에 구름도 길고 좁은 형태면 화면의 구성에 흥미가 더해질 것 같습니다. 이전 조명에서 둥글둥글한 형태의 구름을 표현했다면 이번에는 끈처럼 길쭉길쭉하게 하늘을 가로지르는 형태의 구름을 그리려고 합니다. 같은 방향으로 움직이는 선을 여러 개 사용해서 재미있는 패턴을 만드는 데 집중했습니다.

구름외 색은 단순하게 유지했습니다. 지금 화면에 보이는 하늘은 기본적으로는 태양이 지는 방향과 반대이기 때문에 단순하게 표현하는 것이 좋습니다. 그래서 하늘색과 비교했을 때 약간 어둡고 보라색이 강하며 채도는 낮은 색으로 구름을 칠했습니다. 그리고 구름의 위쪽 테두리에는 약간 분홍색을 띠는 빛번짐을 더했습니다. 지면에 드리운 그림자처럼 어두운색이 듬성듬성 보이는 것을 개인적으로 선호합니다.

32a~32b 하늘에 구름을 추가하면 깊이감과 대비가 더해집니다.

방향성이 있는 구도

이른 아침의 풍경을 묘사할 때 명부와 안개가 리듬을 만들어냈던 것처럼 이번에는 그림자와 구름이 전체적인 화면에서 시각적으로 리듬을 만들어냅니다.

맑은 날

이른 아침

해질녘

하늘 색의 차이
각각의 조명에서 하늘이 어떤 색으로 칠해졌는지 비교한 모습입니다.
위쪽부터 각각 해가 밝게 뜬 맑은 날과 이른 아침의 블루 아워, 해질녘입니다.

33 등불 켜기

전체적인 풍경이 완성되었으니, 이제는 인물을 풍경에 녹아들게 할 차례입니다. 가장 먼저 할 일은 인물이 들고 있는 등불을 '켜고' 등불이 인물을 비추는 느낌이 나도록 하는 것입니다.

이를 위해서는 이른 아침의 풍경을 표현할 때 사용했던 방법을 다시 사용하려 합니다. 'Color Dodge' 모드에서 레이어를 새로 만든 다음 밝게 표현해야 하는 부분에 색을 칠해주는 것이죠. 이렇게 하면 광원에서 빛이 나는 느낌을 잘 살릴 수 있지만 제가 원하는 것보다 인물이 밝아집니다. 인물의 밝기를 낮추고 인물이 풍경의 일부처럼 보이게 하기 위해서 Levels를 조정한 레이어를 클리핑 마스크로 '인물(Character)' 폴더에 넣었습니다. 그다음 'Multiply' 레이어로 인물에 어두운색을 칠했습니다. 이렇게 명도를 바꿔주면 겉보기에도 큰 차이가 생기고 실제 색감도 이전보다 풍부하게 바뀝니다.

마지막으로 이전과 마찬가지로 마무리 작업을 해줍니다. 머리카락에 하이라이트를 더해주고 볼과 무릎에 빨간색을 더해준 뒤 이곳저곳에 그늘이 진 느낌을 더해줬습니다.

33a

33b

33c

33a~33c 인물에 빛을 추가하면 인물이 풍경 속에 있다는 느낌이 더해집니다. 하지만 등불은 조금 더 손을 봐야 할 것 같습니다.

34 인물을 녹아들게 하기

이런 종류의 일러스트를 그릴 때 인물을 풍경에 녹아들게 하는 일이 가장 까다롭습니다. 원근과 비율, 명도, 색, 조명을 모두 활용해야 인물이 풍경에 진짜로 존재하는 것처럼 보이게 할 수 있습니다. 이 문제를 해결할 때 저는 세 가지 질문을 스스로에게 던집니다.

- 인물과 풍경이 같은 지평선에 위치하는가?

- 인물의 크기가 풍경 속 다른 물체와 비교했을 때 사실적인가?

- 인물이 풍경의 전체적인 조명에 어울리는가?

이번 일러스트의 경우에는 인물과 풍경이 동일한 세상 안에 있다는 느낌을 주기 위해서 저는 등불의 빛을 과장해서 표현하려고 합니다. 등불이 인물과 주변의 공기, 지면에도 영향을 주었으면 좋겠다고 생각했습니다. 그렇게 하면 등불과 각각의 요소가 연결되어 서로가 이어져 있다는 느낌을 주고, 결과적으로 전체적인 풍경에 사실감을 더해줍니다.

34 등불의 빛을 강하게 하면 대비가 더해지고 화면에서 인물에게 초점이 맞춰집니다.

35 인물에게 초점이 맞춰져 있지만, 인물 주변의 영역이 조금 더 생동감 있고 흥미롭게 보였으면 좋겠습니다.

또한 인물의 눈동자에 정반사 하이라이트를 더하고
등불의 빛에서 그림자가 드리우는 것처럼 코 위쪽에
약간의 음영을 더했습니다. 이번 일러스트가 현실을
각색하여 표현한 것이긴 하지만, 이런 작은 디테일이
사실감을 더하는 데 중요한 역할을 합니다.

35 강조색 더하기

등불의 빛을 강조하다 보니 재미난 일이 하나 벌어졌
습니다. 바로 강조색이 새로 생긴 것이죠. 난색 빛이
식물의 표면에서 작용하는 과정에서 풍경 속 다른 부
분의 초록색과는 다른 난색의 초록색이 새로 생겨났
습니다. 처음에 구상할 때 의도하지 않았던 우연인
셈인데, 이런 우연으로 작품에 시각적인 효과가 더해
집니다. 이렇게 생긴 따뜻한 초록색으로 팔레트가 확
장되었고 이전보다 인물에 더욱 초점이 맞춰집니다.
새로 생긴 강조색을 조금 더 확실하게 보여주기 위해
서 'Hue/Saturation' 조정 레이어를 사용해서 색감이
풍부하다고 느껴질 때까지 채도를 높여줍니다.

36 난색 팔레트

최종적으로 완성된 작품의 모습을 보여주기 전에 마
지막으로 이번 조명에서 사용한 팔레트를 먼저 소개
하겠습니다. 이번 조명에서는 보라색과 난색 초록색
사이 범위에 위치한 색만 사용하는 리미티드 팔레트
를 사용했습니다. 그래서 이번에는 파란색 색조의 색
을 전혀 사용하지 않았습니다. 작품에서 파란색처럼
보이는 부분은 사실 채도가 낮은 보라색입니다. 색상
환에서 파란색을 아예 사용하지 않는 것이 큰 부분을
놓치는 것처럼 보이지만, 실제로는 작품의 조화를 유
지하는 간단한 방법이자 전체적인 화면의 일관성과
분위기를 돋우는 방법이기도 합니다.

이른 아침의 블루 아워를 그렸을 때와 비교해 보면
이번에 방법 자체는 동일하게 했지만, 이전에는 노란
빛 주황색에서 파란색 영역의 색을 사용했다고 하면
이번에는 다른 범위의 색을 사용했습니다. 사실 무지
개에서 보이는 일곱 색을 모두 사용하는 경우는 정말
어떤 효과를 내고 싶을 때가 아니면 거의 없습니다.
개인적으로는 리미티드 팔레트가 매력적이라고 생
각합니다. 각각의 색에 어떤 색상을 배치하고 색 사
이의 비율을 어떻게 조절하는지에 따라 다양한 방법
으로 활용할 수 있기 때문입니다.

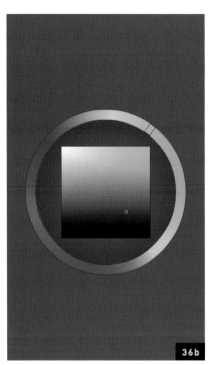

36a~36b 해질녘을 표현할 때 보색으로 구성된 리미티드 팔레트를 사용했는데, 여기서 가장 난색인 색은 분홍빛 보라색이고 가장
한색인 색은 어두운 초록색입니다. 색상환에서 파란색에 해당하는 영역에 있는 색은 전혀 사용하지 않았다는 것을 알 수 있습니다.

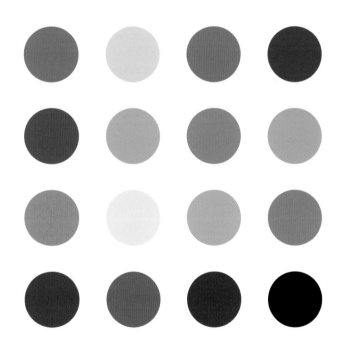

해질녘의 색

위의 색상 견본은 해질녘을 묘사할 때 최종적으로 팔레트에 포함된 색입니다. 보라색부터 초록색
에 해당하는 색들을 사용했습니다. 파란색이 전혀 사용하지 않았다는 것을 눈여겨 보세요.

실습 내용 요약 : 해질녘

해질녘의 풍경을 묘사하며 배운 내용을 요약해 보겠습니다. 해질녘의 조명에서는 따뜻하고 생동감이 넘치는 색이 특징입니다. 해질녘에는 형태와 색이 다채로운 구름을 강조하여 하늘에 초점을 맞출 수 있습니다. 또한 주황색과 보라색 사이에 있는 색을 모두 활용할 수 있죠. 해질녘에 보이는 그림자는 길게 늘어지며 한색을 띱니다. 또한 주변광도 적은 편입니다.

해질녘에는 시선을 사로잡는 광경이 펼쳐지기도 합니다. 자연에서 볼 수 있는 광경 중에 가장 아름다운 풍경이 이 시간대에 펼쳐지기도 하죠. 사색에 빠진 사람과 그 주변 풍경을 연결해 비극의 느낌을 주기도 합니다. 이야기의 측면에서 보면 해질녘은 어떤 분기점이 되는 중요한 사건이라는 것을 암시할 수 있습니다. 예를 들어, 판타지풍의 서사극에서는 전투가 끝났다는 것을 알려주는 수단으로 배경에 해질녘을 보여주고는 합니다. 주인공이 악의 세력을 물리쳤다면 주인공이 '석양을 향해 항해하는 모습'이 떠오를 것입니다.

시각적인 측면에서 보면 드넓게 펼쳐진 하늘은 구도를 설정할 때 중요한 수단이 됩니다. 의도를 갖고 잘 활용하면 인물을 영웅이나 혹은 신처럼 보이게도 할 수 있죠. 대비가 강하고 어두운 실루엣의 배경으로 적합합니다. 인물이 관찰자 방향으로 걸어오며 태양이 인물의 등 뒤로 저무는 모습을 상상해 보세요. 디테일이 없이 대략적인 형태만 보임에도 긴장감과 무언가 일어날 것 같은 분위기가 조성됩니다.

개인적으로는 해질녘이라고 하면 저는 전환기가 떠오릅니다. 기차 여행이나 하루를 끝내고 귀가하는 길의 배경으로 알맞은 시간대입니다. 밤으로 바뀌는 전환의 시기니까요.

마지막으로 해질녘은 로맨틱한 분위기와도 잘 어울립니다. 빨간색을 중심으로 한 난색은 대체로 사랑과 애정과 결부됩니다. 해질녘의 빛은 주변의 모든 것을 새롭게 보이게 하는데, 새롭게 사랑에 빠졌을 때 상대가 다르게 보이는 것과 비슷한 것이 그 이유입니다.

해질녘의 풍경
해질녘에 아이가 등불을 들고 있는 풍경이 완성된 모습입니다. 전체적으로
따뜻하고 안락하며 분홍빛이 감돌고 있습니다.

Final image © Djamila Knopf

37 화면의 채도를 낮추었을 뿐인데 벌써 비 오는 날의 느낌이 나기 시작합니다.

조명 상황 :
비 오는 날

보너스로 흐린 날의 조명을 비가 오늘 날의 조명으로 바꾸어, 날씨가 달라지면 색과 빛에 어떤 영향이 생기는지 알아보겠습니다. 앞서 살펴본 세 가지 조명 상황과 비교하면 짧고 간단한 실습이 될 예정이지만, 시각적으로 다소 심심한데 느껴질 수도 있습니다. 물론 이는 지금 풍경에만 해당하는 얘기입니다. 비 오는 날 네온사인이 빛나는 도시의 밤을 떠올려보면 이곳저곳에 반사된 빛과 오색찬란한 색으로 빛나는 사뭇 다른 광경이 펼쳐지리라는 것을 쉽게 생각할 수 있습니다.

37 비 오는 날

이번에 그려볼 풍경에서는 전반적으로 채도와 대비가 낮고 우중충한 느낌을 주려고 합니다. 이런 맥락에서 어두운 회색조의 색과 내리는 비를 바라보는 인물과 함께 배치하면 재미있겠다는 생각이 들었습니다. 특히 인물이 바디 랭기지를 통해 행복감을 느끼는 것처럼 보이도록 하려고 합니다.

가장 먼저 할 일은 이전과 마찬가지로 조정 레이어를 사용하여 전반적인 화면을 어둡게 하고 채도가 낮은 색을 입히는 것입니다.

38 자글자글한 질감 만들기

다음으로는 팔레트를 전체적으로 파란색/초록색 계열로 바꿔주고 하늘에 디테일을 더해주는 작업입니다. 하늘이 대체로 균일하게 보이게 하는 것이 목표이지만 약간의 디테일은 살리고자 합니다. 그래서 질감이 있는 브러시 도구와 노이즈 효과를 사용해서 자글자글한 느낌이 나는 질감을 더해주었습니다. 또한 하늘의 아래쪽은 노란빛 초록색이 나다가 위로 갈수록 점차 회색 빛깔의 파란색이 나도록 그래디언트를 더해주었습니다.

화면을 어둡게 하니까 인물이 화면과 동떨어져 있는 것처럼 보입니다. 그래서 인물에 음영을 더해서 풍경에 녹아들 수 있도록 수정을 했습니다. 아주 조금 손을 댄 것뿐이지만 이렇게 해도 큰 차이가 발생합니다. 인물이 보다 입체적으로 보이고 중량감을 가진 것처럼 보입니다. 무엇보다도 실제로 풍경 안에 있는 것처럼 보입니다.

38a~38b 의도적으로 질감이 있는 그래디언트를 사용해서 흐린 날보다 하늘이 어둡게 보이도록 했습니다. 금방이라도 비가 쏟아질 것 같이 낮게 깔린 먹구름을 표현하고 싶었기 때문입니다.

38c~38d 음영을 추가하면 인물과 배경이 서로 긴밀하게 연결된 느낌이 납니다.

39 밑 작업하기

화면에 빗줄기를 더해주기에 앞서서 먼저 밑 작업을 하려고 합니다. 그리고 떨어지는 빗방울이 전반적인 풍경에 어떤 효과를 줄지 고민해 보겠습니다. 먼저 빗방울이 떨어져서 흩날릴 수 있는 물체의 표면에 부드럽게 뿌연 물안개가 낀 듯한 효과를 주었습니다. 그리고 지붕에서 물방울이 흘러 떨어지는 것을 표현했습니다. 다음으로는 지면에 물이 고여 빛이 반사되는 느낌과 집 앞에 있는 돌의 위쪽 면에 반사 효과를 넣어서 내리는 비에 젖은 것 같이 보이도록 했습니다.

이번 풍경에서 사용한 팔레트를 살펴보면 전반적으로 다른 조명 상황과 비교했을 때 훨씬 채도와 명도가 낮은 것을 알 수 있습니다. 더불어 눈에 띄는 강조색이 없고, 가장 대비가 도드라지는 지점도 하늘에 있죠. 화면 속 보이는 사물의 테두리가 희뿌옇게 변해서 형태가 서로 구분이 되지 않는데, 이것이 비 오는 날의 매력이죠. 쏟아지는 빗줄기에 모든 것이 쓸려 내려가는 것을 보면 뭔가 평안해지는 느낌도 납니다.

39a~39b 초가지붕 위로 빗방울이 튕겨 나와서 만드는 물안개를 더했습니다. 이런 자그마한 디테일이 작품의 분위기를 살려줍니다.

39c~39d 지붕의 가장자리에서 빗방울이 흘러 떨어지며 빛을 반사하는 모습을 표현했습니다.

39e~39f 하늘을 바라보는 평평한 돌은 비에 젖어 빛을 반사합니다.

40 빗줄기 더하기

이제 완성까지 마지막 한 걸음이 남았습니다. 바로 빗줄기를 더해주는
것이죠. 저는 빗줄기가 인물과 풍경 전체를 덮을 수 있도록 전체 레이
어 최상단에 빗줄기를 표현한 레이어를 배치했습니다. 그리고 빗줄기
는 수직으로 얇은 스트로크로 표현하되 가능한 한 불규칙하게 그렸습니
다. 또한 완전 흰색을 사용하지 않고 채도가 낮은 파란색으로 빗줄기를
표현했습니다. 이렇게 하면 비 오는 날의 풍경이 완성됩니다!

비 오는 날의 색

비 오는 날의 풍경을 표현하기 위해 사용한 색의 색상 견본입니
다. 전반적으로 흐린 날 사용한 팔레트와 구성이 비슷하지만, 조
금 더 채도가 낮고 파란색과 회색 색조가 도드라집니다.

실습 내용 요약 :
비 오는 날

스토리텔링 측면에서 말하면 비 오는 날은 많은 것을 암시합니
다. 영화에서는 대체로 모든 것이 정점을 이루는 클라이맥스를
표현할 때 비를 사용하죠. 특히 등장인물이 서로 싸우는 장면이
나 연인이 마침내 서로에게 사랑을 고백하는 장면에서 장대비
가 쏟아지는 것으로 표현됩니다. 쏟아지는 비를 묵묵히 맞아내
는 장면에서 떠올릴 수 있듯이 소명을 완수하고 장애물을 극복
하는 어떤 결심의 순간을 암시하기도 합니다. 또한 빗방울이 떨
어지는 심상에서 착안해서 어떤 인물이 손쓸 방도 없이 마주하
는 체념이나 우울감, 절망감을 상징하기도 합니다.

한편 완전히 다른 맥락에서 비 오는 날이 사용되기도 합니다. 해
방감이나 자유의 상징으로 비를 사용할 수도 있죠. 오랜 가뭄 끝
에 마침내 비가 오는 장면을 떠올려 보면, 이때의 비는 모든 것
을 정화하는 비로 삶과 부활, 재탄생을 상징합니다.

시각적인 측면에 집중해 본다면, 비는 화면 속에 움직임을 더해
줍니다. 또한 지면에 고인 물에 빛이 반사되는 것과 내리는 빗방
울이 어우러지면 아름다운 화면을 만들어낼 수도 있죠.

40 최종적으로 완성된 작품입니다. 아이가 내리는 비를 즐기고 있는 모습입니다.
내리는 빗방울이 집과 주변의 사물 표면에서 튀어서 부드러운 물안개를 만들어내고 있습니다.

Final image © Djamila Knopf

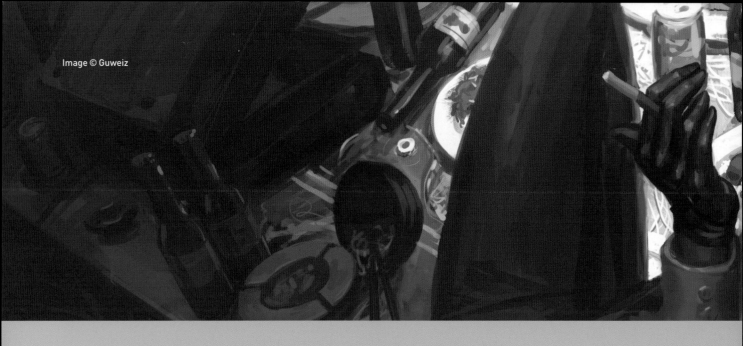
Image © Guweiz

DINNER

구웨이즈Guweiz

이번 실습에서는 명도와 조명을 활용해 어둑어둑한 분위기를 표현하고 화면 속 인물의 모습을 그려볼 예정입니다. 장면을 구상하고 시점을 설정하고, 원근 그리드를 배치하고, 영역마다 명도와 주변광. 색을 설정하고, 부피감과 질감, 주변광의 차폐를 물체의 표면에 표현하는 일련의 과정을 단계별로 다룰 예정입니다.

그리고 그 뒤를 이어서 밤이라는 시간대를 나타낼 수 있도록 블룸 효과와 하이라이트 같은 빛의 작용을 표현하여 최종적으로 작품을 마무리하는 단계까지 함께 알아보겠습니다. 이번 실습에 사용하는 프로그램은 포토샵이지만 어떤 그래픽 프로그램을 사용해도 좋습니다.

01 무엇을
그릴까?

어떤 작품이든 처음 작품을 그리기 시작할 때가 가장 흥미신신한 단계입니다. 무엇을 이떠한 방법을 사용해서 그리든 한계가 없기 때문입니다. 저는 이 단계에서 상상의 날개를 활짝 펼치고 작품으로 구현할 수 있는 흥미로운 장면들을 다양하게 상상해 봅니다.

이 단계에서는 스스로를 제약하거나 너무 먼 단계까지 계획 할 필요가 없습니다. 자유롭게 상상하고 머릿속에서 어떤 장면을 그리고 싶은지 단순하게 접근하는 것이 가장 좋다고 생각합니다. 신(scene)을 멋지게 표현한 영화를 최근에 보아서 영화처럼 감탄을 불러일으키는 장면을 표현하는 것을 목표로 삼아도 됩니다. 또는 훌륭한 음악을 듣고 음악에서 느껴지는 감정을 그림으로 전달하는 것도 좋고요.

어느 것이 계기가 되도 좋습니다. 어떤 콘셉트를 기반으로 작품을 창작하는 것도 좋은데, 작품을 그리는 과정에서 이 콘셉트가 작품으로 변하는 모습이 창작 과정에 흥미를 잃지 않게 해주는 요인이 되어 줄 것이니까요.

02 자문해 볼 것들

무엇을 그릴지 머릿속에서 대강 틀이 잡혔다면 이제는 조금 더 기술적으로 접근해야 합니다. 결국 어떤 아이디어를 현실 속에 존재하는 이미지로 바꿔 놓기 위해서는 머릿속에만 있을 때는 금방 사라지는 아이디어를 작업이 가능한 형태로 구체화하는 과정이 필요하기 때문입니다. 즉, 앞으로 창작할 이미지가 어떤 모습을 띨 것인지, 어디서 관객의 흥미를 돋울 것인지, 어떤 방법으로 그릴 것인지 이전보다 구체적으로 생각해야 한다는 것입니다. 제 경우에는 이 문제를 해결하기 위해서 아래와 같은 질문을 스스로에게 던져봅니다.

- 작품의 초점과 목적은 무엇인가?

- 작품에서 관객에게 이떠한 감정을 불러일으키는 요인이 인물인가, 인물의 자세인가, 특정한 장소인가, 아니면 위의 요소를 더한 것인가?

- 작품의 어디에서 관객의 흥미를 돋울 수 있는가? 그 부분이 왜 관객의 흥미를 돋우는가? 작품에서 흥미를 돋우는 지점이 작품의 초점 및 목적과 부합하는가? 그렇지 않다면 흥미를 돋우는 지점을 다시 배치해야 하는가?

01 제가 머릿속에서 구상하여 실제 작품으로 창작한 장면의 예시입니다.
지금 단계에서는 가능성을 열어 두고 다양한 장면을 구상해 보세요.

- 어떤 요소가 작품을 흥미롭게 하는가(조명 또는 장소, 독특하며 아름다운 인물 디자인, 의상, 자세 등)?

- 작품 안에 흥미를 돋울 요소가 충분히 있는가? 그렇지 않다면 추가해야 하는가?

- 그리려는 내용에 대해 얼마나 잘 알고 있는가? 참고 자료가 필요한가?

- 표현하기 어려운 자세를 그리려면 어느 정도의 시간을 투자해야 하는가?

진지하게 생각하면 마냥 쉬운 질문들은 아닙니다. 그러나 위와 같은 질문을 스스로에게 던져보고 답하는 과정에서 이후 발생할 수 있는 문제를 미리 해결할 수도 있고, 나아가 조금 더 자신감을 갖고 작업에 임할 수 있습니다.

Image © Guweiz

02a~02c 작품을 그리기 전에 어떻게 작품을 그릴지 미리 생각해 보세요. 인물 중심의 작품인가요? 아니면 풍경 중심의 작품인가요?

작품의 초점은 어디에 맞춰져 있고, 왜 거기에 초점이 맞춰져 있나요? 어떤 요소가 작품을 흥미롭게 하나요?

03 각각 정면 앵글과 로우 앵글, 하이 앵글에 해당하는 예시입니다. 위의 예제를 통해 각 앵글이 서로 다른 효과를 낸다는 사실을 알 수 있습니다.

03 시점
배치하기

작품에 어떤 요소를 넣을지 정했으니, 이제는 이 요소를 어떤 식으로 관객에게 선보일지 결정할 차례입니다. 이 과정은 단순해 보이지만 사실은 신중하게 고민해야 하는 과정입니다. 시점(POV(point of view))을 배치하기 위해서는 카메라 또는 눈이 어디에 위치할지 정해야 하며, 시점에 맞는 시야(FO-V(field of view)) 역시 정해야 합니다. 단순한 작업이지만 전체적인 작품에 큰 영향을 주는 단계이죠.

시점과 시야를 정하기 위해서 먼저 어느 위치에 배치하는 것이 지금 그리려는 작품에 가장 잘 어울리는지 판단해야 합니다. 어떤 장면에서 시점을 배치할 수 있는 장소는 무한합니다. 그러나 강한 효과를 주는 위치를 기준으로 크게는 '정면 앵글과 로우 앵글, 하이 앵글' 세 가지로 분류할 수 있습니다. 이들 시점은 서로 다른 상황에 사용됩니다.

먼저 정면 앵글은 대체로 관찰자의 눈높이 정도 또는 화면 속 인물의 얼굴 높이에 위치하는 시점입니다. 그래서 화면 속에 관찰자가 들어가 있는 느낌을 줍니다. 로우 앵글은 막 걸음마를 걷는 아이가 어른

의 눈높이에서 바라보는 것에 비해 세상을 훨씬 크다고 느끼는 것처럼 전체적인 화면의 크기를 과장하여 보여줍니다. 그래서 화면 속 사물의 크기와 너비를 강조하여 보여줄 때 효과적입니다. 하이 앵글은 관찰자가 화면을 내려다보는 느낌을 줍니다. 그래서 대체로 화면 속에서 발생하는 행위와 심리적인 거리가 느껴집니다. 개인적으로는 조용한 장면을 묘사할 때 하이 앵글이 효과적이라고 생각합니다. 그러나 직접 각각의 앵글을 사용했을 때 어떤 효과가 나타나는지 알아보는 것이 가장 좋을 것입니다!

앵글을 선택했다면 이제 두 가지 요소를 더 결정해야 합니다. 바로 장면으로부터의 거리와 시야입니다. 이 두 가지 요소는 이름에서 무엇을 의미하는지 대강 설명이 됩니다. 먼저 관찰자의 눈과 화면 속 묘사되는 대상의 거리가 가까우면 화면 속 모습이 보다 친밀하게 느껴집니다. 시야가 넓다면 화면 속 구석구석까지 관찰자의 눈에 보입니다. 이런 요소들은 결국에는 전반적인 화면 구성의 목적과 관련이 됩니다. 즉, 앵글이나 거리, 시야 모두 가장 효과적으로 화면 안에서 핵심이 되는 부분을 보여주는 수단이라는 것이고, 각각의 요소를 결정할 때 얼마

나 효과적으로 핵심을 보여주는지가 가장 중요하다는 것입니다.

04 원근
유지하기

이제 진짜로 작품을 그릴 준비가 되었습니다! 이번 실습에서 그려볼 작품에서는 하이 앵글에 약간 클로즈업된 시점과 넓은 시야를 사용하겠습니다. 다음으로는 올바르게 원근을 표현하기 위한 기초 작업을 하겠습니다.

이번 단계에서 수행할 기초 작업 중에서도 하나의 화면 안에서 원근감을 일정하게 유지하여 모든 사물의 부피와 표면이 같은 눈높이에서 보는 것 같은 느낌을 주는 것이 가장 중요합니다. 원근 그리드는 수학적으로 정확한 원근감을 만들어내는 장치로 선도(line drawing)와 조명의 원근을 제대로 표현할 수 있도록 도와줍니다.

앞서 살펴본 시점을 구성하는 세 가지 요소가 원근 그리드를 그릴 때 도움이 되는 요소이므로 이 세 가지 요소를 다시 살펴보겠습니다. 지금까지 구상한 내용을 바탕으로 하면 세 가지 요소 중 두 가지를

Images © Guweiz

만족하는 그리드를 구성할 수 있습니다. 오른쪽 예제에서 파란색 선은 수직축과 평행하며, 빨간색과 초록색 선은 수평축과 평행합니다. 이를 통해 하이앵글에서 내려다보는 느낌을 만들 수 있습니다. 또한 시야각이 넓다는 것을 표현하기 위해서는 화면 안에서 이들 선이 만나는 지점이 여러 개 존재하도록 하면 됩니다.

그러나 화면과 시점이 이루는 실제 거리를 표현하기 위해서는 비율을 나타내는 사물이 추가로 필요합니다.

05 첫 번째
선도

원근 그리드를 구성했다면 이제 본격적으로 머릿속의 아이디어를 캔버스로 옮길 준비가 된 것입니다. 지금 단계는 스케치에서도 아주 초반 단계인데 이 단계에서 가장 중요한 것은 머릿속으로 구상한 여러 가지 버전 중에서 어떤 버전이 실제 작품으로 옮겼을 때 구상한 내용이 가장 명확하게 드러나는지 결정하는 것입니다. 그러나 너무 시간과 품이 많이 들지 않게 적당히 거칠게 표현해야 하는 과정이기도 합니다.

이번 실습에서 그릴 작품에서는 인물의 자세와 커다란 바 테이블과 스툴, 나자빠진 두 명의 엑스트라 등 시각적으로 큰 부분을 차지하는 사물을 핵심적인 요소로 놓고 화면을 구성했습니다. 스케치를 통해 화면 속 요소가 무엇인지 알 수 있게 표현하면 (특히 인체의 형상) 화면 속 사물의 비율을 짐작해 볼 수 있습니다. 또한 원근감을 이루는 마지막 요소인 시점과 화면 사이의 거리도 파악할 수 있습니다.

오른쪽과 같이 스케치를 그리는 데 15분이 소요되었는데, 이 스케치를 기반으로 작품을 그릴 수 있겠다고 판단할 만한 충분한 정보가 담겨있습니다. 또한 이 정도의 스케치를 통해 구성 측면에서 볼 때 화면 속 서로 다른 부분에서 짚고 넘어가야 할 부분이 있다는 것도 알 수 있었습니다.

이 과정에서는 머릿속에서 구상한 것을 쉽게 바꿀 수 있습니다. 이렇게 변경이 쉽다는 것도 '거친' 스케치의 장점입니다. 어떤 경우에는 머릿속에서 떠올린 아이디어를 바로 작품으로 옮기는 것이 더 실용적일 때도 있지만, 이번 실습에서는 단계별로 차근차근 작품을 완성하는 과정을 알아보겠습니다.

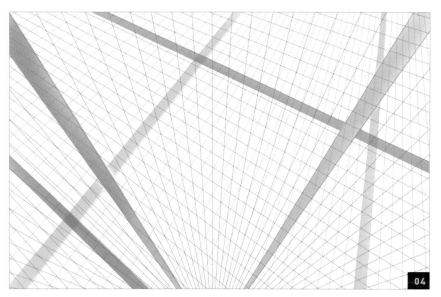

04 지금 그리는 축은 머릿속에서 그린 장면에 기반하기 때문에 이후 바뀔 수 있습니다. 작품 구성에서 가장 중요한 요소에 맞추어 축을 그리면 됩니다.

05 위의 스케치는 광장히 거칠게 그려졌지만, 아이디어에서 핵심적인 부분은 모두 담고 있습니다.

참고 자료와 참고 자료를 사용해야 할 때

참고 자료의 종류와 출처는 가지각색입니다. 인터넷에서 비슷한 사진을 참고 자료로 활용할 수도 있고, 혹은 방 안의 사물을 둘러보거나 거울을 들여다보는 것도 참고 자료가 될 수 있습니다. 머릿속의 아이디어를 확장하거나 어떤 착상을 보충하거나 개선할 때도 참고 자료를 활용할 수 있습니다. 참고 자료를 활용할 때는 활용하는 목적에 집중하는 것이 좋습니다. 즉, 왜 어떠한 자료가 필요하고 그 자료에서 구체적으로 어느 부분이 필요한지 이해한 상태로 활용해야 한다는 것입니다. 예를 들어, 마트의 매대가 참고 자료라고 할 때 매대를 그대로 그리는 것이 아니라 매대에서 보이는 패턴과 형태, 밀도의 차이를 파악하고 작품을 더욱 흥미롭게 만들 때 사용하는 것이죠.

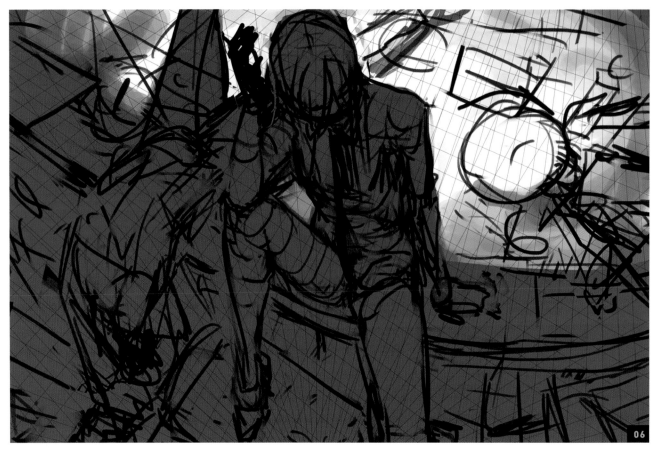

06 명도를 거칠게 두 개의 블록으로 나눈 뒤, 아이디어를 가장 잘 표현할 수 있게 배치합니다.

06 명도 블록
만들기
이제 머릿속에서 구상했던 아이디어가 단순한 형태로 화면에 옮겨졌습니다. 지금부터는 이제까지의 과정을 확장하여 차근차근 아이디어에서 핵심이 되는 부분을 더해가며 일러스트의 기초를 쌓아가는 과정입니다.

스케치 레이어 아래에 별도의 레이어를 추가하여 음영을 추가하겠습니다. 이 과정에서 저는 기본적으로 화면 속 조명의 위치를 표현하기 위해서 명도를 블록으로 나누어 표현했습니다. 여기서 중요한 점은 전체 화면에서 가장 핵심적이며 높은 비율을 차지하는 부분의 명도와 부피부터 차근차근 더해가며 중간중간 명도와 부피가 사실적으로 잘 표현되었는지 확인해야 한다는 것입니다.

하나의 강력한 조명이 바 테이블 위에서 주인공을 비추는 것으로 구상했기 때문에 이번 일러스트를 크게 두 개의 명도 블록으로 나누어 구분했습니다. 하나는 앞서 언급한 주광원이 비추는 부분이며, 다른 하나는 주광원의 빛이 닿지 않는 부분입니다.

이렇게 나눈 명도 블록은 화면 전체에서 명확하게 구분되어야 하며 화면의 전체적인 구성에서 가장 중요하다는 점을 강조하고자 합니다. 16페이지에서 다루었듯, 화면에서 명도가 가장 높은 지점은 화면에서 가장 중요한 부분입니다. 따라서 다른 요소가 어떻게 배치되었던, 화면 구성에서 가장 중요하고 관객의 시선이 몰리는 지점은 바로 명도의 차이가 도드라지는 부분입니다.

07 명도 블록
추가하기
앞서 화면에서 차지하는 비중이 '큰 부분 먼저'를 작업의 순서로 정했는데, 이런 맥락에서 이번 단계에서는 구성상 주광원 다음으로 중요한 명도 블록을 추가하겠습니다. 이번에 더할 명도 블록에는 위에서 들어오는 달빛이 비치는 영역과 달빛이 닿지 않는 영역이 표현됩니다.

테이블의 옆부분에 테이블의 위쪽보다 낮은 명도를 칠하여 테이블의 그늘을 표현했습니다. 그리고 주인공과 주인공 발아래 있는 스툴도 달빛이 비치고 있기 때문에 주광원이 비치는 테이블 위쪽보다 어둡게 처리했습니다. 이 두 가지가 이번 단계에서 가장 큰 변화가 발생한 부분입니다. 한 가지 짚고 넘어가야 할 점은 이번 단계에서 달빛이 비치는 부분의 명도를 올리지 않았다는 것입니다. 이렇게 해야 테이블 위에 자리하고 있는 강렬한 조명과 화면 속 나머지 영역 사이의 상대적인 관계가 유지되기 때문입니다. 앞서도 언급했지만, 이러한 명도 블록 사이의 대비를 유지하는 것이 중요합니다.

물론 일러스트를 완성하는 과정에서 지금 설정한 명도 값은 차후에 바뀔 수 있습니다. 그럼에도 지금 이렇게 세밀하게 명도를 설정해 놓는 것은 화면을 구성하는 요소와 이들 사이의 관계를 보다 일관되게 유지하면서 다음 단계로 넘어갈 수 있기 때문입니다.

08 고유 명도
추가하기

이렇게 화면 속 주요 광원으로 생기는 명도를 블록으로 구분해 나누었다면 다음으로는 고유 명도를 더 할 차례입니다. 고유 명도는 서로 다른 물체의 표면에서 빛이 반사되는 정도라고 할 수 있습니다. 검은색 옷감이나 어두운색의 머리카락과 나무, 피부 모두 정도는 다르지만, 빛을 반사합니다. 따라서 이들의 표면은 서로 다른 밝기를 지니는 것처럼 보입니다. 예를 들어, 명도를 임의의 숫자로 표현하면, 흰색 도자기의 명도 값이 60일 때 검은색 바지의 명도 값은 15일 것입니다.

물체의 고유 명도는 작품의 구성에 큰 영향을 주기 때문에 초반 작업에 화면 속 물체의 고유 명도를 설정하는 것이 좋습니다. 물체의 고유 명도는 블렌딩 모드 중 'Soft Light'나 'Overlay'를 사용하여 지정할 수 있습니다. 어두운색을 띠는 천이나 도자기처럼 고유 명도가 아주 높거나 낮은 물체에 'Soft Light'나 'Overlay'를 적용해 흰색이나 검은색을 칠하면 됩니다.

지금 시점에서는 정확한 명도를 표현할 필요는 없습니다. 고유 명도를 통해 물체를 구성하는 재료가 서로 다르다는 것을 표현하는 정도면 충분합니다.

다시 말하자면, 지금 시점에서 가장 중요한 것은 전체 일러스트에서 가장 핵심적인 요소를 강조하고 표현하는 것입니다.

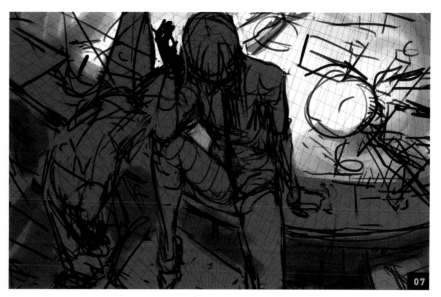

07 세 번째 명도 블록을 추가하면 화면 속 가장 어두운 부분이 표현되며 이를 통해 화면의 기본 구성에 깊이가 생깁니다.

08 주인공의 어두운색 바지처럼 화면 구성에서 중요한 물체를 구분하기 위해서 고유 명도를 표현한 뒤의 모습입니다.

09 화면 구성을 나누어 보면 각각의 요소를 쉽게 구분하고 관리할 수 있습니다.

09 형태와 핵심 요소 관리하기

지금까지 그린 스케치는 사실 완성된 작품에서 색을 빼고 형태를 단순화한 모습이라고 볼 수 있습니다. 이렇게 하면 화면 속에서 핵심이 되는 물체는 명도 값이 모두 주어져 있기 때문에 선도를 그릴 때처럼 화면 전체의 구성을 다시 한번 점검할 수 있습니다.

그중에서도 화면에서 어떤 물체가 핵심이 되는지 확인하고 이 물체가 정확히 무엇인지 파악하는 과정을 가장 먼저 하는 것이 좋습니다. 지금까지 작업한 스케치로 돌아가 보면 실습에서 배우는 내용이 무엇인지 보여주기 위해서 저는 화면을 아래와 같이 분류했습니다.

갈색: 주인공에 해당하는 영역입니다. 화면에서 주인공이 돋보이는 위치에 있는지 확인하고 관객의 시선을 붙잡는 머리나 손 부분이 대비가 높고 초점이 모이는 지점에 있는지 점검해야 하는 부분입니다.

보라색: 주인공에게 당한 엑스트라가 위치한 영역입니다. 엑스트라의 바디 랭귀지와 위치를 통해 이들이 왜 거기에 있는지, 그리고 이들에게 어떤 일이 벌어졌는지를 명확하게 전달하는지 점검해야 합니다.

노란색: 바 테이블과 스툴이 위치한 영역입니다. 이 부분은 얼핏 단순하게 보이지만 화면에서 차지하는 비중이 높은 영역이기 때문에 전체적인 화면에 사실감을 부여하고, 관객이 이미지에 빠져들게 할 수 있는 부분입니다.

파란색: 바닥과 파괴된 물건의 잔해, 그 외 잡다한 물품이 위치한 영역입니다. 이 영역은 관객 입장에서 크게 돋보이는 부분은 아니지만 아티스트가 조금 더 신경을 써서 작업을 하면 화면을 통해 전달되는 이야기가 한층 풍부해질 수 있습니다.

화면 속에 위치한 사물의 형태를 관리하는 것이 중요하다는 사실은 여러 번 강조되었지만, 사물이 어떤 맥락 속에 있는지 파악하는 것이 가장 중요합니다. 각각의 이미지에서 필요한 사물의 형태가 그때마다 다르기 때문입니다.

위의 과정을 통해서 화면 속 물체가 어떤 역할을 하는지 대체로 구분이 되었으니, 이제는 이들 물체의 형태를 물체의 역할에 맞게 조정할 차례입니다. 아래에는 물체의 형태를 조정하는 방법을 몇 가지 예시를 통해 설명하고 있습니다.

- 바 테이블 테두리의 곡선을 활용해 이야기의 주인공에게 초점이 모이도록 유도합니다.

- 엑스트라 중 한 명의 얼굴을 주변 사물의 형태와는 다른 둥근 접시로 가려서 이 엑스트라가 싸움에서 졌다는 사실을 암시합니다.

- 인물의 형태를 활용해 노란색으로 칠한 영역을 조금 더 세밀하게 유기적인 형태를 띤 작은 영역으로 잘게 나누어 다른 영역과 어색하게 만나거나 섬네일에서 이들이 다른 형태로 보이는 것을 방지합니다.

HARD ROUND BRUSH 사용하기

포토샵을 비롯해 현재 우리가 사용할 수 있는 그래픽 프로그램과 편집 프로그램 대부분에서 아티스트가 활용할 수 있는 도구의 개수는 무수히 많고, 그중에서 하나를 선택하는 일이 버겁게 느껴질 때도 있습니다. 도구가 너무 많아서 겁이 날 정도이기도 합니다. 브러시 도구만 하더라도 막 일러스트의 세계에 뛰어든 초보자는 무엇을 써야 하는지 감도 오지 않을 정도이며, 우연한 기회로 어떤 브러시 도구를 실제로 사용해 보기 전까지는 뭔가 프로그램이 제공하는 기능을 모두 활용하지 못하고 있다는 기분이 들기도 합니다.

그래픽 프로그램에는 화려한 기능을 갖춘 브러시 도구가 많이 존재하지만 사실 이런 브러시 도구는 작품을 창작하는 전체적인 과정에 필요한 기본적인 요소의 양과 비교하면 아주 작은 부분에만 적용할 수 있습니다. 결과적으로 브러시는 머릿속의 아이디어를 캔버스로 옮기는 도구이며, 색상(hue)과 명도(value), 조명(lighting)과 같은 기초적인 요소를 아티스트가 잘 이해하고 있다면 어떤 브러시를 사용해도 완성도가 높은 작품을 만들 수 있습니다. 물론 앞으로 실습을 진행하는 과정에서 그때그때 필요에 맞는 브러시에 대해서는 계속 알아갈 예정입니다.

그러나 막 일러스트를 시작하는 초보자의 입장에서는 기본부터 다지고 가는 것이 가장 중요하다는 점은 두말할 필요도 없을 것입니다. 포토샵의 기본 브러시인 하드 라운드 브러시는 선을 그리는 작업과 색과 음영을 입히는 작업, 세밀한 그래디언트를 칠하는 작업, 나아가 아주 미세한 디테일을 채우는 작업 모두에 사용할 수 있는 만능 도구입니다. 하드 라운드 브러시는

여러 가지 용도로 활용할 수 있을 뿐 아니라 빠르게 다양한 용도를 바꿀 수도 있습니다. 태블릿 펜의 필압을 활용하여 스트로크의 크기와 불투명도를 바로바로 바꿀 수 있습니다. 브러시 도구 메뉴에서 불투명도 슬라이더를 조절하면 즉각적으로 미세한 부분의 불투명도나 넓은 영역에 은은하게 음영을 더하는 작업처럼 구체적인 용도로 활용할 수 있게 설정할 수도 있습니다.

이렇듯 하드 라운드 브러시는 단순하고 다양한 용도로 활용할 수 있기 때문에 브러시나 브러시의 설정을 바꿀 필요 없이 화면 속 다양한 요소를 하나의 브러시만으로 빠르게 작업할 수 있습니다. 즉, 하드 라운드 브러시는 작업을 훨씬 효율적으로 바꾸어 주는 도구로, 과소평가 되었다고 할 수 있습니다.

마지막으로 하드 라운드 브러시는 기본적으로 질감을 덮어씌우지 않는, '질감이 없는' 브러시입니다. 브러시에 질감이 없기 때문에 작업 초반에 질감이 과도하게 들어가는 일을 방지할 수 있고, 질감보다 더욱 중요한 사물의 모양과 조명에 집중해서 작업을 할 수 있게 해줍니다. 그러나 다르게 놓고 보면 마무리 단계에서 작품을 다듬을 때는 하드 라운드 브러시가 조금 비효율적일 수 있습니다. 예를 들어, 금속의 표면에 녹이 슨 것을 표현할 때는 질감이 있는 브러시를 사용하는 것이 더 좋을 수 있습니다.

종합하자면, 스케치를 그릴 때나 흑백으로 초반 작업을 할 때, 디테일을 더할 때 모두 하드 라운드 브러시를 활용하면 좋은 결과를 낼 수 있습니다. 그러니 마음 놓고 기본 브러시인 하드 라운드 브러시를 활용해 보세요.

필압 감지: 설정을 바꾸어 주지 않아도 필압을 활용하면 하나의 스트로크로 위와 같은 효과를 낼 수 있습니다.

설정 용이성: 브러시의 불투명도와 크기를 변경하면 하드 라운드 브러시를 더 많은 용도로 활용할 수 있고, 불투명도와 크기 변경은 단축키로도 가능하여 마우스를 떼지 않고도 설정을 쉽게 바꿀 수 있습니다.

다용도: 왼쪽의 은은한 음영 처리와 오른쪽의 선명한 선 모두 같은 브러시 도구를 사용해 만든 결과물입니다. 스트로크 크기와 불투명도만 조정하면 됩니다.

10 앞서 설정한 조명 상황을 기반으로 화면 속 사물이 바라보는 방향(위/아래)에 따라 명도를 구분하면 사물의 형상을 표현하는 일이 훨씬 쉬워집니다.

10 사물의 표면을 분리해 형상 표현하기

지금까지의 작업 과정에서 주요하게 활용했던 방법은 '큰 부분 먼저' 작업하는 방식이었습니다. 즉, 화면에서 차지하는 부분이 크고 넓은 부분을 먼저 작업한 것이죠. 이제는 완성된 작품에 큰 영향을 주는 선택을 내릴 차례입니다. 화면을 확대하여 세밀하게 화면 속 요소를 채워 나갈 순서입니다.

가장 먼저 화면에서 차지하는 비중이 큰 요소를 잘게 쪼개어 세밀하게 나누었습니다. 위의 예시를 보면 위쪽을 바라보는 면은 파란색으로, 옆쪽이나 아래쪽을 바라보는 면은 빨간색으로 표시했습니다. 이렇게 나눈 이유는 화면의 위쪽에서 내리쬐는 직광이 비추는 영역을 분류하기 위해서인데, 이렇게 하면 화면 속 사물이 받거나 반사하는 빛의 양에 따라서 사물의 표면을 정확하게 표현할 수 있기 때문입니다.

두 가지 광원(바 테이블 위쪽의 스포트라이트와 달빛)이 지금 화면 구성에서는 가장 주요한 광원입니다. 따라서 화면 속 요소를 분류할 때 두 개의 광원이 어

디를 비추는지에 따라 분류하면 좋습니다.

계속해서 '큰 부분 먼저' 작업을 하고 있는데, 앞으로도 이 기조를 유지하여 지금은 파란색과 빨간색으로만 구분한 영역을 이후에는 더 잘게 쪼개어 표현하겠습니다. 예를 들면, 광원에 완전 수직으로 놓인 물체의 위쪽 면과 광원에서 약간 빗나가 자리 잡고 있지만 완전히 옆쪽을 바라보고 있지는 않은 물체의 위쪽 면을 서로 다르게 표현하겠습니다.

11 화면 구성의 뼈대 유지하기

화면 속 사물의 표면을 잘게 나누어 서로 다른 명도 값을 적용해 정확하게 부피감을 표현하는 과정에 이르렀습니다. 그러나 이렇게 명도 값을 새로 적용하는 과정에서 의도치 않게 기존에 설정한 명도의 한계 값을 '초과하는' 일이 항상 발생할 수 있습니다. 이렇게 한계치를 넘어서는 명도 값을 적용하면 화면이 뭔가 '뿌옇게' 보이는데, 확대해서 보면 각각의 사물에는 문제가 없는데 전반적인 화면에서 보면 무언가 이상하고 뭐가 뭔지 알아보기 힘들어집니다. 그렇다면 이렇게 명도 값이 한계치를 넘

어섰을 때 이를 알아보는 방법과 이를 방지하는 방법에 대해서 알아보겠습니다.

앞서 명도를 세 개의 블록으로 나누어 분류한 뒤 명도 값을 이 블록 단위로 배치했었습니다. 화면에서 스포트라이트가 비추는 부분은 반드시 화면의 나머지 부분보다 밝게 표현되어야 하며, 달빛이 비치는 부분은 스포트라이트가 비추는 부분보다는 어둡지만, 완전히 어둡지는 않게 표현되어야 하고, 두 광원 모두가 닿지 않는 부분은 가장 어둡게 표현되어야 합니다.

주인공의 어깨와 같이 작은 부분에 조밀하게 명도 값을 설정할 때 해당하는 영역의 명도 블록에 들어갈 수 있는 명도 값의 범위 안에 있는 명도를 배치해야 합니다. 작은 영역을 확대해서 그리다 보면 시야가 좁아져서 작업하고 있는 부분의 대비를 키우려다 명도 범위를 초과하는 일이 자주 벌어집니다. 명도 범위를 벗어난 값을 배치하면 따로 떼어놓고 봤을 때는 크게 문제가 없어 보이지만, 화면 전체를 놓고 보면 블록 단위의 명도 구분을 해칠 수 있습니다.

11a~11c 'Posterize' 기능을 사용하면 이미지가 설정한 개수의 서로 다른 값으로 분할됩니다. 예제에서는 4개의 명도 값으로 나누어 표현되었습니다.

Solid Color...

Gradient...

Pattern...

Brightness/Contrast...

Levels...

Curves...

Exposure...

Vibrance...

Hue/Saturation...

Color Balance...

Black White...

Photo Filter...

Channel Mixer...

Color Lookup...

Invert

Posterize...

Threshold...

Gradient Map...

Selective Color...   11c

블록 단위의 명도 범위를 유지하려 할 때 제가 추천하는 방법은 바로 포토샵의 'Posterize' 기능을 사용하는 것입니다. 포스터화 기능은 화면이 뿌옇게 보이고 뭔가 '회색 색조'를 띄는 것 같은데 뚜렷하게 왜 그런지 이유를 알 수 없을 때 활용하면 좋습니다. 'Posterize' 기능은 화면 전체를 몇 가지 명도 값을 단순화해서 보여주는 필터로 볼 수 있습니다. 예를 들어서 지금까지 완성한 작업 내용을 명도 값을 4개로 설정한 뒤 'Posterize' 기능을 실행했을 때 위와 같은 이미지가 나타납니다. 위의 이미지를 보면 앞서 우리가 설정한 명도 블록이 유지되고 있다는 것을 알 수 있습니다. 또한 달빛을 가장 강하게 받는 부분(주인공의 어깨와 흰색 셔츠의 손목 부분)이 달빛보다 밝은 스포트라이트를 부분적으로 받

는 부분(바 테이블에서 살짝 그림자가 진 부분)의 명도가 서로 다르다는 것을 알 수 있습니다.

'Posterize' 기능을 활용하면 화면 속 어떤 부분이 명도 범위를 벗어났는지 빠르게 확인할 수 있습니다. 문제가 있는 부분을 확인했다면 'Posterize' 기능을 실행 취소한(Undo) 뒤 명도 범위에 맞게 해당하는 부분의 명도 값을 수정해 주면 쉽게 문제를 해결할 수 있습니다.

12 명도
추가하기

지금까지 실습으로 배운 내용을 바탕으로 이제부터는 앞서 설정한 명도 값을 기반으로 디 유기적이고 자유롭게 명도를 더해보겠습니다. 이 단계에서는 실질적으로 화면 안에 자리하고 있는 모든 요소를 '큰 부분 먼저' 처리한다는 규칙에 따라 작업하고 동시에 구성상에서 핵심이 되는 요소에 시선이 모이도록 하는 것을 목표로 합니다. 이렇게 유기적으로 명도를 더하고 명도 값을 이전보다 세밀하게 다듬는 과정을 통해 본격적으로 색을 칠할 수 있게 됩니다.

이번 단계에서 저는 원근 그리드는 유지하되 캔버스의 너비를 조금 넓혔습니다. 이렇게 시점에는 영향을 주지 않고 시야를 넓히면 화면이 '줌 아웃'된 느낌을 주고 조금 더 멀리서 화면 속 장면을 바라보는 느낌을 줍니다.

12a 위와 같이 거칠게 스케치한 선도 위에 명도를 더할 때는 물체의 형상 표현에 유의해야 합니다.

선을 잘못 지우면 스케치보다 화면 속 사물의 형상이 오히려 구분이 안 되는 일이 발생할 수 있습니다.

기초 형상의 표면 처리에 대한 내용은 80페이지에서 확인할 수 있습니다.

12b~12c 위와 같이 부가적으로 초점이 모이는 지점에서는 개별 사물이 아니라 전반적인 장면의 형상과 부피감을 표현하는 것을 목표로 합니다. 이때 유용한 것이 원근 그리드입니다. 예를 들면, 엑스트라의 상반신을 원근 그리드에 직육면체를 맞추어 배치하여

위치를 잡고 직육면체를 잘게 나누어 세부적인 형태를 묘사하는 것으로 인간의 몸처럼 보이게 할 수 있습니다.

12d 시야를 넓히는 것만으로도 더 많은 장면을 화면에 담을 수 있습니다. 다만 이렇게 하면 '클로즈업'된 화면의 느낌은 줄어듭니다.

13a

13a~13b 'Selective Color'는 직관적으로 활용할 수 있습니다. 슬라이더를 이리저리 조절해서 어떤 색이 가장 적당할지 자유롭게 확인해 보세요.

13b

13 기본 색 추가하기

명도를 추가했다면 이제는 본격적으로 색을 칠할 단계입니다! 아티스트마다, 그리고 아티스트가 선호하는 방식에 따라 색을 칠하는 방법에는 차이가 있습니다. 그래서 저는 왜 제가 이런 순서로 작업하는지 이유를 설명하는 방식으로 진행하겠습니다.

저는 이미지에 기본색을 더할 때 조정 레이어 중 'Selective Color'를 추가합니다. 그러나 더해줄 색을 선택한 다음에 바로 색을 칠하지는 않습니다. 지금 화면에는 두 개의 광원이 자리하고 있습니다. 하나는 바 테이블 위에 있는 인공조명이고, 다른 하나는 자연광인 달빛이죠. 화면 구성에 따라서 광원의 숫자는 훨씬 많을 수도, 적을 수도 있고, 광원의 색 또한 천차만별입니다. 각각의 광원으로 발생하는 빛을 광원의 밝기를 통해 구분하는 방법도 있지만, 색온도를 통해 광원을 구분하는 것도 유용한 방법입니다.

이번 일러스트에서는 바 테이블을 비추는 조명은 난색의 빛을 발하고, 달빛은 상대적으로 한색을 띠게 하려고 합니다. 즉, 테이블 위의 조명이 발하는 빛이 닿지 않는 곳은 조명이 닿는 곳보다는 파란색으로 보이도록 처리해야 한다는 것이죠. 서로 다른 광원으로 인한 색온도 차이를 구현하기 위해서 저는 오른쪽 그림과 같이 'Selective Color'를 활용해 색을 입혔습니다.

선택 색상의 설정에서 색 드롭다운 목록에서 '중성색(Neutral)'을 선택해 청록색과 자홍색의 비율은 높이고 노란색의 비율은 낮춥니다. 이렇게 색을 조절하면 가장 밝은 부분과 가장 어두운 부분을 제외하고 전반적인 화면에 한색의 명청색이 감돕니다. 다음으로는 색에서 '흰색'을 선택해서 노란색의 비율은 높이고 청록색과 검은색의 비율은 낮추면, 화면에 전반적으로 노란색이 감돌게 하면서 화면의 밝기가 약간 높아지는 효과를 낼 수 있습니다.

14 다른 방법
실험하기

지금까지는 계속 다음 단계로 넘어가는 방식으로 작업을 진행해 왔습니다. 실습의 과정을 이해하기 쉽도록 보여주는 방법이긴 하지만, 실제 그래픽 프로그램을 활용한 작업 과정과는 차이가 있습니다. 그래서 이즈음에서 그래픽 프로그램을 사용한 작업 방식의 장점을 보여주고자 합니다. 바로 작업의 어떤 시점에서도 선택지를 넓혀서 다른 아이디어를 빠르고 안전하게 시험할 수 있다는 것입니다.

이전과 동일하게 'Selective Color'를 실행한 다음 슬라이더를 조정해 다른 색을 적용했을 때의 결과물을 시험해 보겠습니다. 제 경우에는 화면에 존재하는 조명으로 나타나는 색 중에서 가장 극단적인 경우를 실험해 보았는데 이렇게 하니 색이 붕 뜬 것처럼 느껴집니다. 'Selective Color'의 한계이기도 한데, 선택 색상 도구로 파란색을 입히면 파란색이 있어서는 안 될 부분에도 파란색이 추가됩니다. 그러나 슬라이더를 이전의 설정으로 되돌리거나 다르게 설정하여 조절하면 되니 큰 문제는 되지 않습니다.

이렇듯 그래픽 프로그램을 활용하면 다양한 구도와 색, 디자인 등 여러 가지 요소를 어느 시점에서든 실험해 볼 수 있습니다. 이렇게 다른 선택지를 실험해 보면 생각하지 못했던 화면 구성이나 색 조합이 나타날 수도 있습니다. 나아가 빠르게 리스크 없이 실험해 볼 수 있기도 하죠!

난색과 한색

난색과 한색은 단순하게 노란색과 파란색으로 치환하여 설명할 수 있는 개념이 아닙니다. 색온도는 상대적인 개념이죠. 같은 계열의 색이라도 다른 색과 비교했을 때 상대적으로 따뜻한 색과 차가운 색이 존재합니다. 예를 들어, 어두운 갈색(밤색(maroon)이라고도 하죠)은 한색 계통의 빨간색으로, 청록색은 난색 계통의 파란색으로 볼 수 있습니다. 이러한 색 사이의 상대적인 색온도를 활용해 눈길을 잡아끄는 고유색을 선택할 수 있고, 나아가 여기에 색광을 활용해 여러 가지 색이 조화를 이루도록 할 수도 있습니다. 예를 들어, 서로 다른 색을 지닌 물체가 난색광 아래 놓였을 때 이들 물체는 고유색 중에서 난색 계통의 색을 띱니다. 이 현상을 활용하면 서로 다른 광원의 영향을 받는 물체를 선명하게 구분하여 표현할 수 있습니다.

14a~14b 색 파라미터에 나타나는 각 선택지는 화면 속 조정하려는 영역을 나타냅니다.
화면에서 빨간색을 띠는 영역을 조절하고 싶다면 파라미터에서 '빨간색'을 선택하면 되는 식이죠.

15a

15a~15b 처음 설정한 색 배합을 유지한 채 'Soft Light'를 활용해 고유색을 더했을 때의 모습입니다.

15 고유색
추가하기

'Selective Color'를 사용해 색을 이리저리 만져본 다음 저는 명부에 최소한의 색만 사용해 다음 단계에 칠할 색이 들어갈 공간을 남겨두었습니다. 바로 '고유색(local color)'이 들어갈 공간이죠.

고유색이라는 것은 사실상 물체를 이루는 소재가 갖고 있는 색이라고 할 수 있습니다. 예를 들면, 골드바와 루비는 어느 조명 아래에서 봐도 서로 다른 색을 띠는데, 이것이 금과 루비가 지닌 고유색입니다. 고유색에 대한 자세한 내용은 32페이지에 설명되어 있습니다. 가장 먼저 칠해볼 고유색은 서로 겉보기에 비슷한 색을 띠는 바 테이블과 피부, 스툴의 시트 색입니다.

가장 먼저 해야 하는 일은 기준이 되는 '앵커색(anchor color)'을 칠하는 것입니다. 색을 칠하려는 대상이 보일 수 있는 색의 범위라고 설명할 수 있는데, 이번 일러스트의 경우에는 피부와 옷, 가구의 주조색이 여기에 해당합니다.

앵커색을 정하고 칠하기 위해서 레이어를 하나 새로 만들어준 뒤, 이 레이어를 블렌딩 모드에서 'Soft Light'로 설정합니다. 그리고 앵커색을 칠하려는 하는 부분에 적합한 색을 솔리드 브러시를 사용하여 색을 칠합니다. 이때 'Soft Light'를 활용하는 것이 다방면으로 유용한데, 색을 칠했을 때 나오는 색상과 채도, 밝기를 미세하게 조정할 수 있기 때문입니다.

이렇게 색을 칠해주면 앵커색을 더했을 때의 발생하는 차이가 눈에 띄게 드러납니다. 아직 전반적으로 이미지가 단조롭기는 하지만 더 이상 이미지가 흑백으로 보이지 않고, 이전보다 훨씬 사실적으로 보입니다.

Pass Through
Normal
Dissolve
Darken
Multiply
Color Burn
Linear Burn
Darker Color
Lighten
Screen
Color Dodge
Linear Dodge (Add)
Lighter Color
Overlay
Soft Light
Hard Light
Vivid Light
Linear Light
Pin Light
Hard Mix
Difference
Exclusion
Subtract
Divide
Hue
Saturation
Color
Luminosity
Pass Through ∨

15b

16a~16c 'Color Dodge'와 컬러 슬라이더를 사용해 색과 명도를 동시에 조절할 수 있습니다.

16 조명의 색
관리하기

고유색을 색 배합에 추가하니 테이블 위쪽의 조명과 달빛이 제대로 표현되지 않고 서로 명확하게 구분되지 않는 느낌이 듭니다. 이전 과정에서 명부에 노란색 명청색을 더했기 때문에 어느 정도의 구분은 되지만 분명하게 구분이 된다는 느낌은 안 듭니다. 테이블 위의 조명과 달빛을 명확하게 구분하기 위해서 조명의 색을 좀 더 강하게 표현하겠습니다.

이를 위해서 레이어를 하나 새로 만든 뒤 블렌딩 모드에서 'Color Dodge'로 설정했습니다. 'Color Dodge'

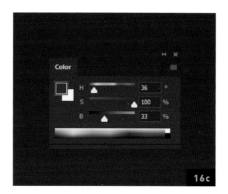

를 사용하면 원하는 영역의 밝기를 쉽게 높일 수 있고 동시에 중간톤에 생동감을 더할 수 있습니다. 다만 이 과정에서 너무 밝기가 높은 명도 값을 사용하지 않도록 주의해야 합니다.

이미지를 위의 예제처럼 바꾸기 위해서 왼쪽에 제시된 설정을 사용했습니다. 왼쪽의 설정에서 밝기 값(B 슬라이더)가 33%라는 낮은 수치로 설정되어 있다는 점을 눈여겨보기를 바랍니다. 'Color Dodge'를 사용하면 색이 너무 밝거나 너무 강한 색이 나올 수 있기 때문에 낮은 수치로 설정한 것입니다. 그리고 이렇게 설정한 색을 소프트 에어브러시로 가볍게 칠해서 테이블 위에 있는 물체의 흰색을 완전히 덮지 않게 칠해주었습니다.

이렇게 조명의 색을 더해주면 이전보다 훨씬 이미지의 완성도가 높아집니다. 이제 테이블 조명과 달빛이 서로 명확하게 구분되며 화면 속 물체의 고유색도 사실적으로 보입니다.

277

17a~17b 음식물의 색을 더한 뒤의 모습입니다. 아직 디테일을 표현하지 않고 '어디에 어떤 색이 들어가야 한다' 정도만 표시한 모습입니다.

17 추가로
색 더하기

이렇게 색을 칠했지만, 아직 색을 칠하는 과정이 끝 난 것은 아닙니다. 액션 장면 이후의 상황을 보여주 는 일러스트를 그리는 것이 목표이기 때문에 격렬 한 액션이 있었다는 것을 보여주기 위해서 테이블 위에 음식물이 널브러진 모습을 표현해야 합니다.

이를 위해서 저는 결이 아주 거친 브러시를 활용해 서 화면 중 어디에 어떤 식으로 색을 배치할지 표시 하고, 전반적인 화면 구성과 조화를 이루는지 확인 했습니다. 브러시의 종류와 위치를 이리저리 조절 하면서 만족할 만한 수준이 나올 때까지 스트로크 를 더 했습니다.

이렇게 하면 음식물의 색을 칠한 레이어가 색의 위치 를 잡아주는 역할을 하게 되어 나중에 실제 음식의 디테일을 표현할 때 유용하게 활용할 수 있습니다.

18 주인공의 자세를 수정하기 전과 후의 모습입니다.

18 인물에
색 입히기

이 정도 하면 이제 스케치가 어느 정도 완성되어 크게 변경하거나, 화면 속 구성 요소를 바꿔야 하는 작업은 끝났다고 할 수 있습니다. 그러니 이제는 화면의 구석구석까지 색을 칠할 차례입니다.

작품의 콘셉트는 처음 시작했을 때와 동일하게 유지되고 있지만, 지금까지 작업을 통해 색과 명도의 배합을 완성했기 때문에 지금까지 사용한 색을 활용해 손쉽고 유기적으로 화면 속 물체에 색을 칠할 수 있습니다. 이번 단계에서는 화면의 구석구석 색을 칠하는 과정에서 특히 구성상 중요한 요소의 색을 칠하는 과정을 몇 가지 과정으로 쪼개어 설명하겠습니다.

가장 먼저 12번 단계(12 명도 추가하기)에서 완성한 흑백 버전과 비교하여 오차가 발생한 부분을 보정하겠습니다. 인물에 색을 입히려고 보니 주인공의 어깨가 구부러지고 말린 것처럼 보인다는 것을 발견했습니다. 그래서 자세를 조금 바꾸어 허리를 펴고 앉아 있는 것처럼 바꿔주었습니다. 이 과정에서 화면 속 사물의 형상도 조금 다듬어 주었는데, 스케치에서 선을 그릴 때 두껍게 그어진 선을 지우는 작업을 이때 했습니다. 이렇게 하면 이후 수정 작업과 마무리 작업이 훨씬 쉬워집니다.

소프트 라운드 브러시와
올가미 도구 함께 사용하기

269페이지에서 다루었듯 기본 하드 라운드 브러시는 놀라울
정도로 다방면에 사용할 수 있지만, 모든 상황에 만능으로 사
용할 수 있는 도구는 아닙니다. 질감이 과하게 표현되기 쉬운
물체를 작업할 때는 스트로크가 은은하게 표현되는 브러시가
더 유용할 것입니다. 어떤 물체는 스트로크에 질감이 너무 과
하게 들어가 있으면 어색하게 보이기도 합니다. 앞서 〈빛〉 장
에서 배웠듯이 피부나 매끈한 정반사체의 표면처럼 표면이
매끈한 무광체가 질감이 너무 과하면 이상하게 보이는 물체
입니다.

그리려는 물체의 실루엣이 복잡하여 형상을 표현하기 어려울
때도 선이 거친 브러시를 사용하는 것은 비효율적이고 직관
적이지도 않습니다. 만약 구체를 하나의 스트로크만 활용하
여 그리면 구체의 모습이 지나치게 단조로워 보일 것입니다.
또한 주변광의 차폐와 같이 은은하게 나타나는 음영도 한 번
의 스트로크로 처리하기 힘듭니다.

이러한 상황에서 활용할 수 있는 것이 바로 소프트 라운드 브
러시와 올가미 도구입니다. 소프트 라운드 브러시를 사용하
면 부드러운 스트로크를 그릴 수 있으며, 경계면도 에어브러
시를 사용한 것 같은 효과를 줄 수 있습니다. 또한 그래디언트
도 직관적이고 쉽게 만들 수 있습니다. 다만 스트로크가 분산
되어 그려지기 때문에 원하는 형태 바깥에 스트로크가 그려
진다는 문제가 있습니다. 그러나 올가미 도구를 함께 활용하
면 빠르고 정확하게 스트로크의 범위를 제한할 수 있고, 이를
통해 그래디언트와 물체의 테두리를 효율적으로 그릴 수 있
습니다.

오른쪽에 제시된 이미지가 바로 소프트 라운드 브러시와 올
가미 도구를 활용했을 때의 예시입니다. 먼저 올가미 도구를
활용해 돌멩이의 실루엣을 잡았고, 다음으로 브러시 도구로
전환했습니다. 간단하게 스트로크 몇 개를 그어주면 표면이
여러 가지 모습을 띠고 있는 복잡한 형상을 손쉽게 표현할 수
있습니다. 브러시의 크기가 커지면 넓은 위쪽 면과 전반적인
형태를 부드럽게 표현할 수 있고, 브러시의 크기를 줄이면 베
벨링이 된 면을 처리할 수 있습니다. 마지막으로 브러시의 크
기를 키운 뒤 스트로크 한 번으로 왼쪽에 부드럽게 음영 효과
를 주었습니다.

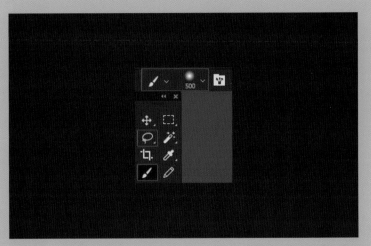

소프트 라운드 브러시와 올가미 도구: 올가미 도구와 서로 다른 크기의 소프트 라운드 브러시 도구를 활용하면
표면이 부드러운 물체를 표현하는 것이 쉬워집니다.

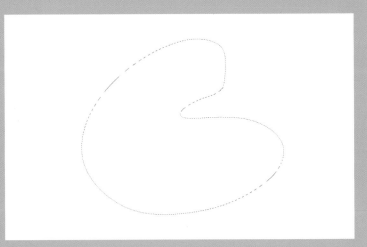

올가미 도구로 형태 잡기: 마술봉이나 빠른 선택 도구를 사용해도 원하는 영역을 선택할 수 있습니다.

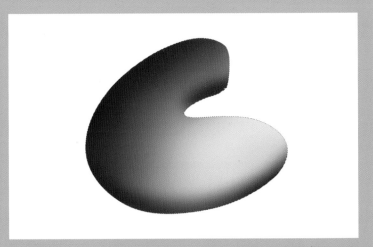

부드러운 음영 효과: 선택한 영역을 브러시의 크기와 그래디언트의 크기를 키워 소프트 라운드 브러시로
에어브러시처럼 처리하고 테두리가 선명한 부분은 브러시의 크기를 줄여서 작업한 결과물입니다.

19 두 번째로
초점이 모이는 부분

이제는 지금까지 해왔던 과정을 반복하여 엑스트라를 그리겠습니다. 즉, 원치 않는 두꺼운 선을 지우고, 인물 형상을 좀 더 정확하게 다듬고, 전반적인 모양새가 잘 드러나도록 세부적인 부분을 바꿔주는 작업을 해야 합니다. 뒤집혀서 테이블 위에 나자빠진 넥타이나 재떨이 안의 담뱃재, 뒤집힌 셔츠와 같은 작은 디테일이 이미지에 사실성을 더해줍니다.

20 이야기
전달하기

오른쪽에 있는 엑스트라를 자세히 살펴보면 엑스트라가 자발적으로 테이블 위에 누워있는 것이 아니라는 점을 더욱 명확하게 보여주기 위해서 몇 가지 디테일을 더했다는 것을 알 수 있습니다. 우선 왼쪽 팔 아래쪽에 있는 접시와 얼굴 위에 얹힌 접시에서 흘러나온 음식이 어지럽고 정돈이 되지 않은 느낌을 줍니다. 또한 우측 상단에는 접시와 병을 추가하여 휑한 느낌을 줄였고 주인공이 음식이 잔뜩 차려진 정찬 자리에 난입했다는 인상을 주도록 표현했습니다.

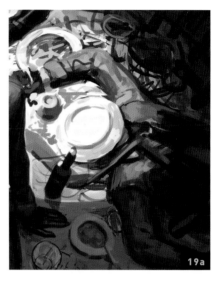

19a~19b 이 단계에서 바뀐 이미지를 간단하게 살펴보겠습니다. 먼저 엑스트라 한 명의 셔츠가 바지에서 빠져나오도록 바꾸었습니다. 이렇게 하니 격렬한 싸움 끝에 엑스트라가 나자빠진 것 같이 보입니다.

단축키와
레이어

단축키를 활용하면 그래픽 프로그램을 활용한 작업 과정이 훨씬 쉬워집니다. 망설이지 말고 자주 사용하는 기능을 단축키로 등록해 보세요. 자주 사용하는 기능을 사용하려 할 때 여러 번 클릭해야 해서 짜증이 났다면 단축키로 등록하면 좋습니다.

레이어는 단축키와 비교했을 때는 양날의 검이라고 할 수 있습니다. 작품을 몇 가지 부분으로 나누거나 여러 버전으로 나눌 때 활용하면 좋지만, 너무 잘게 조개면 오히려 작업에 방해가 될 수도 있습니다.

20 아직 완벽하게 정돈된 모습은 아니지만 이렇게 물체를 화면에 추가하니 화면의 구성이 전보다 알차게 보입니다.

21 스케치를 그릴 때 그은 선을 제거하니 스툴의 시트 부분이 훨씬 사실적으로 보이며, 원근감도 맞는 느낌을 줍니다.

22 관객의 시선이 모이는 지점에 노이즈와 밀도를 추가해 복잡성을 더했습니다.

21 거친 선 다듬기

지금까지는 전체적인 이미지의 모습에 집중하여 거칠게 작업을 했습니다. 구상했던 아이디어를 의도대로 보여주기 위해서 지금까지의 과정이 중요하지만, 이제부터는 조금 더 세밀하게 화면 속 구석구석에 디테일을 채우는 작업을 하겠습니다. 예를 들어, 위쪽 예시에서 바 테이블 윗부분을 보면 거친 선이 현실 속 물체의 형상을 정확하게 표현하고 있지 않습니다. 얼핏 보았을 때도 테두리의 선이 삐뚤삐뚤하고 애먼 데에 베벨링이 되어 있습니다. 이를 해결하기 위해 스트로크를 다듬어야 하는 부분, 특히 테두리처럼 물체의 형태에 직접 영향을 주는 부분을 다시 그리겠습니다.

22 복잡성 더하기

더불어 '시각적 노이즈'를 더하는 것도 제가 강조하려는 작업 과정입니다. 현실 속 장소나 사물은 그림에서 묘사되는 것보다 훨씬 더 많은 디테일을 포함하고 있습니다. 현실 속에 나타나는 사실성을 있는 그대로 표현하는 것보다 이미지의 모습이 사실적이라는 인상을 주는 것이 논리적으로 보나 현실적으로 보나 훨씬 효율적으로 사실성을 표현하는 방법일 것입니다. 그리고 이런 인상에 기여하는 것이 시각적 노이즈와 밀도입니다.

작품 구성에서 핵심적인 부분에 밀도를 높이고 작은 디테일을 추가하는 것으로 이미지가 전반적으로 사실감이 높게 표현되었다는 착각을 불러일으킬 수 있습니다. 이를 잘 활용하면 초점이 모이지 않는 곳에서 디테일을 과감하게 생략할 수 있기 때문에 아티스트가 유용하게 활용할 수 있는 방법입니다.

시각적 노이즈를 잘 활용하면 화면이 너무 세세하게 디테일로 가득 차지는 않지만, 충분히 디테일이 채워져 있다는 인상을 줍니다. 이를 통해 화면 속 장면이 훨씬 사실적으로 보이고, 핍진성을 갖추게 됩니다.

지금 시점에서는 어디에 디테일을 더 밀도 있게 채울 것인지 구상하고 어느 부분에서 조금 더 신경 써서 정확하게 그려야 할지 결정해야 합니다.

23 진행 상황 점검하기

자유롭게 작업을 시작한 지 꽤 오랜 시간이 지났으니, 이제는 작품을 섬네일 크기로 줄여서 멀리서 작품을 바라봤을 때 어떻게 보이는지 한번 점검해 보겠습니다. 가장 먼저 처음 작품의 기틀을 잡았을 때와 비교해서 작품이 어느 정도 달라졌는지를 확인해야 합니다. 지금 작품의 경우에는 눈을 찡그리고 보면 거의 똑같아 보일 정도로 기틀이 잘 유지되고 있습니다. 그렇다면 지금 작업 과정이 원한대로 잘 흘러가고 있다는 얘기입니다. 즉, 작품 구상과 작품의 초안을 설정하는 단계에서 생각했던 것들이 잘 표현되고 있다는 것을 의미합니다. 또한 색을 칠하고, 선을 다듬고, 디테일을 추가하는 과정에서 꽤 많은 변주를 주었음에도 작품 구성에서 핵심적인 요소가 잘 유지되고 있다는 얘기이기도 합니다.

23 구상 단계(위)와 색과
디테일을 채운 뒤의 모습
(아래)을 비교한 모습입니다.
전체적으로 화면의 구성이
유지되었지만, 장면의 완성도와
화면 속 전달되는 이야기가
훨씬 잘 정제되어 전달되고
있다는 것을 알 수 있습니다.

무엇보다도 광원과 암부에서 나타나는 명도 간의 차이 같은 핵심적인 요소가 잘 유지되고 있다는 의미인데, 이를 통해 처음 작품을 구상할 때 보여주고자 했던 바가 잘 지켜지고 있다는 뜻입니다. 섬네일로 보았을 때 구상 단계에서 생각했던 것과 차이가 난다면, 특히 섬네일에서의 모습이 작품을 구상

했을 때보다 질이 떨어진 것 같다는 느낌이 든다면, 가장 최근의 작업 내용을 다시 살펴볼 필요가 있습니다. 그리고 이때 포토샵의 레이어가 유용하게 활용됩니다. 빠르게 이전의 내용을 불러와서 최근의 작업 내용과 겹쳐서 비교한 뒤 어디서 무엇이 잘못되었는지 확인할 수 있습니다.

그러나 구상 단계와 무언가 달라졌다고 항상 나쁜 것은 아닙니다. 가끔은 본래 구상했던 것보다 더 나은 결과물이 튀어나오기도 하기 때문입니다. 만약 섬네일로 보았을 때 모습이 구상했던 것보다 더 좋다면 굳이 구상 단계의 모습으로 되돌아가지 않아도 좋습니다.

24a~24b 테이블 표면의 고유색을 강조하면 전보다 확실하게 나무처럼 보입니다.

25 조명의 색온도를 따뜻하게 바꾸면 대비가 강해집니다.

24 문제점 수정하기

지금까지 작업을 진행하는 과정에서 처음 계획했던 화면의 구성과 색 배합을 잘 유지해 왔습니다. 그러나 이제부터는 작품의 완성도를 한층 끌어올리기 위해서 전보다 적극적으로 문제가 있는지 파악하고 해결해야 합니다.

먼저 화면에서 가장 생동감이 넘치는 부분인 바 테이블 위쪽, 조명이 밝게 비추는 부분을 살펴보겠습니다. 얼핏 살펴보아도 무언가 부족하다는 느낌이 납니다. 테이블보가 덮이지 않은 테이블의 색이 거의 창백한 황회색(베이지색)으로 보이는데, 자기 접시와 음식물의 색과 비교해 보면 특히나 어색하게 느껴집니다.

이 어색함을 해결하기 위해서 'Soft Light' 레이어를 추가한 뒤에 테이블보가 덮이지 않은 바 테이블의 상판 영역에 순색의 갈색을 칠해서 테이블에 나무 느낌을 주었습니다. 이렇게 하면 원래 계획했던 명도보다 테이블의 명도가 다소 낮아지지만, 전보다 훨씬 사실적으로 보이며 테이블의 재질도 한층 잘 드러납니다.

25 조명 수정하기

바 테이블 표면이 창백하게 보이는 문제를 해결했는데, 이제 다른 문제가 발생합니다. 다시 작품을 살펴보면 바 테이블 위쪽 스포트라이트가 비추는 부분에 위치한 여러 가지 물체의 고유색이 조명의 색에 비해 과도하게 어둡게 처리되었다는 것을 알 수 있습니다. 이것이 완전히 '잘못되었다'고 말할 수는 없지만, 스포트라이트가 화면 속에서 가장 주요한 조명으로 작용하고, 가장 생동감이 넘치는 빛을 비추는 역할을 하는 것을 목표로 했기 때문에 손을 보겠습니다.

제가 원하는 방식으로 조명을 수정하기 위해서 레이어를 하나 새로 만든 뒤 블렌딩 모드를 'Overlay'로 설정했습니다. 이렇게 하면 소프트 브러시를 사용해 바 테이블에 밝은 노란빛 명청색을 칠할 수 있고, 또한 빛이 비치는 물체의 테두리에 색이 스며드는 느낌을 줄 수 있습니다.

또한 이렇게 조정한 조명과 색 배합에 맞추어 화면 속 물체의 색과 형태를 조금 다듬었습니다. 예를 들어, 빨간색을 화면의 이곳저곳에 더했고, 맥주병은 짙은 반투명색의 갈색으로 처리했습니다.

26 파란색을 더해서 전보다 따뜻하게 변한 색온도의 균형을 맞춰주었습니다.

26 색온도
균형 맞추기

스포트라이트의 빛이 난색을 띠도록 하고, 광원이 비치는 영역의 색도 조정했으니, 이제는 이렇게 생겨난 변화가 전체적인 이미지에 어떤 영향을 주는지 파악할 차례입니다. 이 과정에서 화면 구성이 원치 않게 변화하지 않도록 해야 합니다.

전체적으로 이미지를 살펴보니 약간 어둑어둑한 노란색 스포트라이트의 빛이(이전에 조금 더 창백하고 밝았던 색조와 비교했을 때) 달빛이 비치는 영역과 스포트라이트가 비치는 영역의 명도가 구분이 힘들 정도로 비슷하게 변했다는 점이 눈에 띕니다.

원래 의도는 음침한 밤공기 사이로 따뜻한 빛이 사막의 오아시스처럼 고립되었다는 인상을 주는 것이었기 때문에 저는 스포트라이트의 빛이 닿지 않는 영역에 어둡고 쨍한 파란빛 색조를 덮어씌우기로 했습니다. 이렇게 하면 화면의 시점이 밤이라는 것이 전보다 선명하게 전달될 것입니다. 이렇게 색감을 조정하기 전과 후를 비교해 보면 조정 전에는 화면이 전반적으로 비 오는 날의 모습처럼 보입니다. 물론 비 오는 날의 조명도 나쁘지 않은 배경이지만 이번 일러스트에서 의도하는 바가 아니죠.

시간 관리와 휴식

완전히 작업에 몰입해서 작업을 하다 보면 몇 시간이 뚝딱 지나가기도 하지만, 스타일러스를 들고 작업을 시작하는 일조차 버겁게 느껴질 때도 있습니다. 창작이라는 과정이 결국에는 자기 자신과의 싸움이기 때문에 머릿속이 하얗게 되어 버리거나 피로감을 느끼게 되면 아티스트 입장에서는 좌절감을 느낄 수도 있습니다. 그럴 때면 저는 자신에게 창작은 결국 단거리 경주가 아니라 마라톤이기 때문에 가끔은 속도를 낮추고 쉬기도 해야 한다고 되뇝니다.

작업이 도저히 진전되지 않는 것 같다면 아예 작업을 멈추고 핀터레스트에 접속해서 아이디어를 찾아보거나 낮잠을 자기도 합니다. 개인적으로 저는 작업 과정이 즐거워야 한다고 생각합니다. 만약 작업 과정에서 계속 좌절감을 느낀다면 이 작업은 장기적으로 지속할 수 없기 때문이죠.

27 원근감
확인하기

작업을 계속 이어 나가기에 앞서 원근 그리드를 제 대로 활용하는 방법에 대해 잠깐 짚고 넘어가도록 하겠습니다. 지금까지 원근 그리드는 서로 평행한 선들이 제 위치에 있게 해주고 물체의 선을 그릴 때 도움이 되는 등 제 역할을 충실히 수행했었습니다. 화면 속 물체의 원근감을 잘 살린다면 화면의 빛과 색도 더욱 사실적으로 느껴집니다.

그러나 작업 초반에는 원근 그리드를 쉽게 사용할 수 있지만, 작업을 마무리하는 단계에서는 그리드 를 활용할 때 전보다 조금 더 주의를 기울여야 합니 다. 오른쪽에 제시된 세 개의 이미지 속 병은 모두 원근 그리드에 맞추어 배치되어 있습니다. 그러나 맨 위쪽의 병은 실제보다 뚱뚱해 보이며, 맨 아래 쪽은 너무 길어 보입니다. 이러한 현상은 화면 속 사물의 각도와 시점을 고려하지 않은 채로 원근 그 리드에만 맞춰서 사물을 배치했기 때문에 발생합 니다.

가운데 이미지에서는 약간 내려다보는 각도에서 병을 그리고 있다는 것을 잘 인지한 채로 병을 배치 했기 때문에 비율에 맞추어 병의 좌우가 살짝 축소 되도록 표현되었습니다. 이때 너무 축소를 많이 하 면 병이 뚱뚱해 보이고, 축소를 너무 적게 하면 병 이 너무 길어 보입니다. 둘 다 사실성을 해치겠죠.

결론적으로 아주 작은 사물을 그릴 때에도 항상 주 변의 맥락을 염두에 두어야 한다는 것입니다. 원근 그리드만 절대적으로 믿으면 안 됩니다.

너무 뚱뚱해 보입니다.

원근감이 사실적으로 느껴집니다.

너무 길어 보입니다.

27

27 모두 같은 병을 원근 그리드에 맞추어 묘사한 것인데 주변의 환경에 따라서 서로 다르게 보입니다.

거칠게 그려서
사실성 더하기

시간과 힘을 절약하는 것이 중요하기는 하지만 이것이 거친 선을 사용하는 이유의 전부는 아닙니다. 거칠게 그림으로써 오히려 정밀하게 사실성을 구축했다는 인상을 줄 수도 있습니다.

잠자리에 들기 전 침실의 불을 끄고 난 직후에 침실을 꼼꼼하게 둘러보세요. 그리고 침실에 있는 물체를 구분하려고 해보세요. 어둠 속에서 여러 가지 색과 형태가 서로 흐릿하게 섞여 들어가는 것을 알 수 있을 것입니다. 사실 이는 우리가 일상에서 의식적으로 인지하는 것은 아니고, 무의식적으로 이해하고 '그러려니' 생각하는 현상입니다. 어둠 속에서는 눈앞의 광경이 잘 보이지 않고 사물의 구체적인 모습도 잘 보이지 않으니까요. 다만 이 현상을 활용하면 거칠게 그리는 방식이 빛을 발합니다. 사실성이라는 착시를 만들어 내기 위해서는 결국 인간의 눈이 사물을 바라보는 방식을 흉내 내야 하기 때문입니다. 따라서 화면 속 암부를 거칠게 그리고, 디테일을 뭉개는 것이 이러한 점에서 우리의 목표와 일치한다고 할 수 있습니다.

오른쪽에 제시된 예시 중 위쪽과 가운데 이미지에서 어두운 조명이 비치는 영역과 암부에 위치한 물체를 보면 물체를 조금은 거칠게 그려도 괜찮다는 사실을 알 수 있습니다. 반면 빛이 밝게 비치는 부분은 이와 반대로 현실의 모습과 가깝게 어느 정도 정확하고 뚜렷하게 표현해야 합니다. 현실에서 밝은 빛이 비치는 책상을 본다고 할 때, 책상 위의 물체가 분명하고 뚜렷하게 보이며, 디테일도 세밀하게 표현되는 모습이 머리에 그려집니다.

가운데 이미지에서 위에서 설명한 내용이 실제로 그렇다는 것을 알 수 있습니다. 다른 부분에 비해서 밝은 영역은 관객의 시선이 더 많이 쏠리며, 하이라이트도 선명하게 나타납니다. 그래서 이 부분이 사실적으로 보이기 위해서는 조금 더 세밀하게 표현해야 합니다. 반면에 그늘에 들어가 있는 부분은 아주 거칠게 표현되었지만, 문제가 없어 보입니다.

밝기와 '적당한 수준의' 거칠기 사이의 관계는 화면 전체에서 일정하게 유지됩니다. 맨 아래쪽 이미지에서는 화면의 대부분 영역이 바 테이블 위의 스포트라이트나 달빛으로 비치고 있기 때문에 대부분의 사물을 선명하게 표현했습니다. 그래야 관객이 기대하는 사실성을 만족할 수 있기 때문이죠. 그러나 주인공의 목 부분같이 그늘이 진 부분은 다른 부분에 비해 거친 스트로크를 사용했음에도 충분히 사실적으로 보입니다.

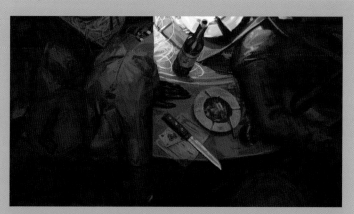

디테일의 수준 : 밝은 빛이 비치는 부분과 그늘에 가려진 부분에서 디테일의 차이를 비교해 보세요. 밝기에 따른 디테일의 정도를 분명하게 확인할 수 있습니다.

그늘 부분 : 그늘진 부분처럼 암부에서는 거친 스트로크를 활용해도 좋습니다.

스포트라이트 부분 : 밝은 빛이 비치며 초점이 모이는 부분에서는 최대한 선명하고 뚜렷하게 표현해야 합니다.

28 빛의 반사와 같은 물성을 표현하기 전과 후의 모습입니다.

28 다양한 물성

화면 전체와 화면 속 물체를 실감 나고 사실적으로 보이게 하기 위해서는 형상과 색, 재질이라는 세 가지 요소가 모두 완벽하게 충족되어야 합니다. 이번 작품을 그릴 때 먼저 흑백으로 화면 속 물체의 형상을 잡아 놓은 뒤에 색을 더했습니다. 그러나 아직 물체를 구성하는 재질의 물성을 구현하지는 않았습니다. 이번 단계에서는 바로 이 물성을 구현하고 특히 거칠게 스케치만 해 놓은 작은 물체의 표현에 집중해 보겠습니다.

물체의 재질, 특히나 우리의 눈에 보이는 표면을 구현하여 다른 재질이 서로 다르게 보이게 하기 위해서는 반사 성질이라는 개념이 중요합니다. 앞서 〈빛〉 장에서도 다룬 개념이죠. 물체의 반사 성질은 정반사성(specularity)과 거칠기(roughness)라는 두 가지 요소로 구성됩니다. 정반사성은 플라스틱이나 고무, 금속과 같은 특정한 매질에서 빛이 얼마나 반사되는지를 일컫는 개념입니다. 거칠기는 이렇게 반사되는 빛이 어느 정도 직접광인지 산란광인지를 가르는 요소입니다.

이미 알고 있는 사람도 있겠지만, 예시를 통해 정반사성과 거칠기를 설명해 보겠습니다.

• 매끈한 플라스틱판을 거울로(중간 정도의 정반사성과 낮은 거칠기를 지님) 사용했을 때 판의 표면에 맺히는 반사상은 약간은 흐리지만 그래도 선명합니다.

• 진짜 거울을(높은 정반사성과 낮은 거칠기를 지님) 사용했을 때 맺히는 반사상은 빛이 강하고 상도 뚜렷하게 나타납니다.

• 표면에 사포질한 금속판에(높은 정반사성과 높은 거칠기를 지님) 맺히는 반사상은 빛을 강하게 반사하지만 상은 뚜렷하지 않습니다.

이제 이 개념을 실제로 작품에 적용해 보겠습니다. 가장 좋은 예시는 아마 맥주병일 것입니다. 짐작해 보면 맥주병은 아마도 주변에서 흔히 볼 수 있는 어두운 빛깔의 유리로 만들어졌을 것으로 생각할 수 있습니다. 그렇다면 대체로 정반사성은 높고 거칠기는 낮을 것이라고 유추할 수 있습니다. 그렇다면 맥주병에 맺히는 반사상의 빛은 강한 편이고 상도 뚜렷하게 보일 것입니다. 이를 나타내기 위해서 맥주병에 비추는 하늘빛을 선명한 파란색 하이라이트로 표현했습니다. 그러나 유리병의 정반사성이 거울과 비교했을 때는 낮기 때문에, 병에 맺히는 하이라이트는 광원보다는 어두워야 합니다.

병 위의 종이 라벨처럼 서로 다른 재질로 만들어진 물체를 추가한 뒤에는 각각의 재질에 맞는 반사 성질을 신중하게 표현해야 합니다.

29 작업 전후를 비교한 모습입니다. 거친 스트로크를 상당히 많이 지웠고 디테일도 더했습니다.

29 초점이 맺히는 부분
다듬기

이렇게 작품을 마무리하는 과정에서 부가적으로 신경 써야 하는 부분들 처리했다면 이제 화면 속 핵심적인 부분도 조금 더 개선할 여지가 있는지 살펴보겠습니다.

이런 맥락에서 다시 색을 칠하는 과정으로 돌아와서 다시금 주인공에 초점을 맞춰보겠습니다. 지금까지 작업 과정에서 주인공의 모습은 잘 표현했지만 꼼꼼하게 살펴보면 아직 모자란 부분이 있습니다. 화면 구성에서 주인공이 있는 위치가 초점이 맺히는 부분이며 그만큼 관객이 꼼꼼하게 살펴볼 영역이기 때문에 옷이 접히는 부분이나 머리카락의 질감 같은 요소를 다른 부분보다 더 신경 써서 세밀하게 표현해야 합니다. 또한 주인공의 바로 뒤쪽도 디테일에 시선이 많이 간다는 것을 알 수 있습니다.

다른 부분을 흐리게 처리하거나 거칠게 그려서 화면의 앞쪽에 해당하는 전경에 초점이 맺히게 하는 방법이 유용하기도 하지만 항상 최선의 방법인 것은 아닙니다. 이번 작품에서는 가장 핵심이 되는 주인공 말고도 주인공의 뒤편에 펼쳐지는 바 테이블 위의 장면이 서사적으로 주인공을 한층 부각하는 역할을 합니다. 나아가 바 테이블 위를 스포트라이트가 비치고 있기 때문에 관객은 무의식적으로 테이블 위의 사물에 디테일이 많이, 그리고 선명하게

보일 것으로 기대합니다. 이러한 기대를 작품이 충족한다면 작품의 사실감이 훨씬 증대됩니다.

30 두 번째로
초점이 맺히는 부분
다듬기

맨 먼저 관객의 초점이 맺히는 부분보다 정도는 덜 하지만, 똑같은 방식이 두 번째로 초점이 맺히는 부분에도 적용되어야 합니다. 지금 작업 중인 작품에서는 주광원보다는 어두운 달빛으로 인해서 두 번째로 초점이 맺히는 부분을 조금 거칠게 표현해도 되지만 그래도 물체의 형상은 정확하게 그려야 하며 일정 수준 이상의 디테일도 표현해야 합니다.

예제 30에 제시된 두 개의 이미지 중 오른쪽을 보면 금속 벨트 버클에 반사 효과를 더해주고 셔츠의 형태를 전보다 선명하게 표현하니 왼쪽 이미지와 비교했을 때 엑스트라의 옷에 조금 더 시선이 가는 것을 알 수 있습니다. 다른 사물에 가려지지 않은 테이블의 상판도 적당히 디테일이 더해졌습니다. 앞서 밝은 빛이 비치는 영역은 디테일을 많이 표현해야 하는데, 특히 주변이 어둡다면 더 디테일을 많이 포함해야 한다고 했던 것을 기억하면 이해가 쉬울 것입니다.

또한 화면 속 사물의 물성을 나타내기 위해서 물체의 표면도 더 다듬어줍니다. 예를 들어, 재떨이 옆

에 곧추서 있는 병 두 개도 테이블 위에 자리한 스포트라이트의 밝은 빛을 표면에서 반사하도록 처리했습니다.

31 디테일의 정도
관리하기

다음으로는 테이블 상판의 생동감을 조절해서 노란색의 채도가 너무 높아지지 않도록 하겠습니다. 밝은 빛이 비치는 테이블의 상판에 위치한 물체에 디테일을 많이 더해서 시각적 '노이즈'를 더해주겠습니다. 그러나 디테일을 어느 정도까지 더하는 것이 좋을지 판단하기 위해서는 먼저 계획이 필요합니다.

스케치의 선을 그리는 것부터 시작해서 지금까지 언급한 작품을 그리는 단계 중 다수에서 복잡한 작품을 완성하기 위해 필요한 기술적인 요소와 핵심적인 요소에 초점을 맞추어 실습을 진행했습니다. 그러나 이제는 작품을 마무리하는 단계에 이르렀으니, 이제는 처음에 다루었던 내용으로 다시 되돌아 가볼 차례입니다. 바로 관객의 입장이 되어서 화면을 살펴보고 화면 속 어떤 요소가 흥미와 관심을 불러일으키는지 생각해 보는 것이죠. 저는 이 과정을 위해서 심리적인 거리를 두고 사진을 보듯이 작품을 바라보았습니다.

이렇게 하니 캔버스 위에 보이는 것 이상을 볼 수 있었습니다. 예를 들어, 테이블 위의 빨간색 얼룩이 음식으로도, 테이블의 일부로도 보이지 않는 것을

알 수 있었습니다. 스파게티 면을 더해주니 이 빨간색 얼룩이 음식이 엎어진 흔적이라는 것이 드러나게 되었고, 이를 통해 무언가 액션이 벌어졌다는 이야기가 암시됩니다. 이와 마찬가지로 뒤집힌 접시 주변에 있는 노란색과 초록색도 정체가 무엇인지 잘 드러나지 않습니다. 하지만 스파게티 면을 더해주고 나니 스크램블에그와 채소라는 것이 훨씬 잘 전달됩니다.

엑스트라의 넥타이도 이 과정을 통해서 손을 본 부분입니다. 넥타이에 금속 클립을 추가해 주니 넥타이라는 것이 좀 더 명확하게 보입니다. 이렇게 해주면 이 부분에 전반적으로 음식물과 식기가 사방팔방에 난무하는 가운데, 넥타이를 구분해서 보여주는 요소가 됩니다.

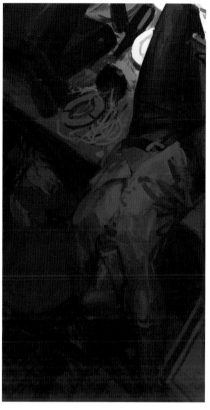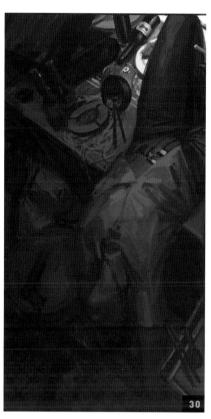

30 작업 전후를 비교한 모습입니다. 작은 사물들이 추가되었고 물체 표면의 디테일이 더 많이 표현되었음을 알 수 있습니다.

31 디테일의 정도를 관리하는 것과 정확하게 무엇을 묘사하는지 드러내는 것은 메시지를 전달할 때 중요하게 작용합니다.
관객의 관점에서 바라보면 어느 부분에서 디테일을 더하면 될지 파악할 수 있습니다.

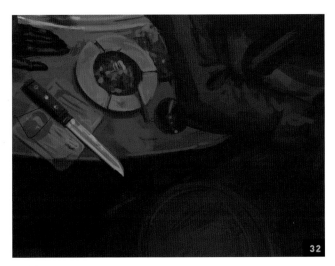

32 디테일을 더하면 서사를 전달할 수 있고, 나아가 이미지를 확대해서 보았을 때 모자란 부분이 없도록 할 수도 있습니다.

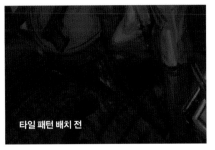
타일 패턴 배치 전

원근감 확인

타일 패턴 배치 후

33 원근 그리드를 활용하면 빠르고 쉽게 원근감에 맞추어 패턴을 배치할 수 있습니다.

32 서사와 무관한 부가적 디테일

이전 단계에서 서사에서 핵심이 되는 부분을 다뤘다면 이제는 조금 더 자유롭게 디테일을 추가할 수 있는 단계가 남아있습니다. 이 단계에서 디테일을 채울 때는 '어떻게 하면 이 부분의 디테일을 채워서 전반적인 화면 구성을 더 흥미롭게 할 수 있을까?'와 같은 질문을 스스로에게 던져보면 좋습니다.

바 테이블의 상판 테두리 부분은 테이블의 중앙부와는 달리 빽빽하게 사물을 배치할 수는 없습니다. 대신에 물체를 몇 가지 더해서 이 부분이 밋밋하게 보이지 않도록 할 수 있습니다. 먼저 시점의 각도상 형태가 명확하게 구분되어 보이지 않던 와인잔을 칼로 바꿨습니다. 이렇게 하면 관객이 보았을 때 작품의 콘셉트가 훨씬 명확하게 전달됩니다.

또한 테이블 끝부분에 있는 물체가 어떤 재질로 이뤄졌는지 드러나도록 처리했습니다. 재떨이는 대리석 재질로, 테이블의 상판은 나무로, 오목한 그릇은 옻칠이 되어 있는 나무로, 칼은 금속 재질로 처리했습니다. 이렇게 사물의 재질을 드러내도 테이

블의 상판은 아직 밋밋하게 보입니다. 그러나 원래 테이블의 테두리가 이루는 곡선이 핵심이 되어 드러나는 것이 의도였는데, 지금보다 물체를 더 배치하면 이 의도에서 벗어나므로 적합한 방법은 아닙니다.

이럴 때 사용할 수 있는 방법이 바로 질감이 있는 브러시를 사용해서 물체의 표면에 긁힌 자국이나 주름, 불균등한 면을 만들어주는 것입니다. 이렇게 하면 넓고, 공간이 쪼개어져 의도하지 않게 면이 밋밋하게 보이는 것을 방지할 수 있습니다. 이러한 효과를 잘 활용한 것이 바로 재떨이와 테이블 상판, 스툴 쿠션입니다. 194페이지에서 조명 아래에 있는 물체 표면의 질감을 표현하는 법을 다시 확인할 수 있습니다.

마지막으로 테이블의 측면과 상판이 나무로 연결된 부분에 선을 더해주면 현실에 존재하는 가구라는 느낌이 들며 테이블 상판이 이루는 곡선이 강조됩니다.

33 패턴이 있는 물체의 표면

이제 초점이 모이는 부분은 모두 처리했으니 이제 화면에서 시선이 덜 가고 중요도가 다소 떨어지는 부분을 살짝 다듬어 보겠습니다. 이 부분에서 디테일의 정도를 높이는 일이 엄청 중요해지는 않지만 그래도 작업을 마무리하기 전에 점검하고 갈 필요는 있습니다.

이렇게 초점이 모이지 않는 부분의 완성도를 높일 때 사용하면 좋은 것이 바로 '타일 형태'의 패턴을 배치하는 것입니다. 구석구석 같은 형태의 패턴을 반복 배치하면 휑하니 비어 보이는 공간을 채울 수 있습니다.

예를 들어, 벽과 바닥 부분에 패턴을 배치하면 시각적으로 흥미로운 디테일이 더해질 뿐 아니라 사소한 스트로크 실수나 이미지의 원근감을 왜곡하는 조명 실수를 가릴 수 있습니다.

원근감 얘기가 나왔으니 하는 말인데, 패턴을 채울 때는 원근 그리드를 아주 유용하게 활용할 수 있습니다. 레이어를 새로 만든 뒤에 복제(Duplicate) 기능을 사용해 선을 빠르게 그리드 형태의 타일로 만

34 지금 단계에서 작품의 모습입니다. 거의 마무리가 되었지만, 아직 최종적으로 확인을 하고 조금 더 다듬어야 할 부분이 보입니다.

들 수 있습니다. 즉, 타일을 구성하는 선 하나만 그리면 된다는 것이죠.

그런 다음 변형(Transform) 〉 왜곡(Distort)으로 들어가서 지면에 맞게 패턴을 배치하면 됩니다. 타일 형태의 패턴은 결국 그리드이기 때문에 바닥에 놓인 케이블처럼 작은 디테일을 더할 때 원근감에 어긋나지 않게 배치할 수 있습니다.

34 섬네일
점검하기

일러스트를 최종적으로 마무리하는 단계로 접어들고 있는데, 이즈음에서 다시 한번 화면의 전반적인 모습을 점검해 보겠습니다. 먼저 화면을 줌 아웃해서 섬네일로 보겠습니다. 섬네일이야말로 관객이 처음 작품을 맞닥뜨렸을 때의 인상에 가장 가깝기 때문입니다. 또한 섬네일로 작품을 보면 전체적으로 바라볼 수 있게 해서 작업 중에는 보이지 않았지만, 작품의 인상에 영향을 주는 문제점을 발견할 수 있습니다.

그러니 화면을 줌 아웃해서 작품을 살펴보겠습니다. 가로를 5cm 정도 크기로 놓고 보면 됩니다. 그런 다음 아래와 같은 질문을 스스로에게 던져봅니다.

- 섬네일을 처음 보았을 때 화면 속에서 벌어지고 있는 일이 무엇인지 알 수 있는가? 만약 알 수 없다면 최소한 관객이 작품을 확대해서 볼만큼 흥미로운 요소가 있는가?

- 전체적으로 이상하게 보이거나 줌 아웃해서 보았을 때 다른 물체로 보일만한 것이 있는가?

- 인물이 중심인 작품이라면 인물이 자연스러워 보이는가? 인물의 자세나 해부학적 구조, 비율이 섬네일로 보았을 때 자연스러운가?

- 화면 속 색은 균형이 잡혀 있는가? 화면 속 광원 중에 너무 어둡거나 너무 밝은 것이 있는가?

물론 어떤 작품을 작업하고 있느냐에 따라 스스로 돌아봐야 할 내용이 달라질 수 있습니다. 그러나 결국 작품의 핵심이 되는 아이디어가 유지되는지 여부가 가장 중요합니다.

35a 'Black & White' 조정 레이어를 덧씌워 이미지를 확인해 보면 지금까지 작업한 내용이 원래 구상했던 명도를 유지하고 있다는 것을 알 수 있습니다.

35b 순색으로 칠한 레이어 위에 생성한 이미지 레이어를 채도로 설정하면 이미지의 생동감을 확인할 수 있습니다.

이렇게 나온 이미지에서 가장 밝은 부분은 가장 채도가 높은 지점을 의미합니다.

35 색조와 명도
확인하기

작업을 마무리하기 전에 포토샵의 조정 레이어 기능 중 'Black & White'를 활용해 전반적인 명도 구성을 확인하는 것도 좋습니다. 'Black & White' 기능을 활용하면 처음에 구상했던 명도와 명도 블록이 잘 유지되고 있는지 확인할 수 있을 뿐 아니라 작업을 진행하는 과정에서 조명에 차이가 발생한 부분도 해결할 수 있습니다.

실습 처음 부분에 작품 전체의 조명을 설정하기 위해 명도를 블록 단위로 나누었던 것을 기억하나요? 이제 마무리 단계에 접어들었으니 처음 설정한 명도 블록이 잘 지켜졌는지 확인해 볼 차례입니다.

왼쪽에 제시된 예시를 보면 바 테이블 위로 쏟아지는 강렬한 빛은 주인공과 대비가 되는 모습으로, 원래 계획한 대로 잘 처리된 것을 알 수 있습니다. 이 부분에서 명도의 대비를 통해 밝은 빛과 빛이 닿지 못하는 부분의 그늘이 잘 표현되었다는 것을 알 수 있습니다. 테이블 위의 스포트라이트가 닿지 못하는 부분에서도 위쪽에서 들어오는 달빛이 비치는 느낌이 잘 표현되었습니다. 나아가 스포트라이트와 달빛이 모두 닿지 못하는 부분은 화면에서 가장 어둡게 잘 처리가 되어 있습니다.

나아가 색의 생동감을 확인하는 방법에 대해서도 짚고 넘어가고자 합니다. 생동감을 확인하는 작업이 널리 사용하는 것은 아니고 때로는 필요하지 않을 때도 있지만 흥미로운 작업이기에 언급하고자 합니다. 이미지 레이어 밑에 순색의 빨간색(어떤 색이든 좋습니다)으로 채운 레이어를 만들어준 뒤에 이 레이어의 블렌딩 모드를 'Saturation'으로 설정합니다. 이렇게 하면 색의 채도가 가장 높은 지점을 확인할 수 있습니다.

화면에서 보이는 색이 뭔가 어색한데 어디서 어색한 건지, 왜 어색한 건지 잘 모르겠을 때 이 방법을 활용하면 좋습니다. 개인적으로는 밝은 조명(과노출이 되지 않았을 때) 아래에 놓인 물체에서 색이 가장 생동감이 높고, 조명의 밝기가 낮아지면 생동감도 같이 낮아지도록 표현합니다. 예제 35b에서는 생동감과 채도가 가장 높은 색은 빛의 밝기가 가장 높은 지점에서 나타나고, 이보다 어두운 달빛 아래 놓인 지점에서는 상대적으로 채도가 낮게 나타납니다. 나아가 두 개의 광원 모두에서 빛을 받지 못하는 지점은 거의 보이지 않습니다. 화면 속 어두운 지점에서 실수로 너무 높은 채도의 색을 썼을 때는

이렇게 채도로 매핑한 이미지에서 어디가 문제인지 빠르게 찾아낼 수 있습니다.

36 이미지를
부분별로 확인하기

마지막으로 단순하고도 재미난 방법을 공유하고자 합니다. 화면을 부분 단위로 나누고 나머지 부분은 가린 채 부분별로 이미지를 확인하는 방법이죠. 시선을 잡아끄는 부분이 많고 크기가 큰 작품을 작업할 때는 디테일이 몰려 있는 부분에 집중해서 작업하다가 상대적으로 눈길이 덜 가는 부분에 발생하는 문제를 놓치기 쉽습니다.

그래서 작품을 조각조각 나눈 뒤 나머지 부분을 가리고 부분별로 확인해 보면 작품 전체를 놓고 보았을 때는 보이지 않았던 문제점을 빠르게 찾아낼 수 있습니다. 이 과정에서 주로 찾아야 할 문제점은 의도하지 않았던 공간이나 색이 덜 칠해진 물체, 사실성이 모자라서 디테일을 더 채워줘야 할 부분입니다. 이러한 문제점은 화면 전체를 놓고 보면 정말

찾기 어렵지만 일단 수정을 하고 나면 이미지가 훨씬 사실적으로 보이게 하는 요소입니다.

아래 제시된 예시와 같이 화면을 부분별로 나누어 놓고 보면 각각의 부분이 작은 일러스트처럼 적당히 독립적인 작품처럼 보인다는 것을 알 수 있습니다. 각각의 부분에 흥미를 유발하는 요소가 있으며 따로 놓고 보아도 완성도가 모자라 보이지 않습니다.

물론 이렇게 따로 놓고 보는 것도 결국에는 이런 조각들이 모여 하나의 작품을 구성하도록 하는 것이기 때문에 이 과정에서 너무 과도하게 수정하면 화면을 전체적으로 놓고 보았을 때 각각의 부분이 서로 조화를 이루지 못하게 되므로 주의해야 합니다. 예를 들어, 화면에서 관객의 흥미도가 떨어지는 부분에 색감이나 생동감이 떨어진다고 이 부분의 채도를 지나치게 올려서는 안 됩니다.

36 작품을 부분별로 나누어 놓고 보면 시야가 좁아져서 훨씬 세밀하고 꼼꼼하게 작품을 살펴볼 수 있게 됩니다.

변형 도구 사용하기

변형 도구, 그중에서도 뒤틀기(Warp) 옵션은 모르고 지나치기 쉽지만 유용한 기능입니다. 그냥 회전이나 변형을 사용해도 되는데 왜 굳이 이 기능이 필요한지 궁금할 수도 있지만, 뒤틀기 기능은 여러 상황에 활용할 수 있습니다.

먼저 상대적으로 단순한 사용법을 배워보겠습니다. 표면이 곡면으로 이뤄진 입체물에 질감을 더할 때 사용할 수 있습니다. 입체물의 표면이 곡면으로 이뤄져 있을 때 특히 원근감까지 표현해야 하는 상황에서는 수작업으로 표면에 질감을 정확하게 더하는 것이 아주 힘든 작업이 될 수도 있습니다. 질감을 만들어내는 선이 곡면 위 어느 지점에서 접점을 이루고 테두리 근처에서는 어떤 모습을 띠는지 알아내기 위해서는 많이 고민해야 합니다. 그러나 뒤틀기 기능을 활용하면 평면 위에 질감을 더한 뒤 원하는 물체의 표면 위에 겹쳐서 이 작업을 쉽게 수행할 수 있습니다.

뒤틀기를 활용하면 하나의 물체에서 서로 다른 부분의 질감을 따로 관리하면서 만족할 만한 결과물을 만들어낼 수 있습니다. 이를 통해 질감으로 만들어지는 패턴을 세밀하고도 손쉽게 생성할 수 있습니다. 좌측 하단에 제시된 예시는 그리드를 만드는 데 30초, 그리고 그리드를 원통 위에 덮어씌우는 데 30초가 걸렸습니다. 뒤틀기 기능의 가장 큰 장점은 바로 일관되고 균일한 결과물이 나온다는 점입니다. 수작업으로 질감을 더할 때, 그중에서도 패턴이 반복되는 경우에는 쉽지 않은 작업이죠.

마지막으로 우측 하단에 제시된 예시가 바로 뒤틀기를 실제 작업에 활용한 사례입니다. 꽃무늬는 손으로 그린 뒤에 뒤틀기 기능을 활용해 인물이 걸치고 있는 옷의 윤곽에 맞추어 패턴이 입혀지도록 했습니다. 패턴을 입히는 과정이 자동으로 적용되기 때문에 패턴이 어떻게 보일지 가늠해 보거나 원근 그리드를 굳이 그리지 않아도 되었습니다.

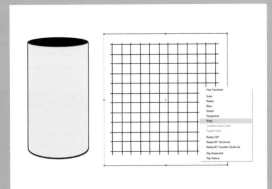

평면 그리드 : 손으로 간단하게 그리드를 그려줍니다. 뒤틀기 기능은 쉽고 빠르게 적용됩니다. 적용할 패턴을 선택하고 변형 기능에서 뒤틀기를 클릭하면 됩니다.

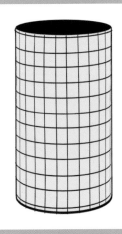

뒤틀기 : 원통 표면의 곡면에 그리드를 적용하여 질감을 주는 과정은 30초면 충분했고, 약간의 다듬기 작업만 필요했습니다. 여기서 조금 더 손을 봐주면 훨씬 사실적인 질감을 만들 수 있습니다.

뒤틀고 뒤덮기 : 위의 일러스트에서는 옷감이 아래로 처지면서 생기는 복잡한 형상에 꽃무늬를 입히기 위해서 변형과 뒤틀기를 사용했습니다.

Image © Guweiz

37 휴식 후 다시 살펴보기

이 시점에 다다르면 이제 작품은 완성되었다고도
할 수 있습니다. 그러나 개인적으로는 시간에 여유
가 있다면 하루나 이틀 정도 뒤에 작품을 다시 점검
해 보는 편입니다. 작품에서 잠시 멀어져서 에너지
를 채우고 다시 돌아보면 작업 과정에서는 보이지
않았던 작은 부분들이 눈에 보이고, 이런 부분을 개
선할 수 있기 때문입니다.

지쳐 있을 때는 작은 디테일을 놓치기 쉽습니다. 그
래서 작품과 거리를 잠시 두고 기력을 충전한 후 다
시 살펴보면 아주 작은 부분이 눈에 들어오고, 이런
작은 부분에 디테일을 더해서 보다 선명하게 나타
나도록 할 수 있습니다. 예를 들어, 스파게티 면발
몇 가닥에 하이라이트를 더해주고 젓가락에는 홈
이 파여 있는 것으로 표현하고, 하이라이트를 더했
습니다. 이렇게 크기가 큰 작품의 경우에는 작은 디
테일을 다듬는 과정이 필요한 것은 아니지만, 디테
일을 더해주면 작품의 완성도가 높아집니다. 반면
에 화면에 표시되는 사물의 개수가 적거나, 작은 작
품의 경우에는 화면 속에 등장하는 물체의 디테일
을 잘 표현해 주어야 작품이 아직 완성되지 않았다
는 느낌을 주지 않기 때문에 이 마지막 작업이 상대
적으로 더욱 중요합니다.

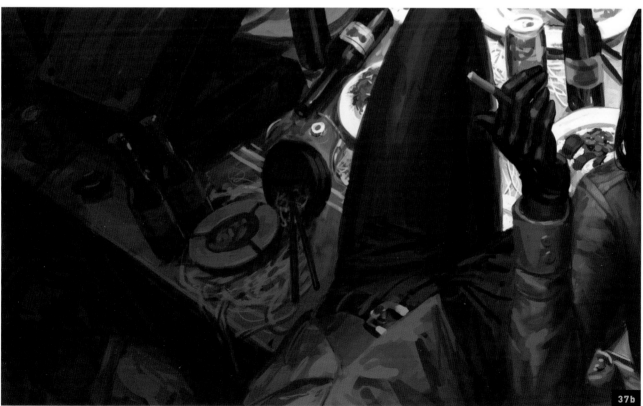

37a~37b 이 두 부분에서 사물의 디테일을 더 세밀하게 표현하면 작품의 완성도가 올라갑니다. 다만 이 과정은 잠깐 쉬면서 작품을 바라보는 관점을 새롭게 했을 때 더 쉽게 이뤄질 수 있습니다.

38a~38b 밝은 빛이 비치는 영역에 빛이 막을 이루고 있는 것 같은 효과를 더했습니다. 이렇게 빛이 번지는 효과는 아주 미묘하게 나타나지만 작품에 사실성을 더해주는 요소입니다.

39a

38 블룸 효과
더하기

작품을 완성하기에 앞서서 조명을 조금 밝게 하고 약간의 블룸(bloom) 효과를 주어 작품의 사실성을 높이도록 하겠습니다. 현실에서 전체적으로 어둑 어둑한 방 안에서 밝은 빛이 비치는 부분을 보면 카 메라에는 담기지 않는 약간의 빛 번짐이 보일 것입 니다. 마치 눈앞에 빛이 투명한 막을 이루고 있는 것처럼 말이죠.

이처럼 빛이 번지는 효과를 내기 위해서 레이어를 새로 만들고, 'Soft Light' 모드로 설정한 뒤에 바 테 이블 위에 색을 더해줬습니다. 이렇게 하면 배경에 있는 인물의 장갑이나 신발과 같이 명도가 어두운 물체가 훨씬 잘 보이며, 현실 속에서 빛이 '막'을 이 루어 보이는 것 같은 블룸 효과를 낼 수 있습니다.

39 그림자
더하기

또한 필요한 부분에는 주변광의 차폐로 인해 발생 하는 그림자를 더해주었습니다. 96페이지에서 다 루었듯, 주변광의 차폐는 가까이에 있는 물체가 주 변광을 가로 막아서 발생하는 현상입니다. 위의 예 시를 보면 주인공의 손과 다리처럼 주인공의 신체 부위와 맞닿아 있는 부분에서 명도가 주변보다 약

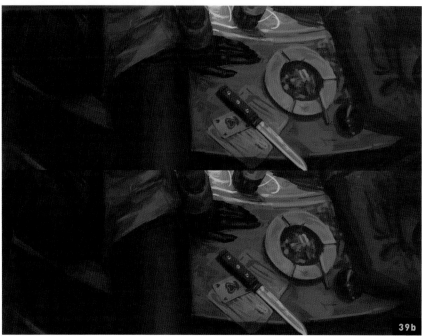

39b

39a~39b 주변광의 차폐를 표현하기 전과 후의 모습입니다. 주변광의 차폐를 표현하면 이 현상이 나타나는 사물이 서로 가까이에 있다는 것을 암시할 수 있습니다.

간 낮게 표현되었는데, 주변광의 차폐를 나타내기 위해 이렇게 처리한 것입니다.

완성된 이미지

마지막으로 픽셀 단위로 작은 브러시를 활용해 미세하게 조정을 해주면 작품이 완성됩니다! 이번 실습 과정에서 여러 가지 방법을 활용하여 다양한 대상을 그려보았으며, 까다로울 수 있는 문제도 해결했습니다. 하지만 이번 실습에서 제가 강조하고 싶은 부분은 이번에 배운 내용을 있는 그대로 받아들이지 말라는 것입니다. 제가 알려준 것은 여러분들이 앞으로 마주할 드넓은 예술이라는 세계를 탐구하는 수많은 수단 중 하나일 뿐입니다.

그러나 굳이 이번 실습의 핵심을 꼽는다면, 작업 과정 전반에서 뼈대 역할을 하는 핵심적인 요소가 무엇인지 배웠다는 것입니다. 빛과 색에 대한 이론 같은 핵심적인 요소를 제대로 알고 적극적으로 활용해야 사실적이고도 매력적인 작품을 창작할 수 있습니다.

마지막으로 이 핵심적인 요소들은 한 번 배우면 터득할 수 있는 것이 아니라는 것으로 마무리하려 합니다. 매번 작품을 그릴 때마다 이 요소들을 활용해야 조금씩 빛과 색에 대해 더 많이 알 수 있습니다. 나아가 빛과 색에 대해서 스스로 깨닫고 깊이 있게 이해하면 뿌듯함이 뒤따르기도 합니다. 저 역시도 아직도 빛과 색에 대해 배워가며 연습하는 과정에 있습니다.

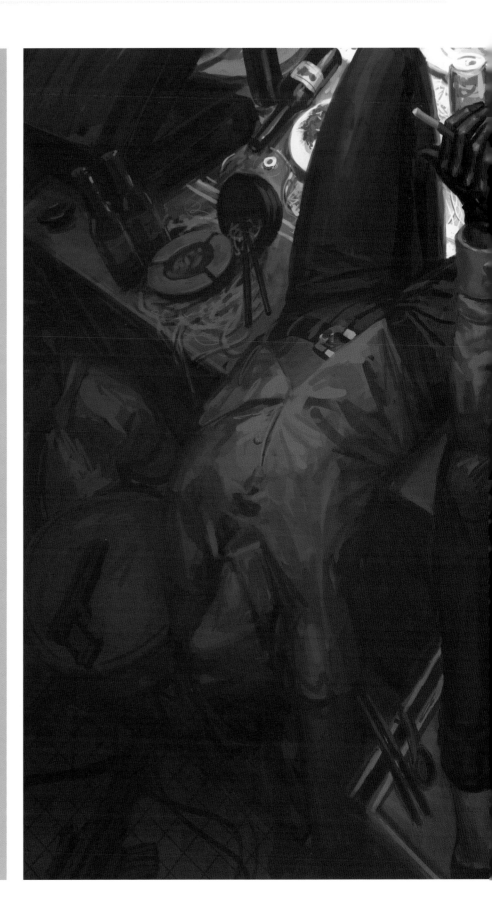

어두운 이야기
명도와 색온도를 조절하고 디테일과 질감을 서로 다르게 적용하여 최종적으로 완성한 작품의 모습입니다.

Final image © Guweiz

Image © Nathan Fowkes

BALBOA SPIRE

네이선 폭스 Nathan Fowkes

저는 유년 시절을 보냈던 캘리포니아의 자연이 선보이는 풍부한 난색과 한색에 평생을 푹 빠져 있습니다. 사춘기가 지나가며 아티스트가 되겠다고 생각했는데, 아티스트로서 보고 겪은 풍광을 그렇게 다채로운 빛으로 빛나게 했던 것이 무엇인지 알아내고자 노력했습니다. 아티스트가 된 이후로 계속해서 이를 알아내는 것이 저의 인생의 목표였는데, 이번 실습을 통해서 지금까지 제가 알아낸 것들을 공유하려고 합니다.

특히 이번 실습에서는 캘리포니아주의 샌디에이고 근처 해변에 자리한 독특한 풍경을 그림으로 그려볼 예정입니다. 이를 통해 햇빛이 활기찬 중성색과 만나서 화려한 시각적 효과를 어떤 식으로 만들어 내는지 보이고자 합니다. 이번 실습에서 배운 것은 물감을 사용한 그림이나 그래픽 프로그램을 사용한 그림 모두에 적용할 수 있습니다. 이번 실습에서 저는 참고 사진을 바탕으로 그래픽 프로그램을 활용하면 자유롭게 수정이 가능하다는 점을 적극 활용해 작품의 얼개를 그릴 예정입니다. 또한 현장에서 물감을 활용해 스케치를 그린 뒤, 이렇게 그린 스케치 역시도 최종 작품에 참고 자료로 활용하려 합니다. 최종적으로 완성될 작품은 수채화(watercolor) 물감과 불투명한 흰색 구아슈(gouache[1]) 물감을 사용해 그리려 합니다.

1 역주 : 고무를 수채화 물감에 섞어 불투명 효과를 내는 기법을 일컫습니다.

01 실습에 활용할 재료

실습을 시작하기에 앞서 이번에 사용할 재료 목록을 알아봅니다. 아래에 제시한 재료를 그대로 사용할 필요는 없지만 실습을 시작하기 전에 제가 어떤 재료를 사용하는지 알고 가면 도움이 될 것 같아서 준비했습니다.

붓

- 프린스턴 평붓, #4350st, 1 3/4인치(약 44.45mm)
- 로버트 시몬스 화이트 세이블, #721 평붓, 1/2 인치(약 12.7mm) 및 1/4인치(약 6.35mm)
- 다빈치 마에스트로 35, 4인치(약 101.6mm) 및 6인치(약 152.4mm). 담비털로 짠 질 좋은 수채화용 둥근붓이면 어느 것이든 좋습니다.

종이

- 스트라스모아 톤드 그레이 믹스드 미디어 페이퍼, 400시리즈

기타

- 빨간색 색연필(프리즈마컬러의 베르신 시리즈 중 카민 레드 색)
- 미술용 무산성 마스킹테이프
- 분무기
- 붓 세척용 물통
- 앨빈의 헤리티지 팔레트
- 드라이기

02 사용할 색의 범위

다음은 이번 실습에서 사용한 색입니다. 여러분도 직접 사용해 보기를 바랍니다. 다만 제시된 색과 정확하게 같은 색을 사용할 필요는 없습니다. 다음의 목록은 제가 보았을 때 필요한 색의 범위를 모두 표현할 수 있는 색일 뿐입니다. 또한 노란색이 두 개 있다는 것도 눈치챘을 텐데, 노란색이 팔레트에서 쉽게 더러워지기 때문에 여분으로 하나를 더 마련한 것입니다. 아래 제시된 색은 거의 윈저 앤뉴튼의 수채화용 물감을 사용했으며, 다른 제조사의 물감을 사용한 경우에는 따로 표기했습니다.

디자이너스 구아슈(DESIGNER'S GOUACHE) 시리즈 중 퍼머넌트 화이트(PERMANENT WHITE) 색	프탈로 그린(PHTHALO GREEN 또는 WINSOR GREEN BLUE SHADE) 색
윈저 레몬(WINSOR LEMON) 색	퍼머넌트 샙 그린(PERMANEN SAP GREEN) 색
윈저 옐로우 딥(WINSOR YELLOW DEEP) 색	코발트 터콰이즈 라이트(COBALT TURQUOISE LIGHT) 색
옐로우 오커(YELLOW OCHRE) 색	리프 그린(LEAF GREEN) 색(홀베인HOLBEIN 제품)
윈저 오렌지(WINSOR ORANGE 또는 CADMIUM ORANGE) 색	베네치안 레드(VENETIAN RED) 색
윈저 레드(WINSOR RED 또는 CADMIUM RED) 색	로우 엄버(RAW UMBER) 색
퍼머넌트 알리자린 크림슨 (PERMANENT ALIZARIN CRIMSON) 색	반다이크 브라운(VANDYKE BROWN) 색
퀴나크리돈 마젠타(QUINACRIDONE MAGENTA) 색	코발트 바이올렛(COBALT VIOLET) 색
프렌치 울트라마린 블루(FRENCH ULTRAMARINE BLUE) 색	윈저 바이올렛(WINSOR VILOET 또는, DIOXAZINE) 색
프탈로 블루(PHTHALO BLUE 또는 WINSOR BLUE GREEN SHADE) 색	아이보리 블랙(IVORY BLACK) 색

수채화 물감과 구아슈를 사용하는 이유?

제가 수채화 물감을 사용하는 가장 큰 이유는 수채화가 빠르게 마르고 실외에서 그림을 그릴 때 다양하게 활용할 수 있기 때문입니다. 아크릴과 구아슈를 같이 사용하면 팔레트 위에서 물감이 빠르게 마르고 한 번 굳으면 다시 살리는 것이 거의 불가능에 가깝습니다. 유화 물감을 사용해 만든 작품은 결과물은 멋있지만, 필요한 재료를 바리바리 싸서 들고 다니는 과정이 개인적으로 너무 번거롭습니다.

수채화용 물감은 캘리포니아의 햇빛 아래에서 빠르게 마르기는 하지만 물을 조금 뿌려주면 금방 다시 살릴 수 있습니다. 또한 수채화 물감과 함께 디자이너스 구아슈 시리즈의 흰색 구아슈 물감도 함께 활용합니다. 대체로 구아슈 물감은 상당히 두껍게 칠하는데, 구아슈 물감과 수채화 물감을 섞으면 유화 같은 느낌을 줍니다. 이런 식으로 저는 다른 물감을 사용해 불투명하게 보이는 효과를 냅니다.

이 방식은 주로 실외에서 작업을 할 때 적합한 방식이지만 이 방식이 저는 마음에 들어서 이제는 실외에서나 실내에서나 작업할 때 항상 활용하고 있습니다.

01 저는 작업을 할 때 팔레트와 붓 세척과 분무에 사용할 물, 드라이기, 붓 예닐곱 자루(대부분 평붓이지만 디테일 처리를 위해 작은 붓도 몇 자루)를 사용합니다.

02 팔레트에 수채화 물감을 채운 모습입니다. 이와 함께 01번 예제에 보이는 흰색 구아슈 물감도 사용합니다.

03 참고 사진

오른쪽에 제시된 예제가 제가 이번 작품을 그릴 때 참고한 사진입니다. 보면 알겠지만 제 사진 실력이 뛰어나지는 않습니다. 그런데 사실 일부러 이렇게 찍은 것이기도 합니다. 사진을 완벽하게 찍었다면 굳이 사진을 찍고 나서 그림으로 눈에 보이는 풍경을 옮길 필요는 없을 것입니다. 하지만 휴대전화로 빠르게 인상만을 사진으로 담는다면 그림으로 이것저것을 만져볼 가능성이 열립니다. 그래서 저는 순간순간 제 눈에 보이는 색을 현장에서 메모와 스케치로 남기는 편입니다.

04 자세히
살펴보기

참고 사진의 일부를 확대하여 최종적으로 작품에 가장 많은 디테일이 담길 부분을 확대해서 본 모습입니다. 저는 작품에서 건물의 거대하고 단순하며 웅장한 모습을 빛나는 하늘의 모습과 대비하여 강력한 시각적 효과를 만들어내려 합니다. 또한 관찰자의 눈높이 부근을 살펴보면 형형색색의 파라솔과 테이블이 있고, 패션 감각은 좀 떨어지는 관광객들이 보입니다. 이 부분도 단순한 형태를 지니고 대체로 그림자가 드리운 건물을 배경으로 했을 때 시각적으로 흥미를 불러일으킬 수 있는 부분입니다. 사진 속에서 빛이 옆에서 비추고 있는데, 이를 활용해 초점이 파라솔 쪽으로 모이도록 한다면 시각적인 재미가 더해질 것입니다.

03 캘리포니아주 샌디에이고의 발보아 파크에서 찍은 참고 사진입니다. 잘 봐줘야 스냅 사진 정도이고, 사진 자체로는 작품이라고 할 수 없는 수준입니다. 저는 이 장면에서 받은 저의 인상을 그림으로 표현하려 합니다.

04 작품에서 초점이 모이게 하고 싶은 부분을 참고 사진에서 확대한 모습입니다. 야자수가 바람이 부는 '캘리포니아 해변'의 느낌을 줍니다.

05 발보아 파크 현장에서 수채화 물감을 활용해 스케치한 참고 자료입니다.
이 스케치와 참고 사진을 작업실에서 최종 작품을 완성할 때 활용할 예정입니다.

05 현장에서
색 탐구하기

위의 예제 05는 현장에서 직접 탐구한 색을 바탕으로 창작한 참고 자료입니다. 진짜로 작품을 창작하는 과정에서는 이 자료를 활용해 고유색과 빛, 공기의 느낌을 표현할 예정입니다. 참고 사진과 비교해보면 공기에서 풍기는 인상이 크게 달라진 것을 확인할 수 있을 것입니다. 사실 잘 찍은 사진조차도 공기가 머금은 바닷바람이나 바다의 느낌과 짠내와 같은 감정적 요소를 모두 담아낼 수는 없습니다. 그렇기 때문에 현장에 나가서 직접 경험하는 것이 중요한 것입니다. 실내에서만 작업하면 이런 감정적 요소는 그림에 담아낼 수 없기 때문입니다.

실습에서 다룰 작품에서는 화면의 전경에서 보이는 풍부한 고유색에 집중하면서 이를 건물의 중성색과 대비하려고 합니다. 그중에서도 건물에 드리운 그늘이 특히나 중요합니다. 건물에 보이는 그늘에는 미묘한 난색과 2차광으로 인한 한색이 가득하기 때문입니다. 위쪽에서 비치는 파란색 천공광과 지면에서 퉁겨져 그늘에 비치는 난색의 반사광이 만들어내는 효과입니다. 이들 요소를 잘 표현하는 것이 이번 작품에서 암부를 잘 처리하는 데 있어 핵심이며, 제가 개인적으로 좋아하는 캘리포니아 해변의 느낌을 만들어내는 요소이기도 합니다.

06 프로그램을 활용한
작업 준비

현장에서 스케치를 그리고 참고 사진을 찍은 다음에는 어떻게 그림을 그릴지 잔뜩 기대를 품고 집으로 돌아왔습니다. 직접 보고 느낀 것이 기억에 아직 생생하게 남아있을 때 포토샵을 활용해서 작업을 준비하기 시작했습니다. 포토샵으로 그릴 건물의 모습은 현장에서 사진으로 기록한 것과는 다르지만 동일한 건물입니다. 이 각도를 택한 이유는 이 각도에서 역광으로 인해 공기 자체가 은은하게 빛나는 느낌이 잘 포착되었기 때문입니다.

이와 더불어 화면 속 식물과 야자수의 이파리 사이로 빛이 통과하는 모습과 화면 속 중간 정도 거리에서 반짝이는 고유색을 표현하고 싶기도 했습니다. 예제 07의 참고 사진에서도 이런 발랄한 색이 어느 정도 보이기는 하지만, 예제 06의 그림에서 표현할 때는 이를 더 과장하여 초록색을 조금 더 채워 넣고 강렬한 색을 넣어 시각적인 재미를 더해주었습니다.

또한 예제 06에서는 해변이라는 느낌이 나도록 표현했는데, 태양이 위치한 프레임의 우측 상단에 가까워질수록 빛번짐이 나타나도록 표현하여 이를 드러냈습니다. 이런 빛번짐 효과가 작품의 '느낌'을 구성하는 핵심적인 요소이며 이후 작업 과정에도 영향을 줍니다.

06 작업실로 돌아와 포토샵을 활용해 완성한 참고 자료입니다. 같은 장소를 완전히 다른 각도에서 봤을 때의 모습이지만 이번 작품에서 중요한 것은 건물이 아니라 화면 속 색과 분위기이기 때문에 무관합니다.

07 위의 참고 자료를 완성하기 위해 활용한 참고 사진입니다. 예제 06과 비교해 보면 몇몇 색상이 다른 것을 알 수 있는데, 작품의 흥미를 돋우고 분위기를 고조하기 위한 일종의 예술적 허용입니다.

07 두 번째
참고 사진

왼쪽 아래 제시된 예제 07이 바로 예제 06의 참고 자료를 그릴 때 활용한 사진입니다. 예제 06과 비교해 보면 알 수 있듯이, 현실을 정확하게 묘사하는 것을 목표로 한 작품은 아닙니다. 그림보다 사진이 더 빠르고 정확하게 현실을 묘사하기 때문에, 그림으로는 그럴 필요가 없다고 생각했기 때문입니다. 그러나 직접 현장에서 보고 느껴보니 건물의 웅장함이 도드라졌고, 이를 그림에서 강조해야 하겠다는 생각이 들었습니다. 예제 06에서는 건물의 높이를 수직으로 강조하여 이를 표현했고 화면 속 사물의 고유색도 조금씩 바꿔서 제가 받은 인상을 표현했습니다.

이전 단계에서 사람들이 입은 옷과 파라솔의 색을 조금씩 바꿔야겠다고 얘기했습니다. 예제 07을 보면 사진에서는 사람들의 옷이나 파라솔의 색이 흰색이나, 아니면 창백하게 표현된 것을 알 수 있습니다. 그림에서는 색을 보정해서 표현했죠. 최종적으로 완성할 작품에서는 명도의 대비 대신 옷과 파라솔에 나타나는 색상의 대비를 강조해서 표현하려 합니다. 색상의 대비가 중요한 이유는 316페이지에서 이어서 설명하겠습니다.

08 '콤프'
구성하기

그래픽 프로그램에서 저는 필압에 따라서 불투명도가 달라지는 유기적이고 질감이 있는 브러시를 즐겨 사용합니다. 아래 예제 08에 제시된 네 종류가 이번 실습에서 사용할 브러시입니다. 맨 위에 있는 브러시는 작업 과정 중 거의 70%에 활용했고, 두 번째와 세 번째 브러시는 나뭇잎과 질감을 표현할 때, 그리고 맨 밑에 있는 브러시는 깔끔하게 선을 그어야 할 때 사용했습니다.

다만 제가 사용한 브러시가 딱히 특이한 건 아니라 인터넷에서 찾아보면 비슷한 브러시가 수도 없이 나올 것입니다. 그러니 적당히 큼직하고 질감이 있는 브러시라면 아무거나 사용해도 됩니다.

08

08 포토샵에서 '콤프'를 구성할 때 사용한 질감이 있는 브러시입니다.

연습하고 또 연습하기!

지금까지 과정을 보면 제가 계속 스케치를 그리고 연습한다는 사실이 보일 것입니다. 가끔 우리는 재능이 모자란 건 아닐지 걱정합니다. 그러나 그런 걱정을 할 시기는 지난 건 아닐까요? 우리는 이미 아티스트의 길을 걷고 있으니, 아티스트가 될 만한 재능은 갖고 있다는 것이죠. 제 경험에 비추어 보자면 결국 끝까지 살아남는 사람이 아티스트로서 성공을 거두었습니다.

성공하는 이들은 스케치를 그리고 연습할 시간을 어떻게 하든 만들어내는 사람들이었습니다. 또한 손과 눈을 꾸준히 발전시키고 의미가 담긴 예술을 하는 사람들이기도 했죠.

#FFFF8D

09 배경색(이번 작품에서는 레몬 옐로우 색을 칠해서
따뜻하고 햇살이 가득한 공기를 표현했습니다.

09 레몬 옐로우
칠하기

작업을 시작할 때 저는 항상 작품의 목적과 작품에
서 어디를 강조해야 할지 마음에 새깁니다. 이번 실
습에서 그릴 작품에서 저는 지중해풍의 빛과 공기
의 느낌에서 받았던 즐거운 감정을 표현하는 것을
목표로 삼았습니다. 이 점을 다시 새기고 지중해의
느낌을 표현하기 위해 배경색을 깔아보도록 하겠
습니다. 저는 가장 단순한 것을 먼저 표현하고 점
차 복잡한 요소를 표현하는 방법을 선호합니다. 이
번 작품에서는 따뜻하고 반짝이며 햇살이 가득하
게 역광으로 비추는 모습을 표현하는 것이 목표이
기 때문에 하늘과 건물을 그리기 전에 레몬 옐로우
(lemon yellow) 색을 먼저 칠하겠습니다.

10 대기에서 보이는
그래디언트

참고 사진을 다시 살펴보면 하늘이 다소 밋밋한 모
습으로 보일 것입니다. 그러나 실제로 현장에서 보
았을 때는 단조로운 모습이 아니었습니다. 제가 직
접 본 하늘은 바다에서 불어온 상쾌하고 짭조름한
바닷바람이 섞인 생기가 넘치는 모습이었습니다.
또한 하늘은 제가 받은 인상을 관객에게 전달할 수
있는 무대이기도 합니다. 그래서 가장 먼저 맨 위에
는 울트라마린 블루(ultramarine blue)를 배치하고
점차 청록색으로 변하다가 마지막에 수평선에 이
르렀을 때는 난색이 되도록 색 변화를 주었습니다.
여기에 더해서 맨 밑에는 노란색을, 하늘의 맨 위에
는 청자색을 배치하여 색의 변화를 과장해서 표현

10 화면 위쪽에 파란색 그래디언트를 배치해 하늘에 생동감을 더했습니다. 붓의 결이 보일 정도로
강하게 획을 그어서 그래디언트에 움직임이 있다는 느낌과 질감을 더해줍니다.

했습니다. 바람이 불어와 구름이 움직이는 모습을
표현하기 위해서 한색에서 난색 방향으로 강하게
획을 그었습니다.

11 건물의
형태 잡기

강렬한 대비를 만드는 것이 목표이기 때문에 건물
의 형태는 가능한 한 단순하게 표현하고자 합니다.
앞서도 언급했지만, 단순한 부분을 먼저 표현하는
방법을 저는 선호하는데 이렇게 건물의 형태를 단
순하게 표현하는 것이 제가 좋아하는 방법과 일치
하기도 합니다. 건물의 표면은 대부분 암부에 들어
가 있는데, 난색의 밝은 회색을 띠는 돌로 만들어져

있습니다. 그래서 난색조의 회색 미드톤을 사용해
건물의 형태를 표현했습니다. 이후 단계에서는 대
기에서 보이는 한색의 색조와 천공광을 그늘 부분
에 더해줄 텐데, 이번 단계에서 건물을 대체로 난색
으로 표현하면 이후 단계에서 전반적인 화면이 너
무 차가워 보이지 않게 해주는 역할을 합니다.

11

11 가능한 한 단순하게 화면의 구성을 표현하고 미드톤을 사용해 형태를 잡아주었습니다. 이때 활용한 난색이 이후 화면 구성의 기틀이 됩니다.

12 난색과 한색을 띠는 면, 식물의 초록색같이
화면 안에서 보이는 2차광과 고유색을 표현했습니다.

13 돔이 씌워진 본관에 직접광으로 내리쬐는 태양광을 더하고, 암부에
천공광을 추가한 뒤 디테일을 간접적으로 표현해 주었습니다.

12 2차광과
고유색

이제는 2차광과 고유색을 표현하여 화면 안에서
색의 변화를 줄 차례입니다. 여기서 2차광이란 하
늘에서 내리쬐는 빛이 암부를 비출 때 생길 때 보
이는 한색광과 인접한 사물에 간접적으로 비추는
태양광이 암부를 비출 때 나타나는 난색광을 의미
합니다.

예를 들어, 우뚝 솟은 첨탑의 전면부는 다른 부분에
비해서 한색을 띠고 있는데, 다른 부분에 비해 더
많은 천공광을 받고 있기 때문입니다. 반면 왼쪽 부
분은 인접한 사물에서 반사된 태양광을 더 많이 받
기 때문에 난색을 띱니다. 암부에서 색의 변화를 표
현할 때 이렇게 큼직한 면에서 일어나는 색온도의
변화가 제가 주의 깊게 관찰하는 부분입니다. 또한
지면은 한색 천공광이 많이 내리쬐고 있으므로 다
른 부분에 비해 높은 명도를 보입니다. 더불어 식물
이 위치하는 부분에는 초록색 고유색을 깔아서 언
더페인팅(underpainting)을 해주었습니다.

13 햇빛과
그림자

지금까지의 작업은 대부분 언더페인팅과 그림자를
칠하는 과정이었습니다. 그러니 이제부터는 화면
에 보이는 사물에 직접 내리쬐는 태양광을 표현할
차례입니다. 높이 솟은 첨탑의 경우에는 왼쪽 면이
빛을 받고 있다는 것을 표현하기 위해서 조금 더 공
을 들였고, 툭툭 끊기는 스트로크로 건물 외벽의 장
식을 표현했습니다.

또한 햇빛이 건물의 돔 전체를 둘러싸도록 표현하
여 간접적으로 돔의 형태가 전달되도록 했습니다.
이런 방식은 간접적이고 어찌 보면 어설프게 형태
를 표현하는 방법인데, 이렇게 형태를 표현할 때도
서로 다른 방향에 있는 면을 조금씩 다르게 표현하
는 것이 중요합니다. 태양광은 그 자체로만 놓고 보
면 난색조의 흰색입니다. 그래서 저는 흰색에 약간
의 노란색을 섞고 분홍색을 조금씩 넣어서 태양광
을 표현했습니다. 또한 그늘이 져 있는 전면부와 돔
의 상단부에는 천공광의 색을 더해주었습니다.

14 해변의
느낌

지금 묘사하는 풍경의 분위기를 묘사하는 데 있어
야자수가 핵심적인 역할을 합니다. 따라서 지금 단
계에서는 스카이라인을 따라서 야자수의 형태를
간접적으로 표현하겠습니다. 먼저 빨간색을 사용
해서 화면 속 풍경이 역광이 비추는 모습이라는 것
을 표현했습니다. 그리고 파란색 천공광을 더해준
뒤에 초록색으로 나무의 고유색을 표현했습니다.
다만 지금 단계에서는 사물의 표면을 입체적으로
보이도록 처리하는 것이 아니기에 가능한 단순한
형태로만 나무를 표현했습니다.

다음으로는 화면의 중간 부분에 태양광이 직접 내
리쬐는 부분에 빛이 반짝이는 것을 표현해 디테일
을 더해주었습니다. 참고 사진에 보이는 모습을 그
대로 옮기는 대신에 화면의 중하단부에 시선이 몰
리도록 이 부분에 중점적으로 대비를 주었습니다.
화면에서 가장 핵심이 되는 부분이기 때문에 이렇
게 처리한 것이죠.

14 야자수와 햇빛에 반사되어 반짝이는 부분을 표현했습니다. 또한 의도적으로 참고 사진과 다르게 시선을 잡아끄는 디테일을 표현했습니다.

15 색상과 명도

예제 15는 화면 왼쪽에 자리한 야자수를 확대한 모습입니다. 이 부분을 확대해서 보여주는 이유는 지금 단계에서는 너무 세밀하게 디테일을 표현할 필요 없이 사물의 형태와 역광으로 인한 효과 정도만 표현하면 된다는 것을 보여주기 위해서입니다. 이 부분에서 선택한 색상이 강렬한 대비를 이루면서도 명도는 비슷한 값을 보이게 표현하는 방법이 있다는 점을 강조하고자 합니다. 다만 파란색 천공광은 여기서 예외인데 하늘에서 직접 비추는 빛으로 인한 현상이니 초록색 고유색보다는 밝게 표현되어야 하기 때문입니다.

16 확대해서 보았을 때의 질감

화면의 가운데 부분을 크게 확대하여 스트로크와 질감을 겹겹이 쌓는 것이 어떤 효과를 내는지 보여주고자 합니다. 화면의 가운데에서 오른쪽으로 시선을 옮겨보면 난색광이 표현된 부분이 있는데, 이 부분은 직접광인 태양광을 받는 사물의 상단부와 측면부를 표현한 것입니다. 다만 지금 단계에서는 단순하고 모호하게 표현되어 있습니다. 또한 질감도 이 부분에서 중요한 역할을 수행합니다. 하단부의 난색 표면과 한색광은 자갈이 깔린 지면을 표현한 것으로, 질감을 잘 표현해야 자갈이 깔린 바닥이라는 것을 드러낼 수 있습니다. 나아가 화면 오른쪽에 초록색을 칠한 부분에도 질감이 두껍게 표현되어 있는데, 질감을 통해 이 초록색이 식물이라는 것을 암시할 수 있습니다.

17 화면 채우기

지금까지의 과정을 통해 화면의 위쪽은 사실감이 느껴지도록 표현했습니다. 그러니 이제는 아래쪽으로 내려가며 시선을 잡아끄는 중심부를 작업할 차례입니다. 지금까지의 과정은 이 중심부를 작업하기 위한 준비 작업이었다고 할 수 있습니다. 저는 중심부에서 파라솔이 눈에 확 띄게 하려 합니다. 그래서 명도와 색상, 채도의 대비를 이용하겠습니다. 어둡고 질감이 약한 스트로크로 파라솔 아래 앉아 있는 사람과 파라솔, 파라솔 아래 있는 사람이 드리우는 그림자를 표현했습니다. 이 부분에 있는 사람들이 입은 옷은 다양한 고유색을 보이는데, 저는 그중에서도 가장 눈길을 잡아 끄는 색을 사용하겠습니다. 특히 노란색과 청록색을 강조색으로 사용했습니다. 앞서 그렸던 참고 자료 속에도 등장하는 색이며 바로 뒤쪽 배경의 난색과 대비를 이루는 색이기도 하기 때문입니다.

15 야자수를 확대해서 보면 지금 단계에서 디테일은 많이 표현하고 있지 않다는 것을 알 수 있습니다. 색과 질감만을 활용해 햇살이 나뭇잎에 비추는 인상을 표현하는 정도면 충분합니다.

16 화면의 가운데 부분을 확대한 모습입니다. 예제 15와 마찬가지로 배경의 모습이 아직까지는 단순하고 모호하게 표현되어 있지만, 자갈 바닥의 거친 느낌과 식물의 초록색이 주는 인상은 잘 드러납니다.

17 중심부를 작업한 후의 모습입니다.

18 중심부를 확대해서 살펴보면 스트로크를 사용해서 느슨하지만, 활기찬 역동감이 표현된 것이 보입니다.

18 확대해서 보기

시선이 몰리는 중심부의 느낌이 잘 표현되었는지 빠르게 확인하고자 합니다. 확대해서 살펴보면 사람과 테이블이 전혀 사실적으로 보이지 않습니다. 하지만 배치된 모습에서 사람과 테이블이라는 것이 간접적으로 드러납니다. 그러나 다른 사물과는 달리 파라솔의 표면은 입체적으로 보이게 해야 하는데, 왼쪽에서는 난색광이, 우측 상단에서는 한색의 천공광이, 파라솔의 아래쪽에는 어두운 빨간색의 고유색이 위치하고 있기 때문입니다. 더불어 이 부분에서 스트로크가 경쾌하고 풍부하게 칠해진 것이 보일 텐데, 이 부분에서 짜릿한 자극이 느껴지게 하고 싶었기 때문에 이런 스트로크를 선택했습니다.

19 마무리 작업

이렇게 하면 이제 콤프는 완성이 되었습니다. 얼핏 보면 이전 단계에서 달라진 것이 없어 보일지도 모르지만, 미묘하게 달라진 부분들이 있습니다. 그리고 이런 미묘한 부분이 중요한 역할을 하므로 이에 대해서 다루고자 합니다. 화면 속 대비를 어떻게 설정할지 신중하게 기획하는 것이 지금 단계에서 하는 일인데, 이를 위해서 저는 두 가지 질문을 스스로에게 던집니다.

• 지나치게 시선을 붙잡는 부분이 있는가?

• 조금 더 시선이 가야 하는 부분이 있는가?

지금 화면에서 미묘하지만 거슬려서 시선이 가는 부분은 바로 화면 중앙의 좌우에서 하늘과 땅이 만나는 부분입니다. 시선이 분산되는 문제를 해결하기 위해서 저는 바다 안개를 표현한 레이어를 새로 만들어서 지평선 테두리의 대비를 줄여주고 하늘과 땅이 보이는 명도의 중간 지점을 만들었습니다. 또한 첨탑과 돔의 테두리 부분도 너무 대비가 높아 보여서 이 부분의 대비 역시 줄여주고 테두리를 부드럽게 처리했습니다.

지금까지의 과정은 따로 있으면 각각 시선을 붙잡았을 요소들을 적당한 위치에 배치해서 작품의 의도를 강조하게 하는 단계였다고 정리할 수 있습니다. 이를 통해 산들바람이 솔솔 부는, 지중해 느낌이 나는 장소라는 느낌이 화면의 핵심적인 인상으로 전달되고 있습니다.

20 조화와 대비

오른쪽의 예제 20은 지금까지 주로 사용한 색을 색상환에 배치한 것입니다. 이렇게 하면 여러 색 사이의 관계가 더욱 잘 드러납니다. 이러한 색의 관계를 '조화와 대비'라고 부르겠습니다. 인간의 눈은 조화를 선호하는 경향이 있습니다. 화면 속 모든 요소가 제자리에 있는 것 같다면 이때의 그림에 어떤 의도가 있다고 느껴집니다.

예제 20을 보면 대부분의 색이 색상환의 가운데에 몰려 있는 것을 볼 수 있습니다. 이 부분에 몰려 있는 색은 대부분 채도(saturation)가 낮은 색으로, 가장 가운데 있는 중성 회색에 가까운 색입니다. 그래서 이 위치에 있는 색은 모두 공통으로 다른 색과 비교했을 때 '회색조'를 띕니다. 또한 색상환의 바깥쪽에 있는 색과 비교하면 다들 엇비슷하게 보입니다. 이들 색상은 조화를 이루는 색입니다. 색의 조화는 그림에 통일감을 부여할 때 사용하면 좋은 색 배합입니다. 그러나 조화를 이루는 색만 너무 많이 사용하면 그림은 정말, 정말로 지루하게 보일 것입니다. 그리고 자연스럽게 무언가 자극적인 부분이 있으면 좋겠다는 생각이 들 것입니다! 그 때문에 파라솔에 칠한 고채도의 색이 중요한 것이죠. 파라솔에 칠한 빨간색과 자홍색, 청록색은 화면 속 다른 색과는 큰 차이를 보이며 채도도 높습니다. 이 세 가지 색은 회색조의 색과 비교해도, 서로와 비교해도 높은 대비를 보입니다. 이들은 모두 색상환에서 거의 끝자락에 위치한 색이라는 공통점도 있습니다. 개인적으로는 이렇게 대비가 가미된 조화야말로 관객의 시선을 붙잡을 수 있는 색을 구상할 때 가장 유용한 방법이라고 생각합니다.

19 완성된 콤프의 모습입니다. 지평선과 건물의 테두리를 부드럽게 처리하여 화면에 바다 안개가 끼어 있는 느낌을 주었습니다.

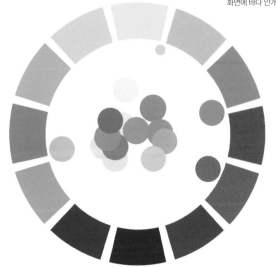

20 지금까지 사용한 색을 표색계에서 표현한 모습과 이들의 관계를 표현한 것입니다. 채도가 높은 자홍색과 빨간색, 청록색이 전반적으로 채도가 낮은 색 사이에서 얼마나 눈에 확 띄는지 확인해 보세요.

21 그림 작업 준비하기

이제 마지막 작업인 그림 작업을 시작할 준비가 되었습니다. 저는 그림의 주제에 따라 다른 종이를 사용합니다. 그중에서 제가 가장 좋아하는 건 아르쉬의 140파운드(300g/㎡) 냉압착 수채화 용지와 스트라스모어의 시리즈 400 믹스드 미디어 톤드 페이퍼입니다. 이번 실습에서는 스트라스모어의 스케치패드와 함께 프리즈마 컬러의 빨간색 색연필을 사용했습니다. 작업 과정에서 언더페인팅이 들떠서 완성된 작품에 영향을 주지 않게 하기 위해 색조가 들어간 톤드 페이퍼를 사용했습니다. 톤드 페이퍼를 사용하면 언더페인팅에 필요한 물감의 양을 줄일 수 있어서 이후 작업을 훨씬 수월하게 할 수 있습니다.

저는 무산성 미술용 테이프를 활용해 종이를 드로잉보드에 붙여서 작업하는 방식을 선호하는데, 이렇게 하면 종이가 우는 것을 최소화할 수 있기 때문입니다. 또한 스케치를 할 때에는 프리즈마 컬러에서 나온 빨간색 색연필을 사용하는데 목탄이나 흑연과는 달리 스케치가 들뜨거나 물감에 섞이지 않아서 제 작업 방식에 잘 맞기 때문입니다. 이렇게 준비물이 갖춰졌다면 이제 최종 작품의 스케치를 그릴 준비가 된 것입니다.

22 단순하게 지시선 그리기

이번 단계에서 그릴 스케치는 단순하지만 그 역할은 중요합니다. 저는 아래와 같은 과정을 거쳐서 빨간 선으로 지시선을 그렸는데, 이 과정에서 불투명한 색으로 칠할 하늘이 어디에 위치할지 영역을 구분해 표시했습니다. 이전 단계에서 그린 참고 자료의 구성이 마음에 들었기 때문에 참고 사진 속 사물의 배치를 그대로 따라가지 않고 참고 자료의 구성에 따라서 큼직큼직하게 형태를 배치했습니다. 현실 속 사물의 배치를 있는 그대로 따라가는 것이 아니라 내 마음에 들게 재배치하는 것이라고 할 수 있습니다. 결국에는 예술을 창작하는 것이니 작품에서 느껴지는 느낌과 감정이 중요하기 때문입니다.

23 노란색 워시

포토샵에서 콤프를 구성했던 것과 마찬가지로 이번 작업에서는 워시 기법을 활용해 바탕에 색을 깔아주겠습니다. 다만 그래픽 프로그램을 사용했던 이전과 비교하면 이번에는 종이와 물감을 사용하는 것이기 때문에 작업 방식도 달라져야 합니다. 이번 작업에서 저는 화면의 평균 명도 값을 파악해서 이 값을 지닌 색을 칠해주는 방법을 택했습니다. 이 방법을 잘 활용하면 적당한 색조가 미리 그림에 깔리게 되어 암부를 따로 작업할 필요가 없게 되므로

21 최종 작품에 사용할 종이와 색연필입니다.

작업 시간을 크게 단축할 수 있습니다. 우선 옐로우 오커 물감을 묽게 스컴블링(321페이지에 나오는 팁을 참고하세요) 해서 화면 전체에 칠해줍니다. 약간의 질감과 붓의 움직임이 느껴지도록 칠하되 너무 눈에 띄지는 않게 칠해주었습니다. 옐로우 오커의 따뜻한 색온도는 콤프를 구성할 때 레몬 옐로우 색을 썼던 것과 동일한 역할을 합니다. 한색의 천공광을 배치했을 때 밑에 깔린 노란색의 따뜻함이 화면 전체에서 빛이 나는 느낌을 주게 하는 역할이죠.

24 팔레트와 미술 용품

여기까지 작업을 했을 때 제 팔레트와 미술용품의 모습이 예제 24에 나와있습니다. 물감은 모두 물기를 머금고 있고 양도 충분해서 바로 사용할 수 있는 모습입니다. 팔레트 위에 있는 붓과 물감을 보면 어느 정도 두께로 물감을 칠했는지 알 수 있습니다. 팔레트 위에 있는 붓에는 화이트 구아슈 물감과 약간의 노란색이 발려 있고, 물기는 아주 조금 머금고 있습니다.

또한 저는 드라이기도 자주 활용하는 편입니다. 가만히 앉아서 물감이 마르기를 기다릴 이유가 없기 때문이죠. 그래서 저는 언더페인팅을 칠하면 드라이기로 시시각각 말려서 바로 다음 단계로 넘어갈 수 있게 합니다.

22 빨간색 색연필을 사용해 톤드 페이퍼 위에 스케치를 그렸습니다.
또한 참고 사진에 나온 모습을 그대로 옮기는 것이 아니라,
콤프에서 구성한 아이디어에 맞추어 화면을 구상했습니다.

23 워시 기법으로 난색 계통의 색을 질감이 있게 바탕에 칠하고,
스컴블링 기법으로 옐로우 오커 색을 칠한 후의 모습입니다.

24 이번 작업에서 사용 중인 팔레트와
미술용품이 작업 초반쯤에 이르렀을 때
모습입니다. 앞쪽에 반짝이 손잡이가
달린 붓은 제 딸아이가 골라줬던
것으로 기억합니다.

25 질감이 있는 스트로크로 흰색 구아슈 물감에 약간의 노란색을 섞은
불투명한 물감을 이용하여 레이어를 칠해서 하늘의 배경색을 만듭니다.

26 파란색과 터콰이즈색, 초록색을 사용해서 하늘의 색 변화를 표현합니다.
동시에 이후 첨탑의 형태가 들어갈 공간은 남겨둡니다.

25 불투명한 하늘

하늘 부분에 들어갈 색을 만들기 위해서 원저 옐로
우 색 조금과 흰색 디자이너스 구아슈 물감을 섞은
뒤 가능한 한 두껍게 칠했습니다. 밑에 깔린 색을
불투명하게 덮어야 하므로 가능한 물감을 두껍게
붓에 발라서 붓의 옆면을 사용해서 칠해주었습니
다. 유기적으로 움직이는 하늘의 모습을 표현하기
위해서는 질감과 붓의 움직임에 신경 써야 합니다.

26 그래디언트를 이루는 하늘

또한 첨탑을 그려야 하는 부분에는 색을 칠하지 않
고 배경색이 그대로 보이도록 남겨두었습니다. 곧
첨탑에 해당하는 부분에도 색을 칠해줘야 하기 때
문입니다. 다만 불투명하게 물감을 칠하고 있기 때
문에 너무 정확하게 첨탑의 형태에 맞게 공간을 남
겨둘 필요는 없습니다. 이후의 과정에서 첨탑의 형
태와 모양은 조절할 수 있기 때문입니다.

수채화 물감과 구아슈를 사용할 때 유용한 세 가지 기법

수채화 물감과 불투명한 흰색 구아슈 물감으로 언더페인팅을 할 때 저는 주로 워시(wash)와 스컴블링(scumbling), 드라이브러싱(drybrushing)이라는 세 가지 방식을 활용합니다. 먼저 워시는 하나의 색으로 특정한 영역을 빠르게 채울 때 붓에 물을 많이 묻혀서 물감을 칠하는 기법입니다. 스컴블링은 워시에 비해 물을 적게 써서 건조하고 역동적으로 물감을 칠하는 기법입니다. 스컴블링 기법을 활용할 때 저는 물이 뚝뚝 떨어지지는 않을 정도로

축축하게 큰 평붓을 적신 뒤에 붓의 옆면을 활용해 색을 칠합니다. 드라이브러싱 기법을 활용할 때는 물은 가능한 적게 적시고 물감은 최대한 두껍게 바릅니다. 이렇게 물감을 종이에 펴서 바르면 아래 예제처럼 질감이 선명히 보이도록 물감이 칠해집니다.

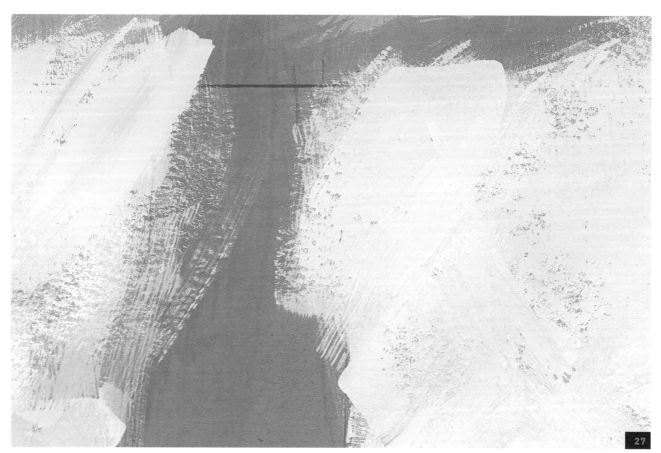

27 하늘 부분을 칠한 것을 확대해서 보면 하늘 부분을 칠할 때 어느 정도로 두껍고 불투명하게 물감이 칠해졌다는 것과 드라이브러싱 기법이 활용되었다는 것을 알 수 있습니다.

27 드라이브러싱 기법

예제 27은 드라이브러싱으로 물감을 칠한 부분을 확대한 모습입니다. 이 기법이 이번 작품에서 핵심적인 역할을 하고 있기 때문에 큰 화면에서 보는 것이 좋습니다. 확대된 화면을 보면 물감이 두껍고, 건조하게 발려서 배경에 칠한 색이 전혀 들뜨지 않습니다.

작업 후반부에서 혼색에 대해서 다룰 때 색의 구성이 주제로 등장하는데, 이때 드라이브러싱 기법이 다시 등장합니다. 불투명한 물감을 칠하되 그 사이로 배경에 칠한 색이 보이도록 미리 계획해서 구성하는 방법인데, 이를 통해 시각적인 효과를 낸다는 것 역시 다룰 예정입니다.

28

28 형태를 가다듬고 난색의 언더페인팅을 더한 모습입니다. 하늘을 표현할 때 사용한 두터운 스트로크에 비해서 이 단계에서 사용한 워시 기법은 투명하게 표현되었습니다.

29 현재 시점에서 작업 환경의 모습입니다. 저는 이젤을 사용하지 않고 대신 느슨하게 고정된 드로잉보드에서 편안하게 작업하는 것을 선호합니다.

28 실루엣
다듬기

하늘을 대강 칠했으니, 이제는 화면 속의 전체적인 모습과 건물의 형태를 다듬고 언더페인팅에 따뜻한 색을 칠할 차례입니다. 이 과정에서 중요한 것은 건물 외벽의 장식과 복잡한 형태가 건물의 형상 자체를 너무 가득 채워서 시선을 분산시키지 않고 이런 디테일을 간접적으로 드러내는 것입니다. 그래서 전체적으로 보이는 실루엣에 초점을 맞추어 화면 속 작은 부분의 모습이 너무 세세하게 나타나지 않도록 표현했습니다.

콤프를 구성할 때와 마찬가지로 난색 색조는 화면 속 장면이 역광을 받는 느낌을 주고, 그늘에 난색 반사광이 나타나는 것을 표현하기 위해서 사용했

습니다. 특히 이 부분을 처리할 때 워시 기법을 사용해 반투명한 물감을 한 번의 붓질로 칠해주었는데, 물기가 많이 있는 부분에 다시 붓질을 하면 언더페인팅이 들뜨기 때문입니다. 한 번의 붓질로 완성을 해야 한다는 말로 들려서 당혹스러울 수도 있는데, 개인적으로는 매번 붓질을 할 때마다 정확하게 표현해야 하는 소위 '낙장불입'의 상황을 즐기는 편입니다. 한 번의 붓질로 끝을 본다는 자신감이 스트로크에 묻어난다면 관객은 즉흥성과 아티스트의 전문성을 느낍니다. 물론 우리 모두 실수를 하기도 합니다. 이 과정에서 실수했다면 물감을 두텁고 불투명하게 덧칠하면 잘못 칠한 부분을 덮을 수 있습니다.

29 현재 시점의
작업 환경

이 시점에서 제 작업 환경을 보여드리는 것이 좋겠다고 생각했습니다. 저는 최대한 작업 환경을 깔끔하게 유지하려고 노력하는 편입니다. 예제 29에서 확인할 수 있겠지만 이젤이 없습니다. 사실 저는 야외에서 작업을 할 때에도 이젤을 사용하지 않습니다. 물론 그렇다고 제가 반(反)이젤파는 아니고, 단지 개인적으로 이젤이 조금 번거로울 뿐입니다. 작업실에서 작업을 할 때에도 저는 드로잉보드를 느슨하게 설치해서 언제든 자세와 위치를 바꿔가며 작업을 합니다. 이렇게 돌아다니면서 작업을 하면 조명으로 인한 눈부심을 피할 수도 있고 붓질이 적당하게 이뤄지고 있는지 판단하기도 쉬워집니다.

물통이랑 예비용 붓은 옆에 있는 협탁에 있습니다. 저는 항상 물통 두 개를 쓰는데, 하나는 붓에서 물감을 씻어낼 때 쓰고, 다른 하나는 붓을 깨끗하게 세척할 때 씁니다. 이렇게 하면 물통을 하나만 쓸 때 물이 지나치게 오염되어 발생하는 문제를 다소나마 덜어낼 수 있습니다. 또한 실내에서 작업을 할 때나 실외에서 작업할 때 모두 편하게 작업을 할 수 있는 환경을 가장 중요시합니다. 다르게 말하면 작업 도구를 놓고 시간과 에너지를 쏟지 않는 환경을 가장 좋아한다는 것이죠.

구획 설정의 중요성

지금 단계에서(콤프 구성에서도 비슷한 단계에서) 화면 속 풍경과 나무, 건물이 단순하고 명확하게 하늘과 대비되어 구획으로 나누어졌다는 사실이 눈에 보일 것입니다. 여기서 '구획'이란 화면 속 사물들이 하나의 단순하고 시각적으로 구분이 되는 실루엣의 모습으로 그룹 단위로 나누어진 것을 의미합니다. 각각의 작품엔 서로 다른 의도와 구성 방식이 있는데, 관객의 시선을 붙잡고 작품의 의도를 전달하는, 하나의 강렬하고 시각적으로 눈에 들어오는 구성이 있기 마련입니다. 이번 작품에서도 바로 이 접근법을 사용하고 있습니다.

하늘의 활기

앞서 하늘에 관해 얘기하면서 뒤에서 더 자세한 내용을 다루겠다고 했는데, 이번 기회를 빌려 이야기를 이어가려 합니다. 창작활동을 하면서 저는 지금까지 2차원의 드로잉보드 위에서 작품에 현실감을 불어넣기 위해서 수없이 많이 좌절했고 피나는 노력을 했습니다. 그 결과 하늘이 해법이 될 수 있다는 것을 깨닫게 되었습니다. 현실 속 하늘은 빛을 발하는 광원입니다. 하늘의 광량은 종이 위에 물감으로 표현할 수 있는 것을 뛰어넘는데, 바로 이것이 제가 좌절감을 느꼈던 이유이기도 했습니다.

아래 제시된 그림에서 하늘을 보면 하늘이 자체적으로 빛을 발하는 느낌을 내기 위해서 난색과 한색 색조를 사용하고 이를 과장하여 표현했습니다. 또한 현실 속 하늘에서 보이지는 않지만 바람을 통해 느껴지는 것을 스트로크로 표현했습니다. 최종적으로 완성될 작품에서 저는 스트로크를 일정하게 대각선 방향으로 그을 예정입니다. 대각선 방향으로 그어진 스트로크는 수평 방향으로 그라데이션 형태로 그어진 스트로크와 비교했을 때 움직임

과 액션이 전달됩니다.

마지막으로 제가 처음 아티스트가 되었을 때부터 다루기 어려웠던 하늘의 특징을 공유하고자 합니다. 쾌청하게 해가 뜬 날에 하늘은 짙은 파란색으로 보입니다. 그러나 동시에 약간의 난색을 품고 있기도 합니다. 이 효과를 재현하기 위해서 저는 먼저 난색 색상을 먼저 깔고 그 위에 파란색을 드라이브러싱 기법을 사용해 덧칠하는 방법을 사용합니다. 이렇게 하면 노란색이나 난색이 드문드문 파란색 사이로 보이게 되어 하늘이 빛나는 느낌을 냅니다. 이번 작품에서도 이 현상을 확인할 수 있는데, 이에 대해서는 330 페이지에서 이어서 설명하겠습니다.

콤프에서 구성한 하늘

한색에서 난색으로
바뀌는 하늘

바람이 부는 느낌을
표현하기 위해 대각선 방향으로
그은 스트로크

역동적인 하늘 : 난색으로 언더페인팅을 칠하고 색온도에 변화를 준 뒤 역동적인 스트로크를 활용해 하늘에 생동감을 부여했습니다.

30 창백한 암부

이제는 본격적으로 암부를 칠할 차례입니다. 깊이 골이 진 곳에 어두운 색조를 깔고 한색의 천공광을 드라이브 러싱 기법으로 덧칠하는 방법을 주로 사용하면 됩니다. 또한 이 시점에서 화면 속 식물의 고유색에 초록색을 조금 더 강조해서 표현하는 것은 어떨지 고민하기도 했습니다. 식물을 칠할 때는 일관되게 식물이 자라는 방향으로 붓질하는데, 이번 작품에서는 수직 방향입니다. 여기에 더해서 약간의 질감을 주기 위해 드라이브러싱 기법을 사용했습니다.

다음으로는 천공광을 칠할 차례인데, 물감을 두껍게 칠해서 언더페인팅이 들뜨는 것을 방지해야 합니다. 이번 실습에서 계속 물감을 두껍게 칠해야 한다는 얘기를 반복하고 있는데, 강의했을 때 저의 경험에 비추어 볼 때 지금 단계에서 학생들이 너무 물감에 물을 많이 섞는 경향이 있기 때문입니다. 이 단계에서는 물감은 두껍게 칠하고 붓에는 물기가 거의 없어야 합니다. 즉, 물감 자체가 약간 뻑뻑해야 합니다.

지금 화면에서 천공광은 대체로 좌측 상단에서 내리쬐고 있습니다. 그래서 좌측 상단을 바라보는 면을 집중적으로 처리하려 합니다. 다만 화면의 전반적인 명도 값은 아직 대체로 암부에 가깝습니다. 지금 작업 중인 화면은 최종적으로 완성될 작품의 배경이기 때문입니다. 즉, 시각적으로 흥미를 돋우는 요소는 아직 화면에 위치하지 않는다는 말이죠. 따라서 만약 지금 작업하고 있는 부분을 너무 뻑뻑하고 명도가 높게 칠한다면 이후에 채워 넣을 요소에 몰려야 할 시선이 분산되게 됩니다.

31 조심스럽게 레이어 쌓기

이번에는 화면의 오른쪽을 확대해서 이 부분을 칠할 때 어떻게 레이어를 쌓았는지 보여드리겠습니다. 바로 이렇게 레이어를 쌓을 수 있게 하기 위해 이번 작업에서 물감을 불투명하게 하여 사용한 것입니다. 작업 초반에 난색을 먼저 깔았었죠? 예제 31을 보면 배경에 깔린 색보다 한색인 색이 어떻게 스컴블링과 드라이브러싱 기법으로 덧칠이 되었는지 보입니다. 이렇게 덧칠해서 레이어를 쌓으면 아래에 깔린 난색이 한색 사이로 새어 나오는데, 이를 통해 원래 의도했던 지중해에서 보일 법한 하늘을 만들어낼 수 있습니다. 또한 스트로크를 일정한 방향으로 그은 것도 보이는데, 이렇게 하면 화면 속 풍경에 바람이 부는 듯한 느낌을 줄 수 있습니다. 마지막으로 명도에 대해 짚고 가자면, 이렇게 레이어를 쌓을 때 사용한 색의 명도가 서로 엇비슷한 것을 알 수 있습니다. 만약에 명도 값에 차이가 크다면 하늘 자체가 빛을 발하는 효과는 나지 않았을 것입니다.

30 천공광과 암부에 위치한 사물의 고유색을 칠한 모습입니다. 이 과정에서 칠한 사물의 명도 값은 비슷비슷하게 몰려 있는데, 이 부분이 아직 배경에 해당하는 영역이고 명도가 높은 사물은 이후에 더해질 예정이기 때문입니다.

31 레이어를 쌓은 부분을 확대해서 본 모습입니다. 명도가 비슷한 색을 덧칠해 레이어를 쌓으면 하늘이 따뜻한 빛을 발한다는 느낌을 전달할 수 있습니다.

32 시각적으로 흥미로운 지점 만들기

이제 무대는 마련되었으니, 작품의 핵심이 되는 부분을 작업하겠습니다. 파라솔을 칠하기 전에 파라솔 뒤쪽 부분에 어두운 난색을 조금 더해서 파라솔이 배경과 강하게 대비를 이루도록 했습니다. 그런 다음 파라솔을 그리기 시작했습니다. 파라솔의 색은 이번 작품에서 사용한 색 중에서 가장 채도가 높습니다. 다만 파라솔도 바라보는 방향에 따라서 각 면의 색에 조금씩 차이를 두었습니다. 파라솔의 아래쪽은 약간 어둡고 좌측 상단은 그늘에 들어가 있는 것으로 표현했습니다.

이전에 언더페인팅을 칠하는 과정이 이상하다는 느낌이 들었다면 파라솔 때문에 그렇게 처리했다는 것이 이해가 되었으면 합니다. 언더페인팅에서 의도적으로 초록색과 한색, 어두운색을 모두 배치했는데 파라솔을 배치하기 전까지는 아마도 색이 어색하게 배치된 것으로 보였을 것입니다. 사실 언더페인팅을 칠할 때 어디까지 칠해야 하는지 감을 잡기 위해서는 여러 번의 경험이 필요합니다. 그러나 꾸준히 연습하고 연구한다면 어느 순간 '감'이 올 것입니다.

또한 첨탑의 위쪽과 앞쪽 면, 그리고 창문에 한색광을 조금 더했습니다. 이렇게 강조색을 넣으면 강조색이 들어간 부분이 좀 더 완성된 느낌이 들고 시각적으로도 흥미로워집니다.

32a~32b 이미지에서 핵심이 되도록 화면의 중심부에 자리잡은 강렬하고 채도가 높은 파라솔을 더해주었습니다. 언더페인팅을 체계적으로 칠하면 이 부분이 훨씬 강조되어 보입니다.

빛을 발하는 대기

이번 실습에서 대기 자체가 빛을 머금고 있는 느낌에 대해서 조금 다루었는데 이제는 이 주제에 대해서 보다 자세하게 설명해 보려 합니다. 이번 작품에서 광원은 직접광인 태양광과 암부를 비추는 반사광인 난색광, 하늘에서 비추는 한색광, 서브서피스 스캐터링(표면하산란)입니다. 서브서피스 스캐터링이란 야자수의 이파리의 틈처럼 반투명한 물질 사이를 통과하는 빛을 일컫습니다. 이러한 빛은 대체로 직접적으로 빛을 받는 부분에 인접한, 물체의 측면에서 잘 나타납니다. 이번 작품과 같이 역광이 비추는 상황에서 서브서피스 스캐터링은 물체의 표면이 난색으로 빛나는 현상을 만들어냅니다(화면 왼쪽의 야자수처럼요). 야자수를 보면 고유색인 초록색은 나무의 중앙부로 밀려났고 한색의 천공광이 하늘에 맞닿아 있는 영역에

서 반짝이듯 나타나고 있습니다. 그 외에도 다양한 현상이 작용되고 있지만 난색 위에서 한색이 빛나는 듯한 이 효과는 그림으로 재현하기 쉬운 편입니다.

또한 첨탑의 전면부는 한색 천공광이 물체의 난색 표면을 뒤덮는 현상이 가장 잘 보이는 부분입니다. 첨탑의 그늘 부분에서는 난색 계통의 중성색이 나타나지만, 스컴블링 기법으로 이보다는 밝고 파란빛을 띠는 색을 하늘과 맞닿아 있는 부분에 칠해주면 난색과 한색이 서로 대비되며 빛을 발하는 듯이 보입니다. 개인적으로 굉장히 좋아하는 효과이기도 합니다. 따로 놓고 보면 그냥 각각 한색 계통과 난색 계통의 회색일 뿐이지만 이렇게 겹쳐서 배치하면 빛이 나는듯 보이니까요!

서브서피스
스캐터링을 과장

뒷면에
비추는 빛

난색의
고유색

그늘에서
보이는 천공광
(고유색보다
한색이고 밝음)

그늘에서 보이는 천공광
(고유색보다 한색이고 밝음)

난색 계통 초록색인
고유색

밝게 빛나는 레이어 : 난색 위에 한색을 덧칠하는 방법을 사용하면 이렇게 제가 작품 전체에서 보이려 했던 풍부하고 햇빛으로 가득한 느낌의 빛을 전달할 수 있습니다.

33 돔의 상단부를 '소소익선(少少益善)'이라는 마음가짐으로 칠한 결과물입니다. 명부와 암부에서의 색을 가능한 한 단순하게 생각하려 했습니다.

33 건물의
단순한 디테일

이번에는 돔의 상단부, 특히 맨 꼭대기 부분의 디테일을 자세히 살펴보겠습니다. 이 부분도 가능한 한 단순하게 사물의 복잡한 형태를 묘사하는 방식이라고 볼 수 있습니다. 건물의 디테일을 묘사하기에 앞서 저는 스스로에게 한 가지 질문을 던졌습니다. '명부에 있는 사물은 어느 것이고, 암부에 있는 사물은 어느 것이지?'하고 말이죠. 그런 다음 중간 정도의 명도 값을 지닌 난색 색조를 활용해 암부에 위치한 사물을 단순화하여 칠했고, 그다음 건물의 전면부와 중심부와 비슷한 명도 값을 지닌 한색 색상으로 칠했습니다. 이렇게 하면 이 부분은 완성입니다! 여기에 더한다면 형태를 조금 더 정확하게 다듬거나 난색과 한색의 대비를 활용해 큼직하게 명부와 암부를 조금씩 더해주는 정도면 충분합니다.

34 현재 시점에서
팔레트의 모습

지금까지 작업을 진행한 상황에서 제 팔레트의 모습이 예제 34에 제시되어 있습니다. 새 물감을 펴기 위해서 팔레트를 한 번 청소하고 물감을 펼친 모습입니다. 팔레트 위에서 섞은 색을 정리하는 방법은 따로 없는데, 물감마다 각각의 목적이 있기 때문입니다. 다만 이번 작품에서는 빨간색과 초록색의 대비가 가장 중요하기 때문에 이 두 가지 계열에 속하는 색을 그룹으로 나누어 분류했습니다. 혼색을 새로 할 때 저는 이미 팔레트 위에서 섞어 놓은 색 근처에서 색을 섞어서 어떤 색이 나올지 가늠을 해봅니다.

또한 저는 흰색 구아슈 물감은 절대 팔레트 풀(pool) 안에 짜 놓지 않고 대신 색을 섞는 부분의 한쪽 구석에 길게 배치합니다. 흰색 구아슈 물감을 팔레트의 풀 안에 놓으면 몇 번 붓칠하는 것만으로도 금방 더러워질 것이고 색을 잃기 때문입니다. 그러나 길게 짜 놓으면 오염되지 않은 부분을 오랫동안 남겨놓을 수 있습니다.

35 초점이 보이는 부분
확대해서 보기

예제 35는 화면의 아랫부분을 확대한 모습입니다.

지금 단계에서는 물감이 화면에서 어떻게 보이는지 꼼꼼하게 살펴보는 것이 중요한데, 물감을 겹겹이 층을 쌓는 드라이브러싱 기법을 활용했기 때문입니다. 이 기법에 대해서는 지난 321페이지에서 다루었습니다. 사물이 자체적으로 빛을 발하는 느낌은 다른 기법으로는 표현하기 어려운데 뒷부분에서 이를 드라이브러싱 기법으로 어떻게 표현할 수 있는지 설명하겠습니다.

34 현시점에서 팔레트의 모습입니다. 서로 대비되는 빨간색과 초록색 계열의 색상이 나뉘어서 배치되어 있고, 흰색 구아슈 물감은 금방 더러워지지 않게 길게 늘여서 배치되어 있습니다.

35 화면의 아래쪽 부분을 확대한 모습입니다. 전반적으로도 그렇지만 특히 수채화 물감이 두껍고 질감이 강조되어 불투명하게 칠해진 것이 보입니다.

빈자의 인상주의

드디어 제가 가장 좋아하는 주제에 관해 이야기를 차례가 되었습니다. 우선 간단하게 1800년대에 인상주의가 발현했던 시기로 되돌아 가보겠습니다. 38페이지에서 다루었듯, 이 당시 인접한 색이 섞여서 보인다는 착시는 혁신적인 발견이었습니다. 예를 들면, 색을 섞어서 회색을 만들 수도 있지만 이렇게 탄생한 색은 밋밋하게 회색으로만 보일 뿐입니다. 그러나 인상주의에서는 같은 명도 값을 지닌 서로 다른 색을 작은 점으로 나누어 조밀하게 배치했고, 이렇게 배치한 점들을 멀리서 보면 회색으로 보이게 했습니다. 이때 만들어지는 겉보기 색(optical color)은 원래의 색보다 더 밝아 보이고 색이 살아서 움직이는 것 같은 생동감을 줍니다. 이러한 현상을 '동시 대비(simultaneous contrast)'라 부르며 이 현상이 인상주의의 핵심이라 할 수 있습니다. 아래에 동시 대비가 어떻게 나타나는지 예시로 제시되어 있습니다. 왼쪽 그림은 주황색과 초록색, 청자색이 섞여서 '회색'으로 보입니다. 양쪽 모두 멀리서 보면 회색으로 보이지만 왼쪽 그림이 훨씬 시각적으로 흥미를 돋우며 빛을 스스로 발하는 것처럼 보입니다.

이번 실습 전반에서 저는 공기가 스스로 빛을 발하는 느낌이 중요하다고 거듭 언급했는데, 바로 이 동시 대비 현상을 활용하면 공기가 빛을 머금은 듯한 느낌을 전달할 수 있습니다. 오른쪽 페이지의 이미지는 이번

작품에서 찾아볼 수 있는 동시 대비의 예시 세 가지입니다. 이미지를 구성하는 각각의 레이어는 비슷한 명도 값을 지니지만 서로 대비되는 색상으로 구성되어 있습니다. 또한 이번 작품의 대부분이 채도가 낮은 중성색을 사용해서 칠해졌는데 이렇게 하면 화면이 회색 색조로 가득해서 뻔하고 밋밋하게 보이기 십상입니다. 이를 피하고자 가능하면 두 가지 이상의 색이 섞여서 회색이나 다른 중성색으로 보이게 했습니다. 이렇게 하면 작품을 구성할 때 조금 더 품이 많이 들지만, 결과물을 보면 고생을 감수할만했다는 생각이 들 것입니다.

321페이지에서도 말했듯, 저는 하나의 색상 위에 드라이브러싱 기법으로 대비되는 색상을 덧칠하는 기법을 가장 좋아합니다. 이렇게 해서 밑에 깔린 색이 덧칠한 물감의 질감 사이로 새어 나오는 효과를 좋아하는 것이죠. 이렇게 물감을 레이어 단위로 쌓으면 인상주의에서 자주 사용했던 점묘법보다 훨씬 빠르게 동시 대비 현상을 구현할 수 있습니다. 이 방법을 저는 '빈자의 인상주의'라고 부릅니다. 시시각각으로 변화하는 햇빛을 묘사해야 해서 시간이 모자랄 때 대기 자체가 은은하게 빛나는 느낌을 표현하려고 할 때 발견한 기법입니다.

불투명한 수채화 물감을 점묘법으로 칠해서
회색의 겉보기 색을 만들었을 때

동일한 불투명한 수채화 물감을 그레이스케일을 활용해
실제 회색으로 만들었을 때

동일한 명도 값을 지니지만
서로 대비되는 색상을 사용했습니다.

똑같은 색을
그레이스케일 상에서 보았을 때

'회색' 대 회색: 겉보기 색을 활용하면 훨씬 생동감이 있고 빛이 나는 것 같은 '회색'을 만들 수 있습니다.

색의 레이어 : '빈자의 인상주의' 기법을 실제로 활용한 예시입니다. 붓에 물기를 거의 묻히지 않고 질감을 강조하여 붓질하면
아래에 깔린 색이 새어 나와서 서로 섞이는 느낌을 줍니다. 이렇게 칠한 부분은 훨씬 중성적인 색으로 보입니다.

36 테이블과
관광객

이제 완성에 가까워졌습니다. 콤프를 구성할 때 했던
것처럼 정말로 단순하게 테이블과 관광객의 형태를 칠
해서 초점이 집중되는 부분을 마무리하겠습니다. 먼저
테이블과 의자처럼 보이도록 수평과 수직으로 선을 그
어줍니다. 여기서 가장 중요한 것은 캐스트 섀도우가
지면과 만나는 지점인데 직광으로 비추는 태양광의 방
향을 드러내는 요소이기 때문입니다.

이번 작품에서 인물은 단순한 실루엣으로만 표현됩니
다. 인체의 비율에 맞추어 스트로크를 그어주되 디테일
은 살리지 않아도 됩니다. 태양광은 대비를 만들어내는
요소이기에 화면에서 중요한 역할을 하지만 인물은 대
체로 그늘에 있습니다. 그래서 왼쪽에서 들이치는 태양
광이 인물의 표면에서 반짝이는 모습을 이곳저곳에 배
치해 태양광이 비추고 있다는 것을 간접적으로 드러냈
습니다. 이렇게 무리 지어있는 사람들을 묘사할 때는
옷의 색을 원하는 대로 정할 수 있습니다. 그래서 저는
난색의 강조색을 주로 사용하고 약간의 자홍색과 초록
색을 사용했습니다. 마지막으로 표면의 면적이 작은 곳
에서는 태양광이 반사되어 빛나는데, 난색 계통의 흰색
으로 점과 짧은 선을 그어서 이를 표현했습니다.

37 건물의
디테일로
마무리

이번 단계에서 다룰 부분이 작업의 최종 단계인데, 개
인적으로는 가장 어려운 단계이기도 합니다. 표면을 입
체적으로 보이게 하는 것 자체는 어렵지 않지만, 표현
하는 방식이 문제입니다. 만약에 이 부분을 너무 역동
적이고 거칠게 표현하면 화면의 가장 윗부분에 너무 시
선이 몰리게 될 것입니다. 반면에 너무 밋밋하게 표현
하면 건물에 디테일이 너무 모자라서 맹숭맹숭하게 보
일 것입니다.

예제 37에서 보이듯, 저는 첨탑의 꼭대기에 가까워질
수록 테두리의 실루엣을 부드럽고 하늘과 비슷하게 표
현하여 하늘로 사라지는 느낌을 주었습니다. 동시에 첨
탑의 장식 부분에서 반짝이며 반사되는 빛을 표현하여
충분히 시각적으로도 흥미를 돋우도록 했습니다. 사실
이 방법은 참고 사진에서 보이는 모습과는 완전히 다른
것입니다. 그러나 저는 좋은 그림은 아티스트의 선택으
로 만들어진다고 생각합니다. 눈에 보이는 광경에서 가
장 중요한 부분을 선택해서 강조해야 하는 것이죠.

36 관광객과 테이블, 의자의 형태를 단순하게 스트로크와 선을 활용해 표현하여 초점이 집중되는 부분을 마무리합니다.

37 첨탑의 디테일을 간접적으로 보이면서 동시에 초록색으로 위쪽의 테두리를
부드럽게 표현하여 하늘에 녹아 들어가는 듯이 표현했습니다.

대비의 구성

지난 몇 년간의 경험을 통해 저는 아티스트가 하는 일의 대부분이 사실은 대비의 구성이라는 것을 알게 되었습니다. 인간은 자연적으로 대비가 높은 부분에 집중하는 경향이 있는데, 곰곰이 생각해 보면 자연스러운 일이기도 합니다. 대비가 높다면 그만큼 많은 정보가 담겨 있다는 말일 테니 인간의 눈과 뇌는 가능한 한 빠르게 많은 정보를 얻기 위해 대비가 높은 부분에 집중하는 것이죠. 따라서 그림을 그릴 때에도 어느 곳은 대비를 높이고, 어느 곳은 대비를 낮출지 정해야 합니다.

대비에는 여러 가지 종류가 있습니다. 개인적으로 저는 대비를 명도와 형태, 테두리, 색상, 채도를 기준으로 5가지로 나누어 분류합니다. 더불어 질감도 대비를 만들어내는 주요한 요소이기는 하지만, 위에 언급한 5가지를 섞으면 질감을 만들어낼 수 있으니 기본 요소로 보지는 않습니다. 초심자들은 명도의 대비는 쉽게 이해하지만, 색상의 대비를 잘 이해하지 못하는 경향이 있습니다. 아래 예시에 색상의 대비가 어떻게 발생하는지 표시했습니다. 개인적으로는 색상의 대비가 멋진 효과라고 생각합니다. 미리 설정한

명도 블록을 해치지 않는 선에서 작품을 개선하고 싶을 때 색상의 대비를 활용하면 좋습니다. 어떤 색의 색상은 주변 환경에 따라 똑같은 명도 값을 보일 수 있지만 대비 값으로 놓고 보면 완전히 다른 값을 보입니다.

따라서 작품에서 어떠한 의도를 전달하려 할 때 저는 대비가 높아야 하는 지점과 대비가 낮아야 하는 지점을 모두 정하고 작업을 시작합니다. 작업을 할 때 강조해야 하는 부분뿐만 아니라 의도적으로 약하게 표현해야 하는 지점이 있다는 사실은 새삼 놀랍게 들리기도 합니다. 개인적으로는 이렇게 아티스트가 주도적으로 선택한다는 점이 참고 자료를 그대로 따서 그리는 것과 예술 작품을 만드는 것 사이의 가장 큰 차이라고 생각합니다.

시각적으로 가장 중요한 지점에서 나타나는 색상의 대비

시각적으로 가장 중요한 지점에서 보이는 높은 대비

작품에서 중요성이 떨어지는 부분에서 보이는 낮은 대비

대비 만들기: 대비는 시각적 중요성과 동일합니다. 대비를 이루는 것이 명도이거나 색상, 형태, 테두리, 채도이든 대비가 높으면 시각적 중요성도 높습니다.

완성된 작품의 모습

작품이 완성됐는지 어떻게 아느냐는 질문을 자주 받고는 합니다. 저는 아래와 같은 두 가지 질문을 스스로에게 던져서 작업이 마무리되었는지를 가늠합니다.

• 너무 시선이 많이 가는 부분이 있는가?

• 화면 구성상 중요한데 시선이 잘 안 가는 부분이 있는가?

이 두 가지 질문을 머리에 새긴 채 작품을 꼼꼼히 살펴보고 구성을 살펴보면 비로소 송골송골 맺힌 땀방울을 닦아내고 작품이 완성되었다고 할 수 있는 시점이 찾아옵니다.

작품이 완성되었다는 생각이 들면 이제 마지막으로 조심스럽게 마스킹테이프를 떼어내고 매팅(matting)과 프레이밍(framing)을 할 준비를 하면 됩니다. 마스킹테이프를 떼어낼 때는 바깥쪽으로 떼어내야 합니다. 안쪽으로 떼어내면 물감도 같이 떼어질 수도 있고 프레이밍을 한 뒤에야 보이는 미세한 상처가 날 수도 있습니다. 마스킹테이프가 잘 안 떼어진다면 드라이기를 활용하는 것도 하나의 방법입니다. 드라이기 바람의 열기가 테이프의 접착 성분을 약하게 해서 훨씬 손쉽게 테이프를 떼어낼 수 있습니다. 그러나 너무 걱정하지는 않아도 좋습니다. 제가 가르치는 학생들에게 저는 가끔 일부러 그림이 찢어지게 한다고 농담을 하는데, 거칠게 수작업으로 마무리된 느낌을 주기 때문입니다.

Balboa Spire

마무리 작업을 마치고 마스킹테이프도 조심히 떼어낸 후 작품의 모습입니다.

Final image © Nathan Fowkes

갤러리GALLERY

[1] 역주 : 스페인어로 '밤에 그림을 그리는'이라는 뜻이며 작가의 또 다른 필명인
'나이트 스케쳐(Night Sketcher)'와 상응합니다.

Image © Nathan Fowkes

337

디아밀라 크노프 DJAMILA KNOPF

저는 작품에서 색을 활용해 여러 가지 색 배합과 분위기를 만들어내는 것을 즐깁니다. 저는 색(그리고 전반적인 예술)의 핵심은 이론과 직감을 섞은 뒤 '날개를 펼치는 것'이라고 생각합니다. 작품을 그릴 때 스토리텔링을 특히 중요시하는데 색과 빛은 관객의 감정을 끌어낼 때 활용하기 좋은 도구입니다. 작품을 그릴 때 저는 가능한 최대한으로 작품의 사실성과 매력을 끌어올리려 하지만, 현실을 그대로 따오려 하지는 않습니다. 오히려 너무 있는 그대로를 그리는 것보다는 상상력을 발휘할 여지를 남겨놓는 것을 더 좋아하죠.

Home

〈Home〉

개인적으로 노란색은 과소평가되는 색이라 생각합니다. 노란색은 화면에 긍정적인 느낌과 밝은 느낌을 더해주는 색으로, 저도 가능한 경우에는 즐겨 쓰는 색이기도 합니다. 위의 작품에서는 편안하고 안락한 느낌을 관객에게 전달하고 싶었습니다. 이 느낌을 강조하기 위해서 난색을 띤 대플드 라이트(dappled light)를 화면에 더했습니다. 화면 곳곳에 자리한 식물로 인해서 시각적 노이즈가 생겨나고 관객의 시선을 분산시킬 여지가 있습니다. 그래서 어두운 창문 앞에 고양이를 배치하여 시선을 유도하게 했습니다.

〈Fox shine〉

어떤 화면이든 낙엽을 더하면 아름답게 빛이 납니다. 제시된 작품에서는 노란색과 주황색을 보조색으로, 인물의 초록색 겉옷과 여우의 갈색 털과 함께 사용했습니다. 이 작품에서 제가 가장 좋아하는 부분은 지면에 비추는 빛입니다. 작품에서 해질녘의 인상이 느껴지는 것이 의도였고, 이 의도가 잘 드러나는 부분이라는 점이 첫 번째 이유이고, 동시에 지면에 비춘 빛과 그림자의 모습이 구성상 중요한 역할을 하기 때문이기도 합니다. 또한 전반적인 화면의 모습이 친근하지만 동시에 약간은 신비롭게 보이는 것을 의도하기도 했습니다.

Images © Djamila Knopf

Fox shine

〈Game Boy〉

이 작품을 막 그리기 시작했을 때는 난색의 색 배합을 사용할 생각이 없었습니다. 그러나 작업을 진행하면서 보니 난색을 사용하여 약간의 '그리운 옛 시절'의 느낌을 주면 좋겠다는 생각이 들었습니다. 그 덕에 게임보이로 게임을 하는 아이라는 이야기가 떠올랐습니다. 작품의 테마를 통해 제 자신의 어린 시절 기억을 전달하는 것이기도 합니다. 시각적인 측면에 집중해 보자면 이 작품에서 제가 가장 좋아하는 부분은 바로 그림자의 패턴과 난색 계통의 초록색과 분홍색의 대비, 그리고 아이가 입고 있는 노란색 티셔츠입니다.

Image © Djamila Knopf

Game Boy

구웨이즈 GUWEIZ

저는 뭔가 어둡고 우중충한 장면을 그리는 것을 좋아합니다. 화면에서 중요하지 않은 부분이 그림자에 가려져 중요한 부분의 디테일에 조금 더 공을 들일 수 있다는 것이 이유 중 하나입니다. 어두운 화면을 잘 그리면 관객은 얼핏 보이는 장면 그 너머에 무엇이 있을지 고민하게 합니다.

색과 빛, 배경을 잘 활용하면 작품의 방향과 테마를 드러낼 수 있고, 세 가지 요소를 구성하는 것 그 자체가 작품 창작에서 즐거운 과정이기도 합니다. 그러나 하나부터 열까지 모두 꼼꼼하게 설정하는 것보다 관객이 상상력을 발휘할 수 있는 지점을 남겨놓는 것 역시 저는 좋아합니다. 아래 제시된 작품을 보면 어떤 생각이 드나요?

Storm

Images © Guweiz

Call

〈Storm〉

의문의 인물이 낯선 도시의 뒷골목에 이르렀습니다. 색 배합은 회색조의 색으로 전반적으로 칙칙한데, 작품의 분위기와 잘 맞습니다. 쏟아지는 비가 인물의 머리카락과 피부, 액세서리를 적셔 하이라이트를 만듭니다. 배경은 뿌옇게 처리되었는데 그 덕에 영화의 한 장면 같은 느낌이 들며, 동시에 쏟아지는 빗방울로 생긴 물안개로 인해 희미하게 보이는 듯한 느낌을 줍니다.

〈Call〉

한 인물이 쏟아지는 빗속에서 중요한 전화를 하고 있습니다. 앞선 작품과 마찬가지로 비로 젖은 표면에서 발생하는 하이라이트로 인해 빗방울이 거세다는 것이 간접적으로 드러나며, 지면 위에 찍힌 점은 빗방울이 지면에서 튕겨서 공중전화 부스에서 나온 빛을 반사한다는 인상을 줍니다. 전화 부스에서 나오는 빛은 따뜻하고 그 안의 공간이 아늑하다는 느낌을 줍니다.

〈Blossoms〉

화면 속 인물은 기억에서 잊힌 시간을 추억하고 있습니다. 화면 안에는 다양한 고유색과 패턴, 질감이 나타나는데 전반적으로 색 배합이 절제되어 있어 화면의 구성이 너무 화려하지 않도록 했습니다. 인물이 입고 있는 옷 위의 패턴은 296페이지에서 다루었던 기법을 활용해서 추가했는데, 그 덕에 문양이 있는 옷의 음영 표현이 사실적으로 보입니다.

Image © Guweiz

Blossoms

네이션 폭스 NATHAN FOWKES

그림이나 일러스트를 그릴 때 저는 작품을 통해 무엇을 전달할지 또는 어떤 감정을 유발할지 먼저 정한 다음 그 목적에 맞게 색과 빛을 구성합니다. 예를 들어서 풍경화를 그린다면, 그 풍경을 그림으로 옮겨야겠다는 마음이 들게 한 요인이 무엇인지 파악한 다음 그 요인을 강조하고 그 외에 시선을 분산시킬 수 있는 요소를 제거합니다. 풍경화보다 상상력이 많이 개입되는 그림을 그릴 때도 그림에서 전달되는 분위기와 감정을 먼저 찾아내고 색과 빛을 통해 이를 강조

합니다. 심지어 작품 창작의 마지막 단계에서는 '추적 섬멸'이라고 부르는 작업도 수행하는데, 화면을 꼼꼼하게 살펴보며 시선을 분산시킬 만한 요소를 찾아내어 없애는 작업입니다. 저는 작품이 전달하는 메시지가 단순하고 명료한 것을 선호합니다. 저에게 있어 그림은 단순히 무언가를 집어넣는 과정일 뿐 아니라 빼는 과정이기도 하기 때문입니다.

Balboa
Palace

〈Balboa Palace〉

이 작품도 본문에서 소개된 작품과 마찬가지로 캘리포니아주 샌디에이고에 위치한 발보아 파크에서 영감을 받은 작품입니다. 이야기책의 한 부분 같은 느낌을 주도록 꾸민 작품이기도 합니다. 작품 속 하늘의 색은 청록색과 초록색을 띠면서 약간은 다른 세상의 것처럼 보이기도 하고 판타지 세계의 하늘처럼 보이기도 합니다. 화면의 대부분은 갈색과 초록색 계열의 색으로 칠했는데, 전경의 인물들이 입고 있는 옷의 화려한 색감이 강조색의 역할을 합니다.

〈Church Cathedral in San Miguel de Allende, Mexico〉

이번 작품을 보면 이제는 제가 도시에 위치한 건물이 수직으로 높이 솟은 모습을 좋아한다는 사실을 눈치챘을 것 같습니다. 산 미겔 데 아옌데는 이런 특징을 잘 보여주는 도시였습니다. 이 도시의 성당은 북적북적한 노점상으로 둘러 싸여 있고, 성당의 주황색 화강암은 파란색과 한색 계열의 회색으로 이뤄진 하늘과 아름답게 대조를 이룹니다.

Images © Nathan Fowkes

Church cathedral in San Miguel
de Allende, Mexico

Image © Nathan Fowkes

Florence, Italy

〈Florence, Italy〉

피렌체에는 미묘하고도 풍부한 색이 가득했습니다. 그래서 저는 드라이브러싱 기법을 활용해 색을 겹겹이 쌓아서 이를 표현했습니다. 작품 전체가 드라이브러싱 기법을 활용해 그려졌죠. 이 작품은 〈실습〉 단원에서 제시된 작품과 마찬가지로 난색 위에 한색을 칠하는 방식으로 그렸는데, 그 덕에 대기 자체에서 빛이 나는 듯한 느낌이 들며 지중해의 풍광이 잘 표현되었습니다. 빛을 받는 면에 나타나는 난색은 짙은 대기로 인해 그늘이 진 부분에 나타나는 청록색이랑 보라색과 강한 대비를 이룹니다.

비어트리스 블루 BEATRICE BLUE

그림을 통해 시각적으로 이야기를 전달할 때 빛과 색은 제가 가장 좋아하는 요소입니다. 빛과 색을 구상할 때면 같이 떠오르는 요소가 한가득 있습니다. 각각의 이미지는 분위기와 감정의 무게, 이미지에 담긴 이야기가 서로 다릅니다. 그리고 저는 색과 빛을 사용해서 이러한 요소를 어떻게 하면 가장 잘 전달할 수 있을지 탐구하는 과정을 즐깁니다. 매번 그림을 그릴 때면 저는 전달하려는 이야기에 적합한 분위기와 감정을 담고 이에 따라 다양한 색 배합을 사용합니다.

Once upon a dragon's fire

⟨Once upon a dragon's fire⟩[2]

위의 작품은 제가 글을 쓰고 일러스트를 그린 두 번째 그림책 ⟨Once upon a dragon's fire⟩에 수록된 것입니다. 책에서는 마을 사람들이 두려워하던 용을 주인공들이 만나게 되고 이내 용이 악한 존재가 아니라 단순히 외로웠을 뿐이라는 것을 알게 됩니다. 책의 중간 지점에서 용은 난생처음으로 다른 이들의 사랑을 받고 몸의 색이(칙칙한 배경도) 난색 계열의 색으로 바뀝니다. 이를 통해 저는 독자가 이야기와 책의 분위기가 변화하며 전달되는 감정을 간접적으로 느낄 수 있게 했습니다. 고유색으로 나타나는 난색과 한색의 대비는 작업 초반에 결정한 것인데, 서사가 진행되며 변화하는 감정을 전달하는 중요한 요소로 작용합니다.

⟨Once upon a mermaid's tail⟩[3]

이 작품에서 저는 아이가 작은 비밀 석호(潟湖)를 발견한 특별한 순간에 느껴지는 분위기를 전달하고자 했습니다. 작품에서 묘사되는 석호가 스스로도 가 보고 싶은, 낯설고 새로우며 놀라운 공간인 동시에 숨겨진 낙원처럼 안전하다는 느낌을 주고 싶었습니다. 화면의 양쪽과 위쪽에 드리운 캐스트 섀도우를 통해 어딘가 비밀스럽고 조용한 공간이라는 느낌이 전달됩니다. 그러나 물의 활기와 수중 생물을 통해 동시에 이 공간이 에너지로 넘치며 곧 모험이 있을 것 같은 느낌이 전달되기도 합니다. 또한 중간중간에 난색으로 점을 찍어서 전반적으로 한색 계통의 초록색으로 가득한 화면의 밋밋함을 해소하고 있습니다. 저는 적은 색만 사용하다가 조금씩 한색과 난색의 색조를 더해가는 방법을 즐겨 사용합니다. 이렇게 하면 이미지의 균형이 유지되어 관객의 시선을 붙잡아 둘 수 있습니다.

2 ⟨Once upon a Dragon's Fire⟩는 비어트리스 블루가 글을 쓰고 일러스트를 그렸으며, 더 쿼토 그룹 산하 출판사인 프랜시스 링컨 칠드런스 북스가 출판했으며 저작권을 지닙니다 ©2020, 쿼토 퍼블리싱 유한회사의 승인을 받아 이 책에 실렸습니다.

Once upon a mermaid's tail

3 〈Once upon a Mermaid's Tail〉은 비어트리스 블루가 글을 쓰고 일러스트를 그렸으며, 더 쿼토 그룹 산하 출판사인 프랜시스 링컨 칠드런스 북스가 출판했으며 저작권을
지닙니다 ©2020. 쿼토 퍼블리싱 유한회사의 승인을 받아 이 책에 실렸습니다.

〈Once upon a mermaid's Tail〉[4]

개인적으로 즐겁게 작업을 했던 작품입니다. 마냥 쉬운 작품은 아니었는데 화면 속 물고기의 색이 화려하고 다양하기도 하고, 배경에서 묘사되는 시간대가 하루 중 가장 난색이 돋보이는 시간대인데 이것을 표현하는 것이 까다로웠기 때문입니다. 작품이 차분하지만 강렬한 느낌이 들었으면 했습니다.

배경의 빨간색에 가까운 분홍색을 자주 사용하는 편이 아니라 해질녘의 모습을 표현하는 것도 개인적으로는 어려웠습니다. 다만 잘 사용하지 않는 색을 사용하는 것이 좋은 경험이 되었습니다. 저는 새로운 것에 도전하는 것을 좋아하는데, 특히나 색과 빛을 다룰 때는 전에 하지 않았던 시도를 해서 저의 한계를 넓히는 것을 즐깁니다.

작품을 그릴 때는 작업을 시작하기에 앞서 무엇을 그릴지 확실하게 정하고 가는 편입니다. 그리고 제가 의도했던 것(혹은 최소한 이와 가까운 것)을 관객도 보고 느끼게 하는 것을 목표로 하죠. 색과 빛이라는 것은 주관적인 요소입니다. 그래서 색과 빛을 표현하는 일은 항상 어렵고, 새로운 가능성으로 가득 찬 일이기도 합니다.

Once upon a mermaid's tail

4 〈Once upon a mermaid's Tail〉은 비어트리스 블루가 글을 쓰고 일러스트를 그렸으며, 더 쿼토 그룹 산하 출판사인 프랜시스 링컨 칠드런스 북스가 출판했으며 저작권을
지닙니다 ©2020. 쿼토 퍼블리싱 유한회사의 승인을 받아 이 책에 실렸습니다.

디부한테 녹투르노 DIBUJANTE NOCTURNO

예술 작품 창작 과정에서 색이란 매력적이면서도 복잡한 요소입니다. 개인적으로는 흑백으로 작품을 그리는 것을 선호하는데 명도를 완벽하게 구분해서 보여주기 때문입니다. 그러나 색은 모든 것을 완전히 바꿀 수 있는 마법과도 같은 힘을 지니고 있습니다.

스케치를 시작하면 저는 작품에서 어느 부분이 빛을 발하면 될지 우선 판단합니다. 그런 다음 어느 부분은 암부에 있으면 될지 구분하죠. 개인적으로는 작품에서 전달되는 강렬함이 가장 중요한 요소인데, 빛이야말로 이를 표현할 때 가장 효과적인 도구입니다.

스케치에 색을 칠할 때는 가장 채도가 낮은 색부터 칠해서 은은하고 세밀하게 배경을 깔아줍니다. 저는 스케치북 위에 그림을 그린 다음 포토샵으로 색을 칠하는 방법을 사용합니다. 그래픽 프로그램을 활용하면 거의 무한히 다양한 색을 실험하고 쉽게 되돌릴 수 있다는 장점이 있습니다. 이러한 자유도가 아날로그와 그래픽 프로그램을 함께 활용하는 것의 장점입니다.

Ice giant

⟨Ice giant⟩

여기 제시된 두 개의 이미지에서 저는 대기 자체가 빛을 뿜는 모습과 관객이 상상력을 발휘해 채워 넣을 수 있는 배경을 만들고자 했습니다.

화면 속 인물의 크기는 작지만 화면 구성에서 이들이 중요한 역할을 하고 있다는 것이 드러납니다. 이는 인물의 뒤쪽에서 강한 빛이 비치고 있다는 것과, 배경의 한색과 인물이 입고 있는 난색 옷의 대비로 인한 것입니다.

저는 이런 식으로 조그맣게 작품을 그려 색을 탐구해 보는데 이를 통해 최종적으로 완성될 작품에 어떤 색을 활용할지 가늠해 봅니다. 여기 제시된 두 개의 이미지 역시 실제로는 몇 센티미터 정도입니다.

Images © Fran Garcés (Dibujante Nocturno/Night Sketcher)

Tenebris skull

Red sharp

Light in
the dark

〈Tenebris skull〉

이 작품에서는 전반적으로 어둡지만, 빛이 실오라
기처럼 남아 있는 모습을 그렸습니다. 마법으로 발
생한 효과가 캐릭터를 감싸고 이에 따라 역동적이
고 흥미로운 구성이 만들어집니다. 색은 캐릭터를
중심으로 채도가 높게, 나머지 부분은 부드러운 색
으로 칠했습니다. 이렇게 대비를 주면, 전체적으로
어둡게 느껴질 수 있는 작품에 매력이 더해집니다.

〈Red sharp〉

물감을 겹겹이 쌓아서 배치했을 때 만들어지는 색
이 밋밋한 스케치에 생명력을 불어넣는 것을 지켜
보는 일은 몇 번을 해도 즐겁습니다. 캐릭터는 난색
계통의 어두운색으로 칠했는데 배경의 대비가 낮
은 회색과 대비를 이루며 캐릭터가 확연히 눈에 도
드라지게 합니다. 얼굴에 부분부분 표현된 뜨겁고
강렬한 빛으로 이 캐릭터가 강력하다는 사실을 암
시합니다.

〈Light in the dark〉

흰색 배경에(완전히 텅 빈 곳도 씁니다) 인물이나 크리
처를 그리는 것도 좋아합니다. 이렇게 하면 활기가
넘치는 작품이 탄생합니다. 또한 배경이 흰색이면
흰색 물감과 조명 효과를 사용해 캐릭터가 배경에
녹아들게 하기도 합니다. 위에 제시된 작품 속 캐릭
터는 신비하고 역동적이며 강렬한 빛으로 둘러싸
인 느낌입니다. 캐릭터에 사용된 부드럽고 질감이
있는 색조는 스케치에 완성감을 더합니다.

Images © Fran Garcés (Dibujante Nocturno/Night Sketcher)

SIMONE GRÜNEWALD

오랜 기간 저는 그림을 그릴 때 색과 빛이 가진 무한한 가능성에 압도되었습니다. 그래서 색과 빛을 처리할 때 감에 의존했고, 이론적인 기반이 없이 그림을 그렸습니다. 그러나 미루고 미루다가 지난 몇 년 동안 드디어 색과 빛을 체계적으로 배우기 시작했고 이제 조금은 색과 빛에 대해서 이해하게 되었습니다. 그 덕에 우리가 살아가는 세상에 존재하는 수많은 빛과 아름다움에 감사한 마음을 갖게 되었고, 예술의 형태로 이를 표현하는 것을 좋아합니다. 어떤 이미지 속 조명이 제 눈길을 사로잡으면 저는 어떤 부분에서 그 풍경이 제 시선을 사로잡았는지 파악하고 작품으로 옮겨보려 합니다. 참고 자료를 가능한 한 그대로 그림으로 옮길 때도 있지만 풍경 속 조명의 핵심을 강조하여 표현하기 위해 참고 자료의 모습에 변형을 가하기도 합니다. 개인적으로는 인간의 손을 타지 않은 자연의 풍경을 좋아하고 유려한 풍경을 탐험하고 탐구하는 것을 즐깁니다.

Finding tranquility

Heart of summer

〈Finding tranquility〉

저는 꽃밭을 보면 꽃밭이 간직한 색과 빛을 흡수해서 자연에 한 발짝 가까워지고 싶은 마음이 듭니다. 다채로운 색도 환상적인데 거기에 더해서 다양하게 표현할 수 있는 여지도 무한하게 존재합니다. 제시된 작품에서는 왼쪽에서 비치는 강렬한 빛이 꽃과 인물의 형태를 아름답게 표현하고 있습니다.

이 작품에서 꽃은 빛이 직접 비추는 면에서는 흰색을 띠지만, 꽃봉오리 아랫부분에서는 약간의 분홍빛을 보입니다. 꽃의 색은 다채롭지만, 미묘하게 파란색에서 노란색으로 변화하는 색상의 모습은 번잡하지 않습니다. 오히려 채도가 높고 촉촉하게 표현된 풀과 대비를 이루며 아름답게 보입니다. 초록색은 배경이 되어 인물이 입고 있는 옷의 빨간색과 보색을 이루고, 이에 따라 빨간색은 강조색으로 도드라집니다. 또한 빨간색은 인물 주변에 은은하게 반사가 되는데 그 덕에 인물과 배경이 융화됩니다. 저는 화면 속의 어떤 요소를 강조하려할 때도 그 요소의 색이 완전히 따로 놀게 하는 것을 좋아하지 않는데, 그런 점에서 이렇게 옷의 색이 주변에 반사되는 부분이 핵심적입니다.

한쪽에서 비치는 강한 빛은 테두리를 선명하고도 미적으로 보이게 하여 인물이 짓고 있는 평온한 표정에 시선이 가도록 합니다. 여기에 더하여 직광이 직접 비치지 않는 부분에 반사되어 비추는 천공광을 더하여 화면에서 주로 작용하는 빨간색과 초록색의 대비를 조금씩 정도를 다르게 하여 표현했습니다. 배경의 덤불은 파란빛을 띠는 초록색을 사용해 조금 더 거리감이 느껴지도록 했습니다.

〈Heart of summer〉

제가 제일 좋아하는 작품 중 하나입니다. 이 작품을 보면 흐뭇한데, 전체적으로 여러 색이 쓰였지만 어느 부분도 눈에 거슬리지 않습니다. 작품의 모든 요소가 조화를 이루고 있습니다. 이 작품은 대체로 난색을 사용했지만, 자세히 보면 전체적으로 따뜻한 화면 속에서 한색을 찾아볼 수 있습니다. 밀의 이삭 아랫부분에서 나타나는 그늘에서 영감을 받아 이 작품을 그리게 되었는데, 이 부분을 한색 계통의 채도가 낮은 회색조의 초록색과 파란색, 청자색을 사용했습니다.

채도가 높은 색만 활용해 이 작품을 그렸다면 정신이 사나웠을 것입니다. 채도가 낮은 색을 활용하니, 채도가 높은 색과 대비되어 더 밝아 보이는 효과가 납니다. 배경에서는 명부에 있는 요소가 모두 채도가 높은 색으로 칠해져 있고 암부에 있는 요소는 모두 채도가 낮습니다. 반면에 인물에는 역광이 비치고 있는데, 인물을 구성하는 색에서는 반대의 현상이 보입니다. 인물은 대체로 채도가 낮은 색으로 암부에 있는 것으로 처리되었지만, 인물 형상의 중심부와 다른 사물과 맞닿아 있는 부분에서는 채도가 높은 색이 보입니다. 또한 인물을 구성하는 어두운 보랏빛 색상은 해가 지는 밀밭에서 인물이 돋보일 수 있게 합니다.

저는 인물의 조명을 흥미롭게 할 때 역광과 함께 부드러운 반사광을 이용하는 것을 가장 좋아합니다. 이런 역광 효과와 서브서피스 스캐터링이 옥수수의 이삭에도 적용이 되어, 옥수수의 테두리가 예쁘게 빛을 발하는 것처럼 보입니다.

Leap

〈Leap〉

일러스트를 그릴 때 저는 새로운 방법을 시도해 보는 것을 좋아합니다. 이번 작품의 사전 작업을 할 때 저는 참고 사진을 활용해 자연의 풍경을 연구하기 위한 그림을 그렸습니다. 그런 다음에는 완전히 다른 장면을 상상한 뒤에 인물을 더하고 배경을 바꾸었습니다. 처음 사전 작업에서 가장 중요한 부분은 남겨 두었습니다. 이후 최종 작품을 작업할 때도 사전 작업 과정에서 그린 그림을 기반으로 작업을 했고 사전 작업에서 많은 요소를 따왔습니다.

최종 작품을 그릴 때에는 먼저 어떤 색 배합을 활용할지 정하고 시작했습니다. 명도는 다양하게 사용하고 돌과 나무의 줄기에는 보라색과 초록빛을 띠는 회색을 다양한 채도를 활용해 칠하는 것으로 정했습니다. 명부에 있는 풀은 채도가 높은 초록색으로 표현하고 이보다 채도가 낮은 초록색으로는 암부에 있는 풀을 칠했습니다. 마지막으로는 밝은 청록색으로 하늘을 칠했고요.

개인적으로는 명부나 암부 둘 중 하나에 있는 디테일에 초점을 맞추는 편입니다. 이렇게 하면 작품의 이야기가 더 분명하게 전달됩니다. 따라서 화면 속 어떤 부분이 중요하지 않다면 디테일을 살리지 않는 것을 추천합니다. 그렇게 하면 관객의 시선이 분산되는 것을 막을 수 있습니다. 이번 작품에서는 화면의 대부분이 암부에 들어가 있고 암부에서 주인공이 명부로 뛰어오르는 것이 핵심입니다. 저는 관객이 작품 속 주인공처럼 구성이 복잡한 암부에서 단순한 명부를 올려다보는 느낌을 받았으면 했습니다.

이번 작품에서는 그래픽 프로그램에서 제공하는 수채화 효과를 활용했습니다. 이 효과를 사용하면 수채화 물감으로 그림을 그릴 때처럼 색과 채도, 그리고 질감도 조절할 수 있어서 이미지가 훨씬 풍부하다는 느낌을 줄 수 있습니다. 일반적인 브러시 도구를 사용하면 이런 느낌을 구현하기 힘듭니다.

이라빌 IRAVILLE

저는 수채화를 그리는 것을 좋아하는데 수채화를 그릴 때에는 색과 빛을 잘 사용하는 것이 중요합니다. 특히 수채화 물감의 물리적인 측면과 화학적인 측면에 대해서 알면 도움이 됩니다. '이 물감의 원료는 무엇일까?'나 '이 물감을 종이에 칠했을 때 눈에 들어오는 파장에는 어떤 변화가 발생할까?'와 같은 질문을 던져보는 것이 도움이 됩니다.

그림을 그릴 때 의도적으로 원근법을 사실과 '다르게' 적용하는 것처럼 색과 빛도 의도적으로 사실과 '다르게' 표현하고는 합니다. 그림을 그릴 때 제 목표는 사실을 보이는 그대로 흉내 내는 것이 아닙니다. 따라서 색과 빛도 전체적인 화면 구성을 이끄는 도구로 사용합니다. 결국 제일 중요한 것은 최종적으로 완성되는 작품의 모습이니까요.

제 그림에서는 선을 거의 찾아볼 수 없습니다. 그래서 제 그림 속에서 형상은 서로 대비되는 색으로 구분되는데, 대체로 보색에 가깝거나 완전히 보색을 구성하는 색이 사용됩니다. 또 저는 튜브나 팬에서 짠 물감을 바로 사용하지 않고 팔레트 위에서 먼저 섞은 다음에 칠합니다. 나아가 물감을 투명하게 겹겹이 칠하는 방법을 사용하는데, 이렇게 하면 색이 층을 이루며 섞여서 완성된 작품에 한층 깊이감을 더하기 때문입니다.

〈Irish town〉

수채화를 그릴 때 저는 주로 기본적인 색상 몇 가지로 겹겹이 층을 쌓는 방식을 사용합니다. 그리고 종이에 칠하기 전에 색이 계속해서 섞이면 어떤 색이 나올지 계산하고, 물의 양을 다르게 하여 칠합니다. 이번 페이지에 제시된 작품이 바로 이 방법을 사용해 마을의 다양한 모습을 강조한 풍경입니다. 화면 속 건물 중 어느 것도 같은 색으로 지붕이나 벽을 칠한 것이 없습니다. 디테일을 이미 많이 담고 있기 때문에 화면이 너무 빽빽하다는 느낌을 주지 않기 위해서 사실성을 다소 희생하더라도 음영은 단순화해서 표현했습니다.

Irish town

Image © Ira Sluyterman van Langeweyde

Foggy landscape

Snowman

Staring at
mushrooms

⟨Foggy landscape⟩

멀리 떨어진 풍경을 내다보면 거리가 멀어질수록 물체가 지닌 색의 채도가 떨어지고 점차 흐릿하게 지평선 속으로 사라지는 듯하게 보인다고 느낄 것입니다. 같은 현상이 대비에서도 일어납니다. 관찰자와의 거리가 멀어질수록 물체의 표면에서 보이는 하이라이트와 로우라이트의 차이가 감소하는 것이죠. 대기에 안개가 끼어 있으면 이 효과는 배가 됩니다. 이 현상을 표현하기 위해 저는 원경을 묘사할 때는 물감층의 개수를 줄이고 물을 많이 썼으며, 파란색 색조를 많이 사용했습니다. 반면 전경을 묘사할 때는 난색이 더 강한 노란빛 주황색과 초록색 색조를 사용했습니다.

⟨Snowman⟩

이번 작품에서는 전경에서 벌어지는 행위를 강조하기 위해서 일종의 스포트라이트 효과를 주고자 했습니다. 그래서 배경에 가까이 있는 건물과 나무는 어둡고 한색 계통의 색으로 대비를 줄여서 표현했습니다. 전경에 있는 집 두 개는 이보다는 난색 계통의 색으로 밝게 표현했지만, 네거티브 스페이스를 이루는 눈보다는 어둡습니다.

현실에서 보이는 회색이 그러하듯 회색으로 칠한 부분도 완전히 중성 회색이 아니라 약간은 갈색을 띠고, 파란빛을 띠기도 하며, 약간은 청자색이 나기도 하는 색으로 칠했습니다.

⟨Staring at mushrooms⟩

이 작품에서는 기묘하게 빛이 나는 버섯의 모습을 보색에 가까운 두 가지 색과 빛을 그라데이션으로 표현했습니다. 전면에 보이는 빛은 버섯이 발하는 것처럼 보입니다. 배경에 위치한 물체는 전경보다는 어둡게 표현되었고 톤 다운 되어있으며, 갓의 아래쪽에 그늘이 져 있습니다. 화면 속 색을 강조하기 위해서 한색 계통의 파란빛을 띠는 초록색으로 칠한 형상은 난색 계통의 빨간빛을 띠는 색으로 암부를 칠했고, 난색 계통의 색은 한색 계통의 색으로 암부를 칠했습니다.

데빈 엘르 커츠 DEVIN ELLE KURTZ

아주 어렸을 때부터 빛은 제가 그림으로 그리길 가장 좋아하는 주제 였습니다. 사람이나 풍경과 마찬가지로 저는 빛도 특징이 있다는 것 을 알게 되었습니다. 빛과 그림자를 부차적인 것이 아니라 작품의 구성에서 중요한 역할을 하는 요소로 받아들인 뒤부터 제 작품은 크 게 바뀌었습니다.

작품의 컨셉을 잡자마자 저는 작품에서 빛과 색을 어떻게 활용하면 좋을지 생각합니다. '반사광이 있을까?', '색 배합은 난색 계통으로 해야 할까, 한색 계통으로 해야 할까?', '표면하산란이 있을까?', '광 원은 여러 개여야 하나?'와 같은 질문을 던져보는 것이죠. 이런 질문 을 던지다 보면 작업을 시작하고 싶어서 마음이 설렙니다.

Visiting the junkyard dragon

Images © Devin Elle Kurtz

The convenience store
dragon laid her eggs

〈Visiting the junkyard dragon〉

저는 이 작품이 따뜻하고도 위풍당당한 느낌이 났으면 했습니다. 이 작품은 폐차장에 사는 드래곤이 아기였을 때 날개를 다쳤는데 화면 속에 있는 인물들이 어렸을 때 드래곤을 구해줬고 이제 어른이 되어 다시 드래곤을 찾아왔다는 이야기를 담고 있습니다. 그리고 햇살이 인물들을 감싸 안는 듯한 느낌을 주려고 해질녘을 난색 계통의 색으로 표현했습니다. 지평선에 가까워지면서 밝은 노란색이 나타나며 관객의 시선은 인물들에게 모이고, 인물들의 시선을 따라서 관객의 눈길은 드래곤으로 이동합니다.

작품에서 사용한 한색 색상은 모두 탁한 색인데, 그 덕에 난색과 부드럽게 대비를 이룹니다. 겹겹이 쌓인 차들은 고유색이 모두 다르지만, 전체적으로 색상과 명도가 비슷하기 때문에 하나의 실루엣으로 보입니다.

한편 채도가 높은 빨간색 림 라이트(rim light[5])를 사용해 인물의 실루엣을 또렷하게 드러나게 했고 림 라이트로 밝게 빛나는 부위를 만들어 관객의 시선이 몰리게 했습니다. 이렇게 하면 드래곤의 날개 부분에 자리한 밝은 빨간색과 균형을 이루어 채도가 높은 하늘과 조화롭게 어울리게 됩니다. 해질녘의 하늘을 배경으로 할 때 인물이 빛을 발하는 듯한 효과를 주고 싶을 때 제가 사용하는 방식입니다.

중경과 전경 사이에는 'Luminosity' 레이어를 추가한 뒤 중성색에 가까운 회색을 칠해서 안개를 표현했습니다. 이렇게 하면 중경의 아랫부분에서 명도가 자연스럽게 합쳐지는 느낌을 주며 전경에 위치한 차와 여성 인물의 실루엣이 강조됩니다. 이렇게 공간에 색을 칠해서 보조적인 효과를 줄 때 'Luminosity'와 'Lighten' 레이어를 활용하면 좋습니다.

또한 하늘의 맨 위쪽에는 중성 분홍색으로 몇 차례 스트로크를 그어서 색 배합이 균형을 이루고 차가 쌓여 있는 부분의 색이 전체적으로 중성색으로 보이게끔 했습니다. 그래픽 프로그램으로 그림을 그리면 화면이 조화를 이루지 못하고 다른 그림을 기워 놓은 듯한 느낌이 들 때가 있는데 이때는 색과 구성을 반복적으로 조금씩 손보아서 각각의 부분이 어울릴 수 있게 해줍니다.

〈The Convenience Store Dragon Laid Her Eggs〉

이번 작품에는 두 개의 광원이 있습니다. 하나는 밝게 빛나는 난색광으로 편의점 내부에 위치하고, 다른 하나는 한색 계통의 청록색 밤하늘에 위치합니다. 작업을 시작하자마자 이 두 개의 광원을 이용하면 드래곤의 입체감을 살릴 수 있겠다는 생각이 들었습니다. 편의점 내부에 위치한 광원은 주광원으로 작용하며 드래곤 몸통의 형상을 보여주고, 한색의 림 라이트는 실루엣에 향취를 더하는 역할을 합니다.

이 작품에 사용된 색 배합은 주로 한색과 난색의 대비로 구성되어 있으며 대체로 편의점의 간판에 보이는 클래식 컬러를 중심으로 이뤄져 있습니다. 안개 낀 파란 밤하늘은 약간 초록빛을 띠도록 바꾸었는데, 이렇게 하면 편의점 간판과 가게 주변에서 보이는 색이 하늘에서도 반복적으로 보이기 때문입니다.

편의점의 내부는 명도와 색상의 범위를 비슷하게 유지해서 따뜻하게 빛나면서도 조화되는 느낌을 주도록 했습니다. 또한 창문의 대비는 낮게 유지하고 비슷한 색과 명도를 활용해 디테일을 더했습니다. 편의점의 내부는 꽉 들어찬 느낌이지만 시선이 너무 몰리지는 않게 했습니다.

대신에 색 배합에 있는 색을 편의점 바깥에 있는 인물들이 입고 있는 옷에 전부 사용해서 아주 좁은 공간에 여러 색을 몰아넣어 시선이 쏠리게 했습니다. 이는 인물들이 입고 있는 옷의 디테일과 어두운 실루엣과 더해져서 화면에서 가장 시선을 많이 받는 초점 영역을 이루게 됩니다. 그래서 인물들의 시선을 따라서 관객은 다시 드래곤을 보게 됩니다.

〈Releasing the baby dragon〉

이 작품에서 광원은 이전 작품들보다는 훨씬 따뜻하고 중성색에 가깝습니다. 그래서 저는 너무 과하거나 채도가 높지 않게 밝은색을 사용해보았습니다. 개인적으로는 밝은 하드 라이트가 조명인 작품에서 채도가 높은 강조색을 사용하는 것을 좋아하는데 이런 상황에서는 강조색이 블룸(bloom) 효과를 일으키며 반사광의 형태로 주변으로 빠져나오는 듯 보이기 때문입니다.

색온도를 사용해 화면에서 중심 무대 역할을 하는 중경을 전경 및 배경과 분리했습니다. 배경에 있는 차 무더기는 한색 계통의 중성색을 띠고 있고, 전경에 있는 파이프와 타이어도 마찬가지입니다. 반면 중경은 훨씬 넓은 범위의 명도 값을 보이며 색 배합도 탁한 노란색 계열입니다.

또 빛을 사용해서 배경에 있는 나무가 그늘로 들어갔다가 나오는 모습을 보여주어 작품에 깊이감을 더했습니다. 이렇게 하면 입체감이 생겨납니다. 햇빛을 받는 나뭇잎은 관찰자에게 가까워 보이고, 반면에 그늘에 위치한 나뭇잎은 멀리 떨어져서 뒤쪽에 있는 차에 가까이 있는 것처럼 보입니다. 전체적인 화면의 색감과 대비되는 파란색은 아기 드래곤의 날개가 치유되었다는 작품의 서사를 보여줍니다.

---

5 역주 : 외형의 뒤에서 비친 빛이 측면에 닿아 형태를 배경에서 떼어낸 듯한 효과를 주는 조명 방식을 말합니다.

368

Image © Devin Elle Kurtz

Releasing the baby dragon

아샤 라도스카 ASIA LADOWSKA

일러스트를 그릴 때 저는 대체로 제 직관에 의지해서 같이 배치했을 때 보기 좋고, 보고 있으면 기분이 좋은 색을 사용하는 편입니다. 일본 만화와 애니메이션의 영향을 받은 작품을 그리는 작가인 저는 화려하고 생동감이 넘치는 일러스트를 그리는 것을 좋아합니다. 그래서 제 작품에는 다양한 빛과 색이 담깁니다.

저는 보편적인 광원을 사용하기보다는 자체적으로 빛을 발하는 사물을 대상으로 일러스트를 그리는 것을 좋아합니다. 제 작품을 보면 나비나 꽃이 빛을 발하고 이들이 광원의 역할을 하는 경우가 꽤 자주 있다는 것을 금방 확인할 수 있

을 것입니다. 색과 빛이 어떻게 작용하는지 이론을 배우고 이를 작품을 그릴 때 활용하는 것도 중요하지만, 창작이라는 것이 결국에는 하나의 과정이고 이 과정 자체가 즐거워야 한다는 것도 잊어서는 안 됩니다. 제 작품들을 소개하는 이 단원에서 저는 화려하고 반짝이는 제 작품들을 보여주고자 합니다. 근데 또 모르죠. 갑자기 생각이 바뀌어서 제 스타일이 하루아침에 완전히 달라질 수도 있습니다!

Longing

〈Longing〉

제 작품 중에서도 제가 가장 아끼는 일러스트 중 하나입니다. 제 이름으로 나온 첫 번째 책인 〈Sketch with Asia〉의 표지에 사용한 작품입니다. 제가 좋아하는 것들은 죄다 이 작품에 들어가 있습니다. 반짝이는 물체와 나비, 별, 두둥실 뜨는 느낌, 분홍색과 파란색이 이 작품에 모두 표현되어 있습니다.

반짝이는 빛은 표현하기가 까다로운 편인데, 그래서 이 작품에서는 어두운 배경을 택했습니다. 어두운 배경과 대비를 이루어 반짝이는 느낌이 강조되어 드

러날 수 있게 하고자 했습니다. 만약에 배경이 밝은색이었다면 이미지가 주는 느낌은 사뭇 달랐을 것입니다. 반짝이는 머리에서 나오는 분홍색 빛을 강조하고자 분홍색이 인물의 얼굴과 목에 반사되는 것으로 처리했습니다. 나비 주변의 반짝이는 효과는 'Screen' 모드를 추가한 뒤에 밝은 파란색을 칠하는 것으로 표현했습니다.

Images © Asia Ladowska

Sunset

⟨Sunset⟩

잡지의 커버 모델인 선셋입니다! 선셋을 그릴 때 여러 가지 색과 빛을 다양하게 활용해 보았고, 선셋의 얼굴에 집중하면서 반짝이는 요소를 최대한 많이 넣으려고 노력했습니다. 그래서 얼굴 부분에서 빛이 가장 강하게 표현되었죠. 반짝이는 요소를 강조하기 위해서 피부와 옷과 같이 반짝이지 않는 부분을 반짝이는 물체의 색으로 덧칠했습니다. 머리카락의 분홍색과 주황색 부분에서 이 효과가 가장 강하게 나타나는 것을 확인할 수 있습니다. 해와 달을 상징하는 목걸이를 그릴 때는 주변에 빛이 일렁이는 것처럼 표현해서 목걸이에 박힌 크리스털을 통해 빛이 빛나는 것을 표현했습니다.

화면 안에 반짝이고 일렁이는 빛이 많기 때문에 조명 효과를 너무 과하게 표현하지 않도록 했습니다. 화면 속에 작은 별이 많이 들어있는데 별은 빛을 발하지 않게 표현한 것이 그 예시입니다. 별까지 반짝였다면 너무 과하게 보였을 테니까요.

⟨Mai⟩

이 작품은 같은 일러스트가 색과 빛을 바꿨을 때 어느 정도로 다른 느낌이 나는지 보기 위해 그린 작품입니다. 맨 처음 버전에서는 습관적으로 분홍색과 파란색 색상을 사용했는데 제 습관을 깨닫고는 그 다음 버전에서는 의도적으로 평소에 잘 사용하지 않는 색을 사용해 보았습니다.

두 버전 모두에서 보케(bokeh[6])와 먼지, 빛무리를 표현하여 빛이 더 흥미롭게 보이도록 했습니다. 자세히 살펴보면 인물 주변 곳곳에 밝은 원이 자리하고 있어서 몽환적이고 햇빛이 비치는 듯한 느낌을 자아내는 것을 알 수 있습니다.

---

6 역주 : 초점이 맞지 않아 뿌옇게 보이는 효과를 말합니다.

Images © Asia Ladowska

Mai

페닐레 외룸 PERNILLE ØRUM

일러스트를 구성하는 요소 중에서 색이야말로 가장 강한 표현력을 지니고 가장 재미있는 요소입니다. 개인적으로는 색에서 가장 많은 영감을 받기도 합니다. 바깥세상을 탐구할 때는 항상 색을 '수집'하고 색이 서로 섞이는 모습에서 영감을 받으며 색을 갖고 노는 방법을 새로이 발견하고는 합니다. 제가 선택한 색과 대비를 이루거나 색을 보조하는 빛을 작품 속에 담으면 이미지에는 생동감이 더해지며 훨씬 재밌어집니다. 빛과 색이 상호작용을 하는 방식을 이해하는 일은 평생이 걸리는데, 이 때문에 빛과 색을 주제로 작업과 연구를 하는 여정이 즐거운 이유이기도 합니다. 여러분도 저처럼 빛과 색이 선사하는 즐거움을 아신다면 빛과 색을 가지고 여러 시도를 해보며 한계를 넓히는 일에 뛰어들어 보길 바랍니다.

Blanket

Images © Pernille Ørum

〈Blanket〉

저는 인물을 그릴 때 배경은 거의 그리지 않는 편입니다. 그런데 이번 작품에서는 사막에서 펼쳐지는 아름다운 빛의 작용을 표현하고 싶었습니다. 저는 주로 여행길에 색에서 영감을 받습니다. 그리고 여행길에 보았던 색을 보는 것만으로도 여행의 순간이 떠오르는 것을 좋아합니다. 지평선 너머로 지는 태양의 주황색은 보라색의 빛과 만나서 아름답게 역동적인 모습을 만들어냅니다.

〈Beauty〉

이 작품에서 저는 지금 제가 살고 있는 케냐의 아름다운 아침이 선사하는 빛이 인물을 비추는 모습으로 표현하고자 했습니다. 인물의 피부에 나타나는 보랏빛 색조는 태양광의 난색 색조와 강한 대비를 이룹니다. 여기에 강렬한 빛을 흰색 그래디언트로 더하여 아침 햇살이 이슬에 비춰 반짝이는 모습을 표현했습니다.

Østera

Image © Pernille Ørum

Text me when you get home

〈Ostera〉

이 작품을 그릴 때 저는 무언가 알 수 없으며 어두운 분위기를 풍기지만, 동시에 따뜻한 자연광이 비치는 느낌을 주는 것을 목표로 했습니다. 작품에서 주로 사용한 색은 노란색과 갈색인데, 인물의 주변에 그림자가 진 느낌을 표현하기 위해서 'Multiply' 모드에서 어두운 보라색을 사용했습니다. 인물의 테두리 부분에서 앞서 칠한 보라색을 걷어내면 쉽게 노란색 하이라이트를 만들 수 있습니다.

〈Text me when you get home〉

이 작품에서는 빛이 주인공입니다. 인물의 손에 들린 아주 작은 광원이 화면에서 인물을 비추는 유일한 빛으로 이를 통해서 관객은 인물을 볼 수 있는데, 그 외에 화면의 모든 것은 어둠 속에 잠겨 있습니다. 그 결과 밤에 혼자서 집으로 걸어가는 인물의 고독함과 고립감이 느껴지며 인물이 안전하지 않다는 느낌을 전달할 수 있었습니다.

도움을 주신 분들 CONTRIBUTORS

비어트리스 블루(BEATRICE BLUE)

beatriceblue.net

비어트리스 블루는 작가이자 아트 디렉터로 현재는 출판과 애니메이션 분야의 일을 하고 있습니다. 비어트리스는 여행하며, 다양한 문화와 풍경을 보고 배우는 것을 좋아하고 여행길에는 항상 카메라와 스케치북을 들고 다닙니다. 그리고 음악을 좋아하며 기타와 드럼, 신시사이저를 연주할 줄 압니다. 프로필 사진은 플로리안 오프티(Florian Aupetit)의 작품.

네이선 폭스(NATHAN FOWKES)

nathanfowkes.com

로스앤젤레스에 거주 중인 아티스트이자 애니메이션 영화의 컬러 스크립트를 전문으로 가르치는 강사입니다. 네이선의 고객에는 드림웍스와 디즈니가 있으며, 네이선이 참여한 작품에는 〈The Prince of Egypt〉(1998)와 〈Spirit: Stallion of the Cimarron〉(2002), 〈Shrek〉(2001), 〈How to Train Your Dragon〉(2010), 〈Raya and the Last Dragon〉(2021)이 있습니다.

시몬 그뤼네발트(SIMONE GRÜNEWALD)

instagram.com/schmoedraws

시몬 그뤼네발트는 시모드로우스(Schmoedraws)라는 필명을 사용하기도 합니다. 시몬은 독일 출신의 콘셉트 아트 아티스트입니다. 게임 업계에서 10년 넘게 일을 하다가 이제는 프리랜서 아티스트 겸 패트리온(Patreon[7]) 강사로 행복하게 일하고 있습니다.

구웨이즈(GUWEIZ)

artstation.com/guweiz

구웨이즈라는 필명을 사용하는 구정웨이(Gu Zheng Wei)는 싱가포르에 살고 있는 디지털 일러스트 작가입니다. 프리랜서로 활동 중이며 패트리온에 튜토리얼과 작업 과정을 담은 영상을 올리기도 합니다.

이라빌(IRAVILLE)

iraville.de

이라빌은 이라 슬레터만 판 랑겔바이디(Ira Sluyterman van Langeweyde)의 필명입니다. 독일의 뮌헨에서 거주 중인 일러스트 작가 겸 캐릭터 디자이너로 수채화와 폭포, 자연, 새, 안락한 느낌을 주는 물건을 좋아한다고 합니다.

---

7 역주 : 아티스트를 구독해 후원하고 금액에 따라 창작물 등을 받는 플랫폼입니다.

디아밀라 크노프(DJAMILA KNOPF)

djamilaknopf.com

디아밀라 크노프는 별도의 소속사를 두지 않은 인디 아티스트 겸 스쿨리즘(Schoolism[8]) 강사로 현재는 독일의 라이프치히에 살고 있습니다. 디아밀라의 작품은 호기심과 향수를 불러일으킵니다. 디아밀라의 작품에서 관객은 디아밀라가 조부모와 함께 거닐던 정원의 여름날 햇살을 느낄 수 있고, 일본 애니메이션에 대한 그의 애정도 찾아볼 수 있습니다.

데빈 엘르 커츠(DEVIN ELLE KURTZ)

devinellekurtz.com

데빈 엘르 커츠는 미국 캘리포니아주 산타 크루즈 출신의 일러스트 작가 겸 콘셉트 아트 작가입니다. 고등학생 시절에 애니메이션 업계에 뛰어들겠다는 각오로 로스앤젤레스로 이사했고, 가장 최근에는 넷플릭스의 〈Disenchantment〉(2018) 제작에 참여하기도 했습니다. 일을 하지 않을 때는 다채롭고 환상적인 작품을 그립니다.

아샤 라도스카(ASIA LADOWSKA)

ladowska.com

아샤 라도스카는 폴란드에서 태어났습니다. 아샤는 일본 만화와 애니메이션에서 영향을 받은 여성 캐릭터를 주로 그리며, 물감과 그래픽 프로그램을 모두 활용합니다.

디부한테 녹투르노(DIBUJANTE NOCTURNO)

www.dibujantenocturno.com

디부한테 녹투르노의 본명은 프란 가르세스(Fran Garcés)로 일러스트 작가 겸 판타지 생물을 창작하는 일을 합니다. 잉크 드로잉을 사랑하며 매직 더 개더링(Magic: The Gathering)과 같은 게임의 일러스트를 그리고, 최근에는 본인의 이름으로 아트북을 출간하기도 했습니다.

페닐레 외룸(PERNILLE ØRUM)

pernilleoe.com

페닐레 외룸은 덴마크 출신 일러스트 작가 겸 캐릭터 디자이너로, 현재는 케냐의 나이로비에서 살고 있는 프리랜서 작가입니다. 페닐레는 2011년 디 애니메이션 워크샵(The Animation Workshop)에서 캐릭터 애니메이션 전공으로 학사 학위를 취득했습니다.

찰리 피카드(CHARLIE PICKARD)

charliepickardart.com

찰리 피카드는 런던 토박이인 구상(figurative) 유화 작가입니다. 찰리의 작품은 주로 런던에서 찾아볼 수 있으나 일부는 세계 곳곳의 컬렉션에서 찾아볼 수 있습니다.

INDEX

Image © Guweiz

일러스트레이터를 위한
구도와 서사 마스터 가이드북

세상 모든 일러스트레이터를 위한 필독서!
구도와 서사 마스터 가이드북

COMPOSITION
& NARRATIVE

일러스트레이터를 위한
구도와 서사 마스터 가이드북

3dtotal Publishing 저

이수영 옮김

Younglim.com Y.

영진닷컴 | 288P | 32,000원

〈구도와 서사 마스터 가이드북〉은 세계적인 아티스트들의 풍부한 경험을 기반으로 '구도'와 '서사'를 사용하는 예술을 발전시킬 수 있는 이론과 실전을 철저히 분석해 줍니다.

그렉 루트코스키가 소개하는 이론 부분에서는 선사시대의 암각화부터 디지털 매체로 창작된 현시대의 명작까지 다양한 작품을 활용하여 '구도'를 구성하는 황금비나 피보나치 나선, 삼등분 법칙과 같은 여러 가지 장치를 소개하며, 또한 여러 아티스트가 어떻게 각자의 방식으로 구도의 법칙을 어긋나게 사용하는지도 알아봅니다. 이론 부분의 두 번째 장에서는 '서사'와 스토리텔링을 구축하는 방법을 비롯하여 복선과 상징, 은유, 과장, 유머 등과 같은 서사의 필수 요소들을 알아봅니다.

일러스트레이터를 위한
색과 빛 마스터 가이드북

COLOR & LIGHT

1판 1쇄 발행 2024년 10월 2일
1판 4쇄 발행 2025년 3월 4일

저　　자 | 3dtotal Publishing
역　　자 | 이수영
발 행 인 | 김길수
발 행 처 | (주)영진닷컴
주　　소 | (우)08512 서울특별시 금천구 디지털로 9길 32
　　　　　갑을그레이트밸리 B동 10F
등　　록 | 2007. 4. 27. 제 16-4189호

©2025. (주)영진닷컴

ISBN | 978-89-314-7742-9

이 책에 실린 내용의 무단 전재 및 무단 복제를 금합니다.
파본이나 잘못된 도서는 구입하신 곳에서 교환해 드립니다.

YoungJin.com Y.
영진닷컴